2021年

▶ 世界就业和社会展望：

数字劳动力平台在改变工作世界中的作用

国际劳工组织　著

常爽　韩真　张依　孙丹　译

乔健　校译

中国财经出版传媒集团

经济科学出版社

Economic Science Press

图书在版编目（CIP）数据

2021年世界就业和社会展望. 数字劳动力平台在改变工作世界中的作用 / 国际劳工组织著；常爽等译. --北京：经济科学出版社，2022.3

书名原文：World Employment and Social Outlook 2021：The role of digital labour platforms in transforming the world of work

ISBN 978-7-5218-3445-1

Ⅰ. ①2… Ⅱ. ①国… ②常… Ⅲ. ①劳动就业–研究报告–世界–2021

Ⅳ. ①F249.1

中国版本图书馆CIP数据核字（2022）第030672号

责任编辑：吴　敏
责任校对：杨　海
责任印制：张佳裕

2021年世界就业和社会展望：

数字劳动力平台在改变工作世界中的作用

国际劳工组织　著

常　爽　韩　真　张　依　孙　丹　译

乔　健　校译

经济科学出版社出版、发行　新华书店经销

社址：北京市海淀区阜成路甲28号　邮编：100142

总编部电话：010-88191217　发行部电话：010-88191522

网址：www.esp.com.cn

电子邮箱：esp@esp.com.cn

天猫网店：经济科学出版社旗舰店

网址：http://jjkxcbs.tmall.com

北京季蜂印刷有限公司印装

880×1230　16开　20印张　400000字

2022年6月第1版　2022年6月第1次印刷

ISBN 978-7-5218-3445-1　定价：105.00元

（图书出现印装问题，本社负责调换。电话：010-88191510）

（版权所有　侵权必究　打击盗版　举报热线：010-88191661

QQ：2242791300　营销中心电话：010-88191537

电子邮箱：dbts@esp.com.cn）

译者序

新发展阶段我国劳动关系面临的挑战与政策趋向

一、"十四五"时期我国劳动关系面临的挑战

当前，世界进入大变局，国际环境日趋复杂，不稳定性和不确定性明显增加。2020年初暴发的新冠肺炎疫情肆虐全球，导致经济急剧衰退，长期停滞是主要特征。中美战略分歧从经贸摩擦转向意识形态、地缘政治、科技和文化教育等全方位对抗。在经济领域，逆全球化的态势逐渐形成，全球产业链开始重新布局，第四次产业革命和数字经济的发展正在推动深刻的产业结构升级和经济结构调整。凡此种种，都对我国迈向新发展阶段的劳动力市场和劳动关系产生深刻影响。

展望新发展阶段及未来中长期的劳动力需求结构，劳动力市场供需将保持基本平衡，劳动力供给相对短缺将持续存在。"十四五"时期，15~64岁劳动年龄人口、新增劳动力、经济活动人口以及农民工规模将延续下降态势。到"十四五"期末，15~64岁劳动年龄人口约为9.7亿人，比"十三五"期末减少3000万人左右；新增劳动力规模约1400万人，其中城镇新增劳动力规模约为700万~820万人，农村新增劳动力规模约为650万人；外出农民工规模保持在1.7亿人左右，本地农民工维持在1亿人左右，经济增长的非农就业弹性继续提升，对就业的需求放缓，对劳动力市场供需平衡的影响有限，劳动力供给相对短缺持续存在。[①]

2021年第七次人口普查显示，我国劳动力集聚程度最高的北部和东部沿海地区人口增速明显放缓；东南部和南部沿海地区的人口增长迅速，表明这些地方的人口仍然相当年轻；华中地区的人口增长停滞，除了河南；西部地区的四川和重庆人口增长，年龄和教育程度也较低；东北地区则继续经历人口的大量流失。

技术变革对劳动关系也将带来深远影响。由于技术的快速发展带来了生产和组织方式的变革，新就业形态劳动者数量不断增多，到2020年，我国参与数字经济活动的人数约8.3亿，参与提供服务者约为8400万人，其中通过数字劳动力平台的就业人员631万人，[②]疫情加速了这一就业群体的扩张，这些劳动者被归类为"自雇"或"独立承包商"。这是数字劳动力平台商业模式的根本转变之一，因此对未来的工作有着严重的影响。

---

① 张车伟等：《"十四五"中国就业新变化和新机遇》，载于《新经济导刊》2020年第3期，第46页。
② 《中国共享经济发展报告（2020）》，国家信息中心，2021年3月4日。

数字劳动力平台的一个显著特征是算法管理，它从根本上塑造了平台的工作流程和绩效管理。将劳动者与任务、客户或顾客进行匹配的算法通常会考虑评分、客户评论、取消或接受率以及技术水平等特征。此外，在许多基于在线网络平台，跟踪键盘输入或随机截取屏幕截图的监控工具和软件可能会限制劳动者的工作自由和自主权。同样，在出行平台，GPS监控、接受率和取消率都可能导致评分偏低，进而影响工作机会，在某些情况下还可能导致账户停用。通过单方面确定的服务协议条款对平台进行治理，使平台可以对劳动者的工作自由行使相当大的控制权，并且通过排他性条款限制客户或企业与工人互动的能力。[①] 由此可见，传统的劳动关系规制方式已难以适应形势的发展变化，需要重新研究这部分劳动者群体的劳动保障制度机制，变对劳动关系的规制为对劳动的规制，从侧重岗位的保护向侧重社会保护转变，实现普及化的、包含高中低水平的劳动保障权益的连续保护。[②]

疫情对工作方式的长期影响也不容低估。在抗疫复工过程中，我国有超过1800万家企业选择了线上远程办公，超过3亿用户使用远程办公应用设备[③]。在疫情持续和在线网络平台发展的背景下，远程工作将成为未来不可或缺的一种工作形式而长期存在。但它也会对工作时间、休息休假等法定劳动标准的适用性带来一定的挑战，模糊了工作和个人生活之间的界限，使工作侵蚀原本属于个人的空间和时间。迄今为止，我国尚未对这种工作形态进行立法规制。

二、新发展阶段应对劳动关系挑战的政策趋向

党的十九届五中全会通过的《中共中央关于制定国民经济和社会发展第十四个五年规划和二〇三五年远景目标的建议》着眼于新发展阶段，强调高质量发展和更高质量的就业，实体经济是立国之基，提高中低阶层群体收入成为发展的战略基点，这些均有利于规范劳动关系和加强劳动者权益的安全性。另外，为构建更有利的贸易营商环境而推进"放管服"改革，应对人口老龄化而重提"延迟退休"，则是深化劳动力市场灵活化改革的具体例证。如何处理好灵活化与安全性的关系是"十四五"时期劳动关系面临的一个重大理论课题。

当前的劳动关系灵活化主要表现在以下方面：一是数字劳动力平台的发展将更多劳动者置于劳动法律保护之外；二是经济下行期企业灵活用工的需求扩大，劳务派遣用工、劳务外包、众包用工等短期用工的盛行对正规就业劳动者的权益保障带来挑战；三是因企业欠薪、工作时间引发的劳动纠纷增多，对稳定劳动关系带来挑战；四是企业规模缩小，这意味着规范经营在弱化。

根据统计，继连续两年递增后，2021年一季度全国劳动争议仲裁立案达29.4万件，同比猛增45.5%；涉及劳动者33.2万人，同比增加39.5%。其中，建筑业的拖欠工资依然是主要标的；其次是数字劳动力平台等灵活用工的扩大对劳动者权益保障的挑战。

围绕着"十四五"时期我国经济社会的发展目标及劳动关系面临的挑战，笔者对如何完善新发展阶段的和谐劳动关系建设提出以下政策建议。

第一，探索经济下行期完善中国特色和谐劳动关系体系的途径，也可以说是构建和谐劳动关系2.0版。

从理论上看，不同于过去20年经济上行期，构建和谐劳动关系要以维护劳动者权益为本

---

① ILO，*2021 World Employment and Social Outlook: The role of digital labour platforms in transforming the world of work*，2021.
② 人力资源和社会保障部劳动关系司聂生奎司长在2020年全国劳动保障科研工作会议上的发言，2020年9月12日。
③ 叶迎：《加强远程工作中的劳动者权益保障》，载于《中国劳动保障报》，2020年4月11日。

位，新发展阶段面临经济下行、结构调整和严重不确定的外部环境，协调劳动关系要以维护劳资双方的权益为本位，有时需要优先考虑国家利益。因此，不仅要因应劳动力市场和劳动关系的灵活化趋势，劳动法和劳动政策也要主动推动这一进程。

劳动关系灵活性可定义为同时增强劳动力市场的灵活性和安全性的综合策略。一方面，灵活性是关于一个人一生中的成功转型：从学校到工作，从一项工作到另一项工作，在失业与工作之间，以及从工作到退休。它不限于企业招聘或解雇的更大自由，也不意味着终身合同已过时。它涉及工人向更好的工作、"向上流动"和人才的最佳发展方面的进步。灵活性还涉及灵活的工作组织，能够快速有效地掌握新的生产需求和技能，并促进工作与自身责任的结合。另一方面，安全不仅仅是维持工作的安全，也可以是使人们掌握找到新工作的技能。它还与失业救济有关，以促进职业转型。最后，它包括所有工人提升技能的培训机会。

根据欧盟的经验，我国可以在四个政策组合中设计和实施灵活性政策：积极的劳动力市场政策，以帮助人们应对快速变化，减少失业并简化向新工作的转型；全面的终身学习策略，以确保员工的持续适应性和就业能力；通过劳动合同、集体合同和员工参与的企业规章等灵活可靠的规制安排；提供收入支持、鼓励就业并促进劳动力市场流动的社会保障体系。

健全完善和谐劳动关系体系还包括以健全组织和完善职能为重点，加强协调劳动关系三方机制建设；推动企业集体协商与区域和行业协商结合的"提质增效"；加强劳动争议多元参与的"大调解"机制和效能建设。这些都面临制度完善和效能提升的问题。加强劳动保障监察，完善和落实劳动保障监察执法制度，健全违法行为预警防控机制，建立劳动保障监察执法与刑事司法联动等多部门综合治理机制，及时有效查处违法案件。强化劳动关系预警系统建设，包括组织机构、指标体系、信息系统、评价与警报系统及劳动争议分类处理系统。

实施劳动关系"和谐同行"能力提升三年行动计划。紧扣新时代经济社会发展变化和新冠肺炎疫情防控常态化的新形势，以防范和化解劳动关系领域矛盾风险为主线，改进和完善对企业劳动用工、工资分配的指导和服务，提升劳动关系公共服务能力和基层调解仲裁工作效能，扎实推进劳动关系治理体系和治理能力建设。实施和谐劳动关系千百万计划，打造金牌劳动关系协调员，扩大劳动关系协调员覆盖面，解决劳动关系"最后一公里"问题；实施重点企业用工指导计划，以用工规模较大、生产经营存在较大困难的企业为重点，指导企业采取多种措施稳定工作岗位，发挥集体协商协调劳动关系重要作用，引导企业与职工共渡难关，尽量不裁员、少裁员，稳定劳动关系；实施企业薪酬指引计划，形成公开发布、定向反馈与针对性指导相结合的信息服务体系，优化企业工资收入分配指导服务。

第二，推动劳动基准立法，保障新业态劳动者权益。

习近平总书记在2020年"两会"期间要求"新就业形态"顺势而为、补齐短板。2021年7月，国务院常务会议确定，要适应新就业形态，推动建立多种形式、有利于保障劳动者权益的劳动关系。这涉及对平台与劳动者关系的分类。学术界一般将其分成三类：一是从属性劳动关系，享有法律保护的所有法定权利；二是个体经营者、"独立承包商"，与平台没有劳动关系；三是"类劳动关系"，仅享有部分劳动者权利保障。国务院提出"建立多种形式劳动关系"实质上明确了平台与劳动者为"类劳动关系"的归类，以保障劳动者的部分劳动保障权益，有利于促进灵活就业、增加就业岗位和收入。这些权益包括：

一是企业应当按时足额支付劳动报酬，不得制定损害劳动者安全与健康的考核指标。督促平台企业制定和完善订单分配、抽成比例等制度规则和算法，听取劳动者代表的意见，并将结果公示。不得违法限制劳动者在多平台就业。这主要是针对疫情期间快递员竞争激烈，收入下降的情况，主要从限制垄断和民主参与改进平台算法管理角度保障员工权益，且将最低工资制度保障适用于平台劳动者。[①]

二是以出行、外卖、即时配送等行业为重点，开展灵活就业人员职业伤害保障试点。由于平台算法压缩派件时间，快递员和外卖员在送件过程中极易发生交通安全事故，但他们没有工伤保险。有鉴于此，浙江省的指导意见中提出探索构建政府、商业保险、平台三方协作的新业态从业人员职业伤害保障机制。对于建立多重劳动关系的新业态从业人员，各用人单位均需履行参保义务。迄今，各地试点的共同特征为：自行试点，不是国家层面的统一安排；自愿参保，符合条件的用人单位或个人可以自愿参加，具有非强制性。从未来发展看，平台劳动者将由自愿参保改为强制参保；参保缴费包括工资总额缴费及"按单"缴费等多种方式；既可以在生产经营地，也可以在注册地参保。

三是建立适合新就业形态的职业技能培训模式，符合条件的按规定给予补贴。放开灵活就业人员在就业地参加基本养老、基本医疗保险的户籍限制。

此外，全国总工会近期也下发了《关于切实维护新就业形态劳动者劳动保障权益的意见》[②]，要求加强对新就业形态劳动者入会问题的研究，加快制定出台相关指导性文件，对建立平台企业工会组织和新就业形态劳动者入会予以引导和规范。强化分类指导，明确时间节点，集中推动重点行业企业，特别是头部企业及其下属企业、关联企业依法普遍建立工会组织，积极探索适应货车司机、网约车司机、快递员、外卖配送员等不同职业特点的建会入会方式，通过单独建会、联合建会、行业建会、区域建会等多种方式扩大工会组织覆盖面，最大限度吸引新就业形态劳动者加入工会。同时，发挥产业工会作用，积极与行业协会、头部企业或企业代表组织就行业计件单价、订单分配、抽成比例、劳动定额、报酬支付办法、进入退出平台规则、工作时间、休息休假、劳动保护、奖惩制度等开展协商，维护新就业形态劳动者的劳动经济权益。督促平台企业在规章制度制定及算法等重大事项确定中严格遵守法律法规要求，通过行业职工代表大会、行业劳资恳谈会等民主管理形式听取劳动者意见诉求，保障劳动者的知情权、参与权、表达权、监督权等民主政治权利。督促平台企业履行社会责任，促进新就业形态劳动者实现体面劳动。

《基本劳动标准法》已列入"十四五"立法规划，建议上述灵活就业人员劳动保障权益能够在新法中明确规定。同时，构建公平共享的收入分配机制，推动共同富裕。完善工资和其他劳动标准集体协商制度，推动技能要素参与收入分配，引导员工、企业、平台在共享共商共建的基础上形成命运共同体，推动国内循环和扩大内需。

第三，加速批准国际核心劳工公约的进程，提高劳动者权益保护水平。

由于国际形势风云变幻，国际因素殊难预料。可以推断的是，为了促进参与国际循环，中国政府愿意批准更多的国际核心劳工公约，这可能给新发展阶段的国内劳动法改革形成倒

① 《人力资源社会保障部 国家发展改革委 交通运输部 应急部 市场监管总局 国家医保局 最高人民法院 全国总工会关于维护新就业形态劳动者劳动保障权益的指导意见》，人力资源和社会保障部官网，2021年7月16日。
② 《中华全国总工会有关负责人就〈关于切实维护新就业形态劳动者劳动保障权益的意见〉答记者问》，载于《工人日报》，2021年7月20日。

逼机制和增加变数。

2020年末，中国和欧盟领导人共同宣布完成了中欧全面投资协定（CAI）的谈判，并达成了最终的协议文本。根据商务部和欧盟披露的消息，协议包含了投资自由化、投资保护、争端解决，以及可持续发展四大部分的内容，其中可持续发展部分专门涉及劳工权益保护的规定。据欧盟声明，中国在谈判中做出了两项重要承诺：一是在劳工和环境领域不为吸引投资而降低保护标准，不利用劳工和环境标准达到保护主义目的，并尊重相关条约规定的国际义务。中国将支持本国企业承担企业社会责任。二是中国承诺致力于批准尚未批准的国际劳工组织基本公约，并对尚未批准的两项国际劳工组织关于"强迫劳动"的基本公约做出具体承诺。迄今为止，我国尚未批准的国际劳工组织基本公约除了与强迫劳动有关的第29号和第105号两项公约外，还有第87号结社自由及组织权利的保障公约，以及第98号组织权和集体谈判权利的公约。尽管中欧投资协定已被搁置，但"十四五"期间中国扩大开放的势头不变，这意味着我国将加速批准国际核心劳工公约的进程，并完善国内劳动法律，提高劳动者权益保护的水平。

第四，加快建立劳动关系公共服务体系。

加强对企业劳动用工的指导和服务，推动企业依法妥善处理劳动关系，是完善治理体系和提升治理能力的重要方面。政府对劳动关系的规制，除传统的立法、设定底线、确立规则、制定标准，以及校正性的劳动保障执法监察、劳动争议处理和利益争议协调之外，更多的是引导和服务工作。例如，劳动关系法制宣传、组织协调、专项行动等推动劳动关系主体自主协调，加强趋势研究、信息发布、典型经验推介、咨询指导、风险会商研判、提前预警及小微企业托管等。

第五，在"一带一路"中资企业大力宣传"合法合规""文化融合""人才支撑"三位一体的跨文化和谐劳动关系新模式。

随着中资企业海外投资并购规模的迅速扩大，劳动关系风险已成为与安全风险、政治风险、经济风险、法律风险、社会风险并列的第六大投资风险。在合规管理日益重要的今天，劳动关系合规已经成为无法忽视的重要环节，良好的劳动关系治理和风险防范是中国企业走向"一带一路"沿线国家和地区的可靠保障，也是促进实现"民心相通"的基石。一是合法合规，防范劳动关系风险。这需要多管齐下，综合治理，如企业人力资源和劳动关系管理的合规，学会与强势工会打交道，熟练掌握集体谈判的相关技巧，以及劳动争议的预防和处理。二是建立文化秩序，推进文化融合，在跨文化管理中贡献中国方案与中国智慧。三是为企业国际化战略夯实人才队伍支撑，在"一带一路"进程中传承中国基因。通过上述措施，劳动关系可以在促进中资海外企业"民心相通"和提升国际传播话语能力方面发挥更大作用。

三、本书的特色

由国际劳工组织研究部Uma Rani博士领衔撰写的新著《2021年世界就业和社会展望：数字劳动力平台在改变工作世界中的作用》旨在探讨当代数字劳动力平台的广泛应用、数字技术的开拓及算法管理的应用是如何创新工作的组织方式，以及增强企业的灵活性，从而预见未来的工作世界。我认为，与其他同类著作相比，本书的独特学术贡献至少有以下三个方面：

首先，本书对数字劳动力平台重新进行了理论上的概念分类。将数字劳动力平台分为两类：基于在线网络平台和基于指定位置平台。前者是指工作任务由工人线上远程完成，主要包括通过自由职业者平台和竞争类平台提供翻译、法律、金融和专利咨询服务，以及设计与软件开发；在指定时间内在竞争类编程平台进行复杂数据处理和分析；或通过微任务平台完成短期任务。后者是指任务由个人在指定位置完成，如出行服务、配送服务和上门服务（包括水管工或电工）、家政服务和护理服务。这个分类非常全面，涵盖了迄今的主要平台工作。就立法规制的分类看，本书依循了学术界通常的分类：一是基于平台的执行控制任务，被划分为雇员；二是为确保某些工人权益，被划分为建立在事实基础上的中间类别；三是根据工作的灵活性和自由性，被划分为自雇工人。这种规制划分也正是目前国内的政策主管部门和研究者所热烈探讨的内容。

其次，平台正在改变传统的人力资源管理模式，本书对不同类型平台的算法管理模式进行了详尽论述，认为平台没有通过人机交互，而是使用完全自动化的流程来分配工作。它通过对基于在线网络平台的分析说明，平台根据一些特定指标分配工作，包括工人评分、工人概况（如专业水平和技能）、客户评论、可用性、时区和小时费率等因素的组合，其中评分和客户评论是分配工作给工人的两个主要因素。出行和配送平台的工作分配主要基于工人评分生成，而工人评分是通过指标来计算的，如客户评分、取消率和接受率。本书进一步指出，平台的算法绩效管理几乎取代了人力监督，只根据许多指标（如评分、客户评论和评估）对工作进行评估，而对如何计算确定工人等级几乎没有透明度。对于如何深入研究中国各类平台的算法管理模式和特点，相信我们可以从国际研究中得到相当多的启示。

最后，针对数字劳动力平台存在的诸多问题，许多国家已经开始尝试解决平台用工的监管规制，本书对这些实践经验进行了制度与案例结合的比较研究。例如，德国、奥地利、瑞典推动平台工人加入工会；在丹麦，平台已签署了第一个集体协议；在南非、阿根廷，反歧视法和禁止童工法律适用于包括平台工人在内的所有人；美国颁行了规制平台工人分类的多种方法；印度、韩国、印度尼西亚将社会保障或部分保险惠及平台工人；巴西、澳大利亚和新西兰规定了超越雇佣关系的平台职业安全与健康义务；尼日利亚颁布了保护隐私权和数据保护条例；等等。由此不难看出，面对未来工作，全世界的监管经验为我国对平台用工的规制工具箱提供了丰富资源。

他山之石，可以攻玉。2021年是中国数字劳动力平台的"规制之年"。相信本书的翻译出版一定会有助于深化我国数字劳动力平台的研究，促进新就业形态的健康可持续发展和劳动者权益的保障。

乔　健
于花园村
2021年7月22日

前　言

技术创新正在改变和影响着我们的生活。人类能够以更快速、更廉价的方式获取大量信息，这为数字经济和数字劳动力平台的兴起奠定了基础。不管是在发达国家还是发展中国家，技术创新下的商品和服务交付更加便宜和便捷，而企业和消费者也乐于接受这种转变。可以说，数字劳动力平台的身影在我们日常生活中随处可见。

这种变化趋势同样延伸到工作领域。数字劳动力平台不仅为企业开辟了新的市场，同时为劳动者提供了更多的创收机会，包括那些在劳动力市场中被边缘化的群体。此外，它还改变了企业的组织机构和工作流程，在很多情况下，劳资关系也发生着深刻的变化。

从全球社会和工作领域角度来看，新冠肺炎疫情加速了这种转变，数字平台的广泛应用、技术创新（如云计算）以及大数据和算法推广既创新了工作方法，也增强了企业的灵活性。在过去一年里，远程工作进一步促进了电子商务、电子服务和自由职业在线平台工作业务的增长。在发达国家和发展中国家，一方面，数字劳动力平台为失业者提供了新的工作机会；另一方面，也为企业降低了运营成本，开辟了新的市场空间。

然而，挑战总是与机遇并存。在新业务模式的驱动下，平台运营并不需要投资资本或雇用劳动力。相反，通过算法就可以监管平台工人正在执行的任务，还可以调解平台工人与客户之间的矛盾和冲突。从当前实际情况来看，平台工人很难找到一份高薪工作，进而导致他们陷入贫困窘境。特别是在疫情期间，他们中的大多数人无法获得社会保障，也不能通过集体谈判来解决问题。

本报告是国际劳工组织首次对数字劳动力平台工人和企业经验调查的有益尝试。报告基于对全球100个国家/地区的约12000名工人和来自70位企业的代表、16家平台公司、14个平台工人协会进行的调查和采访而得出结论。

为应对新的工作方式带来的挑战，如雇佣关系、健康和安全防护及社会保障不足等问题，各国政府已采取了相应的监管措施。个人、非国家主体、雇主和工人组织也开始着手解决其中一些问题。然而，各国政府不同的监管举措使得挑战进一步升级。其原因在于：数字劳动力平台可以在多个司法辖区运作，因此工人、企业和政府之间的监管通常具有不确定性。

数字劳动力平台不仅能够让工人和企业受益，且有利于整个社会的发展。如果能够提供体面的工作机会，数字劳动力平台的积极效应当继续发挥，这将有利于可持续发展目标的实现。所有工人，无论其就业状况如何，都必须能在工作中受到劳工标准措施的保护，并能够参与社会对话。

清晰的数字劳动力平台运行规则、有效的和一致的方法非常有必要。通过国际政策进行对话与协调，可能将逐步为全球数字劳动力平台带来更有效和一致的方法。

盖·莱德
国际劳工组织总干事

目　录

专栏

图

表

▶ 缩略语

AI	人工智能
API	应用程序接口
B2B	企业对企业的交易
B2C	企业对消费者的交易
BPO	业务流程外包
CAIT	印度商人联合会
CEACR	国际劳工组织公约和建议书实施专家委员会
FTAs	自由贸易协定
GDPR	通用数据保护条例
GPS	全球定位系统
ICT	信息和通信技术
IPO	首次公开募股（股票）
IT	信息技术
MNE	跨国企业
NSSO	国家抽样调查局（印度）
OFN	开放式食品网络
OLI	在线劳动指数（牛津大学）
PCBU	从事某项工作的人员
PPE	个人防护设备
PSTE	从事特殊职业的人员
RDC	远程台式计算机
SDGs	可持续发展目标
SMEs	中小企业
TaaS	人才即服务
VPN	虚拟专用网
WEC	世界就业联合会
WTO	世界贸易组织

致　谢

本报告由国际劳工组织研究部撰写完成。报告第一作者是国际劳工组织研究员 Uma Rani，参与撰写报告的其他作者有：来自国际劳工组织的 Rishabh Kumar Dhir、Marianne Furrer、Nóra Gőbel 和 Angeliki Moraiti，墨尔本大学的 Sean Cooney 以及智利南方大学的 Alberto Coddou McManus。其中，Sean Cooney 是本报告第5章第一作者，其他作者包括智利南方大学的 Alberto Coddou McManus 和国际劳工组织的 Angeliki Moraiti。

在此，我们感谢 Andrea Renda（欧洲政策研究中心和欧洲大学研究所）和 Abdul Muheet Chowdhary（欧洲南部研究中心）为本报告提供有关竞争、监管与税收等详细数据和资料。我们也非常感谢 Matías Golman 收集平台企业数据信息，并对企业收入和投资数据进行统计分析。此外，感谢 Alberto Coddou McManus 为我们协调组建了一支国际法律专家团队：June Namgoong（韩国劳动研究院）、Ricardo Buendia Esteban（布里斯托大学）及 Jorge Leyton Garcia（智利天主教大学），他们对不同地区的数字劳动力平台监管机制提出了深入的分析和见解。感谢 Khaoula Ettarfi 和 Hannah Johnston 提供的研究支持，包括设计调查问卷、对商业模式和社会对话展开初步文献审查、与企业代表进行访谈，以及对中东和拉丁美洲地区的工人采访。本报告还得益于 Yiren Wang 在研究团队中所提供的协助支持。

同时，我们也感谢 Richard Samans（研究部主任）对报告投入的技术支持，以及为本报告最后阶段所做的流程梳理和指导工作；感谢 Maria-Luz Vega 和 Lawrence Jeff Johnson（研究部副主任）为报告出版提供的管理和指导；感谢 Manuela Tomei（工作条件和平等司司长）提供的技术指导；也感谢 Damian Grimsha（伦敦国王学院研究部前任主任，教授）为数字劳动力平台研究提出的宝贵意见和建议，以及他参与本报告撰写所做的准备工作。

本报告也得益于国际专家围绕数字劳动力平台提供的参考文献：Mariya Aleksynska（独立研究员），《东欧国家的数字工作：趋势、成果及应对政策》；Julie Yujie Chen（多伦多大学）和 Sophie Sun Ping（中国社会科学院），《从灵活劳动力到"粘性劳动力"：对中国食品配送平台工人的追踪研究》；Antonia Asenjo（独立研究员），《平台经济状况和工作条件：以智利圣地亚哥快递员为例》；Andrey Shevchuk 和 Denis Strebkov（国立研究大学高等经济学院），《2009~2019年俄罗斯自由职业者平台发展情况》；Ioulia Bessa、Simon Joyce、Denis Neumann、Mark Stuart、Vera Trappmann 和 Charles Umney（利兹大学），《平台经济工人罢工抗议运动》。此外，我们还要感谢国际劳工组织阿根廷代表处的 Elva Lopez Mourelo 在本报告中对阿根廷配送平台部分的分析和政策建议。

此外，本报告还得益于与 Online Labour Observatory 的合作，特别是与牛津互联网学院的 Vili Lehdonvirta、Fabian Stephany、Otto Kässi 和 Fabian Braesemann 的合作。我们也非常感谢

Fabian Stephany 为本报告第 1 章定期提供数字劳动力平台数据。

本报告所进行的调查和访谈均由各国专家顾问参与完成。为此，我们要感谢 Pablo Vinocur 和 Raúl Mercer（阿根廷，FLASCO）；Alberto Coddou McManus 和 Antonia Asenjo（智利南方大学）；Sophie Sun Ping（中国社会科学院）；Peter Narh 和 Pius Siakwah（加纳大学）；Abhishek Kumar 和 Dushyant Chawla（印度，独立研究员）；Preeti Mudaliar 和 Balaji Parthasarthy（印度国际信息技术研究所）；Michael Martin 和 Hansen Julianto（印度尼西亚，Proxima Research）；Maggie Ireri 和 Grace M. Maina（肯尼亚，对非洲平台经济的研究和见解）；Redha Hamdan、Rania Nader 和 Lea Bou Khater（黎巴嫩咨询研究所）；Omar Gasca（墨西哥，独立研究员）；Youssef Sadik（摩洛哥穆罕默德五世·拉巴特大学）；Natalia Kharchenko 和 Oleksandr Pereverziev（乌克兰，波斯特）。感谢 Patrick Karanja（肯尼亚，独立研究员）对肯尼亚业务流程外包企业代表进行的采访，以及在 2019 年 10 月访问内罗毕期间组织肯尼亚主要利益相关方和政府代表参加的会议。

我们要感谢社会科学调查研究公司 Sound Rocket 以设计问卷的形式，在微任务平台、自由职业者平台和竞争性编程平台上广泛进行调查和收集信息。我们还要感谢王瑞鑫（中国哈尔滨工业大学）以及 Natalia Kharchenko 和 Oleksandr Pereverziev（乌克兰，波斯特）在中国和乌克兰开展的线上调查工作。

自国际劳工组织 2019 年 11 月年度会议结束后，研究部审查小组成员和国际劳工组织人员的后续支持工作对本报告的出版发挥了至关重要的作用。我们要感谢 Jennifer Bair 教授（弗吉尼亚大学）、Iain Begg（伦敦经济学院）、Haroon Bhorat（开普敦大学）、Jayati Ghosh（贾瓦哈拉尔尼赫鲁大学）、Kamala Sankaran（德里大学）、Lord Robert Skidelsky（沃里克大学）和 Bart Van Ark（会议委员会）在本报告撰写过程中提供的建设性意见和建议。我们还要感谢内部两名匿名评审员在工作过程中提出的实质性建议。

此外，我们还要感谢以下外部评审员提出的宝贵意见：Valerio De Stefano（鲁汶大学）；Enrique Fernández Macías 和 Annarosa Pesole（欧盟委员会联合研究中心）；Torbjörn Fredriksson（联合国贸易和发展会议）；Guy Mundlak（特拉维夫大学）；María Luz Rodríguez Fernández（卡斯蒂利亚大学——拉曼恰）；Anna Ilsøe（哥本哈根大学）；Koen Frenken（乌得勒支大学）；Andrey Shevchuk（国立研究大学经济学院）；M. Six Silberman（机构平台）；Mohammed Amir Anwar（爱丁堡大学）；Padmini Swaminathan（MIDS 前董事）和 J. Krishnamurthy（前国际劳工组织工作人员）。

本报告也受益于国际劳工组织工人活动局和国际劳工组织雇主活动局的参与和建议，特此对他们所付出的努力表示感谢。

感谢国际劳工组织以下人员在撰写报告过程中提出的宝贵建议：Claire Harasty 和 Alinn Khan（负责政策事务副总干事办公室）；Cecile Balima、Xavier Beaudonnet、Karen Curtis、Tim de Meyer、Emmanuelle St-Pierre Guilbault、Erica Martin、Irini Proios Torras、Lisa Tortell、Anna Torriente 和 Maria Marta Travieso（国际劳工标准局）；Ashwani Aggarwal、Paul Comyn、Patrick Daru、Guillaume Delautre、Henri Ebelin、Christine Hofmann 和 Dorothea Schmidt-Klau（就业政策部）；Simel Esim、Emmanuel Julien、Vic Van Vuuren（企业部）；Christina Behrendt、Kroum Markov 和 Quynh Anh Nguyen、Shahrashoub Razavi（社会保障部）；Mariangels Fortuny、Waltteri Katajamaki、Oliver Liang、Hitomi Nakagome 和 Elisenda Puertas（区域政策部）；Colin Fenwick、Youcef Ghellab、Susan Hayter 和 Konstantinos Papadakis（治理和三方关系部）；Janine Berg、Umberto

Cattaneo、Olga Gomez、Martine Humblet、Martin Oelz、Shauna Olney、Esteban Tromel 和 Brigitte Zug-Castillo（工作条件和平等部）；Marva Corley-Coulibaly、Angela Doku、Veronica Escudero、Sabrina de Gobbi、Carla Henry、Tahmina Karimova、Stefan Kühn、Hannah Liepmann、Bashar Marafie、Rossana Merola、Ira Postolachi、Pelin Sekerler Richiardi、Nikolai Rogovsky、Tzehainesh Teklè 和 Maria-Luz Vega（研究部）；Coen Kompier、Ken Chamuva Shawa、Jean-Marie Hakizimana 和 Pamphile Sossa（国际劳工组织非洲区办事处）；Jealous Chirove（国际劳工组织坦桑尼亚、肯尼亚、卢旺达和乌干达办事处）；Sara Elder 和 Christian Viegelahn（国际劳工组织亚洲和太平洋地区办事处）；Bharti Birla，Xavier Estupiñan（国际劳工组织南亚体面劳动技术支持小组（DWT）和国际劳工组织印度办事处）；Tendy Gunawan（国际劳工组织印度尼西亚办事处）；Andrés Marinakis（国际劳工组织技术支持小组和拉丁美洲"南锥体"国家办事处）；Elva Lopez Mourelo（国际劳工组织技术支持小组和阿根廷办事处）；Anne Posthuma（国际劳工组织乌拉圭办事处）；Michael Braun、Maurizio Bussi 和 David Mosler（国际劳工组织欧洲和中亚地区办事处）。

根据国际劳工组织与法国签署的2015~2020年合作协议，我们非常感谢法国政府在此次研究项目中提供的资金支持。

我们还要感谢May Hofman 和 Nina Vugman的编辑工作，感谢国际劳工组织出版局对报告的设计、排版和制作。同样，我们也非常感谢国际劳工组织宣传和新闻部对报告在世界各国进行的宣传发布和交流工作。

在本报告撰写过程中，国际劳工组织图书馆的同事给予了大力支持，尤其是在疫情期间，为此，我们对他们表示衷心感谢。对Laura Finkelstein提供的鼎力协助也深表感谢，以及感谢Judy Rafferty的编辑和翻译工作。

最后，我们非常感谢来自全球的14家工人协会机构、85位企业家代表和12000名工人参与国际劳工组织进行的调查和采访，他们分享了经验、提出了宝贵建议，为本报告的完成做出了贡献。

执行摘要

数字经济正在改变着工作世界。在过去十年里，随着网络和云计算技术的日渐成熟，信息和通信技术的不断创新，商业经济得到了迅速发展。与此同时，个人、企业和设备终端之间大量的信息交换也得以实现。可以说，数据已成为驱动数字经济增长的关键力量。数字转型在多个经济领域逐渐渗透是最突出的表现。自2020年3月以来，受新冠肺炎疫情影响，远程工作的增加进一步强化了这种趋势。数字平台可以提供一系列服务和产品，本报告将着重讨论数字劳动力平台在社会经济生活中的全面渗透，以及它如何运用数字技术创新来管理工作。

数字劳动力平台是数字经济的重要组成部分。在这种新型模式下，个人或企业客户可以随时乘车、点餐，或者寻找自由职业者来开发网站、翻译文档、完成其他工作和活动。数字劳动力平台为企业和客户与工人搭建了桥梁，改变了劳动过程，对未来工作方式产生了深远意义。数字劳动力平台可以分为两大类：基于在线网络平台和基于指定位置平台。前者是指工作任务由工人线上远程完成，主要包括通过自由职业者平台和竞赛类平台提供翻译、法律、金融和专利咨询服务，以及设计与软件开发；在指定时间内在

竞争性编程平台进行复杂数据处理和分析；或通过微任务平台完成短期任务，如图像注释、内容审校、视频转录等。后者是指任务由个人在指定位置完成，例如出行服务、配送服务和上门服务（包括水管工或电工）、家政服务和护理服务。

数字劳动力平台提供了新的工作机会，包括为女性、残疾人、年轻人，以及在传统劳动力市场上被边缘化的人。特别是发展中国家，数字平台带来了前所未有的机会，为此，许多国家政府加大了对数字基础设施和技能培训的投资力度。另外，平台允许企业灵活接触全球范围内具有各种技能的劳动者群体，这样不仅能够提高企业效率和生产力，也扩大了客户群。

数字劳动力平台在带来机遇的同时，也伴随着风险和挑战。其面临的挑战涉及平台工人的工作条件、工作规律性和收入，以及他们缺乏获得社会保护的机会、技能运用、结社自由和集体谈判权。

对从事非正式工作、非标准工作的工人来说，数字平台带来的挑战更为明显，且增长较快的数字劳动力平台工人也开始逐渐受到影响。新冠肺炎疫情不仅暴露了从业者（尤其是基于指定位置平台工人）面临的风险和不平等现象，也给传统企业带来了风

险，其主要表现为：一方面，受数字平台的不公平竞争，如一些平台公司不受常规税收和其他法律法规的约束，缺乏应有的劳动者保障条例等；另一方面，缺乏数字转型所需的资金支持，尤其是中小企业（SMEs），它们很难获得可靠的数字基础设施，在南半球国家这一点更为明显。

为深入理解数字劳动力平台如何改变工作世界，以及如何影响平台雇主和平台工人，报告对全球100个国家的约12000名工人进行了采访，涉及自由职业者平台、竞赛类平台、竞争性编程平台和微任务平台工人，以及出行领域和配送领域人员。此外，还对全球多个领域的70位企业代表、16家平台企业和14个平台工人协会进行了访谈。

根据对31份大型的基于在线网络平台和基于指定位置平台的平台服务协议研究分析，以及来自平台工人和客户群的反馈，报告对平台商业模式和商业策略进行了前瞻性、全面性的国际化概述，探讨了平台治理和监管缺失问题，审视了多国政府和社会合作伙伴采取的平台监管举措。最后，为确保企业可持续发展、人人享有体面工作，推进实现联合国可持续发展目标，报告建议，在数字劳动力平台迅速发展的今天，我们应紧抓机遇，战胜挑战。

过去十年来，全球范围内数字劳动力平台增长了5倍，主要集中在少数国家。

据统计，2020年基于在线网络平台和基于指定位置平台（如出行平台和配送平台）的平台公司数量由142个增加到777个以上。在此期间，基于在线网络平台增加了2倍，出行平台和配送平台则增长了约10倍。新增平台中很大一部分集中在美国（29%）、印度（8%）和英国（5%）。

数字劳动力平台主要包括两类员工：一类是直接受雇于平台或通过平台获取工作，这类员工被称为"雇员"，他们与雇主之间存在雇佣关系；另一类员工被称为"自雇员工"或独立承包商。平台受雇员工负责整个平台的运营，但这部分员工仅占平台劳动力的少数。例如，欧洲最大的自由职业者平台PeoplePerHour仅有约50名受雇员工，却可以管理240万技术工人的工作。

由于部分平台数据未被披露，因此，我们很难估算以平台为媒介的实际劳动力整体规模。据欧美研究人员和统计机构调查发现，仅在2015~2019年，平台工人（成年劳动力）的比例已从0.3%增长到了22%。

在基于在线网络平台，由于劳动力供大于求，对劳动收入构成了下行压力。

Online Labour Observatory指出，根据自2017年以来对基于在线网络平台劳动力供求情况的追踪发现，自由职业者和微任务工作者的供求均有增加。新冠肺炎疫情暴发以来，平台劳动力供应大幅增长，需求缩减，且部分平台劳动力转向了与软件开发技术服务相关的工作。基于在线网络平台中排名前五的工作需求主要来自发达国家，而劳动力供应则来自发展中国家。有证据表明，一些数字劳动力平台因劳动力供应严重过剩，导致激烈的工作竞争，对工资收入构成了下行压力。

数字劳动力平台投资和收益也呈现出地理分布差异。

现有96%的数字劳动力平台投资都集中在亚洲（560亿美元）、北美（460亿美元）和欧洲（120亿美元）。相比之下，在拉丁美洲、非洲和阿拉伯国家的投资总额占比为4%（40亿美元）。与配送服务或基于在线网络平台相比，出行平台获得了更多的风险投资。然而，出行平台存在资金分配不均问题，其中75%的资金主要集中在两家平台公司。

2019年全球数字劳动力平台产生了至少520亿美元的收益，其中大约70%的收益集中在美国（49%）和中国（23%），而欧洲（11%）和其他地区（17%）占比相对较低。2019年全球7家最大科技企业累计收入超10100亿美元，其中多数企业对数字劳动力平台进行了大量投资。

数字劳动力平台业务策略建立在四大关键要素之上。

四大关键要素不仅为平台奠定了市场基础，使其利用网络效应得到了快速发展，同时也为企业和工人带来了收益。

▶ 收入策略：通过提供订阅计划，向平台工人和/或加入订阅计划的企业、客户或消费者收取各种费用。在线网络平台可以为客户提供多种订阅计划和定制服务，采用免费试用的方式来吸引订阅用户。此外，通过收取额外费用，它还可以为订阅计划的平台工人提供额外的好处，这对那些想获得更多工作的平台工人来说是必不可少的。数字劳动力平台通常向平台工人和平台公司收取佣金。对平台工人来说，这种费用往往比在线网络平台的客户高很多。例如，2019年Upwork收入中有62%来自平台工人，只有38%来自客户。在基于指定位置平台中，网约车司机通过平台即可支付佣金，而配送员则是由配送公司和客户支付佣金。

▶ 平台工人招聘及与客户的匹配：在分配和评估工作、管理和监控工作人员方面，算法逐渐取代了人工。传统人力资源招聘主要参考应聘者的受教育水平、工作经验等，而算法通常考察评价等级、客户评语、取消或接受工作任务的比率以及应聘者的个人资料。基于在线网络平台招聘工人时，还可能会考虑应聘者已加入的订阅计划和已购买的软件包。这种招聘方式的弊端是：有可能会屏蔽一些应聘者，特别是来自发展中国家和收入较低的工人。

▶ 工作流程和绩效管理：算法管理是平台业务模型的核心。为简化工作流程、监控工作人员、实现客户端和工人端的沟通功能，平台提供了各种软件和硬件设施，如基于指定位置平台利用全球定位系统监控平台工人的活动；基于在线网络平台自动捕捉屏幕截图或使用笔触工具。此外，算法还会通过指标（如客户评论和客户反馈）对平台工人进行绩效考核评估。

▶ 平台治理规则：平台服务协议条款对塑造平台治理架构具有重要意义，然而，这些协议通常是单方面确定的，工人、客户和企业必须在接受服务协议条款后才能访问该平台。除了要求遵守平台使用的行为准则外，还包括接受或拒绝工作、停用平台账户和使用数据。这种治理模式不仅极大地控制了平台工人的工作自由，还通过排他性条款来决定客户或企业与平台工人互动的方式和条件。

从初创企业到《财富》世界500强企业，越来越多的企业依赖在线网络平台。

企业使用在线网络平台的原因有：简化招聘流程；降低成本，提高效率；获取知识并寻求创新。通过开源平台，许多企业的绩效得到了提升，还灵活地接触到具有各种技能的庞大的工人群体。

中小企业在基于指定位置平台中受益匪浅。

许多传统企业已经开始将业务转向基于指定位置平台，特别是中小企业，它们主要集中在餐饮业和零售业。为应对激烈的市场竞争、扩大客户群、与瞬息万变的市场保持同步、迎合消费者的偏好需求，这些企业越来越依赖数字劳动力平台。尤其是新冠肺炎疫情暴发以来，餐饮业严重依赖外卖平台，一方面是为了提高知名度，开拓市场；另一方面，可以提高生产率、效率和利润率。

数字劳动力平台不仅支持了新兴企业的成长，也重新定位了一些行业。

在流程自动化工作的时代，全球涌现出大量数字技术初创企业，在人工智能领域（AI）尤为明显。然而，由于人工智能技术尚不能实现全自动化工作，这些初创企业会严重依赖数字劳动力平台和平台工人。目前，它们分布在全球各地，通过"人在更新循环"（human-in-the-loop）过程训练机器学习算法来完成各项工作任务。

经过调整业务战略，数字劳动力平台为一些企业开辟了更为广阔的市场。例如，业务流程外包（BPO）行业正在转型，不再像从前以口头解说的方式来满足客户需求，如今从头至尾都是依靠数字工具，其中包括脸书和WhatsApp、网络聊天或电子邮件，以及可以实时反馈信息的人工智能机器人。

除了直接与客户合作外，业务流程外包公司试图通过在线网络平台来维持业务。许多技术公司将一些工作任务（例如，内容校对、转录、注释和图像标记）外包给发展中国家的工人，为大学毕业生、身处逆境的人提供了就业机会，履行了企业社会责任。人们普遍认为，这类工作任务可以由人工智能替代，然而，事实上它们更需要人类的价值判断。因此，这类工作任务主要外包给发展中国家的工人或在线网络平台的"无形"工作者。

平台在创造机会的同时也带来了一些挑战。

在线网络平台企业通常存在战略管理风险和人力资源风险。拿配送平台公司来说，高额的佣金意味着利润的下降，而脆弱的基础架构则不利于公司的平稳运营。传统行业（特别是零售行业）与大型电子商务平台的竞争也愈演愈烈。它们面临着一系列挑战，如不正当竞争，不利合同条款，数据、排名和定价不透明，以及争议解决机制薄弱。从更宽泛的概念来说，企业竞争环境不平等。

调查发现，数字劳动力平台工人多数为高学历的男性工人。

国际劳工组织对基于在线网络平台和基于指定位置平台（出行平台和配送平台）工人进行调查发现，大多数平台工人的年龄在35岁以下，且受过良好教育，这种情况在发展中国家更为普遍。

尽管数字劳动力平台也有女性工人，但她们所占比例极小，在基于在线网络平台和基于指定位置平台中分别占40%和10%。在一些国家和地区，基于应用程序的配送平台已成为劳动力市场中边缘化群体寻找工作机会的重要来源。

在自由职业者平台上，职业性别隔离是劳动力市场的普遍现象。与男性相比，女性更多地从事专业服务（如提供法律、翻译、写作和编辑服务）、商业服务或市场营销等。只有极少数女性从事的工作跟技术和数据分析相关。

由于性别、平台类型不同，平台工人的工作动力各不相同。

在线网络平台工人的工作动力主要源于两大因素：一是为了增加收入；二是个人偏好，或需要在家工作，或考虑工作的灵活性。在自由职业者平台上，选择在家工作或考虑工作的灵活性是首要因素；而在微任务平台上，增加收入则是最重要的原因。相反，竞争性编程平台从业者的主要目的是为了提高技能，增加就业机会。在发展中国家和发达国家，在家工作或灵活性工作更受女性欢迎。对基于指定位置平台工人来说，缺乏其他就业机会、工作灵活性较好、薪水较高是主要的激励因素。

对许多工人来说，数字劳动力平台是其主要收入来源……

基于指定位置平台的大多数工人表示，他们的收入主要来自平台；基于在线网络平台的工人中则有1/3表示，平台工作是他们主要的收入来源。对于发展中国家和女性工人，这一比例更高。

……然而，在发达国家和发展中国家，基于在线网络平台工人的收入分配存在明显差异。

基于在线网络平台工人一周内平均每小时收入为3.4美元，然而，有一半的在线平台工人每小时收入低于2.1美元。自由职业者平台工人平均每小时收入为7.6美元，而微任务平台工人的收入只有3.3美元。发展中国家平台工人的收入往往低于发达国家。例如，在自由职业者平台上，即便明确了工作任务，平台工人的收入也要低60%。基于在线网络平台工人的收入主要受以下因素影响：无偿工作中花费的时间（如寻找工作或完善个人资料），应聘人员过剩导致岗位竞争激烈，高昂的佣金费，因拒绝工作而无法支付薪酬。

有证据显示，在自由职业者平台上，性别工资差距相对模棱两可。从全球范围内来看，招聘平台工人的基本条件（比如学历和工作经验）确定后，平台工人每小时的收入并没有差异；从各国的情况来看，在某些情况下这种差距会非常明显。同样，对于基于指定位置平台，一些国家也存在性别工资差异。

在发展中国家，基于应用程序（App）平台的出行领域和配送领域的收入往往高于传统行业。

在本报告中分析的国家和地区中，基于应用程序平台的网约车司机和配送员的时薪各不相同，但他们的收入均高于传统行业。特别是出行领域，由于平台能够以低成本为客户提供服务，极大地拓展了平台业务。此外，平台对工人的奖励、激励措施也吸引了大量劳动力，导致劳动力供过于求，劳动力市场竞争异常激烈。在这种情况下，也会减少传统行业的创收机会。在一些接受调查的国家中，超过70%的传统出租车司机反馈，与进入这个行业初期相比，目前每天的出车次数和收入均有所下降。

在基于指定位置平台和基于在线网络平台中，工作时间也大不相同……

基于在线网络平台工人通常每周工作27个小时，包括有偿工作和无偿工作，其中约1/3的时间（或8个小时）是用来做无偿工作。除平台工作以外，他们中约有一半的人还会从事额外劳动，工作时间达到每周28个小时。如此一来，这些人每周的实际工作时间更长。一些基于在线网络平台工人还会面临不可预知的工作日程和加班，特别是在发展中国家，客户大多数来自发达国家，由此对发展中国家平台工人如何平衡工作与生活造成了很大困扰。

一些基于指定位置平台网约车司机和配送员称，他们大多数从事长时间密集工作，平均每周工作时间分别达65个小时和59个小时。在基于应用程序的出行平台和配送平台上，有很大比例的受访者（分别为79%和74%）表示，受交通拥堵、薪酬不足、订单减少、工作时间长、工伤风险等因素的影响，他们承受着一定程度的工作压力。

……然而，不管是基于在线网络平台，还是基于指定位置平台，许多平台工人愿意承担更多的工作任务

许多基于在线网络平台和基于指定位置平台的从业者表示，他们愿意接受更多的工作。之所以不能实现，主要原因是没有足够的工作任务或高薪工作。此外，平台设计还可能会限制某些发展中国家工人访问基于在线网络平台的高薪工作。

在不同的数字劳动力平台上，对平台工人通过正规教育获得工作技能和资格认证的要求也大不相同。

平台正在重新定义正规教育和工作机会之间的联系，比如工作简历、评级和评语对工人获取工作机会来说至关重要。通过观察发现，在数字劳动力平台上，不管是从纵向维度还是横向维度来看，平台工人的技能在不同程度上并未能得到有效匹配。自由职业者平台和竞争性编程平台的很大一部分工人表示，他们的技能与工作要求是相互匹配的，很多人正在从事着与研究领域相关的工作。然而，对微任务平台工人而言，技能不匹配则表现得十分突出：受过良好教育的工人所从事的工作往往只需要很少或不需要特定技能。同样，在出行领域和配送领域上，有相当一部分平台工人接受过高等教育。

数字劳动力平台的工作条件在很大程度上受平台服务协议条款的约束。

平台服务协议条款通常是平台单方面确定的，协议条款对工作时间、工资、客户认可、适用法律和数据所有权等做了规定。由于平台工人的自主性较强，对平台的人身依附性较弱，双方更多的是建立了劳动关系以外的合作关系，而全然不顾这种关系的实质如何。因此，这些平台工人无法获得工作场所保护及应享有的基本权利。

平台设计和算法管理记录着数字劳动力平台工人的日常劳动实践和表现。

根据平台工人的评级，平台算法可以将工人与客户进行匹配。评级本身是通过多指标算法分析而得出的，例如接单率和拒单率，这在一定程度上限制了平台工人的工作能力和自由。有大量基于应用程序平台的网约车司机和配送员反馈，考虑到对个人评分的影响，他们往往无法拒绝或取消工作任务。如果评分降低，则可能导致工作机会减少，奖金被取消，罚款，甚至账户被停用。

虽然许多数字劳动力平台工人认为取消订单或低分评价的理由并不合理，但这种现象十分常见。他们中的大多数人不了解如何通过正规程序去投诉或寻求帮助。相反，自由职业者平台工人熟悉投诉流程，因此在很多情况下能够获取有利结果。一些基于指定位置平台的从业者偶尔也会面临账户停用的问题，然而，通过上诉寻求帮助，大约会有一半的人成功解决了账户停用问题。

平台工人通常无法进行集体谈判。

在许多司法管辖区，竞争法禁止自雇工人进行集体谈判。国际劳工组织1948年《结社自由和保护组织权公约》（第87号公约）和1949年《组织权与集体谈判权公约》（第98号公约）规定了工人的结社自由和集体谈判权。在加拿大、爱尔兰、日本和西班牙等国家，某些行业的自雇工人在特定规定下可以进行集体谈判。数字劳动力平台工人进行集体谈判所面临的另一问题是：他们在地理位置上比较分散。尽管如此，还是有来自不同地区的工人通过数字化手段组织起来进行罢工，例如，基于指定位置平台工人发起了维权诉讼并由此促进了工会的发展。一些工人还建立了平台工人合作社。

大多数数字劳动力平台工人不在社会保障覆盖范围之内。

在医疗保险、工伤保险、失业保险、残障保险以及养老保险方面，数字劳动力平台工人存在着巨大的不足和缺失。由于平台工人缺乏获得社会保护的机会，因此对于那些基于应用程序平台的网约车司机和配送员来说，他们面临着各种职业安全和健康风险，这种情况对女性更为严重。在新冠肺炎疫情期间，基于指定位置平台从业者的社会保护缺失问题更为严峻。

有大量数字劳动力平台工人曾经历或目睹了歧视或骚扰。

据发展中国家受访女性和工人表示，由于国籍和性别差异，基于在线网络平台的歧视问题经常和就业排斥或低薪相关。基于指定位置平台工人也表示曾遇到过类似问题。基于应用程序的网约车司机反馈，他们在工作过程中常常会遭遇乘客、传统出租车司机或警务人员的攻击性行为或粗鲁行为。此外，基于应用程序的配送员也提到了一些遭受顾客、餐厅、警务人员歧视的案例。

新冠肺炎疫情暴露了平台从业者面临的众多风险。

根据国际劳工组织对四个国家的快速评估调查发现，新冠肺炎疫情对基于指定位置平台的工人产生了很大影响。例如，出行领域和配送领域的大多数从业者表示，因需求下降，九成的网约车司机和七成的配送员收入缩减。为弥补收入损失，一些工人开始从事额外劳动，或在平台以外通过个人的社会联系提供出行服务或配送服务。还有许多工人选择减少不必要的支出，动用存款，延期支付账单或贷款等。

一些基于指定位置平台的从业者称，虽然他们在工作期间对可能感染新冠肺炎感到焦虑，但出于经济需要，仍然在危机期间坚持工作。七成从业者表示，这是因为在新冠病毒测试呈阳性的情况下无法获得带薪休假或补偿，因此他们冒着可能危害自己和他人健康的风险。

一些基于指定位置平台已采取提供安全培训和个人防护设备（PPE）等措施来减少从业者的职业安全和健康风险。但在调查中发现，大约有一半收到个人防护设备的从业者称其数量不足或质量不佳。此外，八成从业者因必须自行购买个人防护设备而产生了额外的财务支出。

许多国家和地区已经开始着手解决平台用工问题。

许多国家已通过多种方式来保护平台工人的合法权益，这些措施包括：

▶ 职业安全与卫生：澳大利亚和新西兰将有关法律规则、法律条文等翻译为多种语言，扩大职业卫生与安全服务的覆盖面。巴西则通过了一项司法裁决，该决议规定，平台工人将参照现有职业安全卫生管理体系标准执行。

▶ 社会保障：一些国家引入创新举措，确保平台工人能够获得适当的社会保障福利。其中，在法国，数字劳动力平台需承担自雇工人的意外保险费；在拉丁美洲，一些国家扩大了自雇平台工人的社会保障权益；在印度尼西亚和马来西亚，平台工人可获得工伤补偿和死亡抚恤金。为应对新冠肺炎疫情，爱尔兰为平台工人提供了医疗补助，芬兰和美国则向没有社会保险的自雇平台工人提供了失业补助。

▶ 雇佣关系：员工劳动关系十分重要，因为它与个人的社会保障紧密相关。根据平台工人的诉讼案例，许多国家采取多种方法对平台工人进行了分类，而研究了解平台工人雇佣状况的方法既不会过于宽泛，也不会过于狭窄。其中包括：（1）基于平台的执行控制量，被划分为受雇员工；（2）为扩大劳动权益保护范围，被划分为中间类别；（3）为确保获得某些利益，被划分为建立在事实基础上的中间类别；（4）根据工作的灵活性和自由性，被划分为自雇工人。

▶ 工作时间和劳动报酬：一些新的劳工标准已适用于基于数字平台的工作。例如：法国法律规定，平台自发社会秩序中应包括"自愿放弃劳动关系"的权利和自雇平台工人获得"体面劳动、合理报酬"的权利。

▶ 争议解决：一些平台根据仲裁条款将劳动争议解决限制在特定的司法管辖区，这种做法损害了平台工人的权益。针对这一问题，加拿大最高法院宣布平台的仲裁条款无效，原因是"平台合同不具有强制执行效力"。

▶ 数据获取和隐私保护：巴西、印度、尼日利亚和欧盟国家等已采取有效措施来保护数据和隐私。法国最新《劳动法典》修正案规定，运输业自雇平台工人有权依据工作要求获取相关数据。

随着数字劳动力平台监管问题受到越来越多人的关注，许多平台公司、工人组织已经开始着手解决其中一些问题。

在丹麦，一家清洁平台公司与工会经过集体谈判达成了一项协议：一些平台工人可以转为受雇员工。为解决平台工人面临的挑战和问题，平台公司单独或与其他平台共同制定了有关行为准则。目前已有六家数字劳动力平台签署了《世界经济论坛良好平台工作原则宪章》，其中涉及职业安全与福利、工作灵活性、公平条件、社会保护、工人群体发声与参与，以及数据管理，等等。

由于数字劳动力平台在多个司法管辖区运作，因此需要通过国际政策进行对话与协调。

许多政府、非国家主体采取了措施来规范数字劳动力平台，然而，各国的举措差异很大。例如：由于基于在线网络平台的客户、工人处于不同的司法管辖区，因此许多国家在执行监管工作时面临着诸多挑战。在这方面，国际劳工组织《2006年海事劳工公约》树立了典范。该公约对涉及行业在不同司法管辖区的运作管理做出明确规定。类似方法也可应用于数字劳动力平台。另一重大事件便是国际劳工组织制定的《关于跨国公司和社会政策的三方原则宣言》（2017），它为跨国公司在社会政策制定、提供具有包容性、可持续性和负责任的工作场所方面提供了指引。

鉴于各国和平台公司不同的应对举措，通过国际政策进行对话与协调以确保监管方面的确定性和国际劳工标准的应用，显得至关重要。更为重要的是，国际劳工组织工作中的基本原则与权利应适用于所有平台工人，不应因其身份不同而加以区分。此外，通过拓展和调整国际劳工组织其他公约条款，如公平支付系统、公平终止劳动合同及争议解决等，保障平台工人应有的权利。

未来前景……

通过全球社会对话，一方面可以带来更多的机会，另一方面也有助于应对挑战，最终目的是为了提供体面的工作机会，可持续地促进企业增长，为实现可持续发展目标作出贡献。国际劳工组织全球未来工作委员会建议发展国际治理体系，设定最低保护标准原则，并要求平台和客户遵守这些原则。此外，国际劳工组织呼吁在"以人为本"原则的基础上进行算法管理、规制和管理工人，以确保"最终决定权永远掌握在人类手中"。

《国际劳工组织未来工作百年宣言》呼吁，为促进持久、包容性和可持续经济增长，促进充分的生产性就业，促进人人有体面工作，既要有个人数据保护和隐私政策，也要有应对数字化工作世界中的挑战和发现机遇的措施。

这些目标可以通过利益相关方，特别是数字劳动力平台、平台工人及其工人代表和政府之间的社会对话来实现。在多个国际组织和论坛的努力下，数字劳动力平台将能够得到长足发展，为推进包容性、可持续发展做出巨大贡献。通过监管对话与协调，以确保国内法律在贯彻落实过程中应遵循的基本原则和权利，包括其他重要法律规定，例如与职业安全与健康、社会保障相关的规定适用于所有工人，包括平台工人。因此，本报告呼吁平台企业、政府和国际组织之间进行社会对话和监管合作，这可能会逐步带来更有效和一致的方法，以实现以下目标：

▶ 确保公平竞争，为企业实现可持续发展营造良好环境；

▶ 参照劳动法和消费法，推进平台工人与平台企业间劳动合同的公开化、透明化；

▶ 工人的雇佣状况得以正确分类，并且符合国家分类系统；

▶ 确保数字平台工人和企业评级、排名的透明性，包括基于在线网络平台、基于指定位置平台和电子商务平台；

▶ 算法对工人和企业具有透明度和责任感；

▶ 保护平台工人的个人信息数据，以及与平台业务及其活动相关的数据；

▶ 自雇平台工人可以享受集体谈判的权利，如将竞争法与劳动法进一步统一协调；

▶ 为数字劳动力平台及其工人重申反歧视法和职业安全与健康法；

▶ 通过在必要时扩展和调整政策和法律框架，确保所有工人，包括平台工人，都可以获得适当的社会保障福利；

▶ 确保平台工人的公平离职程序;

▶ 平台工人享有独立的争议解决机制;

▶ 平台工作人员有权选择诉诸其所在辖区的法院;

▶ 享有工资保障、公平支付和标准的工作时间;

▶ 平台工作人员可以在不同的平台自由地执行工作任务,包括共享工人的数据信息等,如评级;

▶ 有效推进向数字经济征税,包括平台、客户和员工及其交易。

第1章

产业数字化转型与工作世界

数字经济的崛起

受雇员工

99家设计平台	139	1,200,000
Appen	800	1,000,000
HackerRank	200	11,000,000
美团	54,580	3,987,000
PeoplePerHour	50	2,400,000
Rappi	1,500	25,000
优步（Uber）	26,900	5,000,000

平台管理员工

ICT技术支持服务

数据驱动

算法管理

过去十年来，全球范围内的数字劳动力平台增长了5倍

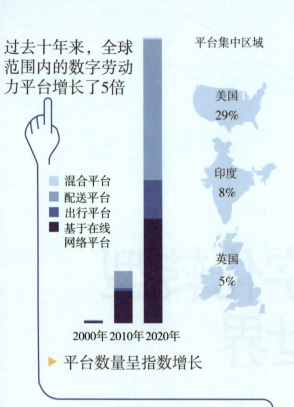

平台集中区域

- 混合平台
- 配送平台
- 出行平台
- 基于在线网络平台

2000年 2010年 2020年

▶ 平台数量呈指数增长

美国 29%

印度 8%

英国 5%

1190 亿美元

▶ 平台全球投资

出行平台 620亿美元

配送平台 370亿美元

混合平台 170亿美元

基于在线网络平台 30亿美元

96% 投资于亚洲、北美和欧洲

4% 投资于拉丁美洲、非洲和阿拉伯国家

49% 美国

11% 欧洲

23% 中国

17% 其他地区

520 亿美元

▶ 全球平台收入

▶ 引言

技术进步和科技创新的速度史无前例。20世纪90年代，以信息和通信技术（ICT）为核心的技术革命使互联网迅速发展和普及，对全球各国的经济活动产生了重大影响，重塑了区域、国家、国际经济发展大格局。在全球供应链中，企业为节约成本，以外包或合同分包的形式将部分工序转移到其他国家进行生产，由此产生了行业地域分化。自21世纪早期，互联网宽带技术和高速互联网的广泛应用为数字经济提供了基础设施底层支持。企业和个人广泛使用网络通信设备，不仅为在线网络平台的交易铺平了道路（例如亚马逊和eBay等平台），也为数字经济的发展奠定了基础（Castells，2010）。

在过去十年里，云计算基础设施和计算机服务的使用推动了数字经济的高速发展，并广泛渗透到其他经济领域。平台大致可以分为三类：一是为用户个人提供数字服务和产品的平台，如社交媒体；二是交易商品和服务的平台，如电子商务平台或企业对企业交易平台（B2B）；三是在不同用户之间调节劳动力分配的平台，包括Upwork或优步（Uber）等平台。这些数字平台正在重新定义经济交换的方式和手段，并且日益塑造着工作世界。

本报告重点介绍了两种主要类型的数字劳动力平台：基于在线网络平台，工作任务由工人在线远程执行，并被分配给群体（如微任务平台和竞争性编程平台）或个人（如自由职业者平台和竞赛类平台）；以及基于位置平台，任务由个人在指定位置完成，如网约车司机和配送员（见图1.1）。数字劳动力平台充分发挥着其独特的功能，将平台企业、客户和工人有效联系起来，为工人和平台企业提供了新的机会。此外，新技术的出

▮▮▮ 数字劳动力平台是数字经济的鲜明特征。

现催生了新经济的发展，也引致工作流程和工作方式的变化。新冠肺炎疫情则进一步强化了数字平台在经济发展中的重要作用。需要强调的是，平台规模的扩大与数据相关性的提高密不可分，特别是通过云计算来实现大数据储存和分析。与此同时，平台还获得了风险投资基金的支持，这对其自身的发展起到了重要作用。

数字劳动力平台为工人提供了新的创收机会，灵活性的工作安排对女性、残疾人和年轻人来说更为方便，这也为在传统劳动力市场中被边缘化的人提供了就业机会，如难民和移民工人。通过低薪收入或季节性工作收入，平台为工人补充了收入来源（Surie and Sharma，2019）。鉴于数字劳动力平台逐渐成为工人增加收入来源的重要渠道，许多发展中国家政府开始投资数字基础设施，支持培训机构向工人提供数字技能培训（Graham，Hjorth and Lehdonvirta，2017；Heeks，2017）。

数字劳动力平台为企业带来了巨大好处。例如，通过基于在线网络平台，企业可以在全球范围内引进人才、降低成本、提高生产率（Corporaal and Lehdonvirta，2017）。基于指定位置平台的企业有机会进入更广阔的市场领域，接触更广泛的客户群和工人群，增加营业收入，提高生产力。电子商务平台为企业销售产品开辟了更宽广的空间，如在亚马逊平台上进行销售的中小企业（SMEs）。

数字劳动力平台为企业和工人带来机遇的同时，也伴随着挑战。激进的定价策略使许多中小企业面临潜在的竞争对手。工人面临的挑战大多与工作条件、工作的规律性、收入，以及缺乏获得社会保护的机会、结社

自由和集体谈判权相关。数字转型改变了原有的就业结构，新增出现的非标准工作安排引发了不稳定的劳动关系，为就业和收入带来了风险（OECD，2020a）。新冠肺炎疫情则进一步揭示了数字劳动力平台工人面临的这种风险（ILO，2020a，2020b）。

本报告的重点内容是：随着数字经济平台的持续演进，规模逐渐扩大，新就业模式和市场环境也不断发生变化。在此背景下，平台受雇员工与个体经营者之间的差异不再明显。日益激烈的经济全球化竞争使非正规就业进一步增加、就业福利却不断减少，造成了劳动力两极分化（Berg，2019）。此外，数字革新改变了人力资源管理实践方式，在分配和评估以及管理和监控工作人员方面，算法正逐渐取代人工。这些深刻且迅速的变化对全球范围内工人的福利收入、工作条件等都产生了重大影响，在中等收入和低收入国家尤为明显。因此，多个国家和地区就数字劳动力平台监管问题进行沟通与对话，目的是为确保提供体面的工作机会，推进企业公平竞争。

尽管数字劳动力平台处于发展的初期，但在过去十年中一直保持高速增长。屈克等人（Kuek et al.，2015）根据在线微任务平台和自由职业者平台受访者披露的数据估算，2016年平台的全球销售收入达48亿美元。最大的在线网络平台Upwork的销售收入从2016年的1.64亿美元增加到2019年的3.01亿美元（Upwork，2020）。由于数字劳动力平台迅速发展并重塑着工作世界，因此，解决平台工人和企业面临的挑战，对充分发挥数字劳动力平台的创收潜力、实现联合国可持续发展目标（SDGs）至关重要。了解、获取平台企业和工人的反馈有助于更好地探索数字劳动力平台商业模式的核心功能，以及如何更通畅地与平台企业互动。本报告回顾了数字劳动力平台给企业和工人带来的机遇与挑战，探讨了维护平台企业和工人权

益、促进可持续发展方面的监管制度和政策举措。

第1章主要介绍数字经济和数字平台的兴起，尤其是数字劳动力平台，探讨平台发展对各经济领域和劳动力市场的影响，强调数字劳动力平台在改变工作世界方面所发挥的独特作用。此外，本章还对平台公司和平台工人的数量进行了估算，对数据和金融在数字平台崛起中的作用，以及平台给企业和工人带来的挑战进行了论述。

第2章根据对31份大型平台服务协议条款的分析及16位基于在线网络平台、基于指定位置平台代表的访谈，主要探讨基于在线网络平台和基于指定位置平台的业务策略及业务模型的关键要素。业务模型的关键要素主要包括收益模型、定价策略、人才招聘、算法管理、员工评估及平台治理规则。

第3章根据对70位中小企业及大型企业代表的访谈，主要研究数字平台在各经济领域广泛渗透，探讨企业如何利用数字劳动力平台及其原因。通过案例分析，对数字劳动力平台为初创数字科技企业和外包业务流程（BPO）企业创造的机会进行了介绍，对传统企业，特别是零售行业的中小企业带来的影响进行了分析。

第4章根据对世界各地多个部门的约1.2万名受访者的访谈，主要探讨数字劳动力平台工人面临的机遇和挑战，并首次对多个国家（特别是发展中国家）和行业领域的平台工人实践经验情况进行概述和总结。

第5章主要探讨数字劳动力平台、政府和社会组织为应对数字平台带来的挑战而采取的一系列监管和治理举措。

第6章呼吁应从国家层面、全球层面和多边层面进行社会对话与合作，以便为平台工人提供体面的工作机会，为企业提供公平的竞争环境。

专栏1.1提供了本报告中使用的关键术语和概念的定义。

▶ **专栏1.1　报告中常用术语解释**

　　信息和通信技术（ICT）涵盖互联网访问、大数据、云计算、软硬件维护等一系列技术内容，其应用范围涵盖电信业、广播媒体、视听媒体、金融业、医疗业、社交媒体和数字劳动力平台等。它既实现了无线网络与移动互联网之间的相互连接与融合，也在传统技术中得以广泛应用，例如座机电话、收音机和广播电视。

　　信息技术（IT）从属于信息和通信技术（ICT），具体而言，它包括所有硬软件、外围设备和基础设施等计算机系统。

　　数字经济是指以数字化信息为载体、以信息通信技术作为重要推动力的一系列经济活动，包括数字技术、数字基础设施、数字服务和数据。它是指所有生产者和消费者（包括政府）使用数字投入进行的经济活动。

　　数字平台是指可以提供数字服务和产品的平台实体。数字服务促进了"两个或多个不同但相互依存的用户主体"（不管是企业还是个人）通过互联网进行交互。交互内容包括劳动力、商品（电子商务）或软件等。

　　数字劳动力平台是指通过数字技术推进个体供应商（平台工人或其他企业）与客户间的经济活动，或直接雇用工人提供劳务。通常这些活动被称为"平台工作"或"零工经济"。

　　算法管理是指通过算法系统分配任务、做出决策，全程少有人工参与。算法管理系统的优化与改进是基于数据的系统自学习算法。

　　工人是根据国际劳工组织劳工标准而进行的定义，它包括受雇工人和自雇工人（或独立承包商）。数字劳动力平台工人也称为"零工经济工人""众包工人"或"平台工人"。按照不同平台的服务协议规定，平台工人的具体分类请参见附录2表A2.3。

　　客户是指数字平台的用户，包括企业和消费者。

1.1　数字经济的崛起

　　数字经济的崛起与现代通信技术的发展密不可分，例如人工智能（AI）、云计算和区块链等。在过去十年里，云计算、移动互联网、数据存储等技术的进步与渗透推动了数字经济的飞速发展，实现了个人、企业和设备间大量信息的交换。谷歌（Google）、苹果（Apple）的技术创新、软件系统对外开源，智能手机、计算机和服务器的更新换代，在企业用户和个人用户中得到了广泛应用与推广（Evans and Schmalensee，2016）。可以说，数字平台在推动技术创新广泛应用于各经济领域方面有重要意义，它进一步推进了产业转型。在此过程中，数字平台带来了新的创业机会，它不仅可以提供新的产品和服务，而且也改变了原有的工作流程和业务模式。对个人和企业而言，不管是社交活动还是经济活动，都越来越依赖数字经济新模式。总而言之，数字经济的崛起已成为用户和信息通信技术之间的重要纽带。

　　当然，数字经济的崛起在很大程度上取决于完备的数字经济基础设施，但这一点在全球范围内的建设与利用并不均衡。从整体上来说，发展中国家仍落后于发达国家。其主要原因是：在许多发展中国家，访问海外服务器和数据中心会产生大量的额外宽带成本，由此限制了用户使用云服务（UNCTAD，2019：8）。据统计，2019年北美的云流量最高，其次是亚洲、太平洋地区和西欧，合计使用流量达到90%。数字经济的这种不平衡增长使数字鸿沟永久存在，并加剧了不平等，尤其是国家间的不平等。解决这一问题需要各国采取协调一致的政策行动。尽管有个别发展中国家的信息通信技术非常发达，例如印度，但在互联网宽带、网络速度和网络覆盖率等方面仍相对滞后（UNCTAD，2018，Ⅷ）。

数字平台经济的增长主要集中在一些国家和地区，发展中国家已成为主要的平台用户。然而，由于发展中国家难以获得资金和数字基础设施支持、人才短缺及人力资源管理体系不完善等，其面临的挑战依然存在。例如，缺乏融资渠道和技术熟练的劳动力，以及有利于创业创新的市场环境。基于此，探究数字经济崛起的主要特征，并深入了解它在改变当今工作世界过程中所带来的机遇和挑战是很有必要的。

1.1.1 数字经济的主要特征

数字经济的显著表现是：云基础架构和云计算（见专栏1.2）作为"服务"，为数字经济的发展提供了多元化解决方案。云基础设施服务的可用性为数字经济发展提供了多样化的环境，在塑造全球经济中发挥着至关重要的作用。数字经济的主要特征有：

轻资产。信息技术手段，特别是云服务基础架构，极大地降低了企业运营成本，例如租赁房屋、租赁硬件设施和下载安装软件应用程序等，通过云计算提供商获取按需软件付费应用程序（见专栏1.2），不仅提高了企业的敏捷反应能力，也使企业能够更专注于发展核心业务。

> ▶ **专栏1.2   云基础设施和计算服务**
>
> 云基础设施和计算服务的类型主要有三种：
>
> **基础设施即服务**包括云基础设施，如硬件、虚拟机、服务器、云存储和网络等，企业可以出租或租用这些基础设施以满足自己的需求。一般来说，这些服务由平台公司提供，如亚马逊、微软和谷歌等，也可以由开源平台（OpenStack、CloudStack和Nimbus）提供。
>
> **平台即服务**是提供操作系统、编程语言、开发工具、数据库管理和网络服务器等的云计算服务，这些服务由亚马逊、微软、谷歌及其他平台公司提供。此外，用户也可以在Dokku、Flynn和Apache Stratos等开放源代码中获取。
>
> **软件即服务**是通过客户端接口在互联网上为用户提供软件或应用程序，包括各种统计程序和软件包，如Dropbox、Slack和Google Apps等。他们也可从Apache Hadoop软件库等开源平台上获取。
>
> 资料来源：改编自经济合作与发展组织（OECD，2014）。

平台软件应用程序和"工具即服务"（tools as a service）的广泛使用大大降低了成本，提高了生产率。其主要原因是：软件应用程序既可以应用于相似任务，也可以为新任务定制程序，这意味着并不是所有的任务都需要重新编写编程代码（Boudreau，Jesuthasan and Creelman，2015；Lakhani，Garvin and Lonstein，2012）。如此一来，不仅降低了开发人员的时间成本和资金成本，也提高了劳动生产率。随着新的应用程序增加，平台用户可用的应用程序和工具数量也在增长。总之，软件应用程序和"工具即服务"的广泛使用极大地推进了数字经济的发展，为高效的劳动生产率创造了良好的环境。

网络效应。判断一个平台是否成功，取决于其吸引用户数量的能力（包括客户和工人）。因此，为吸引足够多的用户，平台采用了定价策略和免费定价策略（例如，为用户提供免费访问或给予一定的奖励）。这些策略在为用户创造更多价值的同时，也吸引了大量用户进入网络。当用户数量达到临界规模，便会触发网络效应（Evans and Schmalensee，2008）。此外，平台还吸引了很多第三方开发人员，他们能够以低成本或零成本访问应用程序和软件工具，进而增加了平台的价值（Boudreau and Jeppesen，2015）。通过以上多种方式，平台网络效应得以形成。

数据化。网络计算机和云存储能力的大幅提高可以快速实现大规模数据采集、存储和分析功能。当前，数据已成为平台业务不可或缺的一部分，比如，通过投放定向广告，平台可以获取收益和利润。数据也可用于多种用途，如预测消费者行为，改善产品和服务质量，通过算法管理工人。

可移动性。不管客户、供应商或消费者身居何处，借助于云基础架构服务，平台企业几乎可以从任何位置进行区域性或全球性运营和销售。能够充分利用无形资产服务于生产经营活动是平台业务的一个独特功能，而这些无形资产（即软件、应用程序和工具）是平台业务的核心要素（OECD，2014）。

1.1.2 数字平台的兴起

基于数字经济的独特特征，数字平台通过发展演变已持续渗透到社会经济的各个领域（见第1.2节）。从智能手机到计算机，人们对信息和通信技术的依赖程度日益增加，这为平台经济的发展和繁荣创造了机会。此外，数字经济的特性和组织形式也进一步

推进了平台业务的快速增长。例如，在过去十年里，通过优化应用云基础架构降低成本、获取投资资金，为数字平台的发展扫除了障碍，实现了平台的飞速发展（Cusumano，Gawer and Yoffie，2019）。

正是这种轻资产模式的优越性，使云基础服务架构极大地推动了全球各国和地区数字化平台的发展。相较于传统资产（如汽车、旅馆或仓库），当前平台投资主要集中在数字基础架构上，且高度依赖用户（包括客户和工人）提供的数据、技能、想法和实物资产。例如，虽然优步并没有对汽车行业进行大量投资，但这个平台已经覆盖了69个国家和地区，自创立11年以来一直在以前所未有的速度扩张（Uber，2020a）。目前，优步已经拥有29600名员工和500万名司机，这些司机或自己拥有汽车，或是租赁别人的汽车，且多数司机认为自己是自雇员工或是"司机合作伙伴"（Uber，2020a，2020b；见附录2）。优步通过应用程序，即"Linchpin"，将平台上需要用车的乘客和距离最近的司机进行匹配，其主要资产有用户（包括司机和乘客）、数据和品牌（Teece，2018a：43）。

此外，在云基础架构服务下，平台可以根据实时负载动态调整规模，使系统具有弹性服务能力，灵活服务于全球各地的用户（包括客户和工作人员）。

从监管角度来看，云基础设施的独特功能也存在着问题，其主要表现有：一方面，用户可以通过虚拟网络来掩饰自己的真实位置（OECD，2014）；另一方面，不同国家和地区的用户和平台企业所适用的法律不同（见第5.3.9节和第6.3节），因此在解决纠纷时，所采用的劳动法、税法更为复杂。

▼▼ 云基础服务架构极大地推动了全球各国和地区数字化平台的发展。

数字平台的崛起为全球开发者和初创企业提供了创业机会，他们可以在平台上研发新产品、新工具、新的应用程序和服务功能（Miric，Boudreau and Jeppesen，2019），这进一步加速了数字化转型（见第3.3.2节）。

通过数字管理，平台可以对采集的数据进行分类。目前，用户数据已成为最有价值的资产之一，它既为新产品的推广和策划奠定了基础，也助力了经营效率和生产率的提高。传统数据处理应用软件不足以处理大量、复杂的数据集，因此创新数据的处理方法十分迫切（Sheriff，2018）。尽管人工智能（AI）技术得到了迅速发展，但仍然无法实现完全自动化，一些数据处理还需要手动进行，如标记、分类、分组、清理、数据结构化和数据组织化。鉴于人工智能无法对图像、声音和文本进行分类，需要大量平台工人完成此类任务（Irani，2015），由此推动了数字劳动力平台的蓬勃发展，比如微任务平台。亚马逊在开发产品目录时，为方便消费者通过搜索功能轻松访问（特别是由于产品条目重复而导致过程复杂化），给出的解决方案是创建一个内部网站，员工在浏览目录条目时将标记出重复项（Silberman，2015）。

通过创新方法（建立内部网站），可以快速、有效地执行工作任务。2005年亚马逊组建了众包任务平台（AMT），工人来自全球各地，他们能够以更具成本效益的方式完成大量简单的数据处理任务（Silberman，2015）。与以往雇用数百名工人在数周内完成工作任务不同的是，平台可以吸引6万名工人在两天内完成数据处理工作（Irani，2015）。正是平台的这种强大功能，促使微任务平台兴起。在数字企业和非数字企业数据处理过程中，平台发挥了极其重要的作用（见第1.4节和第3.3.2节）。

为满足数据驱动下的数字经济发展需求，数字劳动力平台下的业务分包形成了一支无形的劳动力队伍，他们经常在网络不稳定的工作条件下（见第4章）清理、处理和组织大量数据。在这种模式下，外包公司既降低了运营成本，也建立了数据档案，这些数据为未来自动化机器学习和算法训练铺垫了基础（Rani and Singh，2019）。类似这种无形的、无偿工作（出于各种目的和意图）在出行平台上更为普遍，除了接送乘客之外，网约车司机同时也会将数据信息反馈至平台企业数据库。数据采集对训练算法至关重要，它可以推进运营管理自动化，例如调度司机或激增定价（Chen and Qiu，2019）。然而，通常网约车司机并没有意识到自己正在执行此项"数据工作"，也没有获得额外补偿。

1.1.3 开源代码创新

软件应用程序借助开源平台资源为数字经济的崛起提供了主要动力（如Apache Hadoop、GitHub），也为数字企业和非数字企业零成本访问创造了可能。开源软件平台应用于许多数字劳动力平台，如优步和Upwork。举例来说，作为集软件、应用程序和工具为一体的开源存储库，GitHub允许用户（企业或开发人员）访问和自定义应用程序，而无须投入大量的时间和资金。另外，根据用户需求，开源软件平台能够在短时间内以低成本的方式实现各行业、各领域的多元化发展。

当前，开源平台和软件获得越来越多国内科技公司的追捧。作为创新型工具，正是由于它具有对外免费开放的功能，用户才可以直接访问该平台，而不再需要获取通用软件许可或非通用软件许可后才可进行。通过访问开源软件平台，平台公司和大型企业可以获取各种知识和技能，以零成本的方式加速了创新进程，可以说，平台公司、大型企业与开源平台之间更多的是合作关系，而非竞争关系（见第3.1.3节；Gawer，2014）。例如，谷歌向外部开发者开放了安卓系统[①]，特斯拉也对外发布了专利组合，开发者可以免费创新和研发工具、程序或软件[②]。此外，开放源代码合作在各国政府部门也得到了推广与应用，这些政府机构向开发人员免费开放专利，如美国国家航空航天局向开发人员提供了数百项专利[③]。通过应用程序编程接口，外部科技企业或第三方开发人员有权访问并获取政府部门的知识产权，由此推进了政府部门的创新和发展。

1.1.4　市场力量集中于少数平台企业

云服务和计算服务提供商通常集中于大型跨国企业，如阿里巴巴、字母表（包括其子公司谷歌）、亚马逊、苹果、脸书、微软和腾讯。尽管这些企业也生产产品，但其主营业务仍聚焦于平台业务。它们充分利用数字经济的独特功能，以创新、有效的交互方式推进用户、应用程序及企业或服务提供商之间的联系。目前这些企业主要集中在中国和美国两个国家。据估计，2019年这七家大型企业年营业额约1.01万亿美元（见第1.5节中的图1.14）。在某些情况下，市场资金集中在少数平台企业不仅有利于企业间的协调与指导工作、管理创新与发展，也对

加强新型基础设施建设、塑造数字经济时代的竞争优势具有至关重要的作用。大型企业能够确定数字经济的生产范围，进而确定整个数字经济的边界，对数字经济的参与者具有主导作用。借助访问控制服务（例如，知识产权许可或技术框架）[④]，大型企业可以控制云服务资源的访问权限（Teece，2017；Parker，Van Alstyne and Choudary，2016）。为规范基础设施访问平台，大型企业可以决定是否进一步开放平台或是关闭平台（以吸引特定群体参与）（Zhao et al.，2019）。

市场力量集中于少数平台企业也为一些国家的经济发展带来了困扰，尤其对发展中国家来说，政府和企业努力为工人寻求体面的工作机会、构建安全的工作环境。例如，在线微任务平台（比如AMT）将数据处理、文书写作、低端任务外包给全球各国的工人。尽管平台工作为工人增添了创收机会，但其工作质量仍要综合考虑几个方面的因素，包括劳动收入、工作规律性、社会保护以及工作内容。比如，一些重复性、技术含量低，甚至令人麻木的工作通常由受过良好教育的工人来完成（见第4.1.6节）。这种现象在发展中国家较为普遍，许多受过良好教育、技术熟练的工人从事着非正规工作或工作极不稳定（World Bank，2020），因此在制定平台政策过程中，要对这些因素进行细致的考量和权衡。

1.2　数字平台：渗透到经济的各个领域

数字技术呈现出前所未有的高速发展，并广泛渗透到其他经济领域，在提高经济效

率的同时，也创造了新的价值。图1.1分析了数字平台的发展概况，它几乎在各大经济

[①]　有关详细信息请参阅：http://techcrunch.com/2015/07/23/google-offers-to-sell-patents-to-startups-to-boost-its-wider-cross-licensing-initiative。

[②]　有关详细信息请参阅：https://www.digitaltrends.com/cars/good-guy-elon-musk-opens-teslas-patents-gives-free-access-technology/。随后，其他汽车制造商也效仿了这一做法，如福特汽车，请参阅：http://www.digitaltrends.com/business/ford-to-open-electric-vehicle-patents-news-pictures/。

[③]　有关详细信息请参阅：http://www.nasa.gov/press-release/nasa-offers-licenses-of-patented-technologies-to-start-up-com-panies。

[④]　"技术框架"是指定义创新的边界。

领域都得到了广泛应用。数字平台在各大经济领域中呈现出多样化发展趋势。数字平台大致可以分为三类：一是为用户个人提供数字服务和产品的平台，如搜索引擎或社交媒体；二是为不同用户提供交易服务的平台，如企业对企业交易平台（B2B）；三是数字劳动力平台。大多数平台可以按照以上类别进行分类，然而也存在一些"混合"平台，这类平台能够提供多类别、多样化的服务。

数字平台的高渗透性对企业和行业产生了深远的影响，包括推进完善市场并购重组工作安排，改变行业竞争格局，同时也给现有监管模式带来了挑战。简而言之，数字化被视为"改变游戏规则"的颠覆性技术（Kenney and Zysman，2016）。本节将简要介绍数字技术对各经济领域产生的一些影响。

1.2.1　为个人用户提供服务的平台

数字平台正在塑造世界各国的社会和经济交流模式。一些社交媒体，诸如脸书或抖音（TikTok）等在世界各地人们的社会经济生活中发挥着越来越重要的作用，而像Skype、WhatsApp、Viber或Zoom等通信平台在疫情期间为保持业务连续性和远程工作，以及在人们的个人生活方面发挥了重要的作用。一些平台（如谷歌和脸书）向用户提供搜索引擎和发布广告的功能，减少了用户的搜索成本。

此外，像脸书等一些社交媒体平台打乱了广告行业的秩序。他们利用自己所掌握的28亿用户[①]数据和信息进行分析，以覆盖特定的自定义受众群体，从而增加创收机会（Fumagalli et al.，2018）。云基础架构的广泛应用也给新闻业和媒体业带来了巨大转变。当前，新媒体与传统媒体间的竞争日趋激烈。对于传统媒体行业而言，新媒体的不断发展对其造成了一定的冲击。

数字技术广泛渗透到经济的各个领域。

一些平台不仅为企业和个人提供视频流媒体服务，同时也发展为社交媒体平台。例如：在YouTube平台上，内容创作者可以通过发布视频来赚取收入，但这也阻碍了广告行业的健康发展。在过去三年里，YouTube创造了超过340亿美元的广告收入（Alexander，2020）。虽然内容创作者对社交媒体平台（如脸书、YouTube和抖音）的网络效应、提高营业额来说至关重要，但有不少用户反馈，他们在平台上发布内容时通常没有收入或收入很少。本报告未对此类工作者进行探讨。

数字平台推进了各类产品（如软件程序或音乐流）的在线销售，它们通过数字化、远程方式交付给消费者和企业，实现了从"有形"到"无形"的转变。然而，这种模式导致不公平竞争。例如，Spotify流音乐播放不需要交税，而进口CD则需要缴纳税款，这对海关关税收入也产生了不利影响，特别在发展中国家，目前已暂停对电子传输征收关税。针对这种情况，世界贸易组织（WTO）就数字贸易规则发表了不同意见：一些国家希望永久性地暂停对电子传输征收关税，目的是为了加快数字基础设施建设，获取公共服务资源；另一些国家则倡议将暂停期延长。关于此项议题，各国（包括发展中国家）尚未达成共识（Rani and Singh，2019；UNCTAD，2018）。但需要注意的是，因暂停征税增加的额外收入可用于社会保护支出，尤其在新冠肺炎疫情期间，对工人的福利保障起到了积极作用（见第4.2.5节；Behrendt，Nguyen and Rani，2019）。

[①]　截至2020年12月，脸书的月活跃用户达28亿。有关详细信息请参阅：https://investor.fb.com/investor-news/press-release-details/2021/Facebook-Reports-Fourth-Quarter-and-Full-Year-2020-Results/default.aspx。

1.2.2　数字平台增进了用户间的交流

云基础架构技术的进步促进了企业对企业（B2B）、企业对消费者（B2C）和数字劳动力平台的发展（见图1.1）。数字平台的出现重塑了产业格局，重新定义了企业边界，为传统行业带来了挑战和机遇。

在企业对企业（B2B）、企业对消费者（B2C）平台中，线上零售业营销在很大程度上对传统零售业造成了冲击，给零售商店和工人带来了巨大挑战。相对而言，平台对制造业、农业和金融行业的渗透还处于初期阶段，对企业和工人的冲击影响相对较小。在过去几年里，混合平台的数量也逐渐增加，这些平台可以提供劳务服务和其他服务，如电子商务和电子支付等。

零售业平台。应用B2B模式、B2C模式最为成功的是线上零售业，其主要成功案例有阿里巴巴、亚马逊和Flipkart。据统计，2019年全球零售电子商务销售额为4.25万亿美元（Grand View Research，2020）。由于电子商务平台交易成本低，无须租用商铺或雇用店员，产品价格更加优惠，因此，与传统零售商店相比，电子商务平台具有良好的竞争优势。新冠肺炎疫情进一步加剧了线下零售业业绩下滑，导致许多实体零售商店关闭，使成千上万的零售店员失去了工作。据对北欧国家的一项研究表明，2008~2018年，电子商务收入增长了2倍，2020年第一季度同比增长了27%（Rolandsson，2020）。

随着新技术的出现、数字平台的崛起，零售业的就业模式也发生了深刻变化。在北欧国家，2009~2019年实体零售商店的就业率占总就业率的份额逐渐下降（Rolandsson，2020）。尽管数字平台增加了新就业（主要集中于快递员和仓储管理员），然而，其整体就业质量并不是很高，特别是从事物流业

的低薪工作人员（如亚马逊仓储工人和快递员）（MIT，2020）。此外，许多平台企业将快递员归类为独立承包商，这些人不在就业保障范围之内，并且薪酬低、工作不稳定、不享有工伤保险等（De Stefano，2019）。

零售业平台促进了中小企业和个体经营户的发展，通过网络销售产品进一步扩大了客户群。据悉，亚马逊平台出售的产品中有近60%（170万家中小企业）来自第三方卖家（Bezos，2020）。零售业平台在吸引更多客户群的同时，还会向第三方卖家就销售每件商品收取一定的费用。据估计，第三方卖家在2018年向亚马逊支付了397亿美元[①]的费用，推荐费从6%（个人电脑）至45%（亚马逊设备配件）不等[②]。在新冠肺炎疫情期间，由于全球经济放缓，许多小型企业的经营陷入困境，而高昂的平台费用更是让这一情况雪上加霜。

许多平台销售自有产品，它们可以与第三方卖家直接竞争。然而，通过收集和分析数据，平台在产品推荐、定价或吸引顾客方面拥有天然优势，进而巩固了它们的市场地位。由于信息不对称，基于数据的定价策略可能对平台上的第三方卖家及实体零售商店产生重要影响。因此，零售业平台企业与实体零售业企业（特别是中小企业）之间的竞争已经开始受到关注（见第3.4节）。

制造业平台。当前，制造业正在经历数字化转型，通过诸如Lasterhub、淘工厂和Xometry的数字化商业平台为中介的新型供应链关系随之出现。一些平台的主营业务为服装、轻工业产品，比如淘工厂。它们将企业与客户或电商平台（比如淘宝）上的消费者联系起来。如果有买家下单，平台就会积极响应，并在7~9天内完成订单交付（Butollo，2020）。Laserhub和Xometry平台将供应商和材料加工行业联系了起来（Butollo

---

① 有关详细信息请参阅：https://www.marketplacepulse.com/marketplaces-year-in-review-2019#google。

② 有关详细信息请参阅：https://sell.amazon.com/pricing.html#referral-fees。

▲ 图1.1 数字平台的发展概况

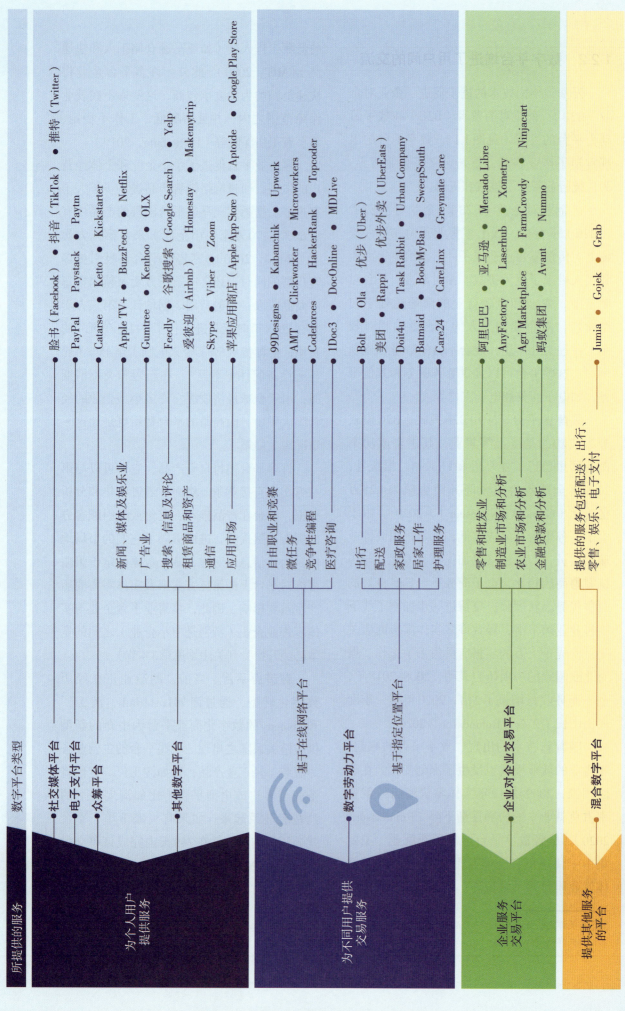

资料来源：基于国际劳工组织2019年向联合国贸易和发展会议提交的报告。

and Schneidemesser，即将出版）。基于地理位置平台不仅能够及时、灵活地响应客户的需求，而且通过数据分析提升了企业的生产效率，极大地增强了与传统行业、传统供应链之间的竞争。这导致工人可能需要延长工作时间才能在既定期限内完成交付，因此，工人的工作条件也受到了极大影响。

农业平台。近年来，农场管理软件和技术不断涌现与更新，为农业提供了市场解决方案，提高了农业生产率。以传感器为依托，使用物联网建立新型的实时数据采集和监控系统，能够精准把握播种、浇水、施肥、收获的最佳条件，这一技术已在农业领域得到了广泛应用（Jayne，Yeboah and Henry，2017）。这些工具的有效使用和大数据分析为优化农业运营、提高作物产量、管理环境等发挥了积极作用。其他数字平台则将农民与市场对接，例如 Agri Marketplace 平台。目前，数字平台和工具为农业带来的机遇和挑战尚且不明朗，但从短期来看，农民将受益匪浅，特别是播种和轮作方式得到了改善，依靠数字平台，有望在未来几年内开辟更广阔的农产品市场。

金融平台。金融业数字转型伴随着新一代信息科技对金融业务的不断渗透而逐渐深入，并正经历着向多样化高速发展的进程，与传统银行业展开了激烈的竞争。例如，金融科技初创企业，如苹果、字母表（包括谷歌）和蚂蚁集团，以及新一代支付平台（PayPal、Paytm、Venmo 或 TransferWise）的兴起对传统银行业产生了显著影响（N.L.Johnson，2020）。许多大型企业利用现有客户关系和数据，在推广新产品时采取交叉补贴策略。可以说，新金融服务业的创新与发展一方面为发展中国家非正规就业人员提供了就业机会；另一方面也激发了

传统银行业务的创新改革，以应对数字转型带来的挑战、保持竞争力，由此将可能会引起裁员风波。

1.2.3　数字劳务中介平台的发展

数字劳动力平台已成为企业、工人、客户之间重要的纽带和桥梁，对改变工作世界中的角色有重要意义。本报告将主要围绕数字劳动力平台展开。数字劳动力平台主要有两种类型：一是基于在线网络平台，工作任务由工人在线执行或远程执行；二是基于指定位置平台，任务由个人在指定位置完成（见图1.1）。基于在线网络平台包括微任务平台、自由职业者平台、竞赛类平台、竞争性编程平台、医疗咨询服务平台等；基于指定位置平台包括出行平台、配送平台、家政服务平台和护理服务平台等。近年来，尤其是在发达国家，对基于指定位置平台（如 Deliveroo、Glovo 和优步）的关注更多。基于在线网络平台在企业群体中也颇受欢迎。很多自由职业者平台和竞争性编程平台（如 Upwork 和 Topcoder）尽管鲜为人知，但已经运营了二十多年。

在线劳动力平台可以为个人和企业用户提供多种服务。例如，在自由职业者平台和竞赛类平台上，客户可以将工作任务提交给平台工人，如翻译工作或图形设计等；而医疗咨询服务平台可以为个人用户提供在线问诊服务。利用现有智能化技术，基于指定位置平台实现了及时分配、安排各种任务的可能，如出行平台和配送平台，它们通常与传统劳动力市场并行运作。其他中介服务包括家政服务、护理服务和家庭服务，这类服务通常是由工人在客户家中提供劳务服务。数字劳动力平台下的新就业引起了劳动关系的变化，传统劳动关系多以存在人身依附的雇佣关系为主，而新型劳动关系则包括独立承包商或

个体经营。在遵循"零库存"（just-in-time）原则和理念下（Vallas，2018：49），采用计件工资制，工人（被归类为"个体经营者"）按需完成任务，并且还需准备相应的资本或设备（Stanford，2017；Drahokoupil and Fabo，2016）。

平台工人通常被划分为独立承包商，但他们并不能自主安排工作。在分配工作和管理、监督和奖励工作人员方面，算法管理已成为平台实践创新的新引擎（见第4.3.1节）。虽然数字劳动力平台宣称自己只是中介平台，但它在管理工作、发放薪酬方面却占据着控制权（Kenney and Zysman，2016：62）。平台工人从事临时性工作、按计件工资获得酬劳，进一步增加了发展中国家和发达国家的非正规或非标准就业。因此，从某种意义上来说，数字技术的出现是现代技术对传统技术的回归。也是在此背景下，传统工作方式和正规雇佣关系受到了挑战（见第5.3.10节），特别是非标准就业的出现进一步加剧了现有挑战。

基于数据优势和价格优势，许多数字劳动力平台与传统企业展开了竞争。比如，基于指定位置的出行平台能够通过数据和算法实时匹配乘客和司机，严重破坏了原有的运输业务模式（Clewlow and Mishra，2017）。举例来说，在美国，优步进入管制非常严格的出行市场后，对传统出行行业及原有的出行监管体制造成巨大冲击，因为它不仅能够提供低票价补贴，而且优步司机可以不用持证上岗（Horan，2019）。尽管"开市不利"，但优步后期的业务激增赢得了广泛的风险投资（见第1.5节）。同样，诸如

在线平台工作由全球北方国家的企业外包，由南方国家的工人实施。

Freelancer或Zhubajie（ZBJ）的自由职业者平台以低成本将任务与工人进行匹配，且无须遵守雇佣条例，大大增加了传统劳务中介的生存压力。

近年来，服务外包行业呈现出不断发展的趋势，特别是传统行业为满足人力资源需求，开始利用数字劳动力平台挖掘各类技能人才。与传统线下任务相比，平台允许企业灵活地接触世界各地的劳动者群体，能够以更快的速度、更低廉的价格完成任务。在许多情况下，在线平台上的工作由全球北方国家的企业外包，由南方国家的工人实施。2019年1月至12月期间，一个大型自由职业平台上约20万个项目采用了以上模式[①]。根据国内外工作需求量测算，图1.2中圆圈的大小代表了该国的贸易额和工作量。数据表明，主要的工作需求来自澳大利亚、加拿大、德国、新西兰、英国和美国，多数工作由发展中国家工人完成，其中印度居首位（2600万美元），占市场总份额的近20%，其次是菲律宾（1600万美元）和乌克兰（1300万美元）。整体而言，与2013年相比，各个国家的外包业务所占比例均大幅增加，业务量均有所增长，但数字外包工作的状况并未发生根本改变（Graham et al.，2017）。数字劳动力平台的收益在全球范围内仍然分配不均。

尽管雇佣工资水平较低，平台企业还是为工人创造了就业机会，也为企业降低了运营成本。如图1.2内圈所示，发达国家的平台工人的小时工资中位数明显高于发展中国家。然而，执行工作任务的地理位置与工人

---

① 为了绘制在线平台工作的国家/地区图表，2019年平台交易数据取自全球最大的在线自由职业者平台之一。该平台提供了广泛的职业种类，并且涵盖了所有的平台项目，通过使用应用程序编程接口，获取了2019年1月至12月期间所有的匿名交易数据，交易总金额达1.35亿美元。

的工资水平、技能要求（包括技术和语言）以及数字基础设施的完备状况有关。例如，在发展中国家中，与中亚和撒哈拉以南非洲国家相比，南亚和东亚国家的工人完成了绝大部分的工作。虽然中亚和撒哈拉以南非洲国家工资水平较低，但南亚和东亚国家数字基础设施相对完备、工人技能水平相对较高。因此，为增加数字化平台收益，许多发展中国家对数字基础架构进行了大量投资，也是在这种情况下，分析数字劳动力平台带来的机遇和挑战至关重要。

本报告将重点探讨数字劳动力平台的兴起，以便更深入、更全面地了解数字劳动力平台对企业和工人产生的影响。报告中涉及的数字劳动力平台包括：自由职业者平台、竞赛类平台、竞争性编程平台和微任务平台。这些平台促进了工人和客户（包括企业）之间的劳务交流，涵盖了多种形式的活动、技能和任务。基于指定位置平台包括出行平台和配送平台等，其中有全球最大、资金最充裕的平台公司，为大量工人提供了中介劳务服务。这些平台对许多国家/地区产生了深远的社会影响和经济影响，严重冲击了传统行业的发展。报告对不同数字劳动力平台之间的差异进行了系统分析与研究，对当今工作世界面临的新机遇和新挑战进行了探讨与分享。

▶ 图1.2　2019年全球范围内自由职业者平台所接收的工作总量及收入

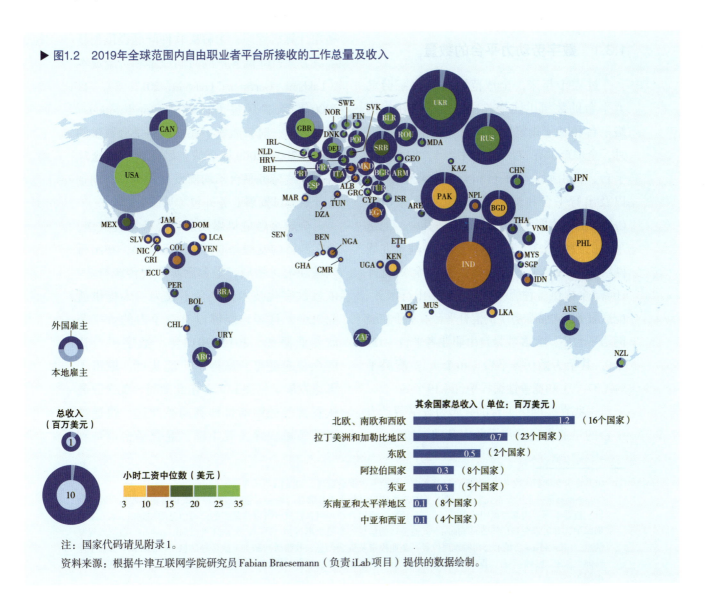

注：国家代码请见附录1。

资料来源：根据牛津互联网学院研究员 Fabian Braesemann（负责 iLab 项目）提供的数据绘制。

1.3　数字劳动力平台：估算平台的数量和工人的数量

以企业和工人为调查对象，传统统计法已无法全面统计这类数字劳动力平台，更不能估算平台工人的数量和了解工人的工作条件。因此，在探究数字平台的渗透程度、估算平台和平台工人数量方面遇到了极大挑战。本节将使用新的在线数据库，对活跃的数字劳动力平台的数量和发展趋势进行预测分析，对来源于各种渠道的平台工人数量进行推测。最后，根据主要的英文在线网络平台的数据，介绍平台劳务需求和供应的发展趋势。

1.3.1　数字劳动力平台的数量

过去十年来，全球范围内的数字劳动力平台的数量迅速增长，包括基于在线网络平台和基于指定位置平台。截至2021年1月，全球至少有777个运营平台[①]，如微任务平台、自由职业者平台和竞争性编程平台，以及出行平台和配送平台等（数据来源于CrunchBase数据库[②]；见图1.3）。其中，配送平台的数量最多（383个），其次是基于在线网络平台（283个）、出行平台（106个），此外还有5个提供各种服务类型（包括出行服务、配送服务和电商服务）的混合平台。基于在线网络平台中，大多数为自由职业者平台（181个），其余为微任务平台（46个）、竞赛类平台（37个）和竞争性编程平台（19个）。

一些在线网络平台的兴起为数字劳动力平台的迅速发展奠定了坚实基础，如Elance

> **过去十年来，数字劳动力平台的数量迅速增长。**

（现已与oDesk合并升级为Upwork，成立于1999年）和Topcoder（成立于2001年）。Elance致力于发展成为全球最大、最优秀、最规范的综合类人力外包服务平台，为自由职业者和雇主共建生态圈创造了条件；Topcoder是一个程序设计比赛的网站，程序员可以重复利用计算机程序，为解决软件问题提供创新解决方案，降低客户的时间成本和资金成本（Lakhani, Garvin and Lonstein, 2012: 2）。自2000年起，"众包工作者"（crowd workers）概念风靡一时，激发了在线网络平台数量的增长。2008~2009年全球金融危机致使全球各国在线劳务平台不均衡发展，这一时期企业开始尝试发展业务外包（见图1.3）。

全球金融危机爆发后，经济增速放缓，数字经济的发展却取得了显著成果，在出行领域和配送领域，平台逐步取代传统行业：依赖数字化技术，平台不仅为工人提供就业机会，且客户能够以有竞争力的价格获取专业服务。2012~2018年，数字平台让群众普遍受惠，赢得了广泛认可，取得了飞速发展（见图1.3）。在此期间，配送服务从餐饮配送逐渐延伸到商品配送、快递物流等领域。过去五年里，混合平台也得到

---

① 如果将所有类型的数字劳动力平台计算在内，则这一数据会更高，如图1.1所示。

② Crunchbase是一个用于查找私营企业、上市公司和初创企业业务信息的平台。它通过四种方式获得企业数据：合作项目、机器学习、内部数据团队和Crunchbase社区。通过合作项目，投资者可以将最新的公司信息添加到Crunchbase数据库中，并可以免费访问Crunchbase上其他公司的信息，享受优惠折扣。同时，公众还可以向Crunchbase数据库提交信息。Crunchbase会显示公司的地理位置、企业投资及资金信息、收购活动和员工数量等信息。Crunchbase覆盖了全球98个国家/地区的平台。据Crunchbase表示，有一些正在运营的平台，特别是来自发展中国家的平台，并未在数据库中列出。

了一定的发展，如Grab和Jumia，它们能够提供广泛的劳务服务和其他服务，一些出行平台和配送平台也开始向混合平台模式转变。

1.3.2 数字劳动力平台工人的数量

数字劳动力平台的劳动关系类型主要有两种：一种是平台直接雇用工人（也称为内部雇用），另一种是通过中介平台雇用工人（也称为外部雇用）（ILO，EU and OECD，即将出版）。大多数平台不会透露工人数量等信息，导致缺乏有力的数据来加以佐证，因此，外部雇用的员工的具体数字很难估计。尽管缺失透明度，但根据研究人员和统计局的调查发现，本报告将尝试提供一些估算数据。此外，本节还探讨了基于在线网络平台劳动力过剩的问题。

数字劳动力平台直接雇用工人

根据国际劳工组织年度报告或数据库（Crunchbase and Owler）发现，在接受调查的777个平台中，有749个平台采取了直接雇用工人的方式，这一比例高达96%。他们中的大多数从事平台创建、维护或整体功能设计等工作，以全职、兼职或固定期限聘用为主（Kenney and Zysman，2018a）。除此之

外，平台还会雇用自由职业者来开发和维护平台。例如，除在全球雇用570名员工外，2019年Upwork还聘用了1200多名自由职业者，主要是为平台内部项目提供各种服务（Upwork，2019：4）。鉴于平台企业年度报告中未提及自由职业者的相关信息，因此我们很难得到这一数据。

据现有数据分析表明，从就业方面而言，基于在线网络平台和基于指定位置平台的企业基本上为小微企业，其内部雇员数量少于10人或仅11~50人（见图1.4），只有少数配送平台和出行平台雇用的内部员工数量超1000人。优步是最大的出行平台公司（拥有26900名员工，主要是高技能员工，如律师、营销专家、软件工程师和其他专业人员）（Uber，2020a）。此外，优步还有全职网约车司机（Kenney and Zysman，2018a）。在配送领域，美团、Delivery Hero、Swiggy和Ele.me等平台均拥有1万多名内部员工。除负责平台管理和运行的员工外，这些大型平台公司还会雇用全职或兼职配送员。这种经营策略使它们不仅能够为客户提供可靠的服务，占领市场份额，而且一旦实现目标，它们便可以改变用工方式（见第2.3.1节）。

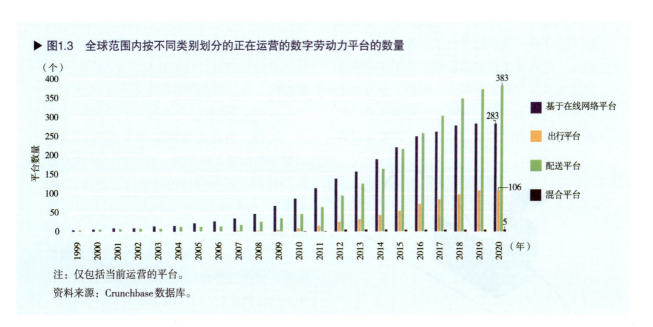

▶ 图1.3　全球范围内按不同类别划分的正在运营的数字劳动力平台的数量

注：仅包括当前运营的平台。

资料来源：Crunchbase数据库。

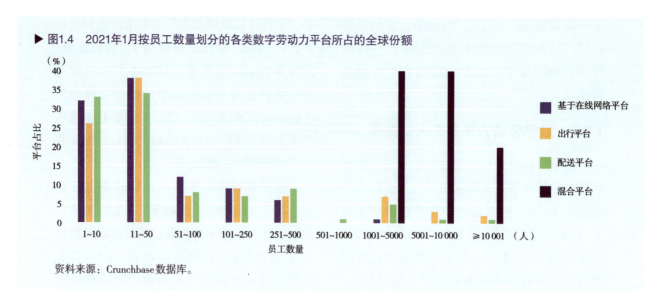

▶ 图1.4　2021年1月按员工数量划分的各类数字劳动力平台所占的全球份额

资料来源：Crunchbase 数据库。

通过数字劳动力平台参与和工作的工人：基于调查研究的估算

由于平台在收集和共享数据方面缺乏透明度，研究人员和统计局只能通过调查研究来预估外部雇用的员工的数量。鉴于定义和方法上的不同，研究估算值可能会存在一些差异。有关定义上的差异，调查人员对研究期间所涉及的平台类型采用了广义定义或狭义定义。从广义上来说，平台类型包括数字劳动力平台、电子商务平台、租赁平台和支付平台；从狭义上来讲，平台仅限于数字劳动力平台（包括基于在线网络平台和基于指定位置平台）。从研究期限和范围角度看，广义上的外部雇用的员工包括在平台上完成过工作任务、从事过平台工作或获得过收入的人，而狭义上的外部雇用的员工仅指有规律性地从事平台工作的人，比如上个月或上周从事过平台工作，或每月、每周从事一次平台工作。有关方法上的差异，调查人员则

是从收入差异或工作种类不同的角度来展开。由于受访者对"平台"的定义不同，因此，在如何定义方面也存在着极大的困扰。

从广义定义来看，美国有22%的劳动年龄人口以数字平台为媒介提供商品或服务，约有1/3的人表示，他们至少每月有40%的收入来自平台工作（见图1.5；另见附录1表A1.2）。然而，如果按上一年度数据推算，其他国家/地区的平台工人占比介于1.6%（瑞士）至7%（芬兰）。从狭义定义来看，曾从事平台工作或从平台上赚取收入的工人占比介于9%~22%（数据取自一些欧洲国家）。如果将时间范围缩小到2020年，其数值范围则为0.3%（加拿大）至11%（16个欧盟成员国）。若进一步缩小至上个月，16个欧盟成员国中从事平台工作的劳动年龄人口占比将会下降至8.6%。从上周整体数据来看，美国的平台工人占比仅为0.5%，一些欧洲国家为12%。

此外，调查还推算了加拿大和美国使用数字服务的人口比例，包括数字劳动力平台、电子商务平台和租赁平台（见附录1，表A1.2）。在美国，约有42%的成年人购买或使用过数字服务（博雅公共关系公司、阿斯彭研究所和Time，2016）。加拿大劳动局调查发现，使用过平台出行服务或住宿服务的成年人的比例为9.5%（加拿大统计局，2017）。

▶ 图1.5 根据调查估算的从事数字平台工作的工人数量（成年人占比）

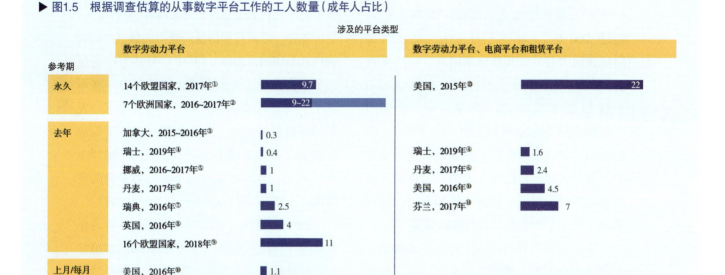

注：①Pesole et al.（2018）；②Huws et al.（2017）；③加拿大统计局（2017）；④瑞士联邦统计局（2020）；⑤Alsos et al.（2017）；⑥Ilsøe and Madsen（2017）；⑦Sweden SOU（2017）；⑧英国人力资源协会（2017）；⑨Urzì Brancati，Pesole and Fernández Macías（2020）；⑩Farrell，Greig and Hamoudi（2018）；⑪Katz and Krueger（2016）；⑫美国劳工统计局（2018）；⑬博雅公共关系公司，阿斯彭研究所（2016）；⑭芬兰统计局（2018）。

资料来源：国际劳工组织根据上述资料汇编。

通过在线网络平台工作的工人：基于可获取的平台数据的估算

通过访问平台网站，可以获取平台注册账号的数量（见表1.1）。然而，并非所有的注册账号会定期访问网站或执行任务，因此，最终的估算数据通常偏高。甚至有一些工人会在多个平台上进行注册，他们有可能会被重复计数，这也为准确估算平台工人数量增加了难度。

最新的一项研究正试图收集自由职业者平台和竞赛类平台中可以公开的数据信息（Pesole and Rani，即将出版）。通过有效利用数字技术，我们可以从五个自由职业者平台和竞赛类平台的网络界面（网站或应用程序）上检索到相关数据（见表1.1）。其中，在2020

年9月，Guru大约有100万注册平台工人，其他四个平台的注册数据介于4.2万~12.6万。

平台工人注册账号后，可以根据已完成的任务数量或所赚取的收入来测算平台工人的数量占比。据调查发现，大约1/3的平台工人曾至少完成过一项平台工作任务。鉴于一些工人以从事平台工作为主要收入来源，因此，如果将测算范围提高至十项平台任务，那么平台在职工人的比例会下降至10%或甚至更少。

以平台工人赚取收入为基准，我们也能测算出平台工人的数量。例如，据Freelancer平台的数据可以发现，该平台注册工人共计95813名，其中大部分人（73%）从Freelancer平台上赚取了一定的收入，只有27%的人收入超过1000美元（见表1.1）。同样，Guru平台的注册工人约105万名，其中0.5%的人赚取过收入，仅有0.1%的人收入超过1000美元。不同平台上用户的活跃比例存在很大差异，其部分原因是，一些平台会向用户收取账号维护费用（如Freelancer平台）（见表2.1），另一些平台则不会向用户收取会员费或基本费（如Guru平台），即使他们不经常登录账号，其账号也不会被停用。如果仅以平台注册工人信息为依据，即使研究人员采用了不同的方法和策略，也很难估算劳务中介平台工人的准确数量。

总之，缺乏有效和一致的方法，加上平台信息的公开度与透明度不足，导致很难估算以数字平台为中介的平台工人数量。本报告再次呼吁数字劳动力平台应加强透明度，对外公开从事平台工作的劳动者数量信息。

1.3.3　基于在线网络平台的劳动力供求趋势

根据对四家大型英文在线网络平台的追踪数据发现，自2017年以来，平台注册工人数量逐渐增加（见图1.6）。数据一方面来源于牛津互联网学院研究人员收集的数据（自2016年起），另一方面源自对70%的在线网络平台工人代表及105个国家/地区平台工人、受访者进行的调查和访谈而获得的信息（Kässi and Lehdonvirta，2018）。其中，劳动力供给反映了平台注册工人的数量（尽管存在一些不活跃工人），劳动力需求则反映了平台客户发布的项目任务数量。这些数据可以用于构建在线劳工指数（OLI），进而追踪不同时间、不同国家、不同职业的数字劳动力平台的使用情况（Kässi and Lehdonvirta，2018：241）[①]。

2017~2020年，在线网络平台劳动力供需数量均有所增加。与往年不同，2020年4月中旬至2020年6月，受新冠肺炎疫情影响，居家远程办公的需求迅速增加，由此进一步推进了数字劳动力需求的增长。数据显示，包括在疫情期间，线上劳动力供应增长速度远快于需求增长速度（见图1.6）。这表明，工人在平台上注册账号相对容易，但能够领取任务并获得可观的收入则非常困难，特别是全球范围内平台工人可能会因为抢单而导致竞争十分激烈。从表1.1可以推断，超过约90%的平台工人无法获取订单或赚取收入，这足以证明平台劳动力过剩。这不仅

▶ 表1.1　2020年9月部分数字劳动力平台上的注册工人数量和在职工人数量

平台	注册的平台工人数量（人）	在职工人数量		平台工人供过于求的占比（%）
		至少完成一项任务或收入超过1美元（人，%）	至少完成十项任务或收入超过1000美元（人，%）	
PeoplePerHour*	126 475	29 143（23%）	10 798（9%）	91.0
99designs*	42 781	15 794（37%）	4 271（10%）	90.0
Workana*	95 600	26 312（28%）	4 820（5%）	95.0
Freelancer**	95 813	69 993（73%）	26 195（27%）	73.0
Guru**	1 048 575	4 862（0.5%）	1 385（0.1%）	99.9

*指基于已完成项目的在职员工。**指基于赚取收入的在职员工。

注："供过于求"是指平台已注册员工与在职员工（10个以上项目/超过1 000美元的收入）之间的差额。括号中的数据是指注册工人总数所占百分比。

资料来源：Pesole and Rani（即将出版）。

---

① 数据索引是基于对五大数字平台（Freelancer、Guru、AMT、PeoplePerHour和Upwork）发布项目任务的追踪统计。有关详细的索引构建方法，参见Kässi and Lehdonvirta（2018）。

仅发生在自由职业者平台和竞赛类平台，也存在于微任务平台。在微任务平台上，注册工人的数量远高于发布的任务数量，即使执行任务的报酬很低，也会有平台工人去抢单（Dube et al.，2020）。

根据研究人员对微任务平台AMT的分析发现，即便平台劳动力过剩和存在垄断，平台公司也不能以高价发布任务或者自主定价（Dube et al.，2020；Kingsley，Gray and Suri，2015）。事实上，在平台劳动力过剩的情况下，工人的工资收入不足其生产力的13%，这对平台的收益分配产生了重大影响（Dube et al.，2020：44）。近期，为解决劳动力过剩问题，一些平台通过开通会员资格或提供订阅计划服务，向平台工人收取额外费用，这样也能为平台工人获取更多的任务机会（详细信息见第2.2节）。

不同职业类别的劳动力供求情况

根据职业类别，平台任务可以分为：软件开发和技术、创意和多媒体、写作和翻译、文书和数据录入、销售和营销，以及其他专业服务。从全球范围来看，2018~2020年软件开发和技术占比从39%增至45%（见图1.7），在平台任务总量中占据大多数。其他专业服务、销售和营销也极具重要性，只有创意和多媒体、写作和翻译、文书和数据录入在2018~2020年有所下降。

平台工作需求主要来自发达国家，在排名前五位的发达国家中，有四个国家为主要的发布平台任务的国家，见图1.8（a）。2020年，全球范围内约40%的平台工作来自美国，与2018年相比，其需求量占比有所下降，而澳大利亚、加拿大、德国、印度和英国的占比相对上升。然而，就目前来看，这些国家/地区发布的平台任务量仍相对较少。欧洲国家（除英国外）对平台工作的需求量仅占全球总量的16%。在亚洲国家中，印度发布的平台任务量占全球总量的8%，其他国家占比则更少（约1%~2%）。非洲和中东国家在平台任务总量中的占比甚至更低。

▶ 图1.6 2017~2021年主要在线网络平台的全球劳动力供求情况

注：劳动力供应数据取自四大平台（Fiverr、Freelancer、Guru和PeoplePerHour），劳动力需求数据取自五大平台（Freelancer、Guru、AMT、PeoplePerHour和Upwork）。每24小时会对每个平台进行一次数据检索。

资料来源：Online Labour Observatory（iLabour项目，牛津互联网学院和国际劳工组织）。

▶ 图1.7   2018年和2020年全球范围内五大基于在线网络平台的各类劳动力的需求情况

资料来源：Online Labour Observatory（iLabour项目，牛津互联网学院和国际劳工组织）。

按不同国家和职业类别划分，软件开发和技术是各国数字化平台中最受欢迎的职业，见图1.8（a）。2018~2020年，平台软件开发和技术工作的需求量在世界各国均有所增加，其中印度的增长较为明显。相比之下，创意和多媒体、文书和数据录入、写作和翻译等任务需求量呈下降趋势，特别是在美国。当前，新冠肺炎疫情给全球经济带来的不确定性进一步减少了平台任务需求量。

与平台工作需求相反，平台劳动力供应主要来自发展中国家，特别是孟加拉国、印度、巴基斯坦、菲律宾和乌克兰，而非来自发达国家，如英国和美国等，见图1.8（b）。其中，印度是全球最大的平台劳动力供应国，2018~2020年，其供应量占比上升了约8%，而其他发展中国家的占比却逐渐下降（除乌克兰外）。与此同时，美国平台劳动力供应量占比有所下降，相反，英国呈上升趋势。

由于印度拥有大量的受过高等教育，且

熟练掌握英语的劳动力资源，因此，这个国家的平台劳动力供应量在全球总供应量中的占比十分可观。全球对软件开发和技术的高需求量也促进了对应的劳动力供应量的增加。印度的平台劳动力供应增长主要是有越来越多的人从事平台软件开发工作，这与印度信息化和商务流程外包服务业、软件服务外包业的领先发展情况相一致（更多详细信息见专栏1.3）。其他平台劳动力供应增加主要在创意和多媒体领域（增加了3%）。

由于基于在线网络平台不记录平台工人的性别信息，因此，我们很难按照性别将他们进行分类。为解决该问题，研究人员以平台工人的姓氏、出生国家和出生日期为依据（因为某些姓名在某段时间内非常普遍），并参照相关历史数据，通过新算法来推断平台工人的性别（Blevins and Mullen，2015）。基于这种研究方法，研究人员从Online Labour Observatory随机抽取了一些平台工人（主要来自印度、乌克兰和美国）的信息，按照不同的职业类别做了性别分类（见图1.9）。

研究数据显示，印度女性从事平台工作的比例最低（21%），乌克兰（39%）和美国（41%）相对较高。事实发现，以国家层面为基准的性别分布情况与国际劳工组织进行的在线调查结果非常相似（Berg et al.，2018；见第4.1.2节）。在所有职业类别中，印度、乌克兰、美国女性平台工人从事写作和翻译工作的比例均占居高位。与其他国家相比，美国女性从事文书和数据录入、创意和多媒体以及销售和营销平台工作的比例相对较高。在印度的所有职业类别中，女性从事平台工作的比例均低于其他国家，即使是写作和翻译工作（在乌克兰和美国，女性在从事写作和翻译工作方面占据主导地位）。

▶ 图1.8 根据国家和职业不同，2018年和2020年主要基于在线网络平台的全球劳动力供求情况

（a）在线劳动力需求

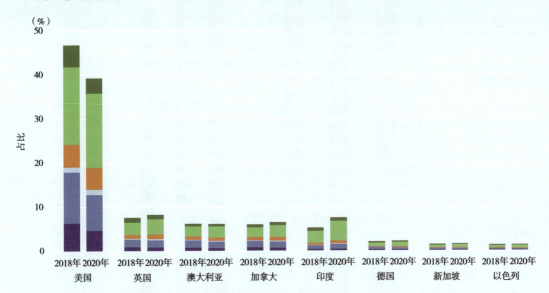

（b）在线劳动力供应

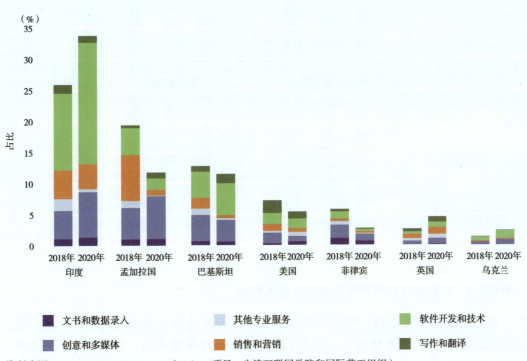

资料来源：Online Labour Observatory（iLabour项目，牛津互联网学院和国际劳工组织）。

▶ 图1.9   根据职业和国家不同, 2020年10月至2021年1月基于在线网络平台工人的性别分布情况

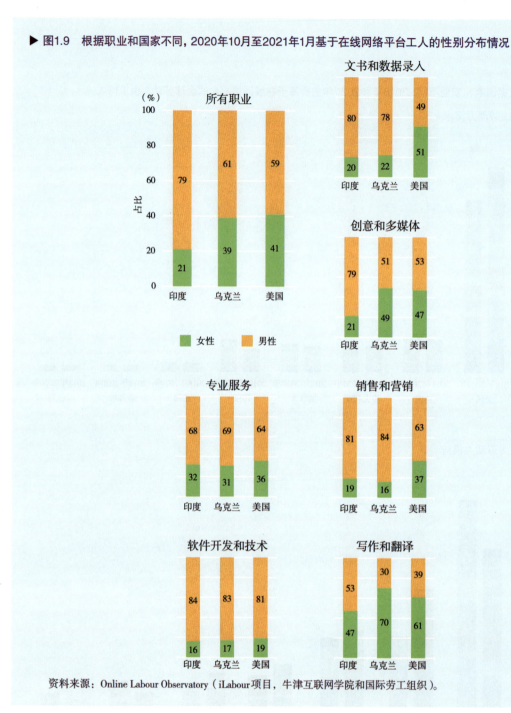

资料来源: Online Labour Observatory (iLabour项目, 牛津互联网学院和国际劳工组织)。

▶ **专栏1.3   新冠肺炎疫情对在线网络平台的影响**

新冠肺炎疫情暴发后, 平台任务逐渐减少, 劳动力供应量也相对下降, 这一趋势直到2020年4月才开始回升 (见图1.6)。在平台任务量方面, 2020年6月以后又开始呈下降趋势, 随后处于停滞状态, 直到10月份才再次上升。疫情对各个国家/地区的平台工人和客户产生的影响不尽相同。为进一步分析, 报告着重选取了两个国家作为研究对象: 美国和印度。这两个国家在劳动力需求和劳动力供应方面均占最大比例。

▶ **专栏1.3　（续）**

　　新冠肺炎疫情暴发后，美国平台劳动力需求量就开始下降，见图1.10（a），之后在4月开始回升，并持续到5月。可以说，2020年10月下旬前，所有职业需求量均出现了下降。其原因是：在疫情的冲击下，企业或客户的收益减少，出于谨慎，他们尽可能降低成本支出，包括取消非必要的外包任务，或延期支付贷款等。之后，各类平台劳动力的需求又逐步增多，其中文书和数据录入工作需求量增长最快，其增速远高于2020年2月的水平。

　　与平台劳动力需求相比，劳动力供应大幅增加，见图1.10（a）。在2020年4月和5月，美国平台用户注册数量急剧增加，特别是在软件开发和技术、创意和多媒体领域，任务需求增加引致对劳动力需求增加。然而，在接下来几个月中又略有下降。

▶ **图1.10　2018年和2020年，美国、印度的平台劳动力供需情况**

（a）美国

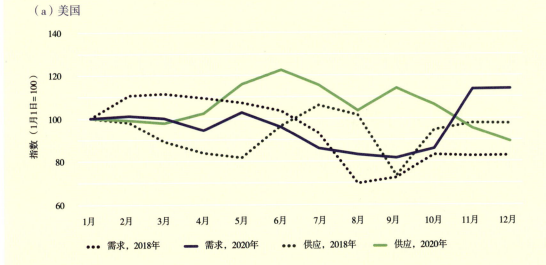

相比之下，自2020年3月中旬起，印度的平台劳动力需求和供应量都有所增加，见图1.10（b）。与2020年初相比，平台劳动力需求量增长了50%，主要集中在文书和数据录入、专业服务以及软件开发和技术领域。新冠肺炎疫情下远程工作对网络环境平稳运行的要求进一步提高，由此推进了软件开发和技术方面需求量的上升。另外，疫情导致企业收益缩减，为节约运营成本，许多企业或客户将线下工作替代为线上工作，进而使其他职业类型的平台需求量也进一步提升。

　　与此同时，除专业服务外，其他职业的平台工人注册量也急剧增加。与全球趋势相比，劳动力供应的整体增长不受季节性影响。这表明，从区域性来看，平台劳动力需求的增幅较为稳定。

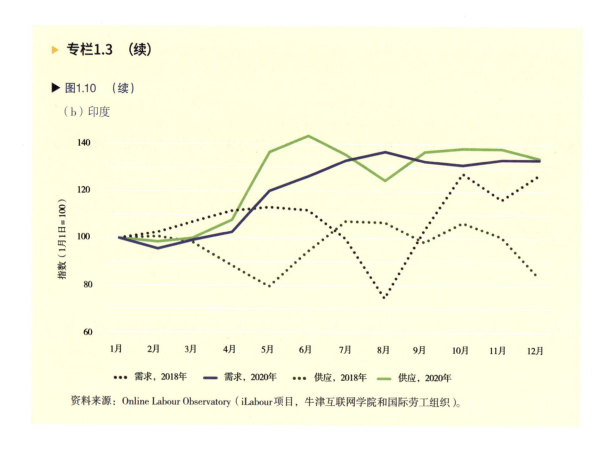

▶ 专栏1.3（续）

▶ 图1.10（续）
（b）印度

资料来源：Online Labour Observatory（iLabour项目，牛津互联网学院和国际劳工组织）。

图例：需求，2018年　需求，2020年　供应，2018年　供应，2020年

1.4　数字经济与机器学习算法的兴起

随着数字平台的发展，数据已经成为各经济领域重要的战略性经济资源。进入21世纪以来，数据作为基础性战略资源的地位日益凸显，出于不同用途，数字化采集、处理、存储、使用和传输不断发展（Rani and Singh，2019）。云基础架构技术（如云存储和云计算）的出现不仅可以大规模、快速采集数据，并且还能够进行结构化数据存储和分析，这在20世纪末都是无法实现的事情（Sheriff，2018）。本节将重点探讨数据的使用、主体以及对不同用户的影响。

当前，数据来源越来越多样化（网站、互联网设备，如手机，等等），通过利用追踪器或其他工具可以收集数据，如优步司机和客户产生的数据、Upwork工作人员或客户生成的数据。按分类不同，数据可以分为结构化数据、半结构化数据或非结构化数据。

据统计，非结构化数据占全球可用数据的90%以上（Sheriff，2018），它包含大量碎片化信息，如果将这些信息进行结构化处理，将有助于分析一些重要趋势和关系。

1.4.1　潜在数据的挖掘与应用

为实现不同目的，结构化数据（集中数据或个人数据）可为各大利益相关方（如工人、企业、社区和政府）提供重要的参考价值。一般来说，完善企业规划、提升运营管理、加速决策、优化结构和提高效率、实现企业效益的最大化，是企业收集不同工作场景下各类信息的根本动力（Sheriff，2018）。企业借助数字技术监控员工的做法有利于提高生产效率，但也在一定程度上对工人产生了负面影响（Ball，2010）。

个人数据有一定的敏感性，但出于各种

目的，利益相关方会将数据汇总后进行分析和研究。

伴随着数字经济的纵深发展，结构化数据引起了价值链的重大变革，它几乎影响到每一个经济领域：从零售业到医疗保健、保险或农业等。例如，电子商务平台通过收集与消费者偏好相关的数据（如消费方式、口味等），可以为企业在产品推广、方案设计、价格制定、库存和物流管理方面提供智力服务（Rani and Singh，2019）。这些服务也可转售给其他企业来制作广告或开发新产品，从而为平台增加额外收入。与传统企业（如小型零售商店）相比，数字平台企业更具竞争力，这将有可能导致不公平竞争，如亚马逊或谷歌利用收集到的数据与其他卖家竞争，推广自有产品或服务（见第3.4节）。

随着数字平台的发展，数据已成为重要的战略性经济资源。

数字劳动力平台上收集到的用户数据大多数用于商业目的，包括优化结构、匹配用户、机器学习、训练算法和改进自动化决策系统（Choudary，2018；另见第2章）。例如，Upwork在2019年年度报告中提到："通过搜索引擎，我们可以借助专有数据来提高自由职业者和客户之间的匹配度"（Upwork，2019）。同样，在出租车平台上，借助全球定位系统（GPS），可以获得网约车司机工作过程中生成的大量数据。出于多种目的，数据被广泛用于平台匹配或定价算法，如向平台网约车司机提供抵达乘客目的地的最佳路线（Choudary，2018）。

尽管数字劳动力平台产生的大部分数据仅用于平台内部业务，但如果这些数据能在全球和本地范围内共享并被恰当地使用，那么整个社会将大为受益。此外，数据共享也为卫生、农业或环境领域的决策部署提供了智力服务，推动了可持续发展目标的实现（UN，2019）。同样，在基础设施薄弱的发展中国家，滴滴、Ola或优步平台提供的实时路况信息也可缓解交通拥堵等问题（Rani and Singh，2019）。

1.4.2　与数据使用权相关的问题

作为一种新的资本形式，数据货币化可以增加收入（Sadowski，2016），但其价值及用户使用权问题直到近期才备受关注。数据可以用来满足个人、经济和社会利益需求，但它们往往集中于少数大型企业或数字平台（UNCTAD，2019）。特别是，网络效应下企业或平台有可能发展为数据垄断者，再加上数据聚合效应（数据聚集引致其价值呈指数增长）（Stucke，2018），进一步引发人们对数据隐私的担忧，财富从消费者和工人转移到企业或平台，扰乱了市场秩序。

数据集中于少数大型平台将会导致过度的市场支配力和竞争问题。例如，优步[①]（包括优步外卖）面临众多的竞争对手，如Careem、Cornershop和Postmates，这些平台公司存在共享或交易涉及个人或企业数据的行为。配送平台、电子商务平台及社交媒体平台通过收集大量数据，在推广销售方面，能获得比其他企业更具有优势的竞争力（Cusumano，Gawer and Yoffie，2019）。

尽管数据来源于数字劳动力平台用户

---

① 优步的隐私政策规定，优步在任何与公司合并、资产出售，或与其他公司重组、被其他公司收购、公司融资等相关情况下或谈判过程中，可以与他人共享有关数据。

（工人、企业或消费者），但实际上它却被认为是平台资产。因此，近年来为解决数据被盗问题，确保用户能够以更加公平的方式获取数据，人们提出了多种举措方案。例如，欧盟《通用数据保护条例》（GDPR）赋予了数据主体（包括数字劳动力平台工人）一系列与数据相关的权利，使其能够最大限度地对数据进行控制（如访问权、修正权、可携带权等）（见第5.3.8节）。这些权利赋予给工人（包括平台工人）能确保更高的透明度，保证了平台工人能够有效地进行集体谈判，改善工作条件（Rani and Singh，2019）。此外，人们开始考虑，平台收集到的数据是否应被视为一种"劳动"，而不是"资产"，更确切地说，数据应被视为信息生产者的个人财产，而不是企业或平台收集到的最终消费品。为此，平台工人可以集体组织并发展为"数据工会"，要求获取相应的劳动收入（Arrieta-Ibarra et al.，2018）。

尽管数据劳动应该被看作是有价值的工作，但如何评估数据的价值并采用何种标准来确定费用是眼前的实际问题。另一问题是，这些费用是否为一次性支付，或是分期支付。此外，将数据货币化甚至可能适得其反，因为在数字经济中，个人数据的边际价值很低，而聚合数据比个人数据具有更大的价值（P. J. Singh，2020：8）。

数据来源于不同的用户，但它们为经济社会发展决策提供了智力服务，因此，作为公共资产，数据可供集体用户访问，如为社区用户设置访问数据的权限（P.J.Singh，2020；Rani and Singh，2019）。此外，在规范集体用户使用数据权利的框架下，应要求平台或平台公司共享社区数据须获得使用许可证（P. J. Singh，2020；见专栏1.4）。为确保所有经济参与者（包括平台员工）的公平性，各个国家/地区须对平台和企业行使法律监督权，这不仅有利于传统企业在更公平的竞争环境中生存发展，推进各国数字产业的进程；同时也有利于各国（特别是发展中国家）开发公共数字基础设施，这反过来也有助于赋予平台工人权利，改善他们的生活，推动实现可持续发展目标（Rani and Singh，2019）。

▶ **专栏1.4   社区数据的集体用户权利**

社区数据的集体用户权利究竟指什么？事实上，社区用户对其生成的数据享有经济权。就平台工人而言，此类权利可以以集体利益的形式，如共同决定企业相关业务等。在"数据即劳动"和数据货币化的背景下，数据经济权问题可能会更加复杂，其原因是：从雇佣关系角度看，数据酬劳有可能已经包含在劳务报酬中，被视为整体工作的一部分。因此，我们需要将平台工人的数据同其劳动成果加以区分。此外，由于数据本身的用途非常广泛，它具有永久性价值。鉴于此，社区数据的集体经济权不应转化为货币价值；相反，它应等同于企业在推广最终产品或服务过程中产生的整体利益，或至少由此产生的产品和服务不应损害平台工作人员的基本利益。

印度数据治理委员会提出了"非个人数据"治理框架，即"在印度，社区收集的非个人数据产权应归属于社区，社区是实际受益方，并且可以充分利用数据来实现利益最大化"（2020，23）。这样做的最终目的是为了最大限度地提高社会福利。印度拥有庞大的消费人口和市场，如果实行数据垄断，则只有少数企业可以在不受监管的情况下访问大数据库，公民、工人、初创企业、中小企业和政府等只能被动接受数据带来的结果，由此极有可能引致各利益相关者议价能力失衡。

资料来源：P.J.Singh（2020）；印度电子信息技术部（2020）。

当前，为防止数据经济环境中企业反竞争行为及数据滥用行为，我们需要制定政策来控制少数企业对数据的过度把控。换句话说，必须制定有效的反垄断举措，防止大数据平台企业滥用市场支配地位。在数字经济时代，各国企业在经济发展支配地位上具有不对称性，如果发展中国家要从数字经济革命中受益，就必须建立数字基础设施（宽带、云计算和数据基础架构），完善数据管理政策，这样才能实现"国家内部数据要素收益公平分配"（UNCTAD，2018：Ⅶ）。

1.4.3　机器学习算法的兴起

近年来，大规模数据和计算机能力的大幅提升，使人工智能技术取得了突破性发展。数字技术已在许多领域得到广泛使用，如搜索引擎和推荐系统、语音识别、欺诈检测、图像理解、机器人技术和自然语言处理。人工智能给人力资源管理实践带来了新的机遇。例如，算法管理不仅在数字劳动力平台上得以应用，且越来越多地适用于传统行业，它可以用来评估零售仓库工作人员的工作效率，也可以评价白领职员执行特定任务的能力（Akhtar，Moore and Upchurch，2018）。

数字劳动力平台持续不断地收集大量数据以提升机器学习算法能力。

数字劳动力平台持续不断地收集大量数据以提升机器学习算法能力，从而更快地匹配工人与客户、分配任务、设定价格、监控工作人员、评估工作及发放奖励和进行排名。除平台工作人员个人排名和好评因素外，算

法管理可以很好地评估平台工人完成工作任务的速度和专注力（De Stefano，2019；见第2.4节）。如果平台工作人员表现不佳或工作质量未达到算法设定标准，那么他们极有可能接收不到其他任务，甚至被平台解雇（停用账户）（见第2.5节和第4.3.2节）。

在某些情况下，人工智能系统中的算法管理可能会进一步加剧偏差，或产生新的偏差。编程员通常是根据有关标准和技术规范编写算法，如果他们在算法系统中输入某些信息时忽略了其他信息，则有可能导致有歧视性的输出结果。此外，值得注意的是，算法输出结果与数据输入兼具一致性，如果数据中存在漏洞或错误，那么算法很有可能会按照错误的模式进行识别，由此带来更多的偏差（UN，2019）。因此，人工智能算法会扰乱现有的监管举措，进而导致在责权明确、消费者保护和基本权利保护方面产生差异（见第5章和第6章）。

机器学习算法越来越多地应用于数字领域和非数字领域，但算法源代码[1]仍具有不透明性，并非所有平台工人都可以访问。如果平台工人所执行的任务被拒绝或账户被停用，又或评分较低，通常他们是无法找到原因去申诉或辩解，也无法改善个人工作绩效。因此，获取算法源代码是监察是否存在反竞争行为或歧视性行为的唯一方法。然而，由于受贸易保密法和世界贸易组织知识产权保护有关条例[2]的约束，我们很难访问算法源代码（Smith，2017）。在某些情况下，一些人可以获取源代码的访问权限。例如，美国加利福尼亚北区地方法院授权Waymo公司[3]的律师和专家访问优步的源代码，以审查是否存在盗用公司商业秘密的情形[4]。优步承诺不会将Waymo拥有知识产权的技术

----

[1]　源代码是指"经过处理和执行的计算机指令的集合，其可读版本（称为源代码）通常受版权保护，并且会对其专有信息进行保密"（UNCTAD，2018：91）。

[2]　见《世界贸易组织与贸易有关的知识产权协议》第39条，https://www.wto.org/english/docs_e/legal_e/27-trips.pdf。

[3]　Waymo是一家自动驾驶技术研发公司，是字母表（Alphabet）的子公司（包括谷歌）。

[4]　有关详细信息请参阅：https://cdn.arstechnica.net/wp-content/uploads/2017/05/Uber.Waymo_.Order_.pdf。

等（无论是硬件还是软件）应用到自家的自动驾驶车辆中，并向Waymo赔偿了0.34%的优步公司股权[1]。

为确保数字平台（包括数字劳动力平台和电子商务平台）工人和企业的公平性，政府能够在适当的情况下访问算法源代码显得至关重要。例如，如果不能获取谷歌、亚马逊或优步的源代码，政府就很难了解企业排名或定价算法是否导致反竞争行为，或评级算法导致的平台工人账户停用是否构成了不公平解雇。鉴于此，世界贸易组织成员在商定电子商务规则中提出：为提供体面的工作机会，营造公平的数字化竞争环境，各国应取消禁止转移或访问源代码的限制（Smith，2017）。[2]

禁止转移或访问源代码只会进一步加剧全球南北不平衡，因为技术垄断主要集中在发达国家，发展中国家对此的依赖性或将进一步加剧，且发展中国家有可能会失去自主研发本国软件技术的机会（Neeraj，2017）。

作为新兴资产，数字技术的兴起及其与人工智能的紧密联系，吸引了大量风险投资者和私人投资家对数字平台（见第1.5节）和数字技术初创企业（见第3.3.2节）进行投资。例如，Netflix引擎推荐算法能够降低订阅用户的月流失率，还可以根据用户先前的选择进行推荐，从而为公司每年节省10亿美元（Gomez-Uribe and Hunt，2015）。机器学习算法的迅速发展激起了许多风险投资者对人工智能初创企业进行投资，2019年筹集了创纪录的266亿美元（2017年为168亿美元）（K. Johnson，2020）。在数据和人工智能的支持下，数字商业模式迅速崛起。随着盈利潜力逐步增强，大量风险投资涌入，这不仅将推进数字平台的发展，也为社会经济的数字转型奠定了坚实基础。

1.5   为数字劳动力平台的兴起提供资金支持

在过去十年里，风险投资对数字平台（包括数字劳动力平台）的兴起发挥了举足轻重的作用。有数据显示，大型技术企业或"超级明星企业"及数字劳动力平台的股票市值长期处于上涨趋势，尽管一些企业经营遭受亏损，但仍然吸引了不少投资者（Kenney and Zysman，2019）。本节将主要探讨数字劳动力平台领域中风险投资的出现，以及它们在特定行业和区域的密集程度。此外，还将进一步分析市场力量集中于少数平台企业和数字劳动力平台对企业和平台工人的影响。

数字平台风险投资的发展是基于一种理想信念，即初创企业将带来巨大收益。信息和通信技术的飞速发展对传统行业和部门造成了很大冲击，如智能手机、大数据、机器学习和物联网的出现（Kenney and Zysman，2019）。从全球范围内来看，数字初创企业募资总额从2010年（520亿美元）到2019年（2950亿美元）增长了6倍（Rowley，2020；Florida and Hathaway，2018）。这些投资资金很大一部分集中在美国（1365亿美元），其次是中国（2019年1月至11月中旬资金总额为365亿美元，与2018年的934亿美元相比大幅下降）、欧洲（360亿美元）和印度（145亿美元）（PitchBook，2020；Teare and Kunthara，2020；Kunthara，2019；M. Singh，2019）。相比之下，拉丁美洲（46亿美元）和非洲（13亿美元）募集的风险资金相对较少（Azevedo，2020；WeeTracker，2020）。

---

① 有关详细信息请参阅：https://www.wired.com/story/uber-waymo-lawsuit-settlement/。
② 例如，参见以下世界贸易组织文件：JOB/GC/94；JOB/GC/100；INF/ECOM/22。

事实上，数字平台企业募集的资金金额和实际收益并不会对外公开，尤其是那些尚未上市的平台企业。鉴于此，在研究数字劳动力平台投资金额和收益方面，调查人员受到很多限制，如何获取有效数据已成为一大问题。在此背景下，本报告借助 Crunchbase 和 Owler 数据库获取有效信息，同时还使用了在美上市平台企业的年度报告或企业简介信息。在企业募集资金方面，本报告仅采用了 Crunchbase 数据库中的有关数据。Crunchbase 数据库中有 777 个可参考的数字劳动力平台，其中只有约 47%（367 个平台）的平台可以提供有关数据信息。截至 2021 年 1 月 30 日，这 367 个平台共获得了 1190 亿美元的投资。其中，出行平台、配送平台和基于在线网络平台在募资方面存在实质性差异。募资金额最高的是出行平台，2007~2020 年共有 61 个平台获得了 620 亿美元的投资；其次是配送平台，共有 164 个平台获得了 370 亿美元的投资；基于在线网络平台获得的投资最少，仅有 142 个平台获得了约 30 亿美元的投资（见图 1.11）。五个混合平台（可以提供支付、出行、配送或电子商务等一系列服务）在 2010~2020 年共获得了 170 亿美元的投资。

根据平台公司募资信息可以发现，不同的出行平台，其募资金额也存在明显差异。其中，75% 的资金集中于两家平台企业（优步和滴滴），剩余 25% 的资金流向了 59 家平台企业。在配送平台上，这种差异则相对较小，有 49% 的资金集中在前五大平台（DoorDash、Delivery Hero、Ele.me、Lalamove 和 Instacart）。基于在线网络平台中有 33% 的资金主要流向了前三大平台（ZBJ、Scale AI 和 Upwork）。

基于网络效应或"赢家通吃"效应的高回报率，许多风险投资者将资金集中在少数平台企业，他们相信这些平台企业将成为主要的市场力量（Kenney and Zysman, 2018b: 6）。然而，尽管有些平台企业获得了风险投资，

▶ 图 1.11　1998~2020 年间不同类型平台获得的风险投资和其他投资总额

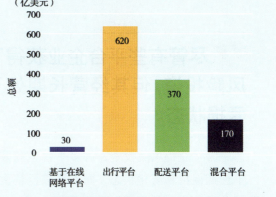

注：可获得总融资数据的平台数量和时间段：基于在线网络平台 142 个（1998~2020 年）；出行平台 61 个（2007~2020 年）；配送平台 164 个（1999~2000 年）；混合平台 5 个（2010~2020 年）。

资料来源：Crunchbase 数据库。

但其经营长期处于亏损状态，这种情况将进一步恶化对传统行业的破坏性影响。例如，优步（28 轮融资 252 亿美元）和 Grab（31 轮融资 101 亿美元，2021 年再获 20 亿美元融资）尽管亏损严重，但仍然可以筹集到资金。截至 2019 年，Grab 的市值达 140 亿美元，该公司希望通过盈利公开上市（Soon and Choudhury, 2019）。相比之下，优步自成立以来就遭受严重亏损，累计亏损达 164 亿美元，直到 2019 年才以 824 亿美元的估值上市（Uber, 2020a: 12; de la Merced and Conger, 2019）。虽然后来该公司一直处于亏损状态，但仍能够吸引其他主要平台企业投资，如字母表（包括谷歌）和滴滴，以及软银（优步最大的股东之一）等其他投资者（Uber, 2020a: 12）。可以说，这些投资为优步业务上的快速增长和市值的增加提供了必不可少的资金支持。鉴于此，优步也采取了各种激励措施来提高对消费者和司机的补贴，但有人则认为"这完全是用人为力量颠覆了正常的市场状态"（Horan, 2019）。优步的运营模式在一定程度上扰乱了传统出行

行业的客运秩序，因为不管平台收益如何，都可以通过融资方式成为主要市场力量，并占据市场主导地位。

尽管有些平台企业获得了风险投资，但其经营长期处于亏损状态。

为了获得风险投资，许多平台企业倾向于长期保持私有化状态，而不是进行首次公开募股，由此催生了"独角兽"企业。这些"独角兽"企业大多为估值超10亿美元的私营初创企业（Kenney and Zysman，2018b）。即使长期亏损，这些企业也可以正常运营，一方面是因为有私募资金的支持，另一方面还能避免公开市场或传统投资者的审查（Kenney and Zysman，2019；Schleifer，2019）。尽管不盈利，但"独角兽"企业的估值呈现不断上升的趋势，这一现象绝非仅限于此类企业。据估计，自2010年以来，规模超10亿美元的上市平台企业中有64%的企业处于不盈利状态（Clark，2019）。除少数企业外，大多数企业长期处于亏损状态，它们的运营一直依赖风险投资，因此有人质疑：这种创新业务模式将不利于经济社会的发展和社会福利的增加（Kenney and Zysman，2019）。

1.5.1 基于不同地理位置，数字劳动力平台获得的融资及收益情况

对数字劳动力平台的投资在全球范围内分布并不均匀，其中96%的投资都集中在亚洲（570亿美元）、北美（460亿美元）和欧洲（120亿美元），只有4%的投资分布在拉丁美洲、非洲和阿拉伯国家。这表明存在巨大的数字鸿沟。尽管在拉丁美洲、非洲和阿拉伯国家涌现出一些大型平台企业，如

Gett和Fiverr（以色列）、Jumia Group（尼日利亚）和Rappi（哥伦比亚），但投资者仍主要关注出行平台（优步和滴滴）和配送平台（DoorDash、Delivery Hero和Ele.me），以及基于在线网络平台（Upwork和ZBJ），而这些平台均位于美国、中国或欧洲地区。从资金角度看，出行平台获得的风险投资份额远高于基于在线网络平台（见图1.12）。优步的融资总额（252亿美元）是所参考的142个基于在线网络平台融资总额（26亿美元）的9倍。

对数字劳动力平台的投资在全球范围内分布并不均匀。

数字劳动力平台收益数据来源于Owler数据库、在美上市企业年度报告及公司简介。调查发现，可获得收益数据的平台仅占数字平台企业的31%（共计243个平台）。通过对数字平台收益的分析可以发现全球约70%的收益集中在美国和中国，分别为49%和23%[①]；11%的收益集中在欧洲地区，剩余17%的收益分布在其他地区，这种不平衡进一步加剧了地区财富差距。位于美国全球最大的网约车平台优步的收益最高（超过107亿美元），而位于中国的美团是快递配送平台中收益最高的企业，约85亿美元（见图1.13）。

基于在线网络平台中，位于澳大利亚、以色列和美国的平台，如Appen、Upwork、Toptal和Fiverr，产生的收益最高。与基于指定位置平台相比，基于在线网络平台的收益相对较少。

例如，2019年优步的预估收入超过107亿美元，约为Upwork（3.01亿美元）的36倍；而优步获得的投资达252亿美元，是Upwork（1.69亿美元）的150倍左右。此外，优步的市值约为824亿美元，而Upwork的市值仅为15亿美元。导致这种差异的关键因素很可

---

① 如果调查员能收集到大量的平台收益信息，那么全球范围内平台收益分配不均的状况将会有所缓解。

▶图1.12　1998~2020年不同地区各类数字劳动力平台获得的风险投资和其他投资总额

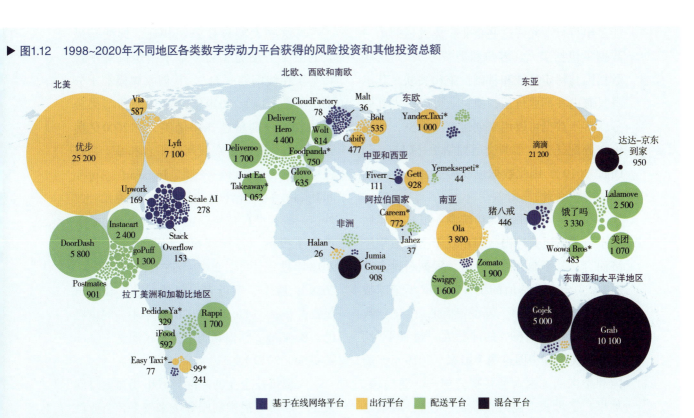

* 平台被收购或合并，请参阅附录1。

注：可获得总融资数据的平台数量和时间段：在线网络平台142个（1998~2020年）；出行平台61个（2007~2020年）；配送平台164个（1999~2000年）；混合平台5个（2010~2020年）。

资料来源：Crunchbase数据库。

▶图1.13　2019年不同地区各类数字劳动力平台的预估年收入

* 平台被收购或合并的情况，请参见附录1。

注：可获得收入数据的平台数量：基于在线网络平台106个；出行平台31个；配送平台101个；混合平台5个。单位：百万美元。

资料来源：Owler数据库、在美上市平台公司提供的年度报告和资料等信息。

能是出行行业允许这些企业收集大量的用户数据（包括工人、客户和消费者），而这些数据因与特定区域和基础设施相关联，其本身具有内在商业价值，使企业可以扩大其服务。鉴于数据可以用来创建算法模型，如定价、分配任务、预测交通拥堵等（Chen and Qiu，2019），因此数据也成为平台企业高估值的潜在因素。

数字劳动力平台对传统商业模式和雇佣关系造成了巨大冲击，但相较于全球数字经济而言，其影响力微不足道。根据对排名前242家平台企业估值的统计，2017年全球数字经济规模达7万亿美元。然而，占全球数字经济市场估值69%的前七大"超级平台"集中在美国和中国这两个国家。2019年，美国和中国的七家大型科技公司——亚马逊、苹果、字母表（包括谷歌）、微软、阿里巴巴、脸书和腾讯，累计收入达10100亿美元（见图1.14）。

与这些大型科技公司相比，即便是最大的数字劳动力平台（基于指定位置平台和基于在线网络平台），其创收规模都十分小（见图1.14）。2019年，亚马逊和苹果公司的收入分别超过2800亿美元和2600亿美元，而最大的基于在线网络平台和基于指定位置平台（如优步、美团、Instacart、Appen和Upwork）的合计收入只有312亿美元。此外，一些大型科技企业也对数字劳动力平台进行了投资。谷歌风投（现为字母表）在2013年投资优步，2019年占股5.2%（Levy，2019）；脸书、字母表（包括谷歌）和腾讯投资了Gojek（Gupta，2020）；苹果、阿里巴巴、Booking、软银和腾讯投资了滴滴（Chen and Qiu，2019）。

大型科技企业的兴起导致市场力量过度集中。随着可提供的服务越来越多，企业已呈现出集中化、多元化的发展趋势，企业并购已成为当前迅速扩大规模的重要途径。亚

▶ 图1.14　2019年大型平台和部分数字劳动力平台的预估年收入

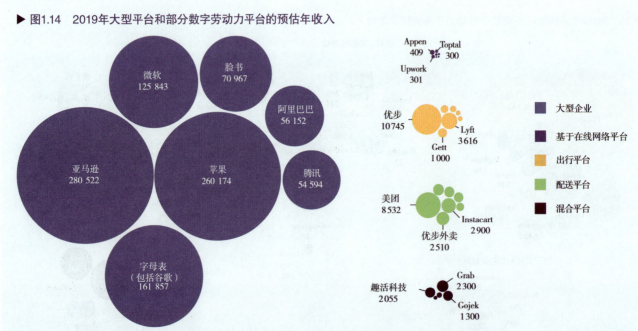

注：对于每类数字平台，仅参考收入排名前七位的企业。出租车平台参考企业有优步、Lyft、Gett、Careem、Yandex.Taxi、滴滴和Ola；快递平台参考企业有美团、Instacart、优步外卖、Just Eat Takeway、Delivery Hero、GrubHub和DoorDash；在线网络平台参考企业有Appen、Upwork、Toptal、Fiverr、Applause、Guru和Justanswer；混合平台参考企业有Grab、趣活科技、Gojek、达达－京东到家和Jumia Group。单位：百万美元

资料来源：Owler数据库、在美上市企业年度报告及公司简介。

马逊就是很好的例子，它可以提供广泛的服务，包括在线销售、配送服务、云计算、众包服务和娱乐服务等。企业的市场集中度越高，其市场支配能力就越强，越能够获得垄断利润，并对市场定价、政策法规，甚至行业创新产生不同的影响。

对于数字劳动力平台，市场份额越来越多地集中在少数大型平台企业，这些企业更容易获得风险投资，由此也为它们进一步开辟新市场、增强竞争力提供了资金支持。例如，2015年滴滴和快滴合并，并在2016年收购了优步中国（Chen and Qiu，2019），随后在2018年被中国政府纳入反垄断调查范围①。此外，从全球范围内来看，滴滴收购了巴西99家企业，并正在与亚洲、非洲、拉丁美洲、中东和欧洲的多个国家的平台企业建立战略合作伙伴关系（Chen and Qiu，2019）。

大型科技企业的兴起导致市场力量过度集中。

其他平台企业也存在类似趋势。例如，东南亚的Gojek和Grab、非洲的Jumia，它们正在不断向其他国家/地区扩展业务，提供的服务越来越多样化，如线上零售、旅游业、运输和物流、食品和杂货配送、家政和维修服务、娱乐、线上支付等。数字平台融资不断增长，新的投资者对数字平台融资有着不可估量的作用，但就当前的风险投资模式来看，仍集中于少数平台企业，尽管这些平台企业仍处于亏损状态。这引发了人们的巨大担忧：这种投资模式是否具有可持续性，特别是是否对平台企业估值过高。

平台企业长期处于亏损状态，其运营成本依赖于短中期投资，因此，这些企业所展现出的市场竞争力和优势不一定是基于固有的优势。不管从雇佣关系角度，还是企业财务状况方面来看，这种发展趋势都扭曲了对竞争和垄断概念的理解，使组织界限越来越模糊。这些大型平台企业的主导地位也会限制传统企业、小型企业和第三方企业的发展（见第3.4节）。

▶ 结论

本章表明，随着信息和通信技术革命，以及互联网的普及，工作世界正在发生根本性改变。数字平台取得了显而易见的发展，并渗透到各行业领域。云计算和技术创新推动了独特的商业模式的出现，在为平台工人和企业带来机遇的同时，也伴随着挑战。

作为劳务中介，数字劳动力平台取得了飞速发展，也引起了劳动关系和工作方式的变化，对各经济领域产生了重大影响。企业既要适应数字化技术带来的改变，又要适应新形势下的竞争。

数字劳动力平台的增长在为世界各个国家/地区的工人提供创收机会的同时，也带来了许多亟待解决的问题和挑战，如在估算平台工人数量方面与数据相关的挑战以及方法论方面的挑战。但在现有数据下，平台劳动力供应明显超出了劳动力需求。

数字经济的兴起与数字劳动力平台的广泛渗透离不开用户数据的支撑，而这些数据主要由平台企业占有、控制和管理。通常这些数据被用于机器学习、研发新产品、提高效率和生产率，以及调整定价和工作安排，

---

① 有关反垄断调查的更多信息，请访问：http://www.xinhuanet.com/english/2018-11/16/c_137611764.htm。

但对用户来说，特别是平台工人，他们往往并不拥有数据的主体权利。

广义上数字经济的兴起，或狭义上数字劳动力平台的崛起离不开风险投资的支持。尽管这些平台企业长期处于亏损状态，但它们能够利用风险投资迅速扩大业务规模，与传统企业相比具有极大的竞争优势。虽然这些大型平台企业位于少数国家/地区，但这种商业模式使它们在全球市场中拥有支配地位。这可能会进一步扩大数字鸿沟，加剧经济不平等，也给全球数字经济中发展中国家平台企业的发展带来了巨大挑战。

为确保企业公平竞争、加强对平台工人的充分保护，发展中国家政府应进一步完善法律法规，应对数字经济崛起带来的种种挑战。积极应对这些挑战，充分利用数字经济和数字平台带来的机会，既能够为工人提供体面的工作机会，持续促进企业增长，也可以推动实现联合国可持续发展目标。

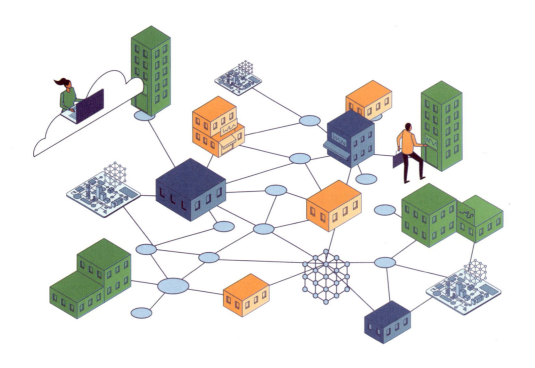

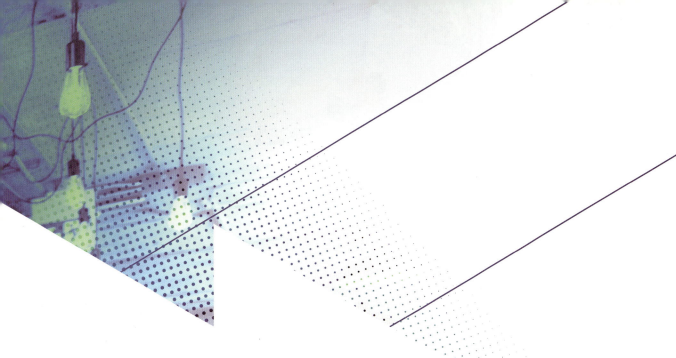

第2章

数字劳动力平台的商业模式和战略

数字劳动力平台的商业模式

尽管平台类型多种多样……

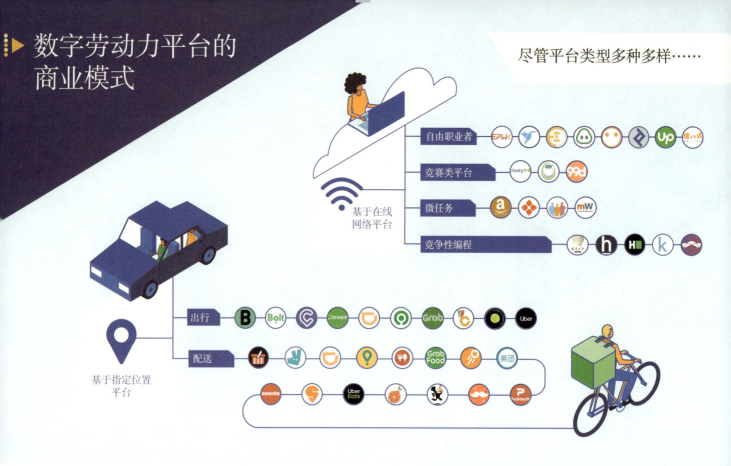

基于在线网络平台

- 自由职业者
- 竞赛类平台
- 微任务
- 竞争性编程

基于指定位置平台

- 出行
- 配送

……它们的商业模式存在一些共同点

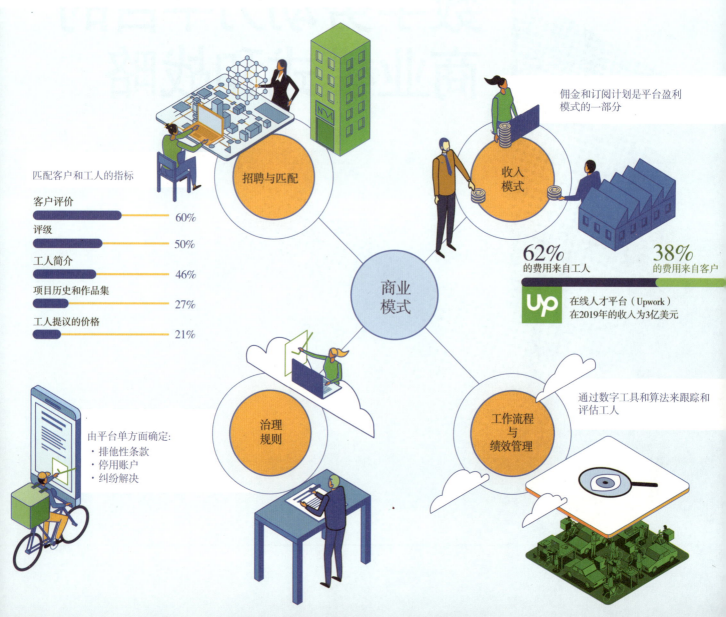

匹配客户和工人的指标

客户评价	60%
评级	50%
工人简介	46%
项目历史和作品集	27%
工人提议的价格	21%

由平台单方面确定:
- 排他性条款
- 停用账户
- 纠纷解决

招聘与匹配

收入模式

佣金和订阅计划是平台盈利模式的一部分

62% 的费用来自工人

38% 的费用来自客户

在线人才平台（Upwork）在2019年的收入为3亿美元

商业模式

治理规则

工作流程与绩效管理

通过数字工具和算法来跟踪和评估工人

▶ 引言

当前的数字经济演变正在改变商业和社会，也正在导致传统商业行为的"平台化"。数字工具和云基础设施的可用性促进了创新商业模式的发展，如数字劳动力平台，其中有两大类：基于在线网络平台和基于指定位置平台。基于在线网络平台提供了在任何地点、任何时间进行工作的灵活性。虽然这些平台上的一些任务是新的，如图像和数据注释、标签和数据处理，但其他一些任务以前是通过传统劳动力市场完成，现在仍继续通过传统劳动力市场完成，如翻译、转录和软件开发。这类平台有一个显著特点，即技术使工作可以在全球范围内跨国界外包，工作可以在任何地点远程进行。

在基于指定位置平台，工作是在特定的物理位置完成的，出行和配送服务是这类平台中最普遍的例子。与上述基于在线网络平台上的活动一样，出行和配送服务本身并不新鲜，并继续通过传统劳动力市场进行。数字经济的新特点是，这些服务是通过数字应用程序实现的。由于消费者偏好的变化，基于平台的出行和配送服务创造了就业机会，这些行业的工人越来越依赖基于应用程序的服务来获得收入，特别是在发展中国家。

数字劳动力平台商业模式有三个明显的特征。首先，算法管理被引入工作过程和绩效评估（Moore and Joyce，2020；Griesbach et al.，2019；Lee et al.，2015），即工作的分配和绩效评估基于指标和评分，并整合到由算法确定的绩效管理系统中，同时使用数字工具监控工作。这种管理模式从根本上偏离了传统的人力资源管理实践，并可能对未来工作产生影响。例如，在出行平台上，"算法管理可以帮助少数人力资源经理在全球范围内监督数百名或数千名司机"（Lee et al.，

2015：1603）。

其次，因为这种工作的组织形式，平台公司无须提供资本设备投资或承担运营成本，即可提供服务（Stanford，2017）。例如，在基于在线网络平台和基于指定位置平台上，计算机或车辆等资本设备由工人提供，他们还承担与燃油、维护、购买牌照或上网有关的费用。

最后，建立了高度细分的双重劳动力市场，包括由平台直接雇用的小型核心劳动力（内部就业）和通过平台协调工作的大量外包劳动力（外部就业）两类（ILO，EU and OECD，即将出版；Rahman and Thelen，2019）。第一类工人具有雇佣关系，而第二类工人通常被平台归类为"自雇"或"独立承包商"，没有雇佣关系，通常需要支付各种费用才能完成任务（Webster，2020）。这种模式使得数字劳动力平台公司可以将资本设备和运营相关的风险和成本转移给工人，以提高收入和提供服务。

本章探讨了数字劳动力平台商业模式的一些特征，包括工作的算法管理、收入模式和业务策略。本章还评论了由平台单方面制定的治理规则，在某种程度上该规则是由市场驱动的。本章分析借鉴了31个基于在线网络平台和基于指定位置平台及其网站的服务协议条款，以及国际劳工组织对16家不同国家的数字劳动力平台公司（包括基于在线网络平台和基于指定位置平台）的服务协议条款进行的半结构化访谈（见附录2）。

本章共分为五节。第2.1节对本章和整个报告所分析的各种平台进行了描述。第2.2节讨论了平台用来吸引工人和客户的收入模型和定价策略。第2.3节描述了数字劳动力平台的招聘实践，以及客户和平台工作

人员的算法匹配。第2.4节探讨了平台工作流程的管理和工作的评估。第2.5节回顾了

平台和客户—工人参与的治理规则,以及数据的收集和使用。

2.1 数字劳动力平台的类型

正如第1章所讨论的,数字劳动力平台可以通过拥有不同技能的工人来提供多种服务,并且可以分为两大类:基于在线网络平台和基于指定位置平台,也可以根据执行的任务类型、持续时间和复杂性进一步加以区分。本报告回顾了四种基于在线网络平台和两种基于指定位置平台(见图2.1)。

2.1.1 基于在线网络平台

基于在线网络平台在企业中越来越受欢迎,因为它们不仅能够以更低的成本将任务外包给全球劳动力,而且能够以比传统外包模式更快的速度完成任务(请参阅第3.1.2节)。在基于在线网络平台中,本报告重点关注自由职业者平台、竞争性编程平台和微任务平台,这些平台是促进工人与客户之间进行劳动力交换的一些领先平台。

▶ **自由职业者平台**的功能就像一个市场,使客户或工人能够在翻译、金融服务、法律服务、专利服务、设计和数据分析等领域发布或接受工作。平台基于评级和评论等指标组成的专有数据库,为特定任务匹配客户和工人,并在各个方面促进客户和工人的关系。这些平台所提供的服务的性质各不相同,既有广泛的活动[1]和技能服务(如 Freelancer、PeoplePerHour 和 Upwork),也有专门或有针对性技能的服务(Toptal)[2]。这种业务策略让拥有多种技能的工人可以在同

一个平台上访问多种任务,企业可以在同一个网站上访问各种熟练技能的工人。此外,还有其他类型的自由职业者平台,这些平台将自由职业者与有特定服务需求的客户或企业进行直接匹配,而不是通过市场来匹配。例如,一些翻译平台维护着一个自由翻译人员的"网络",当客户端提出请求时,平台会给他们分配翻译任务。这样的平台没有对所有用户开放市场,因此本报告未对其进行分析。

▮▮ 数字劳动力平台可以通过拥有不同技能的工人来提供多种服务。

▶ **竞赛类平台**专门组织其人才库中的工人参加竞争性设计竞赛,以向客户(如 99designs、Designhill 和 Hatchwise)提供创意或艺术服务和产品,比如图形设计。各平台提供的服务[3]是相似的,它们通过定价策略竞争,并通过各种订阅和其他计划吸引"最佳"或杰出设计师。

▶ **竞争性编程平台**是一个软件开发者和程序员的社区,可以在指定的时间内提供与人工智能、数据分析、软件开发和其他技术领域相关的

---

① 活动范围从计算机编程和分析到设计、翻译以及法律和会计服务。
② Toptal通过其专属的开发人员、设计师、财务专家以及项目和产品经理的社区来宣传服务产品。
③ 包括徽标和个性化设计,网站和应用程序设计,商业和广告、服装、艺术与插画、包装、书籍和杂志设计等。

商业和研究解决方案的竞争性服务，由客户选择获胜者。这些平台为企业提供广泛的服务，从软件解决方案和数据分析（Kaggle和Topcoder），到招聘程序员、开发人员或数据科学家（HackerEarth和HackerRank）等，都是通过其目标人才社区完成。其中一些平台（如CodeChef和Kaggle），也与学术机构联系，并为学生和年轻的软件专业人士提供在线练习课程和竞赛，以磨练他们的编程技能。

▶ *微任务平台*专注于短期任务，如录制短视频；检查数据条目；添加关键词对产品进行分类，用于人工智能和机器学习，或者与访问内容（如访问网站以增加流量）或检查敏感内容相关的任务。诸如Amazon Mechanical Turk（AMT）、Appen、Clickworker和Microworkers之类的平台为客户提供了一系列服务[①]，将任务分解成较小的微任务，再分配给平台上的工人，工人完成后重新打包并交付给客户。其中某些平台还为客户提供了对其应用程序编程接口（API）的访问权限，从而使客户可以直接在平台上众包工作。此外，还出现了其他类型的微任务平台，如Scale AI或Mighty AI，它们提供数据和图像注释服务。这类平台将众包工作提供给"众包工人"，且仅对工人可用，不同于用于营销目的和客户的网站。此类平台不是本章分析的一部分，但将在第3.3.2节进行讨论。

2.1.2 基于指定位置平台

基于指定位置平台的活动以出行和配送服务为主。近年来，因为此类平台解决了越来越多的工人的就业问题，对未来工作存在潜在的影响，所以出行和配送服务一直是我们讨论和审查的主题。在风险投资的帮助下，这两个领域的数字劳动力平台发展迅速

（请参见第1.5节）。

▶ 诸如Bolt、Careem、Grab、Gojek、Little、Ola和优步之类的出行平台将寻求乘车服务的客户与平台上提供服务的工人联系起来，以提供便利的乘车服务。客户在每个步骤都会得到更新信息，包括大约的等待时间、预估的乘车费和乘车时间，并能够通过其移动应用程序实时跟踪网约车司机和乘车情况。

▶ 诸如Deliveroo、Glovo、Jumia Food、Rappi、Swiggy和Zomato之类的配送平台可促进客户、工人和商业客户（如饭店、超市和药房）之间的交易。它们以具有竞争力的价格为客户提供各种产品，而客户无须离开其所在位置，同时它们还为企业客户提供更广泛的客户网络（请参阅第3.2节）。另一种类型的配送平台也在崛起，它有自己的仓库或"幽灵厨房"（也称为虚拟或云厨房），消费者只能通过应用程序访问（Lee，2020）。该模式借鉴了零售电子商务平台（如亚马逊）的原理，没有实体店。这种模式使配送平台能够在配送食品和杂货的同时降低成本、扩大业务，并在新冠肺炎疫情期间一直增长。有些"幽灵厨房"还与配送平台相连，也提供食品配送服务。

虽然各类任务都是通过基于在线网络平台和基于指定位置平台来实现的，但我们还是可以在这些不同类型的平台上识别出商业模式中的一些共同元素或实际操作机制。这些机制包括定价和薪酬设定机制，向工人和客户收取佣金，将工人与客户进行匹配，通过算法分配和评估工作，使用不同的数字工具管理工作，使用评级系统以及全体工人与平台合作的服务条款协议（参见Aleksynska，2021；Moore and Joyce，2020）。

---

① 包括数据清理、分类、标记、情感分析、创建和审核内容、视频和音频转录等。

这些不同元素对塑造数字劳动力平台的工作条件起着重要作用。

本章回顾了国际劳工组织调查所涵盖的31个平台的商业战略（见第4章）；以及其他一些重要的平台，以便更好地理解数字劳动力平台商业模式的功能（见图2.1）。一些数字劳动力平台是在21世纪初建立的，而另一些平台则是在过去十年间兴起的，它们正在模仿现有的平台业务模式。

平台业务战略基于以下所述的一些关键要素，而某些基于指定位置平台也根据其所在国的国家或法律环境调整了策略（Aleksynska，2021）。本章介绍的平台采用的业务策略可以概括为四个相互关联的关键要素：收入模式（佣金和订阅计划）；工人的招聘及匹配；工作流程与绩效管理；平台治理规则（见图2.2）。对这四个要素的分析是基于各个平台的服务协议条款、其网站上的信息（请参见附录2B），以及对16家基于在线网络平台和基于指定位置平台公司进行的采访（有关平台公司的列表，请参见附录2A）。在接下来的四节中将依次讨论不同的要素。

2.2　收入模式

平台成功的一个关键因素是它能否吸引足够多的用户（客户或委托方，以及工人）并产生网络效应。平台的定价策略是利用网络效应和限制多重宿主[①]的重要工具，因为这可能会影响其潜在收入和利润（Cusumano，Gawer and Yoffie，2019；Rochet and Tirole，2003）。作为其定价策略的一部分，平台有时会通过补贴来激励平台上的一方，从而促使另一方加入（非对称）；或者，它们有时会为吸引双方而提供激励（对称）。例如，在出行平台上，客户（乘车成本低）和网约车司机（除每次乘客乘车补偿之外的奖金或其他财政激励）都得到补贴（Cusumano，Gawer and Yoffie，2019；Horan，2019）。只有当积极参与平台的工人数量达到一定限度或临界数量时，平台才会对客户产生潜在吸引力（Liu et al.，2019）。因此，数字劳动力平台的定价取决于供给侧的可用劳动力数量和需求侧的客户数量。

平台为吸引客户及工人而采用的定价策略包括设置任务的价格，收取不同类型的费用以及提供订阅计划。表2.1和表2.2针对基于在线网络平台，表2.3和表2.5针对基于指定位置平台，分别列出了各种平台收取的不同费用和订阅计划。

平台的定价策略是利用网络效应的重要工具。

2.2.1　自由职业者平台和竞赛类平台

自由职业者平台上的价格设置因项目或任务而异。工人通常会在个人资料中显示自己的时薪，具体价格需要与客户协商。在一些平台上，如Freelancer、PeoplePerHour和Upwork，价格可以按小时确定，也可以根据涉及的任务确定。在竞赛类平台上，如99designs、Designhill和Hatchwise，客户为特定竞赛支付的价格由该平台通过其订阅计划确定。价格根据比赛类别（如标签、徽标、应用设计）和所选的订阅计划而异。99designs允许客户为一对一项目和竞赛设置价格，但客户的定价必须高于最便宜的订阅计划的价格相对应的最低阈值。

---

① 多重宿主（multi-homing）是指用户在多个平台上注册。例如，当一名快递员在Cornershop和Rappi两个或更多平台上注册来获得工作，那么这名快递员就被称为多重宿主。

▶ 图2.1　数字劳动力平台的类型

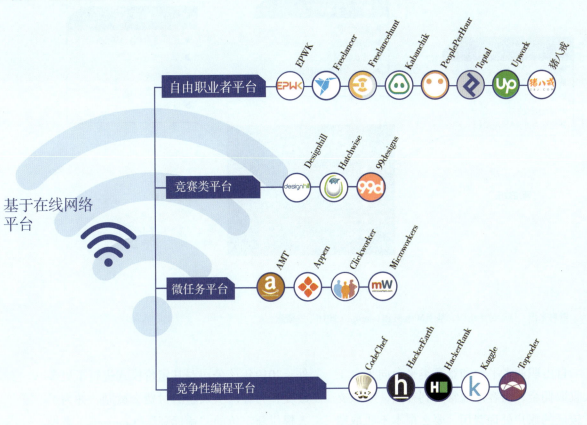

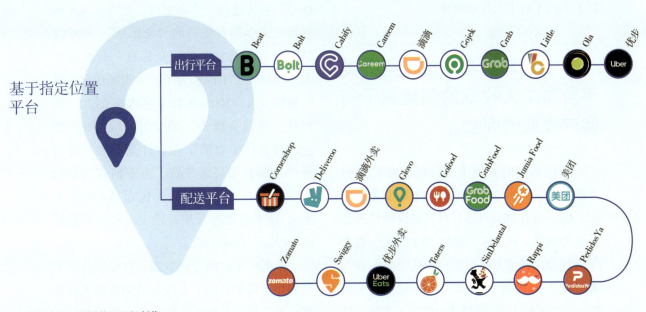

资料来源：国际劳工组织制作。

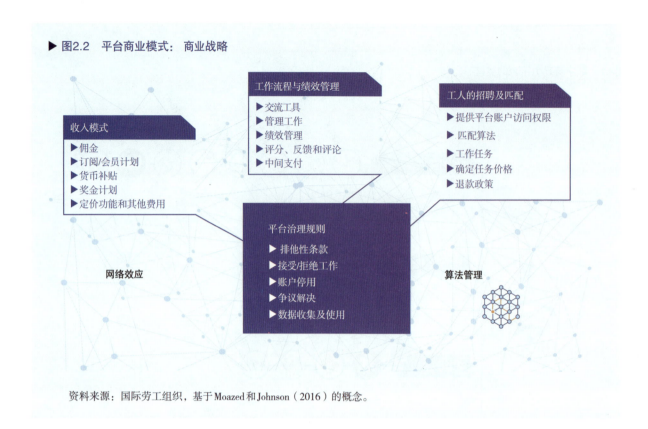

▶ 图2.2   平台商业模式：商业战略

资料来源：国际劳工组织，基于Moazed和Johnson（2016）的概念。

自由职业者平台和竞赛类平台向平台工人收取佣金，而客户通常得到补贴，要么支付较低的账户处理费用，要么根本不收取费用。但也有一些例外，比如Toptal，该平台似乎不向平台工人收取佣金。

自由职业者平台和竞赛类平台向工人收取的佣金高于向客户收取的佣金。

平台之间的竞争主要是通过定价策略来进行的，而定价策略也因此不断变化。例如，Upwork在2016年5月对其定价模式进行了重大调整：从向工人收取10%的统一费率作为佣金，转变为根据客户委托任务的收入来收取不同比例（5%~20%）的佣金（见表2.1）。商业客户的定价模式也发生了变化，虽然需要向客户提供大量的服务，但可以通过减少对客户的收费来吸收更多业务（Cusumano, Gawer and Yoffie，2019；Pofeldt，2016）。此

外，2019年该公司对其定价模式进行了更多改变，为客户引入新的付费会员制，并为工人提供新定价的"竞标豆"（Connects）来投标项目（Upwork，2019）。2020年，对"竞标豆"系统进行了更多更改：允许工人（包括新工人）拥有免费的"竞标豆"，并根据其订阅计划将额外的"竞标豆"分配给工人。同样，在中国，为了扩大市场份额和吸引新的工人，2005~2012年猪八戒（ZBJ）平台从"纯佣金模式"转变为收取20%的佣金，到2015年取消了除设计竞赛和计件项目外的所有项目服务费。由于拥有大量的风险投资基金（26亿元人民币或4.02亿美元），该平台能够采用补贴工人和客户的策略（Chen，即将出版）。

根据对平台的分析发现，自由职业者平台和竞赛类平台向工人收取的佣金高于向客户收取的佣金；向工人收取的佣金通常是任务或服务谈判价格的一定比例（20%~35%）。这使工人的收入占其谈判价格的80%~65%，并对其收入保障产生影响（请参阅第4.2.2

节）。某些自由职业者平台（如 Upwork 和 PeoplePerHour）将工人的佣金减至 5.0% 或 3.5%，如果该工人向同一客户提供定期服务，并且收入分别超过 10000 美元或 7000 美元，则平台将减少佣金。这实际上是将工人锁定在平台，要求他们与客户建立工作关系，以便获得重复的合同。这种做法也被一些竞赛类平台所采用，如 99designs。

收取佣金的做法在全球运营的以及区域性运营的在线自由职业者平台都很普遍，比如乌克兰的 Kabanchik 和 FreelanceHunt，以及中国的 680 和猪八戒。然而，中国的一些平台（如 680）也要求工人向平台缴纳软件

项目保证金，直到工作完成为止，保证金是项目奖励的 30%~50%（Chen，即将出版）。这种做法对工人来说是独一无二的，给工人增加了在这些平台上访问特定工作的额外负担。在美国或欧洲建立的平台要求保证金的做法普遍是针对客户的，这些平台通常提供托管服务（如 PeoplePerHour 和 Upwork）。这确保了工人不会因客户消失，或订单被取消，或费用未支付或仅部分支付而承担经济损失的风险，但这也可能威胁到平台的顺利运行（Shevchuk and Strebkov，2017）。托管服务也对客户有利，因为如果客户对服务不满意，则无须付款。

▶ 表2.1　2021年1月部分基于在线网络平台的收入模式

	客户					工人			
	佣金	维护费	交易费	订金	额外费用[5]	佣金	维护费	交易费	额外费用[5]
自由职业者平台									
Upwork	–	–	3%[1]	–	–	500：20% 501~10 000：10% > 10 000：5%	–	$0~30	$0.15~12
PeoplePerHour	£0~0.6 + 10%	$9.95[2]	2.5%[3]	–	$15	350：20% 351~7 000：7.5% >7 000：3.5%	$9.95[2]	$0~29.99 or 2.5%[3]	$8.95~29.95
Freelancer	$3 or 3%	$10[2]	$0~0.30 +2.3%；$15	–	$5~35；50% 竞赛奖金	0~20%	$10[2]	$0~25	投标金额的 0.75% $0.50~50
Toptal	–	–	–	$500	–	–	–	–	–
竞赛类平台									
Designhill	5%	–	5%[1]	–	–	25%~35%	–	√	–
Hatchwise	–	–	–	–	$39	–	–	√	–
99designs	5%	–	–	–	–	5%~15%； 第一个 $500 收入的 20%[4]	–	√	–
微任务平台									
AMT	20%~40%	–	–	–	–	–	–	2.9%~3.9%	–
Clickworker	20%~40%	–	–	–	–	–	–	–	–
Appen	20%	–	–	–	–	–	–	–	–
Microworkers	7.5%	$5[2]	–	–	–	–	$5[2]	3%~7.50%	–

①支付手续费。②对于不活跃账户。③货币兑换手续费。④客户介绍费。⑤对于客户，额外费用包括优先安排、突出展示其项目或任务的费用；对于工人，则包括使他们的个人资料更清晰可见，以及购买"竞标豆"或积分以参与项目竞标的费用。

资料来源：国际劳工组织根据各平台网站、服务条款协议、实地调查和访谈编制。

自由职业者平台和竞赛类平台的收入模式是基于向工人和客户收取的不同类型的费用和订阅计划的费用。为了改善中介服务和管理平台上的工人，一些自由职业者平台和竞赛类平台为工人提供购买"订阅计划"或竞标客户发布的项目的选择。像Freelancer这样的平台会提供各种订阅计划，每月价格从0.99美元到69.95美元不等，为工人提供各种福利和服务，包括让他们的个人资料更容易被看到，每月提供一定数量的工作，以及能够跟踪雇主，等等。像Designhill这样的设计平台也提供100美元至200美元的订阅年费（见表2.2）。Upwork和PeoplePerHour引入了"竞标豆"（Connects）或"提案币"（Proposal credits），工人必须购买"竞标豆"或"提案币"才能竞标项目。平台还向工人提供一系列其他服务，比如通过向工人收取费用来"突出显示"或"推荐"他们的项目或提案，以提高他们的曝光度，当客户在平台上搜索工人时让他们脱颖而出。这些费用是工人支付给平台的佣金之外的费用，不同平台收取的费用有所不同。

工人经常被鼓励订阅付费服务，因为用于匹配过程的算法会优先让购买了订阅计划、"竞标豆"或支付了额外费用的工人获得项目和任务。这种策略有助于平台改进其中介服务，吸引客户，同时将匹配过程的成本转移给工人。在这个体系中，由于工人的收入依赖于平台，他们通常别无选择，只能通过增加成本来提高找到工作的机会。这一制度可能会给一些来自南半球国家的工人带来障碍，因为他们可能由于缺乏足够的财力而无法完成某些任务；因此，这可能会对他们的收入产生负面影响（见第4.2.1节和第4.2.2节）。

另外，一些自由职业者平台的客户在选择"订阅计划"之前，会被邀请先免费试用平台服务（见表2.2）。平台根据所选择的计划，向客户提供各种支持服务和福利。除了订阅计划，自由职业者平台还根据大客户的需求和预算，为他们提供定制的价格和服务。Toptal的收入模式仅基于定制的价格，为客户提供以小时、兼职或全日制方式雇用工人的选择，最低服务时间要求为80小时[1]，根据技能要求，价格从每小时60美元（开发人员）到每周8000美元（财务专家）不等。[2]客户需要预付500美元作为保证金。该平台根据客户需求，提供三名专家的"无风险"试用，如果客户不满意，退还保证金。这使得Toptal提供的服务在保证客户满意的同时，也为其在多方市场上树立了良好声誉。

◤ 向工人收取的费用是平台收入的重要来源。

竞赛类设计平台向客户提供两种订阅计划。Designhill和99 Design提供有保证的竞赛，不可退款。如果没有获胜者被选中，奖金将平分给参赛设计师。对于其他类型的比赛，有100%的"退款保证"，这使平台能够吸引客户。这些平台为客户提供不同的定价方案，平台之间经常在方案和服务的定价上相互竞争，就像在传统市场中一样。平台提供的服务包括接触顶级设计师，获得更多参赛作品和优先支持。

向工人收取的费用是平台收入的重要来源，尤其是自由职业者平台。例如，Upwork 2019年约90%的收入来自"市场"，其3亿美元收入中的62%来自向工人收取的各种费用，而38%来自客户（Upwork，2019：107）。虽然Upwork通过第三方提供"工资服务"，并为30%的《财富》500强公司提供定制服务，但情况依然如此（Upwork，2019）。向工人收费的做法可能违反国际劳工标准[3]。

---

[1]　此信息基于国际劳工组织对Toptal"主管"的采访。
[2]　该信息来自Toptal网站的常见问题（FAQs）部分，于2020年8月访问。
[3]　国际劳工组织1949年《工资保护公约》（第95号）和1997年《私营职业介绍所公约》（第181号）。

因为国际劳工标准禁止各机构、雇主和中介收取费用（见专栏2.1；进一步的讨论另见第5章）。尽管收取费用增加了平台的收入，但大多数平台都有净亏损的历史，使这种商业模式的可持续性受到质疑。例如，截至2019年12月，Upwork的"累计赤字为1.72亿美元"，平台无法确定是否能实现或维持盈利能力（Upwork，2019：11）。

2.2.2　竞争性编程平台

在竞争性编程平台上，订阅计划和竞赛的价格由平台自己决定。这些平台的收入模式主要是向客户收费，包括两种类型的收入流（见表2.2）。首先，平台为客户提供招聘服务，客户可以通过各种订阅计划获得一系列服务和福利。其次，他们向客户收取费用，根据客户的具体需求提供定制服务，开发从原型到新算法的一系列项目。招聘和定制服务都是通过竞赛或"黑客竞赛"（hackathons）的方式提供的，开发者、程序员或数据科学家平台社区都会参与。Topcoder还向客户提供"人才即服务"（TaaS）计划，并推荐Topcoder程序员社区的工人来满足特定的技能要求。

▶ 表2.2　2021年1月基于在线网络平台的订阅计划

	客户			工人		
	免费试用	订阅计划	定制服务合同	免费试用	订阅计划	定制服务合同
自由职业者平台						
Upwork	√	$49.99/月	√	–	$14.99/月	–
PeoplePerHour	–	基于积分系统	√	–	–	–
Freelancer	√	√	√	√	$0.99~69.95/月	–
Toptal	√	–	√	–	–	–
基于内容的平台①						
99designs	–	$299~1 299	–	–	–	–
Designhill	–	$249~999	√	–	$100~200②	–
Hatchwise	–	$89~399	–	–	–	–
竞争性编程平台③						
Topcoder			√			
HackerRank	√	$249~599	√	–	–	–
HackerEarth	√	$119~279	√	–	–	–
Kaggle	√	√	√	–	–	–
CodeChef			√			
微任务平台						
AMT	–	–	√	–	–	–
Clickworker	–	–	√	–	–	–
Appen	–	–	√	–	–	–
Microworkers	–	–	√	–	–	–

①徽标设计竞赛的订阅计划；不同竞赛类型的订阅计划不同。②Designhill为设计师提供设计师年度会员订阅计划。
③用于招聘目的的订阅计划。这些费用是按月收取，并按年计费。
资料来源：国际劳工组织基于平台网站和服务协议的条款编制。

▶ **专栏2.1   私营职业介绍所**

近几十年来实行的劳务派遣是一种规范的工作形式。它涉及三方雇佣关系，其中工人受雇于职业介绍所，而职业介绍所为他们匹配合适的雇主。国际劳工组织1997年《私营就业机构公约》（第181号），将私营职业介绍所定义为从事"匹配就业要约和申请"和/或"雇用工人，以便将其提供给第三方，由第三方分配其任务并监督这些任务的执行"的自然人或法人（第1条）。

私营就业服务的全球代表，作为世界就业联合会（WEC）欢迎"在线人才技术平台"并拥抱平台，强调这些平台给求职者带来的价值。然而，该联合会也强调，为了确保公平竞争，平台必须符合私营就业服务的全球标准，主要是"禁止向工人收取招聘费"和"个人数据的合规和保密使用"（WEC，2020：2）。这符合国际劳工组织第181号公约的规定。该公约规定，机构"不得直接或间接、全部或部分地向工人收取任何费用"（第7条）。该公约还规范了对工人的个人数据的处理，以确保他们的隐私得到保护和尊重。

世界就业联合会坚持认为，平台工作本质上是一种新的工作组织方式，鉴于平台工作的多样性，不能通过"一刀切"的方式来监管平台工作。相反，平台工作要求重新设计现有的劳动力市场机构，以适应更具活力的工作世界，以及最低限度的权利，包括尊重国际劳工组织的基本原则和工作中的权利，促进福利在工作部门之间的可转移性，以及获得培训和终身学习的机会（WEC，2020）。

竞争性编程平台不向开发人员和程序员收费；平台建立了程序员和开发人员社区，可以提供高质量服务，同时磨练他们的技能。这些平台上的工人通过货币奖励和非货币福利获得奖励（Boudreau and Hagiu，2009），包括有机会参加定期的竞赛、访问软件库、排名和技能评级、同行评议，对于获得高评级或排名的程序员，可与公司分享他们的个人资料以供招聘之用。

2.2.3   微任务平台

在微任务平台上，价格通常由平台或客户单方面决定。例如，在亚马逊人工智能任务平台（AMT），由客户单方面决定任务的价格、是否接受已完成的任务并向工人支付报酬，而Clickworker规定，对于来自德国的参与者，价格应不低于德国的最低工资。Appen和Microworkers用一个基本公式来估算工作成本，同时考虑客户提出的规格要求以及所有相关成本。

> ◤ **在微任务平台上，价格通常由平台或客户单方面决定。**

微任务平台上的工人无需支付佣金；相反，向客户收取的费用是根据支付给平台工人的金额确定的。佣金通常在支付已完成工作时进行评估和收取，从7.5%到40%不等。[1]一些平台，如AMT和Microworkers，如果客户希望根据年龄、性别、经验或国籍选择特定的工人群体，平台则会向他们提供额外服务，平台将按照任务金额的一定比例或每次任务的固定金额（从0.05美元到1.00美元不等）收取额外费用。[2]微任务平台还根据客户要求提供量身定制的服务。

---

① 基于微任务调查涵盖的平台所提供的信息。
② 该信息基于2017年在这两个平台上进行的调查。

2.2.4　出行平台

在出行平台上，乘车费由平台根据距离、到达目的地所需时间、燃油成本、车辆类型和客户在城市特定地理区域内消费的财务能力等因素的算法加以确定[①]。在需求高峰时期，平台还使用激增定价算法，使其能够根据需求和供给来确定乘车费。

出行平台的盈利模式是基于向平台司机收取佣金。佣金是乘车费的一定比例，在平台公司内部和不同平台之间也有所不同。例如，在大多数国家，优步收取的佣金为25%（见表2.3；第4.2.2节提供了更多详细信息），但在竞争激烈的国家，收取的佣金则较低（印度20%；肯尼亚5%）。公司还会根据司机赚取的收入调整佣金，[②]并通过峰时定价算法来增加收入（Lee et al.，2015）。

出行平台还试图通过游戏、奖励来激励和留住工人、客户或消费者。有3/4使用应用程序的网约车司机表示，网约车的游戏化即是以提供激励或奖金的形式来刺激他们参与（见第4.2.2节）。各个国家/地区采用的吸引网约车司机的策略因当地需求、文化背景和商业竞争者的存在而异。例如，优步提供的奖金和奖励在不同的国家有很大差异（见表2.4）。在大多数国家/地区，已获得奖金和奖励的优步司机中有很大一部分表示完成一定数量的游戏会得到奖励。平台激励司机的另一种方式是在特定时间（高峰需求）或非社交时间提供奖金，这种做法在所有出行平台都很流行。智利、黎巴嫩和乌克兰的优步司机中有相当一部分报告说收到了类似的优惠。

此类奖金计划通常取决于一天或一周内完成的乘车次数；这种激励驾驶员达到目标

的做法可能导致司机长时间工作，以赚取承诺的额外资金（Surie and Koduganti，2016；见第4.2.3节）。然而，随着时间流逝，目标增加，但奖励减少，这也影响到网约车司机的收入。出行平台遵循的定价机制也可能导致大量的诉讼（见专栏2.2）。此外，司机发现很难达到最终目标，因为当他们接近目标时，算法往往没有为其分配足够的乘客（Rosenblat and Stark，2016）。这种情况也可能是由于在这些平台上竞争的工人供过于求导致的（van Doorn，2017）。为了鼓励司机或乘客使用其平台，这些公司提供奖励、优惠券或补贴乘车费用，使乘车费用低于传统出租车或其他公司。

由于风险资本和其他基金机构提供了资金，许多出行平台都能够提供补贴、奖金和其他激励措施（请参阅第1.5节）。这一战略使这些平台具有网络效应，能够迅速进入新市场（国家/地区）并扩大其客户群。优步是出行行业的佼佼者，已从28轮风险投资中筹集了252亿美元（截至2021年1月），[③]在69个国家/地区扩展了服务，到2019年12月累计亏损164亿美元（Uber，2020a）。优步之所以能够维持其业务和市场份额，在很大程度上是得益于风险资本提供的资金。这使得优步能够补贴司机和顾客，同时帮助他们打入一些新市场（Cusumano，Gawer and Yoffie，2019；Horan，2019）。投资者押注于"赢家通吃"的结果，即优步将成为市场领导者，然后减少补贴，甚至提高向司机收取的佣金，或者提高乘车费用（Cusumano，Gawer and Yoffie，2019）。随着数字劳动力平台的兴起，一种由集体所有并出资的平台结构"平台合作社"（platform cooperative）正在兴起（见专栏2.3）。

[①] 这些指标基于国际劳工组织对出行平台公司的采访。

[②] 根据国际劳工组织对出行平台公司的采访。

[③] 基于从Crunchbase数据库收集的信息。

▶ 表2.3　2019~2020年部分国家的部分出行平台的收入模式

	乘客			司机	
	维护费	手续费	佣金（%）	维护费	手续费
优步					
智利	√	√	25（18~35）	√	√
加纳	√	√	25（15~25）	√	√
印度	√	√	20（15~44）	√	√
肯尼亚	√	√	5（5~25）	√	√
黎巴嫩	√	√	25	√	√
墨西哥	√	√	25（10~37）	√	√
乌克兰	√	√	25（10~35）	√	√
Careem					
黎巴嫩	√	√	20（15~25）	√	√
摩洛哥	√	√	25（10~40）	√	√
Bolt					
加纳	√	√	20（10~25）	√	√
肯尼亚	√	√	20	√	√
乌克兰	√	√	15（10~40）	√	√
Ola（印度）	√	√	20（15~40）	√	√
Little（肯尼亚）	√	√	5（5~20）	√	√
Grab（印度尼西亚）	√	√	20（5~40）	√	√
Gojek（印度尼西亚）	√	√	20（10~33）	√	√

　　注：出行平台的佣金数据是根据国际劳工组织对特定国家的网约车司机进行调查得出的（请参阅附录4A）。表中的数字是每个国家和平台的受访者最常提及的佣金率（2019~2020年）。括号中的数字是网约车司机提到的佣金率范围。

　　资料来源：国际劳工组织根据各平台网站及其服务条款协议、实地调查和访谈编制。

▶ 表2.4　部分国家获得优步奖金或奖励的标准（受访者百分比）

国家	新司机（%）	在非工作时间（晚上或假期）工作（%）	达到或超过每小时的阈值（%）	达到或超过一定数量的接单任务（%）	在需求高峰时期工作（%）
智利	1	25	28	74	28
加纳	4	4	27	92	3
印度	0	0	8	98	12
肯尼亚	11	27	33	78	0
黎巴嫩	3	41	8	58	65
墨西哥	0	4	11	88	38
乌克兰	4	20	33	85	42

　　注：表中的数字针对获得优步奖金或奖励的司机。

　　资料来源：国际劳工组织对部分国家的出行平台注册司机的调查（2019~2020年）。

▶ **专栏2.2　出行平台的定价和诉讼的可能性：印度的Ola和优步案**

　　印度的诉讼说明将竞争法应用于平台工作的复杂性和不确定性。优步于2013年进入印度市场，那时另一家本地平台公司Ola已经运营了三年，拥有领先优势。MERU（一家广播出行公司）声称，Ola和优步都对乘车费用进行了补贴，以吸引顾客，[①]并与传统出租车司机和出租车公司竞争。

　　Ola和优步积极招募司机，向他们提供购买或租赁车辆的融资以及各种其他奖励措施（Surie，2018）。2016年初，优步向新德里的司机提出，每天完成12单任务，可获得2000卢比（约31.2美元）的奖励；到2016年12月，优步改变了奖励模式，对完成40~50单任务的司机每周只提供一次奖励，并将佣金率从20%提高到25%（Dhillon，2018）。同样，Ola的司机指出，他们在2016年每天工作12~13个小时，每月收入高达75000~100000卢比（约含1028.7~1371.6美元），但到2017年，由于奖励模式的变化，每天工作15~16小时，每月收入降至40000~45000卢比（约合548.6~617.2美元）（Ayyar，2017）。

　　此外，平台还鼓励平台司机推荐其他司机加入，每成功推荐一位司机加入，可获得一笔一次性的奖励，奖励在不同城市有所不同。有些城市推荐司机还可以获得免费保险、车辆免费登记、现金折扣和家用电器抽奖。这些措施帮助优步在印度市场创造了网络效应，并给竞争对手Ola和传统出租车行业带来了挑战。从那以后，印度许多城市中Ola的数量已经减少。作为回应，Ola引入了最低保证计划以吸引司机，并确保在达到特定目标后司机可获得的最低金额。[②]

　　MERU向印度竞争委员会[③]提交了一系列申诉，指控Ola和优步违反了2002年《竞争法》第3节（反竞争协议）和第4节（滥用支配地位）。一方面，竞争委员会做出了有利于优步和Ola的决定，并发现鉴于金奈、海得拉巴、加尔各答和孟买出行市场的竞争性质（第41段），无法确定优步和Ola各自的初步主导地位，关于第3节，这项指控没有根据（第37段）。另一方面，MERU就涉嫌掠夺性定价在2015年较早时败诉的案件上诉到竞争上诉法庭，[④]该法庭推翻了委员会的决定，并下令对MERU的指控进行调查。[⑤]优步随后向印度最高法院提出上诉，法院在2019年9月驳回了上诉。[⑥]印度的经验并不一定反映其他司法管辖区的情况，因为相关的竞争法规和商业惯例可能会大相径庭。

　　注：①2015年第96号案：Uber Black的费率：2013年11月，20卢比/公里；2014年6月，18卢比/公里；2014年11月，18卢比/公里；2015年2月，12卢比/公里。而2013年11月的传统出租车费率为23卢比/公里。②资料来自国际劳工组织对工人的访谈。③印度竞争委员会、Meru Travel Solutions Pvt.Ltd.和ANI Technologies Pvt.Ltd.以及Uber India Systems Pvt.Ltd.&Ors.，2017年第25~28号案。④印度竞争委员会、Meru Travel Solutions Pvt.Ltd.和Uber India Systems Pvt.Ltd. & Ors. 2015年第81号和第96号案。⑤竞争上诉法庭，Meru Travels Solutions Pvt.Ltd.诉印度竞争委员会，2016年第31号上诉。⑥印度最高法院，Uber India Systems Pvt. Ltd.诉印度竞争委员会，2017年第641号民事上诉。

▶ **专栏2.3　平台合作社**

　　平台合作社是集体所有制合作社，在过去十年中越来越受欢迎。平台合作社由其成员设计和拥有，他们通常从收入中拿出一小部分来维护和发展平台。[①]鉴于这些平台上的工作是共同决定的，决策是基于参与式民主进程做出的，因此平台合作社可能比数字劳动力平台更加透明，并对其成员负责，而数字劳动力平台的许多职能都是通过算法管理的。

▶ **专栏2.3 （续）**

目前，多个行业都有平台合作社，包括出行服务（如美国的Green Taxi Cooperative和ATX co-op Taxi，加拿大的Eva）、配送服务（如Coopcycle②）、家政保洁服务（如纽约市的Up&Go）以及电子商务（如德国的Fairmondo）。他们的愿景是创造一个真正的"共享"经济，致力于公平的劳动实践。例如，Eva允许司机、骑手和工人成为合作社的一部分。这些司机的收入比该地区其他出行平台司机的收入高出约15%。③许多平台的合作结构还允许其成员在新冠肺炎疫情期间通过在彼此之间公平分配任务来有效地进行组织。

注：①这一贡献往往远低于本报告研究的数字劳动力平台收取的佣金。②Coopcycle是一个自行车配送合作社网络，在比利时、丹麦、法国、波兰、西班牙、英国和美国运营。③更多信息，请参见：https：//eva.coop/#/driver；http：//cities-ess.org/topics/eva-coop/？lang=en。

2.2.5 配送平台

在配送平台上，工人的配送费由平台使用基于需求和距离等诸多因素的算法加以确定，只有配送员接受了送货任务后，才能向

他们提供配送费。

配送平台向餐厅、商店和超市收取佣金，并向顾客收取配送费。根据平台和国家的不同，向餐馆或超市收取的佣金也不同，通常为12%~35%（见表2.5）。配送平台还向

▶ **表2.5　2019~2020年部分国家的配送平台的盈利模式**

国家和平台	客户（餐厅、商店和超市）		顾客
	佣金（%）	每个订单的佣金（美元）	每个订单的配送费（美元）
智利			
Rappi	19~28	1.95~5.47	1.40~5.61
优步外卖	15~33	1.68~2.67	1.68~3.09
PedidosYa	25~28	1.25~4.91	1.25~5.61
Cornershop	15	5.47~6.87	5.47~6.87
印度			
Swiggy	22~24	–	–
Zomato	12~25	–	–
黎巴嫩			
Toters	20~25	–	–
Zomato	10~20	–	–
肯尼亚			
优步外卖	15~25	–	–
Jumia Food	16~20	–	1.37
Glovo	15~20	–	–
乌克兰			
Glovo	28~35	–	–
墨西哥			
优步外卖	26~35	–	–
滴滴外卖	20~30	–	–
SinDelantal	22~30	–	–

资料来源：国际劳工组织根据对各网站平台及其服务条款协议、实地调查和对各国餐厅、商店及超市的访谈编制。

客户收取配送费。例如，Cornershop、Jumia Food和优步外卖向客户收取最低配送费，而在其他平台上，配送费根据距离（Deliveroo和Glovo）或购买物品价格（Jumia Food和PedidosYa）等因素而有所不同。许多餐厅称，如果商家与多个平台合作，那么平台会收取更高的佣金。配送平台通常在合同的排他性条款中声明，平台将对与他们独家合作的客户收取较低的佣金。

一些配送平台还向客户提供折扣，作为在特定地区拓展业务的策略。例如，黎巴嫩的Totters对从某些餐馆和商店购买的顾客给予50%的折扣，这些费用要么由平台承担，要么由餐馆或商店与平台共同承担。如果客户取消订单，但配送员已经被分配了任务，在这种情况下，客户通常会被收取取消费，包括订购产品的费用和配送费。一些平台还向客户提供高级会员资格，如果订单超过一定数量，则免收配送费。

2.3　招募工人以及工人与客户匹配

数字劳动力平台正在改变人力资源实践和雇佣关系，这对未来的工作有重大影响。本节讨论招聘实践、工人与客户的匹配以及任务分配。

> 数字劳动力平台上存在两种类型的工作关系：内部雇佣、外部雇佣。

2.3.1　平台上的工作关系

数字劳动力平台上存在两种类型的工作关系：工人要么直接被平台雇用（内部雇佣），要么通过平台中介雇用（外部雇佣）。图2.3（a）显示了基于在线网络平台直接雇用的工人数量：从50人（PeoplePerHour）至800人（Appen）不等。相比之下，截至2021年1月，全球共有约240万技术工人在PeoplePerHour平台上登记注册。

基于指定位置平台直接雇用的员工数量远远高于基于在线网络平台，见图2.3（b）。在基于指定位置出行平台上，员工数量从大约1200人（Careem）到26900（优步）人不等，而在全球69个国家/地区，通过优步获得工作的司机大约有500万（Uber，2020b）。与其他类型的平台相比，许多配送平台还有更多的直接雇用的工人（5000多名）。例如，美团有54580名全职工人。许多此类公司直接雇用配送员，以建立市场基础。然而，一旦目标实现，其中一些公司就会改变劳动关系，以非全日制或计件方式雇用工人。例如，Delivery Hero（德国）、PedidosYa（阿根廷）和Swiggy（印度）最初雇用全职工人，当一旦确立了市场地位，他们就终止了许多全职合同，按任务雇用工人，并逐步减少直接雇用的工人人数。以美团（中国）为例，该平台一直在通过第三方招聘机构招聘工人（Sun，Chen and Rani，即将出版）。

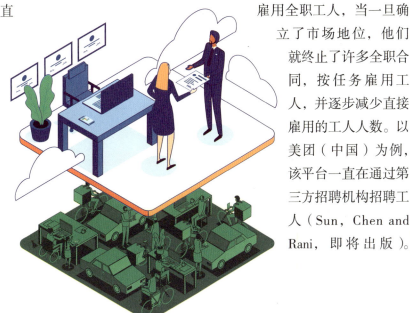

在所调查的平台中，平台直接雇用（内部雇用）的工人数量仅占中介雇用（外部雇用）的员工数量的一小部分。

▰ 基于指定位置平台直接雇用的员工数量远远高于基于在线网络平台。

平台直接雇用的工人有雇佣关系，而通过中介雇用的工人通常被平台视为"自雇者""独立承包商""第三方服务供应商""设计师""自由职业者"等，因此不存在雇佣关系（平台对工人所使用的不同条款见附录2B）。这些平台认为中介雇用的工人可以灵活选择自己的工作时间，以此来证明他们与工人的关系的合理性（更多信息，请参见第5章）。此外，一些平台，如AMT、

▶ 图2.3　2019~2020年数字劳动力平台直接雇用的工人数量

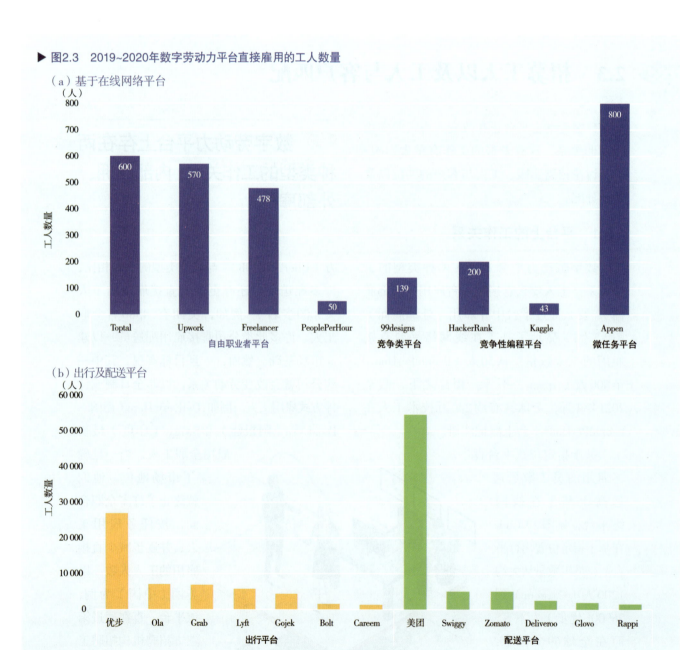

（a）基于在线网络平台

（b）出行及配送平台

资料来源：Owler数据库、年度报告、平台公司提交美国证券交易委员会的文件和平台网站。

Clickworker 和 Upwork，甚至规定不会向平台用户提供与就业相关的福利，如病假、医疗保险或退休福利。

平台公司为节省劳动力成本，将必要的就业或社会福利责任转嫁给工人。这也为平台提供了比传统职业介绍所更大的就业灵活性，传统职业介绍所比较依赖独立的员工。一些行业的高管估计，将平台工人分类为工人而不是独立承包商，将使平台公司的成本增加20%~30%（Scheiber，2018）。优步在其年度报告中称，如果将司机归为雇员，则必须"从根本上改变"其业务模式，这将"对其［业务］和财务状况产生不利影响"（Uber，2020a：13）。类似的情况也被基于在线网络平台提及，比如Upwork（upwork，2019：15）。然而，一些公司（如美国的Alto公司）已经提出了一种替代模式，雇用司机作为雇员，为其提供医疗福利、基于工作时间的有竞争力的工资和带薪休假。①

与正在进行的关于平台工人分类错误的讨论有关，一些基于指定位置平台为工人提供意外事故保险和住院保险，不收取额外费用。例如，Deliveroo的保险单规定，从配送员上线时起至离线后一小时内，为其提供保险，并在受伤后无法工作时为其提供支持性收入。值得注意的是，在法国，Delivero配送员还可以享受带薪病假（每天30欧元，为期15天），前提是他们在过去8周内至少完成了30次配送任务。优步根据所在国家的不同，提供不同的乘车保险和社会保障福利，②在印度，所有出行平台都有义务为司机提供医疗和人寿保险。一些配送平台（如Swiggy）还为工人及其家庭成员提供医疗和意外保险。

随着新冠肺炎疫情的蔓延，一些配送平台正在寻求改善平台工人的工作条件，并为他们提供保护。例如，全球最大的配送平台之一JustEatTakeaway的首席执行官最近强调："我们是一家拥有大量资金的大型跨国公司，我们要为我们的员工投保［…］我们要确保他们确实享有福利，我们要为这些员工纳税"（Josephs，2020）。其他一些配送平台公司也遵循了良好做法。其中包括BOX8，该公司自2012年以来一直在印度城市地区提供食品和杂货配送服务，公司为工人提供全日制合同，并为员工提供社会保障福利和提高技能的激励措施。③

2.3.2　在平台开户的基本要求

基于在线网络平台采用各种策略来建立人才库，以吸引客户。为此，在开立平台账户之前他们会验证工人的技能水平。一方面，对于自由职业者平台，该筛选过程可能持续1~3周（如Toptal）或者进行在线技能测试④（如Upwork）或由设计师团队来审查潜在工人的申请（如99designs）。另一方面，对于竞争类编程和微任务平台，任何人都可以加入其中，而不需要对他们的技能进行审查。一些平台在其协议条款中规定，不允许来自受制裁国家的人员进行注册。许多平台还在其服务协议条款中保留自行决定拒绝"用户"注册的权力。

对基于指定位置平台，注册或加入平台相当简单，但是为了实际访问和完成平台上的任务，工作人员必须满足某些附加条件。在大多数情况下，网约车司机和配送员需要

① 更多信息请参阅：https://www.ridealto.com/driver-application。
② 优步在欧洲市场与安盛保险（AXA）合作，在澳大利亚和南非与Chubb合作，为司机和配送员提供一系列保障，包括事故、伤害、疾病和陪产假福利。有关详细信息，请参阅：https://www.uber.com/en-GB/blog/supporting-drivers-with-partner-protection-from-axa/；https://www.uber.com/za/en/drive/ insurance/；https://www.uber.com/en-AU/newsroom/partnersupportaustralia/。
③ 更多信息请参阅：https://www.taciturban.net.in/companies/box8/。
④ Upwork最近停止了在线技能测试。

为自己提供必要的设备,如智能手机、车辆(汽车、滑板车或自行车)和保暖背包(对于配送平台而言)。在一些国家,出行平台向司机出租汽车。平台通常需要司机出示正式的身份证明,如驾驶执照、社保卡或身份证,以及车辆相关信息,如车辆登记和保险。在某些情况下,审查是强制性的(如刑事或其他背景检查),并且可能导致更严格的加入流程。例如,在印度和中国发生乘客被性侵事件之后,优步和滴滴开始引入背景调查(Uber, 2020c; Yuan, 2018)。

2.3.3 客户与工人的算法匹配

平台正在改变传统的人力资源流程,改变客户(需求)和工人(供应)的匹配方式。一些平台没有通过人机交互来分配工人和任务,而是使用完全自动化的匹配流程来分配工作。工人将自动与客户需求匹配,并根据许多平台特有的指标分配任务。这些指标包括工人评分、工人概况(如专业水平和技能)、客户评论、可工作的时间、时区和时薪等因素。通过对117个基于自由职业者和竞赛平台的分析表明,评分(50%)和客户评论(60%)是分配任务给工人所考虑的两个主要因素(见图2.4)。其他考虑因素包括工人的个人资料(46%)、项目历史或作品(27%)和工人要求的费用(21%)。

一些平台使用完全自动化的匹配流程来分配工作。

一些自由职业者平台完全依赖基于目标指标的客户与工人的算法匹配(如Freelancer、PeoplePerHour),而另一些平台则混合使用算法匹配和人机交互来将任务分配给工人(如Toptal、Upwork)。①在后一种

平台上,算法匹配为客户提供了能够执行任务的前3~5名候选工人名单,然后指派一名设计专家或主管讨论任务要求和所需的具体技能,并向客户提供聊天和视频会议工具,以便安排与入围名单中的一名或两名工人进行面谈。这使得客户和工人能够最终确定合同协议,并协商价格、工作时间表和最后期限。

虽然评分和客户评论是匹配过程的重要组成部分,但平台也允许工人通过支付费用来竞标特定任务,这让他们能获得更多的曝光度(见第2.2节)。这些做法存在风险,可能会将一些没有支付费用的但评分较高的工人或购买力较低的工人排除在公平匹配过程之外(见第4.2.1节)。在竞赛类平台上,通常客户根据他们选择的订阅计划,设定项目的价格和要求,然后工人可以在有限的时间内提交作品和提案。比赛要么对所有设计师开放,要么根据评分、客户评论、工作经历和与客户的重复任务以及客户要求等因素,限定仅顶级设计师参加。一些平台,比如99designs,也会根据他们的技能水平限制设计师每月可以在平台上参加的比赛数量。

竞争性编程平台上的大多数挑战或编程马拉松对开发人员、编码人员和程序员社区开放,但这些平台只邀请评分高或排名靠前的程序员参加。在微任务平台上,执行各种任务的资格取决于工人评分,而这是由算法决定的。此外,在某些平台上,客户可以指定其他标准来包括或排除部分工人,如国籍、性别或年龄(见第2.2.3节)。然后,按照先到先得的原则,平台将任务自动提供给符合条件的工人。

平台还允许工人通过支付一定的费用来竞标特定任务。

---

① 此信息基于国际劳工组织对平台公司的采访。

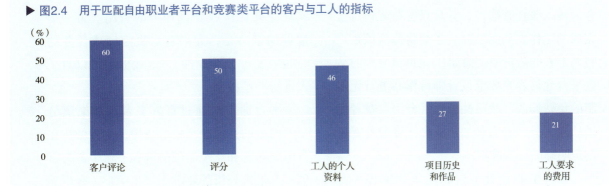

▶ 图2.4　用于匹配自由职业者平台和竞赛类平台的客户与工人的指标

注：有117个自由职业者平台和竞赛类平台信息可供分析。

资料来源：国际劳工组织根据Crunchbase数据库及其网站上列出的在线劳动力平台的估计。

出行和配送平台的任务分配都是通过算法并基于工人评分来生成的，而工人评分是通过指标来计算的，如客户的评分、取消率和接受率。工人通常只有有限的时间（通常是几秒钟）来决定接受或拒绝乘客或配送任务。此外，出行平台使用基于需求的"峰时定价"，这极大地影响了司机在需求高峰的地区提供服务（Duggan et al.，2020；Rosenblat and Stark，2016）。平台的一些做法与平台所主张的工人可以自由设定自己的工作时间表并接受或拒绝工作任务是不一致的，因为接受或拒绝工作任务可能对工人的评分产生重大影响，并对他们以后的工作分配产生影响（见第4.3.1节）。

平台还激励工人通过使用在线培训工具来增强其技能、个人资料和机会，从而建立和完善自己的个人资料。这在自由职业者平台上最为常见，这些平台免费为员工提供在线培训和测试，帮助他们提高获得任务的机会。例如，PeoplePerHour有一个"学院"，工人可以在那里学习课程、获得技能，参加培训课程并获得PeoplePerHour学院文凭，并在其个人资料上显示。这些培训工具和技能有助于工人，特别是新进入者获得工作或提高收入。Upwork和Kaggle允许工人免费参加测试，然后提供反馈，这样他们就可以评估自己的能力和学习需求。

2.4　工作流程和绩效管理

数字工具和算法管理的使用正在从根本上改变数字劳动力平台的工作流程和绩效管理。平台提供了各种工具来组织工作流程和客户与工人之间的沟通，以确保工人认真遵守工作指令。

2.4.1　工作流程与沟通

根据平台的服务条款，通常要求工人安装软件和硬件工具，在规定的时间内交付工作并确保在指定的时间有空来完成工作任务（见第4.3.1节）。这些工具还允许客户跟踪其项目进度并监控工人的表现（见专栏2.4）。这些做法在自由职业者平台普遍存在，使用数字工具的监控通常类似于传统雇佣关系（Rogers，2018）。此外，为了优化客户体验，如果工作未达到他们的期望或未按照约定的条件执行交付，则某些平台还会将钱退还客户。Upwork和PeoplePerHour都为客户提供托管账户，当合同获得批准时，将指定金额转入该托管账户，并且只有在客户对已完成的工作感到满意时，才会将钱从该账户转到工人的账户中。诸如Designhill之类的某些平台允许客户要求设计师对作品进行无限制的免费修改。竞争性编程平台为参赛者提供软件工具，并为参加挑战和比赛的参赛者制定明确的行为准则。

在自由职业者平台和竞争性编程平台上，客户或平台与工人之间没有沟通，对任务的定位、评估和报酬的整个工作过程采用算法管理。微任务平台禁止工人使用任何自动化方法执行任务。例如，AMT规定不得使用自动化方法替代人类智力和独立判断。其中一些平台还禁止工人将工作分包。微任务平台不使用任何工作监控工具，但它们允许客户通过添加测试问题来检查工人对任务的关注程度。如果一个工人给出了太多不正确的回答，便无法访问该任务并无法收到该任务的费用。另一个常见的策略是，允许客户决定完成任务的时间限制（分钟或秒），这让他们可以对工人进行一些控制。

平台通常对通过官方平台沟通渠道分享的内容的性质有严格的指导，这种做法在自由职业者和竞争激烈的编程平台中最为常见。本报告分析的要求还禁止用户（客户和工人）在平台之外进行任何沟通、商定和签署协议、转让资产、分享联系方式、进行交易或支付（见附录2B）。这使平台能够保持其作为中介的地位，并防止工人通过其他方式与客户接触（见第4.2.1节）。

出行和配送平台对工作流程的各个方面进行了界定，如行为和客户服务礼节、配送的说明以及确定工作时间。大多数平台都提供了关于不歧视、反骚扰、使用头盔和背

▶ **专栏2.4   监控数字劳动力平台的工作流程**

Upwork为按小时工作的工人提供"工作日志"。"工作日志"一旦启用，将记录工作小时数和击键次数，并在他们处理项目时随机截图（每小时6次）（见图2.5）。客户可以访问此信息以监控工人的活动和进度。

对于固定价格的任务，Upwork和Freelancer建议客户按阶段组织项目，并根据项目完成的阶段付费，客户可以访问正在进行的项目的状态报告。由于工人必须定期向客户报告并输入记录其工作活动的数据，他们的工作灵活性、自主性和控制力受到限制。

▶ **图2.5 Upwork的工作日志**

资料来源：Upwork的工作日志，来自https://www.youtube.com/watch?v=qAXbzLUcjic。

心等安全设备以及遵守交通法规重要性的指南。一些平台的司机被要求按成本最低的路线行驶，避免擅自停车。平台公司和客户通过全球定位系统（GPS）对这些平台工人进行实时跟踪，并收集有关接受或拒绝的乘车次数和配送次数、收入以及速度等驾驶指标的数据。然后，这些数据将用于训练平台的机器算法，这些算法可能会影响工人评分、工作机会、乘车收费或峰时价格（见第4.3.1节）。

> ## 基于在线网络平台通常禁止用户（客户和工人）在平台之外进行任何沟通、分享合同细节、进行交易或支付。

2.4.2　算法绩效管理

使用算法评估绩效是数字化人力资源管理的另一种方式，它取代了人力监督，重新定义了工作关系。算法绩效管理根据指标（如评分、客户评论和评估）对工人的工作进行评估，让工人可以在这些平台上建立声誉。但对于如何计算工人评分的算法却几乎没有透明度。在大多数平台，此类评分决定了所分配工作的性质和数量，从而决定了工人的收入水平。在所有数字劳动力平台上，任何延迟或未完成的工作都会对评分产生负面影响。较低的评分可能导致工作机会减少，甚至导致工人账户停用。评分用于量化客户对指定服务的满意度，对于数字劳动力平台以外的服务行业来说，评分也已成为重要的管理实践（Wu et al.，2019）。

所有平台都使用算法来计算评分，但在不同平台上，计算时所考虑的指标有所不同。在自由职业者平台上，Upwork有一个评分系统，包括"工作成功得分"[①]和客户反馈，而Freelancer的评分是基于以前客户的评论数量、工人的收入分数、工人在商定的期限内在价格或预算内完成工作的成功率，以及他们是否被同一客户反复雇用等因素。各平台采用的指标及其用于评估工人的算法的相对权重各不相同，这使得评分在平台间的可移植性变得困难，这反过来又阻碍了工人跨平台流动，因为在新的平台上从零开始累积评分和建立声誉所需的时间和资金成本很高。因此，工人实际上被锁定在一个特定的平台上，而不能在多个平台上进行工作（见第4.2.1节）。

> ## 使用算法评估绩效是数字化人力资源管理的另一种方式。

许多竞争性编程平台使用Elo评分系统进行绩效评估，该系统可以计算工人在比赛中的预期排名：如果实际排名比预期排名高，那么排名就会上升，否则就会下降。在这些平台上，评分还取决于其他参赛者的表现以及工人参加的比赛次数等因素。

对于微任务平台的工人，将根据其持续提交高质量成果的能力和保持较高批准率的能力对其进行评估，这决定了他们可以访问的工作类型。工人完成工作任务后，将通过算法对其进行评估，算法会决定接受或拒绝其工作成果以及是否向工人付款。拒绝工作成果对工人的评分有相当大的影响，在AMT等一些平台上，如果工人的评分低于某个特定的阈值（AMT为95%），他们可能就不会收到工作任务。AMT为一些完成至少1000项工作任务并保持较高通过率

[①]　平台规定，工作成功得分的计算方法是：成功和消极合同结果之间的差值除以总结果。然而，国际劳工组织对Upwork一位经理的采访显示，工作成功得分实际上是用更复杂的指标计算出来的。

的工人提供"大师"资格,使他们能够获得各种工作机会。[①]然而,对于用于定义"大师"资格的一系列参数或标准,缺乏透明度(Kingsley, Gray and Suri, 2015)。

出行平台使用客户反馈和评分来评估工人的绩效,这些反馈和评分基于服务质量、司机接受和取消行程[②]以及其他因素(如超速或损坏车辆)。在计算综合评分时,会考虑这些因素。配送平台根据其他平台用户(客户和业务伙伴)提供的反馈,以及取消率、高峰时期的参与度、资历、配送数量和配送速度等因素,对平台工人进行评估。

通过算法分配、评估和管理工作任务对工人有着重大的影响。他们可能无法利用公平的争议解决机制对他们认为不公平的拒绝或差评提出质疑或申诉(见第2.5节)。

2.5   数字劳动力平台的治理规则和工人的工作自由

数字劳动力平台正在促使业务实践适应数字化环境。业务的开展基于服务协议条款,而服务协议条款由每个平台单方面制定,并用于管理用户(工人和客户)与平台以及彼此之间如何交互。这些条款包括排他性条款、接受或拒绝工作、停用账户、争议解决,以及数据的收集和使用等。这些做法对工人的工作自由以及企业(特别是中小企业)自由经营的能力提出了新的挑战,下面将进行探讨。

排他性条款

一些平台规定了24个月的排他性条款,即如果工人和客户在平台上会晤,他们都必须在24个月内使用平台作为唯一的工作渠道(如Upwork和99Design)。如果双方中的任何一方选择在此期限内退出,则必须在接下来的12个月支付一定比例的估算收入。就Upwork而言,这笔款项是预期收入的12%,计算方法是将工人的小时工资乘以2080;在99designs,支付的金额是预期收入的15%或2500美元。一些配送平台还在其合同的排他性条款中规定,对独家合作的客户收取更低的佣金,以此来阻止商业客户使用多个平台。

接受或拒绝工作

平台通常可以根据情况界定工作是否可以被接受或被拒绝。在微任务平台上,客户只支付他们已经认可完成的工作,因此,如果工人的工作不符合客户的标准,或者在某些情况下不符合平台的标准,他们就不会得到报酬。出行和配送平台通常都给工人提供了自行决定接受工作的自由。但是,仔细研究这些平台的业务模型可以发现,这种自由在实践中是无法实现的,因为不接受工作和拒绝工作对工人的评分和未来的工作分配有影响(见第4.3.1节)。

> **服务协议条款由每个平台单方面制定。**

停用账户

平台有权自行决定暂停或停用工人账户,特别是当工人被认为违反了服务条款时。这些条款通常包括禁止在平台之外进行支付和沟通,禁止使用分包或自动化方法完成工作,以及禁止在一个平台上拥有多个账户。当工人的评分较低或未能验证其身份或不符合平台标准时,也会出现停用账户的

---

① 更多信息请参阅:https://www.mturkcrowd.com/threads/masters-qualification-info-everything-you-need-to-know.1453/。
② 取消率是指接受请求后又取消的行程的百分比。

情况。

在某些竞赛类平台上，如果设计师不符合平台的质量标准或作品不是原创作品，账户可能被停用。在竞争性编程平台上，账户经常因为剽窃而被停用。例如，在Topcoder上，如果发现开发人员作弊，则平台会发起调查以决定其继续访问权限。在微任务平台上，如果工人的评分低于某个阈值，被发现使用自动化方法、抄袭或侵犯知识产权，或者未能正确回答关注问题，则账户将被终止。

基于指定位置平台可以终止账户，特别是在工人违反相关服务条款的情况下。停用账户的其他原因包括评分低、表现差、长时间不工作以及违反行为准则，其中通常包括反歧视和骚扰条款。

争议解决

服务协议条款通常包含专门用于解决争议的章节，其中明确规定了适用的法律和司法管辖权。基于在线网络平台的这类条款往往更多，因为它们通常采用仲裁的形式来解决争端，而具体情况由平台确定。此外，基于在线网络平台通常会根据所涉及的问题，给出不同的争议解决政策。

一些自由职业者平台，如PeoplePerHour和Upwork，提供争端解决服务；这些服务通常是有成本的，并且只提供给平台注册所在国家/地区的工人，因此不会为其他地方的工人提供太多支持或保证。在大多数微任务平台上，当客户不支付费用时，工人通过诉诸纠纷来解决在实践中几乎得不到什么好处，因为每项工作任务的报酬往往非常微薄，工人无法浪费时间去争取这样的报酬。此外，客户通常不需要给出不付款的理由（Berg et al.，2018）。对于出行平台和配送平台，工人经常受到提供服务所在地法院的管辖，尽管有一些例外。例如，在Bolt和

Glovo案件中，争端分别提交给爱沙尼亚和西班牙的特定法院。同样，优步案件中的纠纷在荷兰进行仲裁，但涉及印度和美国的纠纷除外（关于纠纷解决机制的讨论，见附录2B和第5章）。

数据的收集和使用

所分析的所有基于在线网络平台和基于指定位置平台都进行了广泛的数据收集，直接或间接收集用户（工人和客户）的个人信息。间接的数据收集是通过cookie、网络信标或嵌入式脚本，或通过第三方，如谷歌分析、社交网络服务或业务合作伙伴进行的。例如，在出行平台，收集包括与司机位置相关的数据（使用GPS跟踪）、评分、加速和刹车数据、用户之间的通信，甚至存储在用户个人设备上的数据，如地址簿信息或安装的应用程序名称。

数据收集使基于在线网络平台和基于指定位置平台能够实时监控正在发生的事情，并改善算法管理、自动匹配其他目的的决策。就定价和匹配决策而言，这种实时情况是数字劳动力平台的宝贵竞争优势。数据收集还能够使平台提高定向广告的有效性（Cusumano，Gawer and Yoffie，2019），并吸引用户使用平台。例如，Careem开发了一个名为Yoda的人工智能平台，它可以预测两周后某个地方的需求以及需要司机的地方。这有助于减少等待时间，确保司机获得更多的车费。[1]

平台的隐私政策通常规定，它们使用收集的数据与用户进行通信、通知、支持和

---

[1] 更多信息请查阅：https://blog.careem.com/en/careems-destination-prediction-service/。

◤ 数据收集使平台能够实时监控正在发生的事情。

验证用户，以提供和改善或个性化服务，并确保安全性和法律义务的遵守性。然而，所研究的一些平台，如优步和Deliveroo，特别提到了自动化决策。优步使用数据进行自动化决策，以实现动态定价、将司机与乘客匹配、确定评分并停用评分较低的用户，而Deliveroo则通过数据确认乘客付款并检测欺诈交易。在基于在线网络平台中，Freelancer和Upwork使用数据进行自动化决策，以将用户与工作进行匹配并确定工人的排名。同时，Topcoder的隐私政策声明，该平台不依赖于自动化决策。数据收集可增强平台的筛选和监控能力，这可能会对工人访问平台和工作产生重大影响。

▶ 结论

本章说明了数字劳动力平台如何利用数字经济的一些关键特征来开发独特的业务模型。对各种基于在线网络和指定位置平台的商业模式的深入分析表明，不同类型的平台之间有许多共同点。定价、招聘、匹配、工作组织和平台治理规则等相互依存的因素组合在一起，正在塑造这些平台相互竞争的方式，同时改变着工作世界。

这些因素的某些方面对未来的工作将产生影响。通过协调工作，平台将客户与一系列不同技能水平、执行不同类型任务的工人进行匹配，涉及软件编程等高技能工作，以及外卖或微任务等低技能工作。平台开发了一种盈利模式，即通过收取佣金或订阅计划以及其他获得工作所需的费用，这给工人带来了经济负担。这些费用有时会出现波动，降低工人的收入，尤其是在劳动力供应过剩的情况下。在其他情况下，费用也可能由入驻平台的企业承担，比如配送平台上的餐馆或商店，这对企业的收入产生了影响。

此外，数字劳动力平台业务模型严重依赖于通过平台获得工作的工人，而不是雇员，这些工人被归类为"自雇"或"独立承包商"。这是这种商业模式的根本转变之一，因此对未来的工作有着严重的影响。

数字劳动力平台的一个显著特征是算法管理，它从根本上塑造了数字劳动力平台的工作流程和绩效管理。将工人与任务、客户进行匹配的算法通常会考虑评分、客户评论、取消或接受率以及技术水平等因素。与此同时，特别是在一些基于在线网络平台上，这些因素可以通过支付额外费用来避免，从而为那些可能缺乏足够资金支付这些费用的工人获得工作造成障碍，特别是在发展中国家。

此外，在许多基于在线网络平台上，跟踪键盘输入或随机截取屏幕截图的监控工具和软件可能会限制工人的工作自由和自主权。同样，在出行平台上，GPS监控、接受率和取消率都可能导致评分偏低，进而影响获得工作机会，在某些情况下还可能导致工人账户停用。此外，通过单方面确定的服务协议条款对平台进行治理，使平台可以对工人的工作自由行使相当大的控制权，并且在某些情况下还限制了客户或企业与工人互动的能力，如通过排他性条款。

对数字劳动力平台商业模式的这些要素进行深入的研究，突显出一个事实，即研究和讨论不能仅停留在许多平台所宣传的灵活性上，这一点非常重要。进一步探讨这些问题，并探索和深入了解这种商业模式对传统企业和工人的影响至关重要。我们将在后面的章节中进行讨论。

第3章

数字劳动力平台在经济中的扩散：

企业如何以及为什么使用这类平台？

企业的机遇和挑战

企业为什么使用基于在线网络平台?

- 招聘
- 创新
- 降低成本和提高效率

为什么商家和顾客使用基于指定位置平台?

配送行业

- 提高可视性
- 提高生产力
- 增加需求
- 扩大客户群

出行行业

- 安全
- 便捷
- 价格优势

传统企业面临的挑战

- 竞争加剧
- 高额的佣金
- 评分缺乏透明度
- 缺乏数字化基础设施

外包公司和创业公司的机会

- 外包公司的转型与扩张
- 人工智能初创企业激增

▶ 引言

20世纪90年代,信息和通信技术(ICT)的普及使大型企业去垂直化,并使得不同规模的企业将其服务和生产转移到世界不同地区。这一过程带来了工作组织的变化,企业开始越来越多地与分包商、子公司和业务流程外包(BPO)公司合作(Rani and Furrer,即将出版)。此外,还刺激了网络化组织的出现,将外包、特许经营和临时代理工作联系起来,这导致工作的碎片化和组织边界的模糊(Grimshaw et al.,2017)。

当前的技术进步浪潮,如云计算,开辟了一种新的外包工作方式,即基于在线网络的数字劳动力平台,使企业能够接触到来自全球各地的具有广泛技能和专业知识的工人。平台工作是外包服务的最新表现形式,使企业能够调整其劳动力,并对组织内的核心和非核心任务采用非标准工作安排(短期、定期、临时和小时合同等),以满足其需求(Hyman,2018;ILO,2016;Weil,2014)。以基于在线网络平台为例,数字劳动力平台为全球工人外包服务创造了前所未有的可能性(Wood et al.,2019a;Santos and Eisenhardt,2005),而通过基于指定位置平台,可以获取当地市场上可用的劳动力。

数字劳动力平台不仅正在分裂工作场所,也在重新组织工作活动,因此可以被视为临时工行业的新参与者(van Doorn,2017)。虽然散工或零工并非新事物,但利用技术来管理劳动力并为企业、客户或个人提供服务却是一个新现象。这些平台使用搜索算法将工人与企业进行匹配,使公司能够比以往更快地找到人才,从而降低了搜索成本。此外,数字工具还实现了远程协作并促进了工作流程的算法管理(Moore and Joyce,2020)。平台引入新的工作安排对传统的商业模式是一种挑战。其中,许多平台的客户范围广泛,既有从初创公司,也有《财富》500强公司和跨国公司(Wood et al.,2019a;Corporatal and Lehdonvirta,2017)。德勤(Deloitte,2018)在其《全球人力资本趋势》(*Global Human Capital Trends Report*)报告中指出,多样化的"劳动力生态系统"正在逐步取代雇佣关系。在一个由工人、人才网络、服务供应商和零工工人构成的多元化生态系统中,雇主招聘工人更具灵活性、甄别能力更强。同时,该系统还为雇主提供了招聘人才的不同的经济模式。

本章探讨了数字劳动力平台在不同经济领域的扩散,企业如何及为何使用基于在线网络平台和基于指定位置的数字劳动力平台,以及这些平台如何挑战并改变了传统企业的既定做法。该分析基于国际劳工组织对不同类型企业(70家企业)代表进行的半结构化访谈,其中包括信息技术公司、数字技术初创公司、使用配送和出行平台的商业客户,以及提供数字服务的外包公司(请参阅附录3)。通过访谈,我们可以深入了解企业使用这些平台的情况及其在这方面的经验。

本章共分四节。第3.1节和第3.2节探讨了某些企业如何及为何使用数字劳动力平台,以及所涉及的益处和挑战。第3.3节思考了数字劳动力平台带来的机遇,重点关注外包公司,以了解它们如何适应数字经济;此外,还考察了大量新兴数字技术初创公司,以了解它们的动机以及它们为企业和数字平台提供的服务,并通过案例研究阐述了一些见解。第3.4节讨论了数字劳动力平台对传统企业的影响,尤其是零售部门。

3.1 使用基于在线网络平台的企业

企业正在寻找创新的方式，通过与独立承包商、自由职业者、零工和众包工作者等合作的替代方式来安排外包工作。新的人才网络或数字劳动力平台，如InnoCentive、Toptal、Upwork和99designs，正越来越多地被用作外包工作平台。据估计，"这些类型的人才网络目前管理着超过20亿美元的外包活动，在世界各地雇用了数亿人"（Deloitte，2019：23）。根据对美国700位商业领袖的调查，这些平台被认为对于组织的未来竞争优势非常重要（Fuller et al.，2020）。本节将探讨企业使用基于在线网络的数字劳动平台的目的。关于这一主题的文献虽然越来越多，但仍然有限，本报告还对IT、平台和数字技术初创公司进行了访谈，以补充分析。根据分析，可以确定企业使用在线网络平台的三大目的，即招聘、降低成本和提高效率，以及获取创新知识。

3.1.1 招聘

数字化转型已在全球范围内给招聘实践带来了前所未有的变化。公司越来越多地改变其人力资源实践（Deloitte，2017），并使用人工智能（AI）和自动化来评估和面试候选人。基于在线网络平台，如自由职业者平台和竞争性编程平台，在招聘工人方面也越来越受欢迎。

首先，基于在线网络平台日益成为雇用拥有特定技能工人的途径，因为它们通过算法将工人与企业实体的职位空缺和任务进行匹配，并为其提供定制服务。匹配服务由自由职业者平台和竞争性编程平台提供。自由职业者平台（如Toptal）专门负责将人才社区的工人与企业进行匹配；可以按小时、兼职或全职的方式与工人签订合同。这些平

台为企业提供了一个选择，在决定是否雇用工人之前，它们可以与之接触。类似地，Upwork也提供"工资"服务，这是一种通过第三方供应商在雇佣关系下雇用工人的高级服务。它还与微软等大型科技公司合作，为它们提供这些服务，使其能够更好地找到熟练劳动力。竞争性编程平台也提供这种匹配服务，如HackerRank、hackerrearth、Kaggle和Topcoder。这些平台为企业提供"人才即服务"，并根据企业的需求，从各自的程序员、开发人员和数据科学家社区中推荐具有特定技术技能的工人（见第2章）。

其次，竞争力性编程平台，如HackerRank，HackerEarth和Kaggle，可以帮助企业组织招聘过程。如第2章所述，这些平台为企业提供了不同类型的订阅计划或定制服务，用于数据科学、人工智能和其他技术领域的招聘服务。提供的招聘服务包括筛选具有特定技能和能力的工人，然后由企业进行面试。这加快了筛选过程，从而使企业的招聘更加高效，同时减少了招聘的工作量和成本。为了评估工人的技术技能，这些平台组织了黑客竞赛、竞赛和其他挑战，这些挑战通常是通过算法编程，由世界各地的开发者参与，或是在线进行，或者在特定的地点进行，比如大学校园。诸如HackerRank之类的平台提供的服务除了帮助消除选择过程中的偏见外，还减少了企业在生成合格的候选人名单时所花费的时间（Grooms，2017）。此外，这些平台还能帮助企业雇用具有先进设计思维和能力的人才，并能在多个领域提供解决方案。诸如Adobe、Altimetrik等公司都在使用竞争性编程平台提供的这些招聘服务（Babu，2015）。

过去十年，企业对此类服务的需求一直

在增长。例如，HackerEarth 在全球各个经济领域拥有超过750个企业客户，包括亚马逊、L&T Infotech、Wipro 和 UBS，它们使用平台进行招聘（Bhalla，2017；Babu，2015）。这些平台似乎正在改变一些企业的传统招聘实践。

3.1.2　降低成本，提高效率

数字劳动力平台为企业提供了一个以互联网为媒介的市场。企业设置任务和需求，平台将它们与可在指定时间内完成任务的全球工人库相匹配。这个过程表面上可以帮助企业采用极其敏捷和精简的结构来执行其核心任务。原则上，企业可以通过平台将金融服务、法律服务、专利服务、物流和医疗保健等各个部门的活动轻松地外包给不同地区的人，而不是雇用其他工人或分包给已建立的公司。这种方式越来越多地被大型企业和中小企业以及早期的初创企业使用。

> ▎▎**基于在线网络平台日益成为雇用拥有特定技能工人的途径。**

德勤2019年进行的一项调查显示，企业外包的工作涉及 IT（33%）、运营（25%）、营销（15%），以及研发（15%）（Deloitte，2019）。调查还发现，"大多数企业将替代性工作安排视为一种交易型解决方案，而并非战略上重要的人才来源"（Deloitte，2019：23）。牛津互联网学院的研究人员对9家《财富》500强公司进行了调查，并询

问了与传统的人力资源中介机构相比，它们使用数字劳动力平台的动机（Corporaal and Lehdonvirta，2017）。调查结果表明，这些公司将工作外包给数字劳动力平台上的工人，以满足其内容营销、翻译、行政支持和客户服务、设计、IT 和数据相关的人员需求，原因如下：

▶ 更容易和更快地获得专业化的、全球化的和灵活的劳动力；

▶ 雇用工人的成本较低，并将日常开支成本降低约25%~30%；

▶ 与传统职业介绍所（6~8周）相比，工作外包速度更快（2~4天）；

▶ 更短的时间计划，因为任务完成得更快；

▶ 通过外包短期和小型任务，获得更大的灵活性；

▶ 减少了行政程序和合同安排，因为可以轻松地将工作外包出去；

▶ 获得高素质的专业人员和专业技能，为知识创造和提供高质量的工作创造了新的机会。

哈佛商学院（Harvard Business School）和波士顿咨询集团（Boston Consulting Group）的另一项研究调查了美国700家企业，以了解 InnoCentive、freelector、Toptal 和 Upwork 等数字劳动力平台的使用情况。调查显示，约30%的企业广泛使用这些平台，另有30%的企业使用频率适中。通过这些平台招聘工人，还帮助约40%的企业提高了生产力和创新能力（Fuller et al.，2020）。

> ▎▎**数字劳动力平台有助于公司降低成本，缩短时间计划。**

一个主要的微任务平台的首席执行官在国际劳工组织的一次采访中提到，大型企业是它们最大的客户，大约占其收入的80%。

一个大型企业客户每年通过平台处理1亿行数据，进行注释、划分和分类，使其成为机器可读的数据并训练机器学习算法。这项工作是通过应用程序接口进行集成的，该接口允许客户将工作直接外包给平台上的众包工人。除了训练机器算法之外，这些数据还可以提供有关消费模式的情况，这对企业制定业务决策和进行有针对性的营销很有用。汽车行业的研究表明，企业使用这些平台进行数据和图像处理，平台支持自动驾驶和联网汽车的人工智能、增强语音接口和司机的虚拟助手的开发，以及基于各种交通场景和地理地图的算法训练，而不需要人类监督（Tubaro and Cassili, 2019; Schmidt, 2019）。

利用众包来提高成本效益的策略在汽车、化学、金融、研究和技术等行业广泛使用（Tauchert, Buxmann and Lambinus, 2020; Budreau, Jesuthasan and Creelman, 2015）。一些大型科技公司也是如此，如"苹果已经向分布在世界各地的大量用户和开发者求助，通过创建应用程序和播客来增强其产品性能，从而推动其增长"（Boudreau and Lakhani, 2013: 62）。拉哈尼、加文和隆斯坦（Lakhani, Garvin and Lonstein, 2012: 8）也指出，客户可以通过使用竞争性编程平台来大幅降低构建公司网站的成本（如支付35000美元），而无须向"大型IT咨询公司支付350000美元，或向小型IT咨询公司支付200000美元，或向个人承包商支付80000美元"。同样，如果完成一个软件开发项目通过平台需要六个月的时间，那么在企业内部进行所需的时间将是它的两倍（Corporaal and Lehdonvirta, 2017）。根据富勒等人（Fuller et al., 2020: 7）的说法，除实验之外，企业正在使用平台，其目标是"制定一个综合战略……不仅利用平台来挖掘最佳人才……而且要最大限度地发挥全职员工的潜能"。

随着企业对数字劳动力平台的依赖日益增加，它们在战略性管理多种工作安排下的劳动力方面也面临挑战（Deloitte, 2018）。德勤2019年进行的一项调查显示，大多数受访企业（54%）强调，"它们要么在管理非传统工人方面的做法不一致，要么几乎没有或根本没有管理这些工人的流程"，这主要是因为它们只是利用这些工人来"填补空缺"（Deloitte, 2019: 23, 24）。尽管零工给企业带来了挑战，约30%和17%的受访企业认为，零工和众包工人提高了组织绩效（Deloitte, 2019）。在新冠肺炎疫情期间，随着需求的增长，平台正在为企业提供更多的增值服务，并且在未来"平台将在弥补技能差距方面发挥更大的作用"（Fuller et al., 2020: 8）。

3.1.3 获取知识，促进创新

数字平台，如开源平台和竞争性编程平台，为企业和工人提供了有利的创新机会。互联网的兴起和信息通信技术的迅速发展使得企业通过多种方式获取知识变得更加容易。在过去20年里，企业中有两种策略在创新、创意和扩大知识边界方面日益突出：一是在开源平台上进行协作和共同创造；二是组织公开竞赛或在竞争性编程平台上进行协作、创新和发展。本小节重点介绍开源平台和竞争性编程平台，以探讨它们如何潜在地帮助企业进行创新和发展。

开源平台

开源平台越来越受欢迎，这是因为其底层软件不是专有软件，任何人都可以访问、修改，甚至开发。大型IT、金融和零售公司使用此类平台进行开发和创新，而不是进行内部开发或外包给其他IT公司（Thakker, Schireson and Nguyen-Huu, 2017）。本报告中分析的大多数数字劳动力平台，包括Bolt、Ola、Rappi、Swiggy、Topcoder和Upwork，都使用两个最常见的开源网络服务器——Apache 和 Nginx。[①]它们还使用开源工具和软件来开发自己的技术。

开源平台和竞争性编程平台提供了有利的创新机会。

许多领先的IT公司与开源平台在创新、研究和开发方面紧密合作，以寻求解决具体问题的方法。微软与Apache Software Foundation（一个开放源代码的开发人员志愿者社区）合作，并通过此类平台提供产品和创新。与开源平台之间的业务合作和参与不一定与成本相关；它使企业能够改善其公共关系并获得合法性，学习领域内最先进的创新技术并与其保持一致（Lerner and Tirole，2005；见专栏3.1）。

在企业中使用开放源代码平台还存在一些挑战，因为必须决定希望共享知识产权的程度，以换取创新的益处（Henkel，Schöberl and Alexy，2014）。这主要是由于无效的知识产权保护机制和来自竞争对手的模仿威胁（Teece，2018b）。然而，政府和企业正在促进和鼓励开放知识产权，以促进创新和发展（见第1章）。

通过使用竞争性编程平台进行创新

企业还可以通过使用竞争性编程平台获取创新知识并建立新的能力，这些平台通过组织挑战或竞赛来提供解决方案[②]（见专栏3.2）。企业可以使用各种技术访问平台的程序员、开发人员和编码人员社区。为了推进技术创新、增加企业收入，企业对数字劳动力平台的依赖性逐渐增强，因为它可以吸引大量程序员，解决与人工智能、机器学习、数据科学、数据安全等相关的问题。例如，奈飞（Netflix）用过滤算法预测用户与电影的匹配度，最初是基于用户的评分（1~5分）；为了提高评分预测的准确性，奈飞组织了一场公开比赛（Gomez-Uribe and Hunt，2015）。

竞争性编程平台上的程序员、编码人员和开发人员社区可以潜在地帮助企业以前所未有的方式获得有创意的和多样化的解决方案（Lakhani，Garvin and Lonstein，2012；Terwiesch and Xu，2008）。国际劳工组织对企业的采访显示，这些平台的真正价值在于提供解决方案的质量和速度，而这仅依靠内部资源是很难实现的。此外，还提供了灵活性，可以轻松地访问全球的高技能人才，诸如Topcoder之类的竞争性编程平台已经利用众包模式将IT人才社区与企业进行匹配，寻找解决一些世界上最复杂的问题的方法，如改进癌症治疗，更快的DNA测序和提高能源管道的安全性，等等（参见Lakhani et al.，2013；专栏3.2）。

传统的IT外包公司正面临来自竞争性编程平台的日益激烈的竞争，公司转向平台社区来解决问题并外包工作。面对这一挑战，传统公司开始建立或收购新兴或成熟的平台，以完善它们所缺乏的技能和技术（Cusumano，Gawer and Yoffie，2019）。例如，IT外包公司威普罗在2016年收购了

---

① 该信息基于使用网站分析工具（Builtwith）对平台网站的分析。
② 引入竞赛来寻求创新或解决方案的想法并不新颖，可以追溯到"1714年的经度竞赛，当时英国政府宣布了一项公开的呼吁（有酬奖励），以开发一种精确测量船舶经度的方法"（Mao et al.，2017：59）。基于互联网的创新竞赛可以追溯到2001年的InnoCentive平台，该平台试图吸引一群人参与药物开发，后来出现了许多用于软件开发和数据分析的平台（Mao et al.，2017）。

Topcoder平台，并凭借其技能和专业知识，在不同领域提供技术服务，从而使威普罗的战略和交付模式发生了变化（见专栏3.3）。同样，谷歌在2017年收购了数据科学平台Kaggle，从而使其能够使用Kaggle的数据科学家社区，在AI领域以具有竞争力的速度来分析数据。[①] 如果像新冠肺炎疫情期间观察到的趋势那样，高技能的IT工人越来越多地使用和依赖数字劳动力平台，那么这些发展对他们未来的职业发展提出了关键问题（见第1章）。此外，还有企业内部能力建设方面的问题，如果企业越来越多地通过众包来利用专业知识，这种做法是否能够长期持续下去。

> ▶ **专栏3.1　阿帕奇软件基金会**
>
> 　　阿帕奇软件基金会（Apache Software Foundation，ASF）是一个开放源代码的志愿者开发人员社区，成立于1999年，拥有超过350个开源项目，如Hadoop、Spark、Cassandra、CloudStack和Flink。如今，互联网上的很多网站，以及本报告中讨论的大多数数字化劳动力平台都是由Apache HTTP Web服务器提供支持，这也是ASF成立的原因。通过ASF的开放源代码项目开发的软件已获得阿帕奇的许可，并且是免费的开放源代码软件，可以由软件程序员或编码人员进行进一步开发和创新。它是一种商业友好型许可证，允许企业使用创建不同类型的业务。
>
> 　　企业可以提出和计算问题，并从愿意以零成本提供解决方案的在线专家社区获取服务。大量的志愿者（开发人员和程序员）投入时间和精力在ASF工作，而其他人则由其雇主支付薪水。这些人发现这种经验对他们是有益的，因为他们能够在社区中与同龄人一起工作，获得新的技能，并且可以与该领域的专家建立联系，与之互动。此外，"在这些社区中，编程需要很强的动力，因为程序员和开发人员必须投入大量时间才能看到结果，而且大多数程序员对创建代码很感兴趣，而不是金钱"（国际劳工组织对ASF代表的采访）。
>
> 　　许多大型科技公司定期将其内部程序员和开发人员派往ASF，与社区中的其他人一起解决复杂的问题。这不仅可以帮助员工在短时间内以几乎零成本获得复杂的编程技能，还可以为他们的业务活动提供创新的想法。同时，这也为员工提供了一个机会，以提高自己的声誉，使其获得的公司认可，并促进其职业发展。阿帕奇项目中约有一半的开发人员由脸书、谷歌、IBM和微软等技术公司支付薪水。其中一些公司还设有专门的开源部门，负责与ASF建立联系。
>
> 　　阿帕奇不向使用该平台的任何人收取任何费用，ASF为每个项目提供基础架构支持的费用约为5000美元。ASF共有350多个项目和倡议，仅基础设施支持就花费了175万美元。该基金会的资金来源于一些大型科技公司的赞助或捐赠，以支持基础设施服务和会议。与ASF相关联的公司将从中受益，因为开源软件使它们更容易吸引客户，并且它们从开源社区的知识和专长中获得了巨大收益。一些公司还在ASF的保护伞下以开放源代码的形式共享它们的软件，这说明通过社区开发软件对生态系统中的所有用户都有利。例如，SQL（结构化查询语言）数据库Cassandra最初是由脸书捐赠给ASF的，并吸引了其他公司（如DataStax、谷歌和微软）的开发人员，他们通过贡献附加功能或增强其服务来进一步开发该数据库。
>
> 资料来源：国际劳工组织的采访，2019年；阿帕奇软件基金会网站和相关资料。

[①]　参见https://techcrunch.com/2017/03/08/google-confirms-its-acquisition-of-data-science-community-kaggle/。

▶ **专栏3.2　使用Topcoder社区来获取技术解决方案**

　　Topcoder是一个竞争性编程平台，为企业提供来自全球各地的有才华的数字工作者，这些人可以在短时间内以较低的成本为企业的项目提供一系列潜在的解决方案。例如，Topcoder社区受邀帮助一项雄心勃勃的针对癌症的众包医疗保健计划，可在十周内获得55000美元的奖金。该计划的重点是肺癌的肿瘤定位。仅在美国，每年就有超过150000人因肺癌丧生。该计划的"挑战"是提供一种AI解决方案来治疗严重的肺肿瘤。Topcoder与哈佛医学院和Dana-Farber癌症研究所联手创建并测试自动描绘算法，以帮助改善患者肺部癌性肿瘤的治疗。

　　在为期十周、分为三个阶段的众包创新挑战中，有来自62个国家和地区的564名参赛者注册，34名参赛者提交了45种算法，产生了多种可以定位肿瘤位置的AI解决方案，其准确性可与放射肿瘤专家相媲美，且速度更快。

　　资料来源：国际劳工组织的采访2019年，另请参见 https:// www.topcoder.com/case-studies/harvard-tumor-hunt/; https://jamanetwork.com/journals/jamaoncology/fullarticle/2730638。

▶ **专栏3.3　威普罗的新战略：利用数字劳动力平台开发人力资源能力和创新**

　　威普罗有限公司（Wipro Limited）成立于1982年，目前是印度领先的在全球提供高质量IT服务的公司之一。自21世纪初以来，威普罗一直为客户提供一系列服务，包括数据分析、人工智能和云计算。从传统的IT服务到特定行业的集成服务的转变意味着威普罗必须建立和/或获得一套全新的技能，特别是在业务策略和设计技能方面。为此，威普罗推出了一项基于四个关键组成部分的战略。

　　1.商业战略与人才战略相结合

　　威普罗从根本上改变了招聘方式。威普罗雇用的员工不是"I"型（涉及特定技术的深入知识和专业知识，如Java）或"T"型或"饼"型（可应用于不同行业的深入知识和专业知识），而是"X"型（软件和设计专业知识，以及业务策略和实施的详细知识）。此外，威普罗管理人员还要求工人每两年跨行业轮换岗位，以增加他们对不同行业的接触，并在不断学习新技能的同时在行业客户之间传授知识。

　　2.利用深厚的技术专长来提供创新的客户解决方案

　　威普罗探索了各种众包计划以实现这一战略目标。2016年，它收购了Topcoder，这是一个汇集了150万开发人员、设计人员和数据科学家的平台。2017年，威普罗在Topcoder的帮助下开发了一个内部众包平台TopGear，以弥合技术技能差距并创建可部署项目的工人队伍。这证明了有组织的内部众包工作可以提高个人和组织的适应能力。该平台为团队和个人提供了以下机会：

　　▶ 支持工人学习并在一系列项目中应用技能；

　　▶ 通过给予个人更多的代理权，鼓励灵活性和价值驱动结果；

　　▶ 为工人提供获取工作以外的福利的渠道；

　　▶ 通过将任务或项目众包给内部人员，以提升他们的设计、编码、测试和数据科学工具及专业知识；

　　▶ 通过在平台上发布复杂的问题，作为有奖金的"挑战"，以为客户提供多种创新解决方案；

▶ 专栏3.3　（续）

　　▶ 短时间内为特定项目接入平台工人，实现灵活的资源分配。

　　TopGear团队支持内部项目团队进行大规模的劳动力转型，包括从手工测试人员到自动化工程师的所有人。该团队制定和实施的学习计划使客户团队的技能提高了80%，从而使有关部门的年生产率提高了20%。在TopGear获得成功的基础上，威普罗推出了新的混合众包平台，旨在增强功能，为未来打造一支灵活的工人队伍，并革新内部和企业客户的人才资源。

　　混合众包平台为所有企业（除了威普罗本身）提供了一种方式，将企业内部人才团队与Topcoder全球社区的150多万成员连接起来。

　　通过整合人才库，企业可以根据需求从众包者中寻找专家来补充自己的团队。通过混合众包，企业可以吸引三种不同类型的众包者：私人众包者、认证众包者和公共众包者。威普罗有限公司首席技术官桑杰夫（K.R.Sanjiv）称：混合众包平台是威普罗正在进行数字化转型的基石，它使团队能够提供更广泛的数字服务，并满足即时需求。它还为我们的数字转型专家（威普罗员工）提供了更多的机会，让他们通过参与众包竞争来学习新技能、赚取收入和获得认可。

　　3. 鼓励合作与创新

　　威普罗在公司和Topcoder平台上组织内部和外部黑客大会和创意大会，以培养威普罗员工的技能和专业知识，并找到创新的解决方案。对于客户提出的挑战，员工可以单独参与竞争，也可以以团队的形式参与竞争。优胜者不仅能获得奖金，他们的成就还将在公司内得到广泛宣传。竞赛模式允许员工与同龄人进行比较，以评估自己的技能。这种游戏化培训的开放性、非正式性对员工间交流给予鼓励和支持。高级管理人员声称，这一战略提高了工人的投入度，并对他们的绩效和生产力产生了积极影响。

　　4. 与平台生态系统中的主要利益相关者保持一致并进行合作

　　威普罗还投资于初创企业生态系统，并与微软加速器合作开发创新产品。它与客户建立了长期的合作伙伴关系，以识别各自行业中新兴技术（如区块链或AI）的解决方案，并与GitHub、SourceForge等开源软件社区合作。

　　资料来源：国际劳工组织的采访，2019年，2020年。

3.2　使用基于指定位置平台的企业

　　基于指定位置平台，如出行平台和配送平台，为个人消费者提供了便利的服务（见专栏3.4），并在许多国家越来越多地被中小企业、餐馆和个人企业家使用。由于竞争，以及扩大客户群、应对不断变化的市场和消费者喜好的需求，它们对此类平台的依赖程度越来越高。一些传统行业已经开始使用配送平台，包括餐饮和零售行业。本节将探讨餐馆和小企业在使用基于指定位置平台时面临的机遇和挑战。本节的分析和结论基于国际劳工组织在2019年10月至2020年3月期间对选定发展中国家（加纳、印度尼西亚、肯尼亚、黎巴嫩、摩洛哥和乌克兰）的47家企业及其客户代表进行的半结构化访谈（详情参见附录3表A3.1）。

▶ **专栏3.4　客户使用基于应用程序的出行和配送平台的动机**

　　基于指定位置平台的兴起为个人提供了比传统方式更多的服务选择。为了解使用这些平台的客户的动机，国际劳工组织于2019年10月至2020年3月对智利、加纳、肯尼亚和印度的33个客户进行了小规模访谈。通过数字应用程序或单击按钮即可访问出行平台或订购产品，这种便利增加了这些平台在客户中的知名度。对于大多数用户而言，方便、使用简单、低廉的价格、透明性和可靠性是使用应用程序购买服务的部分原因。

　　客户使用基于应用程序的出行平台的主要动机是，与传统的出租车服务相比，其价格较低，并且提供各种优惠和折扣。他们还指出，他们感到安全，因为GPS使他们能够跟踪司机，并与家人和朋友分享他们的定位。此外，在某些国家和地区的某些地方，通常很难找到传统的出租车，因此可以使用基于应用程序的出行平台。使用配送服务的客户强调，基于应用程序的配送平台为他们提供了多种可选择的产品，并帮助他们节省运输成本和时间。

　　方便、舒适、隐私、安全、灵活，而且不需要讨价还价。—— *使用基于应用程序的出行平台的客户（加纳）*

　　我可以在任何地方预订出租车，而不必在路上或街边等待。我可以一键购买所有产品，而无须去商店，这节省了我的时间。—— *使用基于应用程序的出行和配送平台的客户（印度）*

　　许多客户同时使用多个平台提供的出行和配送服务，因为这使他们能够进行比较并选择最便宜和最方便的。例如，在出行平台上，客户可以跨多个应用程序进行比较，基于乘车费、司机评分和定位等，找到最划算的方案。客户可以在不同的配送应用程序之间比较产品的价格，并选择最优惠的和配送时间最短的产品。所有的客户都强调评分的重要性，因为这可以让他们看到其他人对产品和服务的意见，了解关于服务质量的反馈。

　　可以说，有时这可以帮助你获得更优惠的价格，因为你可以查看不同的应用程序并比较哪个更便宜。—— *使用基于应用程序的出行平台的客户（加纳）*

　　评分反映了其他人的意见，这可以帮助我评估安全方面的问题。—— *使用基于应用程序的出行平台的客户（印度）*

　　除了好处外，客户也发现了基于应用程序的出行和配送平台存在的一些问题，主要是互联网连接和平台上的技术故障。对于出行行业而言，还存在基于应用程序的网约车车费上涨、与网约车司机存在分歧、司机取消服务或态度粗鲁、等候时间收费缺乏透明度以及高峰定价等问题。而对于配送行业，面临的挑战还包括食物和其他物品混在一起、订单延误、取消和额外收费，以及平台上的广告过多和促进消费的平台设计。

　　由于配送应用程序的界面很有意思，很吸引人，即使你事先没有购买任何东西的打算，但通过点击和刷卡，最终你可能会购买一些自己并不需要的东西。—— *使用基于应用程序的配送平台的客户（加纳）*

　　价格已经涨了很多，尤其是基于应用程序的出行平台的价格。—— *使用基于应用程序的出行平台的客户（印度）*

　　一些客户表示，出行和配送平台提供了就业机会，尤其是对农民工而言，并对网约车司机和配送员的工作条件和保险状况表示担忧。

　　资料来源：国际劳工组织的采访。

> ❞ **由于竞争，对基于指定位置的平台的依赖程度越来越高。**

餐厅

餐饮行业尤其见证了消费者对配送平台需求的增强。消费者通常认为这些平台使用起来简单方便。国际劳工组织采访了6个国家的27家餐厅所有人（见附录3表A3.1），结果显示，餐厅因使用基于应用程序的配送平台而提高了知名度，扩大了市场，并获得了新的客户。此外，通过该平台下单的便利性也增加了人们在工作日、周末或恶劣天气条件下对餐饮的需求。

使用应用程序的动机是销售产品，扩大客户群以及增加需求。—— *使用基于应用程序提供配送服务的餐厅（摩洛哥）*

下雨天，对外卖的需求增加，因为人们不想去餐厅，而他们更喜欢通过应用程序点外卖。周末也是如此。—— *使用基于应用程序提供配送服务的餐厅（肯尼亚）*

许多餐厅使用多个平台为顾客提供服务，主要有三个原因：首先，每个平台都有自己的客户数据库，这可以让餐厅接触到更多的客户；其次，使用多个平台有助于留住那些经常在不同应用程序之间切换，进行对比，以获得最佳交易的用户；最后，这样做可以帮助那些小餐厅与大饭店或连锁店竞争，并从平台提供的各种促销和广告中受益。

加入多个平台的动机是为了获得更多的关注，这样我们就不会因为咖啡连锁店在这些应用上的存在而失去顾客。—— *使用基于应用程序提供配送服务的餐厅（黎巴嫩）*

通过使用多个平台，能够让尽可能多的客户了解我们，因为每个平台都有自己的客户群。—— *使用基于应用程序提供配送服务的餐厅（肯尼亚）*

平台不断进行广告宣传，使得客户对我们的食品的需求增加。—— *使用基于应用程序提供配送服务的餐厅（摩洛哥）*

配送平台还通过多种方式帮助餐厅提高生产率。首先，平台公司为餐厅提供网络分析和监控工具，帮助它们了解客户的偏好；这反过来又促使餐厅能够更好地制定业务战略和定价。其次，平台定期提供数字整合方面的审查和培训，以及商业策略和广告方面的建议。再次，平台提供的用于跟踪订单、为发货准备产品、管理账目和付款的数字工具也有助于提高餐厅的效率。最后，平台上的评分系统能激励餐厅提高配送速度和改善包装，这不仅能提高餐厅的竞争力，还能提升它们的排名，使其在顾客中拥有更高的知名度。

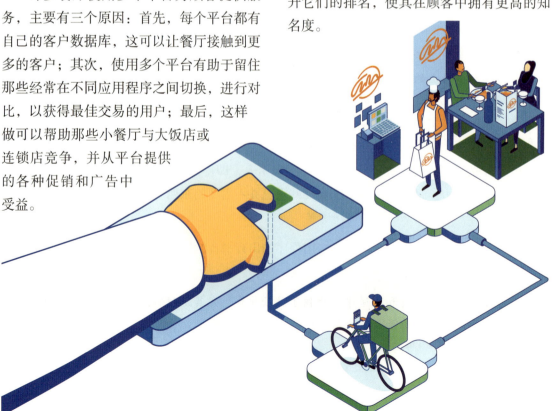

我们确保所有工人都知道并接受过培训，掌握快速打包的技能，以便准备好订单供配送人员取货。质量和数量对于评分很重要。—— *使用基于应用程序提供配送服务的餐厅（肯尼亚）*

平台公司通过电子邮件提供如何提高盈利能力的建议。—— *使用基于应用程序提供配送服务的餐厅（乌克兰）*

几家餐馆表示，外卖需求的增加导致更大的工作量，尤其是厨房员工。一些餐厅雇用临时工来满足日益增长的需求。

我们有一份临时工名单，我们会在需要的时候给他们打电话，特别是在周末。我们根据他们的工作时间支付薪水。—— *使用基于应用程序提供配送服务的餐厅（摩洛哥）*

我们以前有固定的员工配送产品，但现在我们使用这些平台进行配送，解雇了这些员工。—— *使用基于应用程序提供配送服务的餐厅（乌克兰）*

虽然使用基于应用程序的平台推动了对餐厅食物的需求，但也导致对数字经济更大的依赖，这反过来需要一个运转良好的数字化基础设施。许多餐厅表示说，不稳定的互联网连接会影响它们的业务，尤其是分派订单。餐厅还面临着配送员延误的问题，导致餐厅被取消订单，一些餐厅抱怨平台公司的服务很差，引发了顾客投诉。此外，平台收取约15%~25%的佣金，这会影响餐馆的利润率和可持续性。一些餐厅还提到，如果使用多个平台，它们将被处以提交高额佣金的处罚。

目前，Toters对每笔订单抽取25%的提成作为佣金。我们认为这是非常高的。我们最近试图与Toters协商一个更好的价格，但没有成功，所以我们决定与其他公司合作，直到开发出自己的应用程序作为退出策略。—— *使用基于应用程序提供配送服务的餐厅（黎巴嫩）*

糟糕的互联网基础设施经常导致网络中断，这是黎巴嫩面临的主要问题。—— *使用基于应用程序提供配送服务的餐厅（黎巴嫩）*

小型零售企业

国际劳工组织在加纳、印度尼西亚和肯尼亚对16家小型零售企业和独立商家的代表进行的采访表明，小型企业越来越多地使用推特（Twitter）、脸书（Facebook）和Instagram等社交媒体平台以及电子商务平台来销售其产品。其中一些企业没有实体店，在家经营。所有接受调查的小型零售企业都越来越依赖配送平台，为在网上下单的客户送货，这样它们能够在任何地方向更广泛的客户群销售产品，从而获得更高的收入。配送服务也使独立商家能够把重点放在货物的生产和管理上，而不是配送货物。

与前几个月相比，配送平台帮助我们增加了订单，从而提高了收入和利润。—— *电子商务平台上的小型零售企业使用基于应用程序的配送服务（肯尼亚）*

配送平台有助于按时交付产品并减少交付工作量，因此我定期查看社交媒体上的订单。一接到订单，我就给快递员打电话，告知他们提货和送货的时间。—— *独立卖家使用基于应用程序的配送服务（加纳）*

使用电子商务平台的小型零售企业也可以通过网络分析获取订单和销售数据，从而对不断变化的需求做出反应。为了将商品或产品快递给客户，小型零售企业通常使用多个配送平台，利用各种促销和打折的机会，并根据平台偏好提供服务。

我们能够比较已经交付的订单数量，这有助于分析和监控销售情况。—— *电子商务平台上的小型零售企业使用基于应用程序的配送服务（肯尼亚）*

然而，小型零售企业和独立商家也面临着与餐厅类似的挑战，比如不稳定的互联网连接、快递员接收订单延迟，以及适应在线商业模式的能力。使用电子商务平台的企业也面临着佣金在没有任何通知的情况下发生变化的挑战，这影响了它们的收入。对于独立商家来说，快递员的延误也会严重影响客户关系，因为它们往往依赖于较小的客户群。

快递员延迟了两个小时，客户非常不满并生我的气。—— *独立商家使用基于应用程序的配送服务（加纳）*

合作委托方（出行服务）

国际劳工组织采访了肯尼亚的四家企业客户，他们倾向于使用基于应用程序的服务平台，因为这些服务被认为是方便、容易获得和可靠的。安全功能、出行应用程序的可用性（如SOS按钮和司机位置追踪），以及通过数字工具支付的便利性是客户偏爱基于应用程序的出行平台的其他重要原因。

我们通常会鼓励员工在与客户见面时使用特定的出行平台，因为它更可靠。—— *使用基于应用程序的出行平台的企业客户（肯尼亚）*

无论你身在何处，你都可以追踪司机的位置，这让人感到安全。—— *使用基于应用程序的出行平台的企业客户（肯尼亚）*

基于应用程序的出行平台相互竞争，以吸引企业客户。例如，Maramoja专门针对企业客户，提供远低于其他平台的价格，而Bolt则收取类似于向个人客户收费的价格。然而，企业客户也面临挑战，主要涉及客户服务、取消订单的收费不透明和互联网连接不佳。在进行采访期间，使用应用程序的网约车司机还发起了罢工。据报道，这是肯尼亚客户面临的主要挑战之一，因为他们的业务因出行平台服务暂时停止而受到影响。

当基于应用程序的网约车司机罢工时，没有可用的服务。这跟与出租车公司签约的情况完全不同。—— *使用基于应用程序的出行平台的企业客户（肯尼亚）*

3.3 数字平台为业务流程外包公司和数字技术初创企业带来的机遇

数字平台为初创公司、业务流程外包（BPO）公司、软件开发人员和程序员等创造了创新和创业的机会。较低的IT基础设施成本和对开源平台的访问降低了建立企业的成本，并提供了一个尝试创新想法的机会。本节主要讨论两个趋势：业务流程外包公司为响应数字时代组织的需求而进行的变革；以及提供新技术产品和人工智能服务的数字技术初创企业的增长。

3.3.1 业务流程外包公司的转型

自20世纪90年代以来，信息和通信技术的迅速发展和普及使服务外包转移到发展中国家，为信息技术服务、呼叫中心和业务流程外包公司创造了新的市场和就业机会（Rani and Furrer，即将出版；Parthasarathy，2010）。这有助于大公司以相对低廉的成本获得软件和研发服务以及客户支持中心的劳动力资源，从而降低运营成本并提高生产率（Graf and Mudambi，2005）。诸如巴西、印度和菲律宾等发展中国家已经将信息和通信技术发展纳入其国家发展政策，这使得它们能够主导业务流程外包市场（Parayil，2005）。在过去十年中，包括加纳、肯尼亚和南非在内的一些非洲国家也因其极具竞争力的低成本而成为业务流程外包公司的选择对象（Anwar and Graham，2019）。

数字经济的兴起和数字平台的普及正促使一些传统的业务流程外包公司采取新的战略，以适应数字经济，维持业务并提供大公司所需的服务。基于国际劳工组织2019年4月至2020年1月对印度和肯尼亚这两个国家的11家公司[①]的经理或代表进行的半结构化深度访谈，我们将重点讨论这些战略。

所有参与国际劳工组织调查的业务流程外包公司都是中小企业，它们采取了各种策略来适应客户不断变化的需求。肯尼亚的业务流程外包公司在很大程度上依赖于大型国际公司的外包工作。自2014年以来，它们已从基于语音的服务过渡到数字化服务。然而，工作的性质仍是处理客户问题

和客户投诉等。业务流程外包公司已经开始使用数字渠道来提供这些服务，包括各种社交媒体渠道、电子邮件和人工智能机器人。[②]此外，网络分析等数字工具使它们能够全程跟踪客户并与之互动，满足他们的特定需求并提供所需的服务。

安瓦尔和格雷厄姆（Anwar and Graham，2019：214）在南非约翰内斯堡对7家业务流程外包公司进行了类似的调查研究。他们发现，大多数业务流程外包公司都在通过"语音呼叫、自动交互式语音响应、网络聊天和WhatsApp等多个数字渠道"提供客户服务，从而实现了数字化转型。在他们调查的一家公司，语音通话的数量在2012年至2016年期间减少了50%以上，语音通话已被非语音数字沟通方式取代。

对肯尼亚公司的采访表明，数字工具和技术使公司能够提供改进的服务并按需提供客户友好型服务，以及社交媒体的技术支持和管理。HN、IN和CCI等业务流程外包公司使用各种数字渠道为国内外市场的保险、银行、电信和零售行业的客户提供一系列服务，包括市场研究、客户服务、追踪消费者喜好、数字营销、定价策略和沟通策略。这些服务可帮助客户改善客户体验和运营效率，从而使其在数字业务环境中保持竞争力。

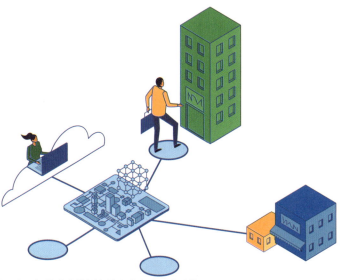

---

① 文中提到的业务流程外包公司的名字均为化名。
② 机器人是一种简单的自动化工具或计算机程序，可以使用人工智能或自然语言处理来完成一个动作。

业务流程外包公司采取新的战略，以适应数字经济，维持业务。

随着人工智能在汽车、社交媒体和电子商务等众多领域的广泛应用，数据标注和内容审核已成为许多公司的关键要求。脸书、谷歌、微软等一些大型科技公司也开始将内容审核、数据注释、图像标注、对象标注等工作外包给业务流程外包公司。对外包公司的采访显示，大型科技公司外包工作是其企业社会责任计划的一部分。外包的目的是通过为刚离开学校的年轻学生提供就业机会，以及为弱势群体提供支持，从而在发展中国家产生一定的社会影响。这一战略也使得新的业务流程外包公司和呼叫中心大量涌现，这些公司在包括印度和肯尼亚在内的许多发展中国家执行外包任务。一些数据标注公司（如印度的Infolks和iMerit）位于小城镇，在创建注释工具的同时，也为贫困社区创造了就业机会。（Murali，2019）。

诸如印度的FS和CO等一些新的业务流程外包公司在接受国际劳工组织采访时表示，内容审核外包工作不仅为它们提供了商业机会，还让它们有机会为社会履行一项非常重要的任务，因为它们"充当着互联网的防火墙、看门人或监督者的角色"。这两家公司还为大型国际公司和本地公司提供标记假冒产品、广告和产品评论中的欺诈行为；保护版权，以确保电子商务网站不存在侵犯版权的行为以及识别约会网站上的欺诈档案和骗子等服务。与FS的工人和首席执行官的访谈显示，执行内容审核和其他任务的工人中约90%是具有工程和计算机科学技能的本科毕业生或研究生。一些提供信息技术支持服务的公司，如Accenture、Genpact和Cognizant，也已经朝多元化方向发展，其业务涵盖内容审核，它们雇用大学毕业生来完成这些工作（Mendonca and Christopher，2018）。

由于肯尼亚的劳动力成本低，具有竞争力，许多大公司也在此建立了子公司。例如，国际公司SS是肯尼亚小型业务流程外包公司和众包工人各种任务（如数据输入、注释和转录）的最大外包商之一，它在内罗毕建立了自己的交付中心。虽然这些子公司通过雇用来自贫困家庭的具有基础计算机、数字技能和英语能力的妇女和年轻人，为当地创造了就业机会，但也使许多小型业务流程外包公司的稳定性受到影响，因为这些公司面临外包工作减少的问题。

由于外包业务的减少，一些依靠大公司外包任务的公司（如AT）在市场上艰难经营。为了维持业务，除了直接与客户合作外，AT还与一个基于在线网络平台建立了良好关系，将工作外包给平台工人。调查显示，2010~2014年，小型业务流程外包公司实行了通过eLance、oDesk（现为Upwork）和Guru等基于在线网络平台获得工作的策略（Foster et al.，2018）。但同时也发现，小公司仅凭从平台获得的工作将难以生存，因为这些工作任务期限短且价值低。因此，这些公司必须转向国内市场，以维持其业务。

劳动力成本上升也导致新型公司的出现，如CF在印度和尼泊尔设立了交付中心，并通过其平台使用当地工人和众包劳动力，为欧洲和美国的大型公司提供服务。CF交付中心提供的服务主要涉及道路标志、交通信号灯和行人的静态视频快照的图像注释和数据标注，以训练自动驾驶汽车识别这些物体并在几乎没有人工监督的情况下导航实时情况。它们还提供诸如转录、分类、标注和内容审核之类的服务。该公司混合使用在线工人和本地工人，这使其能够在完成工作任务的过程中培训本地员工，而工作任务的重复性使它们能够确保质量、精度和效率，同时保持在市场上的竞争力。

数据标注和内容审核等工作对肯尼亚传

统的业务流程外包公司没有太大的吸引力。一些公司（包括HN、IN和CCI）在大约一年后便停止提供这类服务，因为它们认为这属于低端和低价值的工作，不能为公司提供任何提升技能或学习的机会，同时利润很低，难以长期维持。

3.3.2 数字技术初创企业的出现

数字经济和数字平台的扩张导致新参与者的出现，如提供新工具、产品和服务的数字技术初创企业，这提高了数字生态系统的效率和功能。此外，人们对自动化特定任务的期望越来越高（Nedelkoska and Quintini，2018；Frey and Osborne，2017；Arntz, Gregory and Zierahn，2016）为基于人工智能的服务创造了新的需求和机遇。2020年，全球创业经济创造的价值达3万亿美元，并提供了许多创业机会；但只有14%的初创企业的创始人是女性（Startup Genome，2020）。

本小节将探讨数字技术初创企业崛起背后的动机，以及它们提供的产品或服务如何使公司受益，包括数字劳动力平台。该分析是基于国际劳工组织2019年7月至2020年3月对位于旧金山（美国）、班加罗尔（印度）、切尔卡西（乌克兰）和华沙（波兰）的10家数字技术初创企业进行的半结构化访谈（见附录3）。

根据企业对国际劳工组织访谈的回应，可以将数字技术初创企业分为两类：创造技术产品和服务的初创企业，以及提供人工智能应用和人工智能支持服务的初创企业。这些初创企业的增长受到以下三个因素的驱动：

▶ 易于进入；与传统初创企业相比，对实物资本的投资较低；以及信息技术基础设施的成本较低。使用开放源代码平台和软件为新想

法和创新实验提供了机会，可以提高效率或生产率。

▶ 人工智能和自然语言处理技术的进步使初创公司可以以人工智能技术为基础，向企业宣传和出售其服务，从而通过用人工智能替代工人来降低成本。

▶ 风险资本和创业加速基金在为发达国家和发展中国家的企业家提供机会方面发挥了关键作用。

产品和服务的创造

大多数初创公司试图找到合适的领域，为平台或传统公司提供创新服务，以提高生产率。人工智能的发展，特别是数据分析和跟踪技术的进步，对定价和营销战略、客户服务管理和风险评估产生了重大影响。因此，为传统企业和数字劳动力平台提供产品和服务（包括网络分析和跟踪）的初创企业不断增加。

人工智能和自然语言处理技术的进步使初创公司可以以人工智能技术为基础，向企业宣传和出售其服务。

Crazyegg和Rytangle等公司为数字平台或传统企业提供有关访问其平台的用户的实时数据。如今，大多数数字平台和传统企业都已安装了网络分析和跟踪工具，以跟踪客户的行为，从而帮助锁定客户并改善其定价和营销策略。

像Cloudinary这样的公司为数字平台或传统企业提供先进的软件应用解决方案，如图像和视频处理、图像和存储设施的管理。像Notifeboard这样的初创公司开发了通信应用程

序，以帮助改善一线工人或配送员与其管理人员之间的通信（需要监督和管理的工人超过1000人）。各个地区的电子商务平台和货运公司一直在使用这些应用程序来跟踪和管理其员工。许多其他初创公司通常根据客户的要求，使用开放源代码工具和应用程序向传统企业和数字劳动力平台提供定制的软件应用程序。

提供人工智能应用程序

过去十年见证了人工智能初创企业的增长，这得益于政府、私营企业和风险资本家提供的大量资金支持（Nitzberg, Seppälä and Zysman, 2019）。这些初创企业提供了一系列人工智能应用程序，有的是全自动的，有的是人工驱动的。大多数此类初创企业都有两种不同的介绍：一种是针对客户的，包含网站和公司名称，专门提供使用人工智能的服务；另一种是针对众包工人的，包含网站和公司名称，提供工作机会和赚取收入的机会（Schmidt, 2019；国际劳工组织对人工智能初创企业的采访）。在虚拟助手（秘书工作）、法律服务、微任务（图像和数据注释）以及其他可以利用众包工人提供服务的领域出现了很多公司（见专栏3.5）。2019年对欧洲2800家人工智能初创企业的投资评估发现，其中约40%与人工智能没有任何关系（Ram, 2019）。

国际劳工组织采访的人工智能初创企业都是人工驱动的。然而，人工智能初创企业往往不会向客户提及它们的工作任务是由分散在全球各地的工人通过数字劳动力平台完成的。图巴罗、卡西里和考维尔（Tubaro, Casilli and Coville, 2020：7）认为，大多数人工智能初创企业之所以没有进行工作任务的自动化匹配是由于"机器学习成本高昂，因为它需要强大的硬件、高素质计算机科学家的脑力和高质量的数据"，而"将工作分割成微任务，通过平台转包给低薪工人"则更容易，也更便宜。大多数人工智能初创公司有别于AMT、Clickworker或CrowdFlower（现

▶ 专栏3.5   人工智能初创企业激增

风险资本家和其他投资者对从秘书服务到法律服务等众多任务的自动化很感兴趣，这导致许多初创企业将自己标榜为人工智能公司，以获得此类融资（Schmidt, 2017；国际劳工组织对人工智能初创企业的采访）。例如，Scale AI、Playment和Mighty AI明确将自己营销为AI公司，以吸引汽车行业，准备和设计下一代无人驾驶汽车（Schmidt, 2019）。

与此类似，为企业提供虚拟助理服务（如预约安排、会议记录或用人工智能管理邮件）的初创企业激增。在这些领域的风险投资方面，领先的初创公司包括x.ai（4430万美元）和Clara Labs（1140万美元）（基于Crunchbase数据库的信息）。

法律服务被认为是世界上最大的市场之一，也见证了初创企业的显著增长（Toews, 2019）。大多数法律初创公司，如LawGeex、Klarity、Clearlaw或LexCheck，将自己营销为提供自动化的人工智能法律服务，包括合同起草、审核和谈判，从而简化烦琐的某些法律工作。此外，它们强调人工智能可以自动理解书面文件，"使用自然语言处理（NLP）技术全面进行分析，并确定合同的哪些部分是可以接受的，哪些是有问题的"（Toews, 2019）。

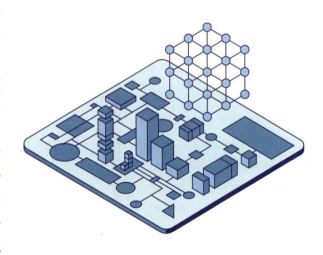

在的 Appen）等众包平台，它们将其众包工人定位为合格或受过培训的工人，或该领域的专家（Schmidt，2019；国际劳工组织对初创企业的采访；参见专栏3.6）。许多人工智能支持的服务和人工智能的开发实际上都得到了众包工人的支持，因为在最初需要训练人工智能模型，以便正确地推断出可以随着时间推移而实现自动化的模式。结果是，许多众包工人在无意间帮助了大型老牌公司成为"数据寡头"并控制了市场（Stucke，2018：275）。

目前，这些系统被设计成以人在回环（human-in-the-loop）的方式运行，由一名工作人员审查人工智能分析并做出最终决定（Armour and Sako，2020）。人工智能和机器学习的进步表面上并没有将人类从任务执行中剔除，但正在转变人类的角色，并"将人类和计算机更紧密地结合在一起"（Tubaro，Casilli and Coville，2020：6）。此外，目前可用的人工智能应用程序仅适用于有限的用途，能像工人一样执行认知任务的通用人工智能仍远远超出当前技术的能力范围。麻省理工学院（MIT）的一个工作组研究了人工智能对保险、医疗、自动驾驶汽车和制造业等多个行业的就业岗位的影响，发现目前部署的许多人工智能系统通过大量的数据和抽取模式可以解决有限的一系列具体问题。然而，"对人工智能和机器人来说，适应全新环境的能力仍然是一个巨大的挑战"，人工智能应用的许多领域尚处于起步阶段（MIT，2020：34）。即使在招聘、获得银行贷款或人脸识别等狭窄的应用领域，人工智能也暴露出了局限性；人工智能的决策存在歧视风险，因为它们可能表现出历史偏见，且其逻辑还无法解释（Bodie et al.，2016）。

初创企业提供了一系列人工智能应用程序，有的是全自动的，有的是人工驱动的。

因此，尽管人们曾预期，随着技术的进步，诸如自动化虚拟助手之类的任务将相对容易，但人工智能仍在人工协助下运行这一事实表明自然语言处理尚处于开发阶段（见专栏3.6）。虽然自然语言处理能力正在不断发展，但要使特定任务的整个工作流程全部依靠人工智能端到端驱动并完全替代工人，还有很长的路要走。因此，虽然企业可能会采用"虚拟助理"技术，并使客户相信人工智能正在处理其请求，从而取代工人，但实际上这些任务是由数字劳动力平台的众包工人完成的。国际劳工组织对菲律宾约300名居家在线工人进行的一项调查发现，约14%的受访者为澳大利亚、加拿大、菲律宾和美国的客户做"虚拟助理"（ILO，2021；King-Dejardin，即将出版）。人工智能可能会导致一些工作岗位流失，也会产生一些新的工作岗位，但最重要的是，人工智能正导致雇佣关系性质的改变，因为任务是由数字劳动力平台上的"隐形"工人完成的，这就引发了对工作质量的质疑。

目前人工智能在某些领域的进展正在通过算法匹配，以及对电子商务、企业对企业和数字劳动力平台的评分和定价来展现对工作、工人和企业的中期影响。此外，人工智能似乎已经通过使用产生大量客户交易和属性数据的数据分析和跟踪工具，从根本上改变了消费品、零售和银行业的营销活动（Chui et al.，2018）。这些数据用于制定营销决策，如"定价、促销、产品推荐、增强客户参与度"（Davenport et al.，2020：27）。人工智能应用程序可以通过数字平台进行部署，以分析此类数据并实时向客户提供个性化建议。例如，据说亚马逊每10分钟就要更改一次上市产品的价格，这是任何零售商店都无法做到的（Mehta，Detroja and Agashe，2018）。这之所以成为可能，是因为使用平台上的各种分析工具收集了大量消费者数据。人工智能的这种发展对传统企业和工人的影响将分别在第3.4节和第4章进行讨论。

▶ **专栏3.6 案例研究：自动化虚拟助理"乔丹"**

乔丹股份有限公司（Jordan.inc）[①]于2014年在美国旧金山成立，旨在为企业客户提供会议安排的自动化服务。该公司筹集了12万美元作为种子资金，并从风险投资基金获得了1100万美元。公司提供虚拟助手服务，销售的套餐价格从每月99美元到399美元不等。到2019年，公司在其旧金山办事处拥有约350个客户和18名员工（开发人工智能的技术和工程人员），以及约200名位于全球各地的通过数字劳动力平台执行微任务的工人。

这款名为"乔丹"的产品是一款协调和安排会议的虚拟助理。客户无须来回发送多个电子邮件，只需要将"乔丹"复制到所有涉及会议请求的电子邮件中，然后"乔丹"会在不到45分钟的时间内安排会议并将其输入业务日程表中。该公司声称，在智能和自主的"乔丹远程助手"的帮助下，他们正在不断改进"乔丹"。客户赞扬"乔丹"的效率和准确性，该公司将其归功于精确的机器智能和专家团队的判断力的结合。但这在实践中意味着什么呢？

自动化"虚拟"助手的挑战

自动化安排会议日程的挑战在于需要能够理解客户在电子邮件中表达的特殊需求。对人类来说，这并不是什么难事，但对人工智能来说，则需要额外大量输入关于客户偏好和行为的数据，以便训练人工智能识别模式并做出正确的决定。

例如，像"乔丹"这样的虚拟助理还不能理解或处理诸如"嘿，我下周可以通个电话"之类的电子邮件内容。公司的人工智能开发人员说，此类消息的措词使人工智能难以理解，人工智能无法判断这是（1）发送者正在请求开会，（2）会议请求的类型是呼叫，或是（3）会议定于下周举行。

对于这样一个简单的信息，似乎仍然需要人类的专业知识，才能将信息分解成人工智能可以处理的结构。

构建和完善人工智能的实施策略

乔丹股份有限公司分两个阶段实施开发和自动化虚拟助手服务的战略。

阶段1：完全由人工驱动

第一阶段的目标是建立一个客户群，以便技术人员可以收集数据并开发用于组织会议日程的人工智能。最初，公司创始人手动连接不同的日程，给人们发信息并安排会议。然后，公司了解到虚拟助理的关键品质是良好的沟通技巧、直觉和愉快的沟通风格，于是从最大的自由职业者平台Upwork雇用工人，并训练他们手动安排会议。随着客户群的扩大，公司设计了自己的数字劳动力平台，称这为"乔丹职场远程助手"，而不再通过Upwork雇用工人。

阶段2：混合阶段（人机交互）

在"混合"阶段，公司的人工智能开发人员试图自动化工作流程并构建算法，以便随着时间的流逝，逐渐减少对不断增加的"乔丹职场远程助手"平台劳动力的依赖，使安排任务的成本降低。此阶段涉及人机交互（人在回环系统）的组合。由此，"乔丹职场远程助手"平台上的工人将从电子邮件中提取与安排会议有关的参数，包括参与者参加的可能性、定位、日期和时间，并在此基础上训练人工智能，然后检查人工智能是否正确使用了参数，并在必要时更正人工智能做出的决策，从而提高了人工智能的未来性能。

▶ 专栏3.6 （续）

最终结果

2020年，公司继续将虚拟助理服务与人在回环系统相结合，尽管它最初的目标是开发一个完全自动化的服务。在这一阶段，人机交互被整合到整个工作流程中，而人的判断对于审查最终决策仍然至关重要。因此，人工智能只部分取代了行政调度工作。事实上，工作已经以成千上万的微任务的形式分散在世界各地的一群无形的在线工人手中。"乔丹职场远程助手"平台的工人分布在大约十个不同的国家，包括菲律宾和美国。

在公司网站上，乔丹股份有限公司明确提到调度工作流程高效且准确，因为它们结合了机器学习和专家的人工支持。仅仅通过人工智能语言处理就可以提供90%精确度的虚拟助手的开发不足以吸引和维持一个可行的客户群。乔丹股份有限公司的首席执行官承认，"人工智能要完全取代人类，还有很长的路要走"。

①此案例基于对一家初创公司代表的采访，该公司及其产品的名称均为化名。

资料来源：国际劳工组织的采访，2020年。

3.4 数字平台对传统业务的影响

数字平台的崛起导致平台与传统企业之间的竞争，一些平台在市场中确立了主导地位，如亚马逊在在线零售领域，优步在出行行业。这些发展给传统企业，尤其是中小企业带来了机遇和挑战。本节将探讨数字平台的崛起对传统企业的影响，重点关注零售业。

数字经济领域的整合越来越多，约5%的平台公司（21家）的净利润占2019年标准普尔500指数成份股公司总净利润的20%（Moazed，2019；UNCTAD，2019）。整合也在国家和地区一级进行。例如，在印度，亚马逊和Flipkart这两个平台在2018年控制了在线零售市场约63%的市场份额（S & P Global Market Intelligence，2019）。与之类似，在欧盟，2018年有超过1万个平台初创企业，这些平台仅占所有平台总价值的2%，而7个最大的平台却占数字经济估值的69%（欧盟委员会，2019；KPMG，2018）。一些主要

平台同时收购了较小的平台和传统业务，从而进行整合。例如，亚马逊和阿里巴巴这两大电子商务平台已经收购了娱乐、金融、新闻、生鲜食品等一系列领域的业务。2018年，美国零售连锁沃尔玛以160亿美元收购了印度最大的在线零售平台之一Flipkart，以在线零售市场挑战亚马逊（Economic Times，2018）。规模经济、网络效应和数据收集使得平台能够占据市场主导地位。市场力量集中的程度不仅会让传统企业感到悲观，也会让新平台进入者感到悲观。

同时，电子商务市场的某些动态引发了人们对"经济运营商的合谋和单独的反竞争行为"的担忧（OECD，2019b：5）。例如，亚马逊因其竞争行为及其影响（尤其是对中小企业）而受到批评，并在美国面临反垄断诉讼（Bloomberg Law，2020）。大型科技公司，如亚马逊、苹果、脸书和谷歌，正越来越多地受到世界各地竞争管理机构的调

查（另见Stucke，2018）。[①]代表印度小企业的印度商人联合会（Confederation of All India Traders）一直声称，亚马逊的不公平竞争对印度的小企业构成了威胁（Sonnemaker，2020），并通过街头游行的形式进行抗议。

虽然一些大型传统企业可以通过收购平台来提高竞争力，但大多数中小企业没有足够的资金这样做。因此，许多中小企业使用阿里巴巴、亚马逊或Flipkart等数字平台，以获得更广泛的客户基础，并建立和维持自己的业务。但是，传统企业，尤其是中小企业，在通过数字平台开展业务时遇到了许多挑战（Crémer，de Montjoye and Schweitzer，2019；OECD，2019b；UNCTAD，2019；Duch-Brown，2017a；Martens，2016）。

平台与企业用户（其中许多是中小型企业）之间的合同条款由平台单方面确定，并且通常很复杂且不清楚（欧盟委员会，2016a，2018）。例如，封锁用户账户的标准没有明确的规定，这可能对用户业务运营的延续产生严重影响（欧盟委员会，2016a）。合同是单方面确定的，平台向企业用户收取的佣金可能会有很大的差异，平台可以在不经过任何协商的情况下任意提高费率（这种情况在基于指定位置平台尤其突出）。[②]在新冠肺炎疫情出现的头几个月里，许多餐馆基本上依赖配送平台来维持经营，在美国平台收取的佣金为15%~35%，同时向消费者提供折扣优惠（Cagle，2020）。

形成平台与传统企业竞争的另一个因素是平台服务的分类。数字劳动力平台通常

坚持认为它们只是提供中介服务的技术公司，从而规避针对特定行业的法规，如出行行业管理相关法规。在欧盟，许多企业强调"存在的问题是受行业特定规则约束的传统行业，正在同一领域与那些不受相同法规约束的在线平台进行竞争"（欧盟委员会，2016a：17）。这些规则涵盖了消费者保护、社会保障、劳动力市场监管、与商品和服务市场相关的税收和技术标准等（Martens，2016）。不过，欧盟法院裁定优步的服务必须被归类为交通领域的服务[③]，这类司法裁决有助于建立一个公平的竞争环境。

平台与传统企业之间的竞争也越来越受到数据的影响。当平台依靠从其商业用户那里收集的数据在市场上推广自己的商品和服务时，尤其如此。例如，谷歌在2017年被欧盟委员会处以罚款，原因是该公司滥用其作为搜索引擎的主导地位，将其比较购物服务"谷歌购物"（Google Shopping）置于其搜索结果的显著位置。[④]最近，欧盟委员会对亚马逊展开了一项调查，初步调查结果显示，亚马逊正利用在该平台上卖家的交易数据与其进行直接竞争。[⑤]

此外，当平台推销自己的商品和服务超过竞争对手的商品和服务时，以及当平台

数字经济领域的整合越来越多，约5%的平台公司（21家）的净利润占总净利润的20%。

---

① 例如，亚马逊：https://ec.europa.eu/commission/presscorner/detail/pl/ip_19_4291；苹果：https://ec.europa.eu/commission/presscorner/detail/en/ip_20_1073；脸书：https://www.nytimes.com/2020/12/09/technology/facebook-antitrust-monopoly.html；谷歌：https://www.bbc.com/news/business-54619148.

② 根据国际劳工组织对餐馆所有人的采访。

③ 案件C-434/15西班牙专业精英出租车协会诉优步西班牙系统，SL［2017］，可参见：http://curia.europa.eu/juris/liste.jsf?num=C-434/15。

④ 欧盟委员会，反垄断案39740——谷歌搜索（购物）。有关裁决的摘要，请参阅：https://ec.europa.eu/commission/presscorner/detail/en/IP_17_1784。

⑤ 更多信息请参阅：https://ec.europa.eu/commission/presscorner/detail/en/ip_20_2077；https://ec.europa.eu/commission/presscorner/detail/en/IP_19_4291。

偏袒某些商户时，便会出现竞争问题。在印度，企业协会针对亚马逊和Flipkart等零售平台提起了一系列反垄断诉讼，指控平台通过力度非常大的折扣等竞争行为给予卖方优惠待遇（Kalra，2020）。[①] 考虑到提升某个企业用户的排名而不是另一个的决定通常基于不透明的算法，这种所谓的优惠待遇变得更加有问题（欧盟委员会，2017a）。据估计，在欧盟，由于在线平台的不透明操作而产生的不确定性，造成的总财务影响每年约为20亿~195亿欧元（Duch Brown，2017b）。因此，出现了许多替代平台倡议，如开源社区平台或平台合作社，它们试图通过建立更公平的分配系统来增加透明度（见专栏3.7）。

电子商务平台的不透明操作也体现在算法定价上。具体而言，在这些平台上收集的数据使其能够分析对商品和服务的需求，并通过算法相应地调整价格。此外，平台还通过折扣、奖励和忠诚度计划收集数据，以了解消费者和企业的偏好。然而，许多中小企业缺乏此类数据或财务手段，无法与平台及其定价系统竞争。因此，数据的获取与定价策略相结合，给平台带来了竞争优势（Mehta，Detroja and Agashe，2018）。这潜在地威胁到传统企业的可持续性，进而威胁在这些企业工作的工人的收入稳定性。这种定价策略不仅针对零售行业，在出行行业也相当普遍，因此从竞争法的角度提出了重要的问题（Fountoukakos，Pretorius and Geary，2018）。

平台上的竞争和商业运作也受到排他性条款的影响（印度竞争委员会，2020），这些条款可能导致反竞争行为。2019年，谷歌因滥用在线搜索广告中介市场的主导地位，在与第三方网站的协议中加入排他性条款，阻止其他在线广告经纪商在这些网站投放搜索广告，被欧盟委员会处以罚款。[②]

许多企业用户面临的另一个挑战与侵犯版权或知识产权有关，这可能会影响它们的利润和声誉。然而，在企业用户的知识产权受到侵犯的情况下，监管框架对数字

▶ **专栏3.7　零售行业的开源社区平台**

开放食品网络（Open Food Network，OFN）是一个在零售行业运营的全球开源软件平台。它是一个虚拟空间，农民、批发商和社区可以在这里建立自己的网上商店，并进行协作，销售产品。该平台在许多发展中国家和发达国家开展业务，包括澳大利亚、比利时、巴西、加拿大、哥伦比亚、哥斯达黎加、法国、印度、挪威、南非、英国和美国。其目标是创建更公平、更透明的食品供应链，并朝着可再生农业形式发展，从而建立有韧性的自然系统。

OFN平台向商店或企业用户提供订阅套餐。例如，在英国OFN平台上，根据商店的规模和需求大小，提供四种订阅套餐：基本套餐（每月最低捐款1英镑），入门级套餐（每月销售额的2.4%，含增值税），规模套餐（每月60英镑，外加月销售额的0.6%，含增值税），以及企业套餐（自定义价格）。根据套餐计划，商店可以获得额外的数字化工具和协助，并从中受益，但是无论选择哪种套餐，它们都将获得完全的自主权。

资料来源：https://www.openfoodnetwork.org/find-your-local-open-food-network/；https://about.openfoodnetwork.org.uk/pricing-and-plans/。

---

① 可参见：印度竞争委员会，2020年第09号案件、2019年第40号案件和2018年第20号案件。

② 欧盟委员会，反垄断案件40411——谷歌搜索（AdSense）。有关裁决的摘要，请参阅：https://ec.europa.eu/commission/presscorner/detail/en/IP_19_1770。

平台的责任并不清楚。在印度竞争委员会（Competition Commission of India）最近受理的一起案件中，一家企业指控亚马逊上出现了带有其品牌的假冒产品，且商品的价格"不公平并具有歧视性"。委员会回应称，尽管该问题令人担忧，但这不属于反垄断问题。[①]

数字劳动力平台的兴起也给国内和国际税收制度带来了挑战。数据方面也出现了与税收有关的挑战，特别是考虑到数据在价值创造中的基本作用（OECD，2014）。传统的正规企业在税收方面有更明确的义务，可能比许多平台缴纳更多的税，因此导致平台具有竞争优势。在这个问题上，欧盟委员会于2020年宣布，如果经合组织层面的谈判不能立即取得令人满意的结果，则将推进数字税收。[②]

最后，许多企业面临的关键挑战都与争端解决有关。在欧盟，企业用户已经提出了确保平台能够公平解决争议的需求，尤其是在账户被突然除名方面（欧盟委员会，2017b）。对于中小企业等企业用户而言，快速便捷的补救机制对于确保公平以及保障它们在公平环境中开展业务的基本权利至关重要，而且对于确保它们在面临被不合理除名或资产被冻结时的业务连续性也至关重要（欧盟委员会，2017c）。所有这些挑战越来越多地受到一些国家的重视，我们将在第5章和第6章讨论已采取的一些措施。

---

① 详情请参见：印度竞争委员会，2020年第09号案件，第8段和第28段：https：//www.medianama.com/wp-content/uploads/CCI-Amazon.pdf。

② 更多信息请参见：https：//www.politico.eu/article/gentiloni-eu-ready-to-launch-new-digital-tax-if-us-stalls-global-talks/。

▶ 结论

本章表明，各种各样的企业越来越多地使用数字劳动力平台，包括基于在线网络平台和基于指定位置平台，以提高效率和扩大客户群等。企业在使用基于在线网络平台方面获得了一些益处：这些平台使企业能够简化招聘流程，更好地将人才与需求相匹配，降低成本，增强获取知识/信息的渠道，加快创新速度。通过基于在线网络平台，可以访问包含各种不同技能人才的庞大的全球工人库，这被视为有助于改善许多公司的绩效。其中一些企业，特别是中小企业，使用基于指定位置的配送平台开拓市场，提高生产力和盈利能力，而出行平台则为许多企业和消费者提供了方便和可达的交通工具。

此外，数字平台的兴起为业务流程外包公司和数字初创企业创造了创业和创新的机会。业务流程外包公司已经从提供基于语音的服务过渡到数字化服务，以满足其客户的需求。许多数字初创企业纷纷涌现，以满足诸如分析和追踪方面的自动化和人工智能服务的需求。然而，由于人工智能技术还尚不成熟，完全自主的人工智能仍然是一个遥远的前景。许多这类初创企业通过数字劳动力平台，以相对低廉的成本获得分散在全球各地的劳动力，可以全年无休地工作，以完成工作任务，并支持机器学习。与此同时，零售等行业的数字平台也让许多企业，特别是中小企业受益，它们可以越来越多地通过电子商务平台在全球范围内销售产品。

尽管平台的激增以及企业对平台的使用为企业提供了机遇，但也带来了许多挑战。业务流程外包公司面临着来自大公司的竞争，低端和低价值任务的盛行降低了它们的利润，特别是对于中小企业而言。对于依赖配送平台的企业来说，糟糕的数字基础设施以及配送员造成的平台故障或延迟会对业务的顺利运行产生重大影响；此外，高额的佣金使企业的利润降低。传统企业，尤其是零售行业的传统企业，面临着大型电子商务平台公司对市场颠覆的挑战。虽然一些企业通过加入平台来获得更广泛的客户群，但它们面临着不公平竞争、不利的合同条款、平台（在数据和定价方面）的不透明、争端解决机制薄弱以及更广泛的不平等竞争环境等挑战。其中许多问题也日益受到监管部门的关注，特别是许多国家竞争主管部门的关注。

尽管存在这些挑战，但数字平台在当今的社会和经济中使用广泛，尤其是自新冠肺炎疫情暴发以来。考虑到企业对数字劳动力平台的日益依赖，以及这些平台正在逐渐塑造工作世界的事实，更好地理解这些发展对数字经济中工人的影响变得更加重要和紧迫。下一章将介绍工人在基于在线网络平台和基于指定位置平台上的不同体验。

第4章

数字劳动力平台与工作的重新定义：

工人的机遇与挑战

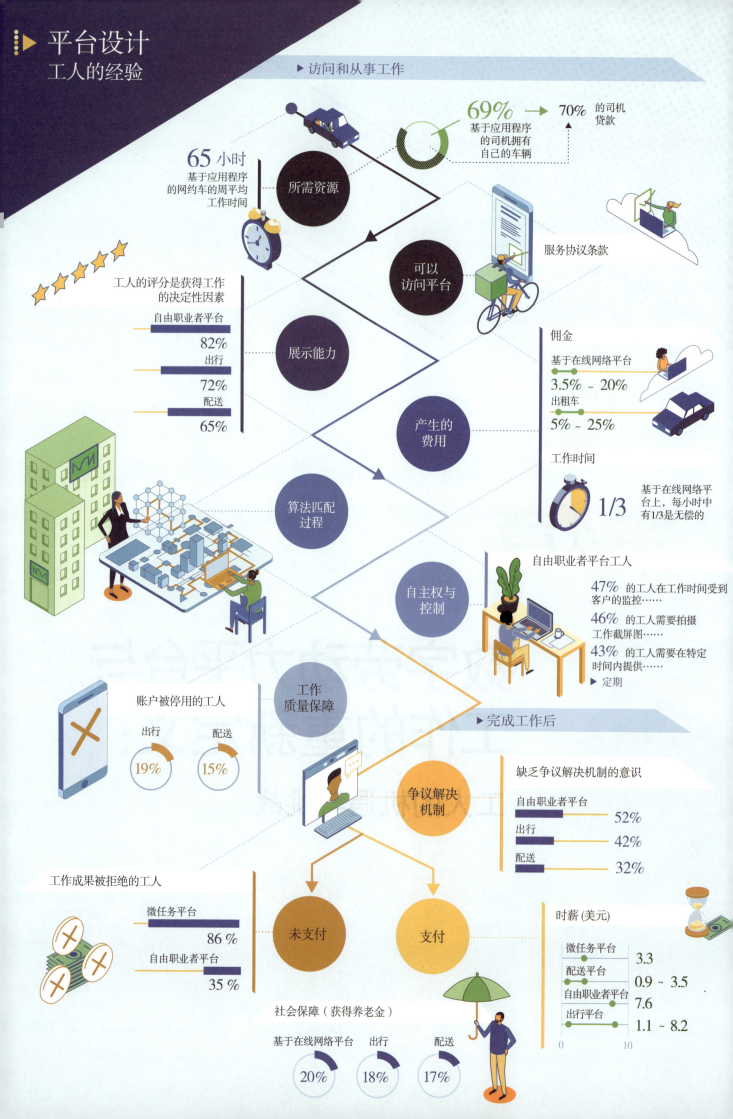

平台设计
工人的经验

▶ 访问和从事工作

65 小时
基于应用程序
的网约车的周平均
工作时间

69% 基于应用程序的司机拥有自己的车辆 → 70% 的司机贷款

所需资源

可以访问平台

服务协议条款

工人的评分是获得工作的决定性因素

自由职业者平台
82%
出行
72%
配送
65%

展示能力

产生的费用

佣金
基于在线网络平台
3.5% ~ 20%
出租车
5% ~ 25%

工作时间
1/3 基于在线网络平台上，每小时中有1/3是无偿的

算法匹配过程

自主权与控制

自由职业者平台工人
47% 的工人在工作时间受到客户的监控……
46% 的工人需要拍摄工作截屏图……
43% 的工人需要在特定时间内提供……
▶ 定期

账户被停用的工人
出行 19%
配送 15%

工作质量保障

▶ 完成工作后

争议解决机制

缺乏争议解决机制的意识
自由职业者平台 52%
出行 42%
配送 32%

工作成果被拒绝的工人
微任务平台 86 %
自由职业者平台 35 %

未支付

支付

时薪 (美元)
微任务平台 3.3
配送平台 0.9 ~ 3.5
自由职业者平台 7.6
出行平台 1.1 ~ 8.2
0   10

社会保障（获得养老金）
基于在线网络平台 20%
出行 18%
配送 17%

▶ 引言

前几章介绍了数字劳动力平台的兴起、商业模式，以及它们是如何改变工作安排的。通过使用技术，平台正在不断重新定义如何让分布在世界各地的平台工人与客户或顾客产生经济联系。

与此同时，随着许多国家信息和通信技术（ICT）的普及，数字劳动力平台正在创造就业机会，并作为促进经济发展的一种手段，越来越受到全球决策者和政府的欢迎（AfDB et al.，2018；Roy，Balamurugan and Gujar 2013；Narula et al.，2011）。此外，数字劳动力平台提供的灵活工作安排正在吸引来自多个领域和国家的工人，使其在任何时间、任何地点工作和选择工作（Berg et al.，2018；AfDB et al.，2018）。

尽管数字劳动力平台带来了机遇，但人们仍对平台工人的情况感到担忧，特别是在工作条件方面，包括获得工作和社会保护的机会有限、低收入，以及收入不稳定等（Rani and Furrer，即将出版；Federal Reserve Board，2019；Berg et al.，2018；Farrell and Greig，2016；United Kingdom，Department for Business，Energy and Industrial Strategy，2018a）。为了确保所有人都能获得体面的工作机会，就需要更好地了解平台工人的经验，以及不同领域、不同国家和不同背景下，工人的动机、机会和挑战。

> **网络世界是复杂的，充满了机遇与希望，当然也充满了各种陷阱与圈套。**
>
> ▶ 在自由职业者平台EPWK工作的男性受访者（中国）

本章介绍了国际劳工组织对基于在线网络平台和基于指定位置平台工人的调查情况。通过全球层面以及在中国和乌克兰这两个国家的调查，记录了工人在微任务平台、自由职业者平台、竞赛类平台和竞争性编程平台等基于在线网络平台工作的经验。此外，通过广泛的实地考察，对迄今为止仍未得到充分探讨的有关发展中国家的出行和配送服务业工人的情况提出了新的见解。本章通过对约1.2万名受访者进行调查，首次全面展示了不同领域和国家的工人在数字劳动力平台工作的经验。

第4.1节提供了被调查平台工人的基本人口统计学特征及其从事平台工作的动机；第4.2节探讨了工人在通过复杂的平台设计获得工作、完成工作和获取收入方面的情况的异质性，从而突出了工人在获得工作、收入、工作时间、社会保障、职业安全和健康方面遇到的机遇和挑战；第4.3节重点介绍了数字劳动力平台如何使用算法来管理和评价工人，以及这种做法对工人工作自主权和控制权的影响程度；第4.4节调查了工人在获取技能和未来发展方面的情况，以及随着数字劳动力平台不断重新定义正规教育和所从事工作之间的关系而出现的技能不匹配现象；第4.5节讨论了平台设计在非歧视问题背景下塑造工人的经验的作用。

▶ 4.1　平台工人的基本人口统计学特征

2017~2020年，国际劳工组织开展了几项跨国和跨部门调查（见表4.1）。共有来自

约100个国家的2900名受访者参与了微任务平台（2017年）、自由职业者平台和竞争性

编程平台（2019~2020）的全球调查。此外，2019年在中国（1107名受访者）和乌克兰（761名受访者）对基于在线网络平台的工人进行了两项国别调查。在本章，"在线工作"包括来自全球和国别调查的综合数据，提供了对基于在线网络平台上工人工作经验的概述。出于方法论的原因（见附录4A），对于发达国家或发展中国家的平台，只考虑了全球调查的数据，国别调查被排除在外。

2019~2020年，国际劳工组织还对基于指定位置平台进行了调查，共有约5000名受访者参与。这些受访者包括来自9个国家的基于应用程序的出行领域的受访者和来自11个国家的基于应用程序的配送领域的受访者、涵盖阿拉伯国家、非洲、亚洲和太平洋地区、东欧、拉丁美洲和加勒比地区。此外，对9个国家的传统出行行业和4个国家的传统配送行业的2200多名受访者的调查也为指定位置平台调查了补充。

所有调查都包含定量和定性问题，以及开放式问题，旨在深入了解这些领域的工人的经验（见附录4A）。由于缺乏包括基于在线网络平台和指定位置平台工人数量和特征的官方统计信息（见第1.3节），因此没有可以随机抽取样本的抽样基础。本章所述的统计信息也仅反映了国际劳工组织的调查结果，并不一定代表全球或国家层面的整体情况。

4.1.1 平台工人的年龄分布情况

在所有被调查的行业中，大多数基于在线网络平台和指定位置平台工人的年龄都在35岁以下。基于在线网络平台工人的平均年龄约为31岁，发达国家工人的平均年龄（35岁）高于发展中国家（30岁）。竞争性编程平台工人的年龄趋于年轻化（22岁）（见图4.1），这表明许多年轻人使用平台来磨练技能。在出行行业和配送行业，基于应用程序的网约车司机和配送员的平均年龄（分别为36岁和29岁）低于传统出租车司机和配送员的平均年龄（分别为44岁和31岁）。

▶ 表4.1　受访者人数

基于在线网络平台		调查涵盖的主要平台	受访者人数（人）
全球调查	自由职业者平台和竞赛类平台	Freelancer，Upwork	449
	竞争性编程平台	CodeChef，Codeforces，HackerRank，Iceberg，Topcoder	62
	微任务平台	AMT，Clickworker，CrowdFlower（now Appen），Microworkers，Prolific	2 350
国别调查	中国	680，EPWK，ZBJ，k68	1 107
	乌克兰	Advego，Freelance，Freelancehunt，Freelancer，Kabanchik，Upwork	761
基于指定位置的行业		调查涵盖的国家	受访者人数（人）
出行行业	基于应用程序	智利、加纳、印度、印度尼西亚、肯尼亚、黎巴嫩、墨西哥、摩洛哥、乌克兰	2 077
	传统	智利、加纳、印度、印度尼西亚、肯尼亚、黎巴嫩、墨西哥、摩洛哥、乌克兰	1 864
配送行业	基于应用程序	阿根廷、智利、中国、加纳、印度、印度尼西亚、肯尼亚、黎巴嫩、墨西哥、摩洛哥、乌克兰	2 965
	传统	智利、印度、肯尼亚、黎巴嫩	347

资料来源：国际劳工组织对众包工人的全球调查（2017年）以及对自由职业者平台及竞争性编程平台工人的全球调查（2019~2020年）；国际劳工组织对中国（2019年）和乌克兰（2019年）平台工人的调查；国际劳工组织2019~2020年对部分国家的网约车司机和配送工人的调查。

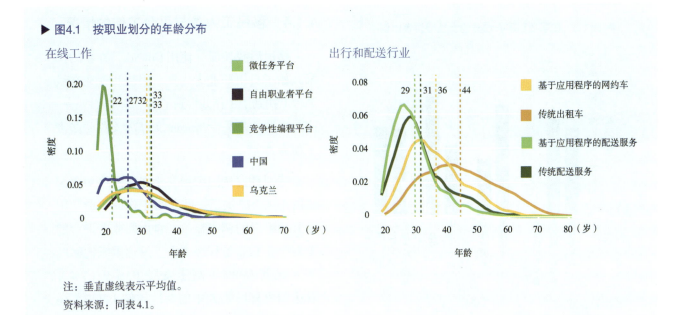

▶ 图4.1　按职业划分的年龄分布

注：垂直虚线表示平均值。
资料来源：同表4.1。

4.1.2　男性和女性工人参与平台工作的情况

大约有40%的基于在线网络平台的工人是女性，其中在发展中国家仅有20%的平台工人是女性（见图4.2）。这些数字突出表明线上劳动力市场与线下劳动力市场类似，对女性就业同样构成挑战。在62名竞争性编程平台受访者中只有1名是女性，这也反映出了信息技术（IT）行业的职业分割现象（见 Aleksynska，Bastrakova and Kharchenko，2018；Shevchuk and Strebkov，即将出版）。

基于应用程序的出行行业和配送行业基本上由男性主导。如图4.2所示，在这些行业，女性工人的占比不到10%，而在传统行业中这一比例甚至更低（低于5%）。然而，一些国家的女性工人占比则高得多。例如，在印度尼西亚，基于应用程序的出行中女性工人占比达13%，因为女性客户更喜欢乘坐女性专用的网约车以降低遭受暴力和骚扰的风险（Straits Times，2015）。在肯尼亚，只有5%的基于应用程序的网约车司机是女性。一些平台正在采取特别措施，比如优先获得汽车融资以鼓励女性更多地参与平台工作

（Taxify），甚至出现了女性专用网约车平台（An-Nisa Taxi）（Osman，2019）。

4.1.3　城市工人和农村工人参与平台工作的情况

本小节的调查对象主要针对基于在线网络平台的工人，而不是出行或配送服务平台的工人，因为后者的调查仅在城市地区进行。特别是在发展中国家，基于在线网络平台在农村地区的普及程度有限。平台上的绝大多数受访者（84%）居住在城市或城郊，其中发达国家居住在农村或小城镇的从事在线工作的工人所占比例（23%）高于发展中国家（16%）。随着信息和通信技术（ICT）的连通并逐步向农村地区扩展，在线工作也具有提高农村地区收入的潜力，农村地区具有熟练技术的工人能够在全球劳动力市场找到工作（Kalleberg and Dunn，2016）。

我居住的地区很少有此类工作机会。在这个领域工作，我唯一的选择就是搬到大城市，支付高昂的房租，减少与家人和朋友相处的时间。——在自由职业者平台Upwork工作的女性受访者（爱尔兰）

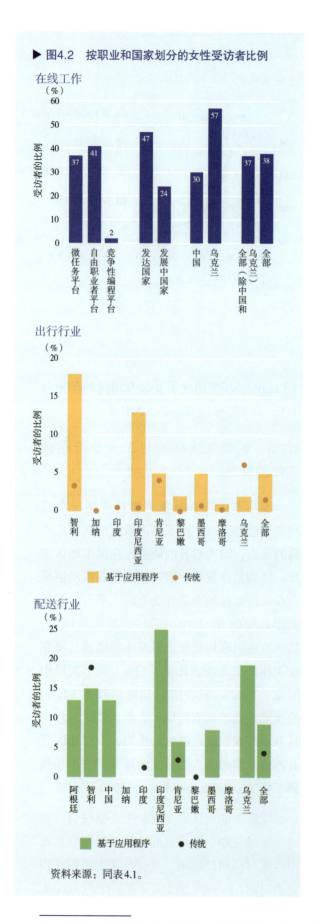

▶ 图4.2   按职业和国家划分的女性受访者比例

在线工作（%）

出行行业（%）

基于应用程序   ● 传统

配送行业（%）

基于应用程序   ● 传统

资料来源：同表4.1。

4.1.4   移民工人参与平台工作的情况

移民后我注册并使用Upwork，在新的国家开始了自由职业者生涯。很快我就在在线平台上找到了工作并得到了第一笔收入。——*在自由职业者平台Upwork工作的女性受访者（加拿大）*

特别是发达国家的基于在线网络平台为移民工人①提供了一些获得工作的机会。国际劳工组织的调查显示，自由职业者平台的工人中有17%是移民工人。发达国家的移民工人比例（38%）高于发展中国家（7%），发达国家移民工人中的女性比例（39%）高于男性（36%），而发展中国家移民工人的性别比例也大致相同。这表明，许多移民女性在获得线下工作方面面临障碍，如基于性别、移民身份、原住民或部落身份等的障碍（King-Dejardin，2019）。

一些国家的许多移民工人从事基于应用程序的配送行业的工作。从事基于应用程序的配送行业工作的移民工人比例（15%）高于从事基于应用程序的出行行业的工作的比例（1%），在传统配送和出行行业也存在类似差异，然而在各国之间的情况却大相径庭（见图4.3）。例如，在阿根廷和智利，从事基于应用程序的配送行业工作的移民工人的比例很高（超过70%），但随着大量的委内瑞拉难民和移民涌入阿根廷和智利的劳动力市场，尽管许多移民工人拥有较高的教育水平，但依然面临着不确定的就业前景（ILO，2020c）：在阿根廷和智利，分别有43%和47%的移民工人受访者拥有大学学位。由于许多工人都缺乏与其教育水平相匹配的工作机会，并且其他行业的就业存在歧视现象，相对而言，基于应用程序的配送行业的工作门槛低、易于获得工作，因此工人们将基于应用程序的配送行业的工作作为了一种就业选择。

---

① 在本章，"移民工人"是指调查时的居住国家与其出生国家不同的工人。

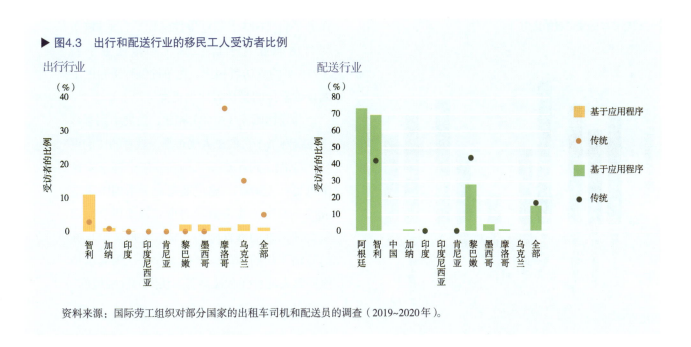

▶ 图4.3 出行和配送行业的移民工人受访者比例

资料来源：国际劳工组织对部分国家的出租车司机和配送员的调查（2019~2020年）。

我在成为平台配送员之前是一名领薪水的员工。我辞职的原因是由于遭受了针对委内瑞拉人的歧视和剥削。——*在基于应用程序的配送平台优步外卖工作的男性受访者（智利）*

4.1.5 平台工人的健康状况

我坐在轮椅上经历着严重的慢性疼痛，这是由于先天性骨科疾病造成的，因此日子的好坏常常取决于我疼痛的程度。相对而言，自由职业者平台可以让我灵活地安排时间并在合适的时间和地点工作，有需求的话我可以在10分钟内完成工作，我也经常从事此类工作。——*在自由职业者平台Upwork工作的女性受访者（美国）*

我成为一名网约车司机的原因是我的健康状况不适合在其他地方工作。——*在基于应用程序的出行平台滴滴工作的男性受访者（墨西哥）*

一些健康状况不佳的人或残疾人能够在基于在线网络平台和基于指定位置平台上找到工作。约2%的基于在线网络平台的受访者表示自己的健康状况很差或非常差，在这

方面没有巨大的性别差异（见图4.4）。在线平台工作可以给在劳动力市场面临额外障碍的残疾人提供机会（Fundació n ONCE and the ILO Global Business and Disability Network 2019）。特别是一些健康状况不佳或残疾的受访者认为，在家办公更有利于寻找和开展工作。表示自身健康状况较差或非常差的在基于应用程序的出行行业和配送行业工作的受访者的比例在不同国家有所不同。这一比例在基于应用程序的出行行业为0~4%，而在传统行业则略高。在基于应用程序的配送行业，健康状况不佳或非常差的配送员所占比例为0~2%（见图4.4）。

4.1.6 平台工人的受教育水平

基于在线网络平台的工人通常受过高等教育，尤其是在发展中国家。在从事在线工作的受访者中，不论性别，均有60%以上的人受过高等教育，即获得大学学位（见图4.5）；自由职业者平台的工人受过高等教育的比例（83%）高于微

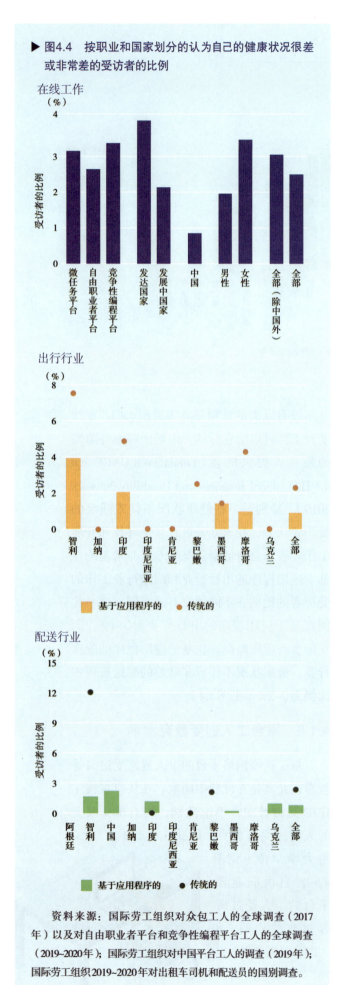

▶ 图4.4   按职业和国家划分的认为自己的健康状况很差或非常差的受访者的比例

资料来源：国际劳工组织对众包工人的全球调查（2017年）以及对自由职业者平台和竞争性编程平台工人的全球调查（2019~2020年）；国际劳工组织对中国平台工人的调查（2019年）；国际劳工组织2019~2020年对出租车司机和配送员的国别调查。

任务平台（64%）和竞争性编程平台（50%）；与自由职业者平台（25%）和微任务平台（21%）的受访者相比，竞争性编程平台的工人攻读学位的受访者比例更大（73%）。

与发达国家（61%）相比，发展中国家基于在线网络平台的工人受过高等教育的比例更高（73%），同样这一比例在发展中国家女性中也更高（80%）。这可能是由一系列因素造成的，如当地线下劳动力市场缺乏机会，以及女性面临的额外障碍，特别是那些阻止她们外出工作的障碍，包括女性被认为有承担照顾家人的责任和社会普遍认同的性别规范。

大学毕业仅几个星期，我就成为了一名自由职业者。我记得在这之前参加过几次面试，但都没有得到任何回应，因此我决定尝试成为一名自由职业者。——在自由职业者平台Upwork工作的女性受访者（菲律宾）

基于应用程序的出行行业和配送行业的工人中有相当大比例具有较高的教育水平，包括女性和年轻人。尽管这些行业通常被认为是低技能行业，但分别有24%和21%的从事基于应用程序的网约车司机和配送员受过高等教育（见图4.5）。而这一比例在传统领域较低，如在智利和印度等一些国家，与传统行业相比，基于应用程序的网约车司机和配送员受过高等教育的比例要高得多。

此外，尽管从事基于应用程序的出行行业和配送行业的女性较少，但受过高等教育的女性比例（分别为42%和29%）均高于男性（分别为24%和20%）。与传统行业的工人（分别为12%和4%）相比，基于应用程序的年轻网约车司机和配送员（18~24岁）往往受教育程度较高（分别占24%和17%）。这反映了年轻人在就业中面临的挑战，他们往往面临糟糕的就业机会（ILO，2020d，2020e），并在寻找任何其他可能的收入来源（Aleksynska，2021；Anwar and Graham，2020；Surie and Koduganti，2016）。

我曾接受过机械专业的机器操作培训。现在培训结束了，在找到这方面的工作之前，我在基于应用程序的配送平台优步外卖上做配送员。——*在基于应用程序的配送平台优步外卖工作的男性受访者（印度）*

4.1.7　工人参与平台工作的动机

调查结果显示，补充收入是工人在基于在线网络平台上工作的主要动机（39%），其次是偏好或需要在家工作或工作的灵活性（29%），再次是将工作视作一种休闲或因为工作的过程是愉快的（18%）（见图4.6）。与年龄更大的工人相比，补充收入是激励年轻工人参与平台工作的主要因素（18~24岁的工人中有48%是出于这一目的而参与平台工作）。

我也想挣些外快来分担部分家庭经济负担。我目前工作的薪水无法满足家庭日益增长的需求。——*在自由职业者平台Upwork工作的男性受访者（菲律宾）*

我想赚些外快，因此试了试。没想到我确实挣到一些钱。——*在自由职业者平台Upwork工作的女性受访者（加拿大）*

在发展中国家，工人选择平台工作的关键因素之一是偏好在平台工作、需要在家工作和工作的灵活性（36%），以及补充收入（26%）；而在发达国家，最主要的因素是补充收入（43%）。此外，尽管无法找到传统

的工作也是发展中国家和发达国家一些人选择平台工作的动机（分别为7%和8%），但在发展中国家，平台工作的收入比其他现有工作收入更高是一个重要原因（11%）。

我所在的国家人口众多，人们很难找到一份理想的工作。相对而言，自由职业者平台的工资不仅比一般工作的工资高，而且我是自己的老板，我喜欢自由。——*在自由职业者平台Upwork工作的男性受访者（孟加拉国）*

在家工作或工作的灵活性对女性尤为重要。无论在发达国家还是发展中国家，出于偏好、需要在家工作或工作的灵活性而在基于在线网络平台工作的女性工人的比例（35%）高于男性（25%）。从事在线平台工作的女性中约23%的人有六岁以下的孩子。由于育有年幼子女的女性往往面临"母亲就业处罚"，因此她们的就业率是全球最低的（ILO，2018a；Grimshaw and Rubery，2015），而在线工作不仅可以为女性提供工作机会，还能帮助其兼顾管理和护理孩子的责任。

作为女性，我更喜欢在家工作。我能够挣得比别人更多。我有一个孩子。在自由职业者平台工作，而不是去做一份普通的工作，可以让我照顾家庭。这就是我更喜欢在家工作的原因。——*在自由职业者平台Upwork工作的女性受访者（孟加拉国）*

竞争性编程平台工人选择平台工作的主要动机是提高技能、建立网络和增强未来的职业前景。约有85%的受访者认为这是主要动机，这一比例远高于自由职业者平台的受访者（12%）。虽然这些受访者大都来自CodeChef和Codeforces这两个主要旨在提高技能的平台，但也有一些来自HackerRank和Topcoder平台，这些人表示除了希望提高技能和未来的职业前景外，还希望赚取奖金。

▶ 图4.5　按职业和国家划分的工人的教育水平

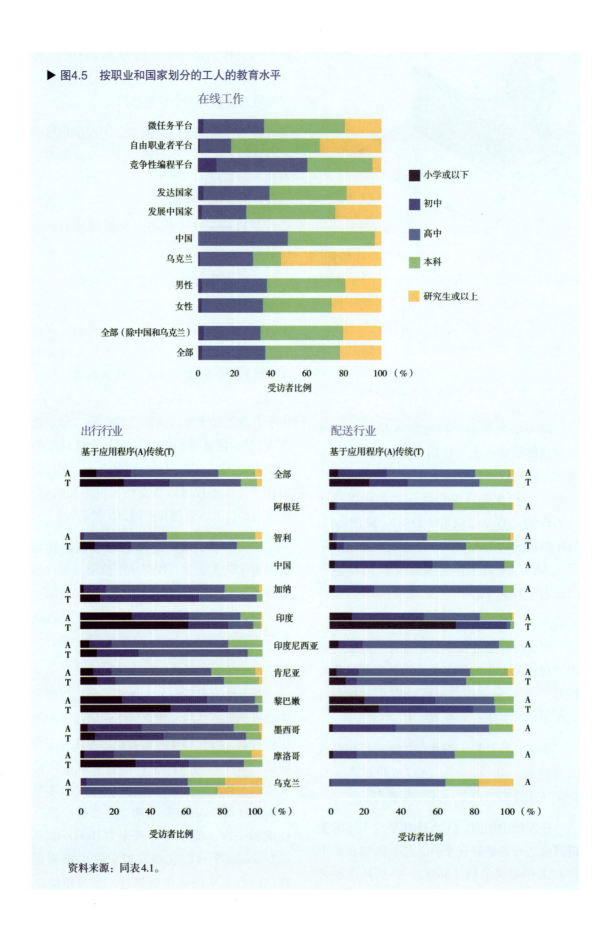

资料来源：同表4.1。

▶ 图4.6 在数字劳动力平台上工作的最主要动机，按职业和国家划分

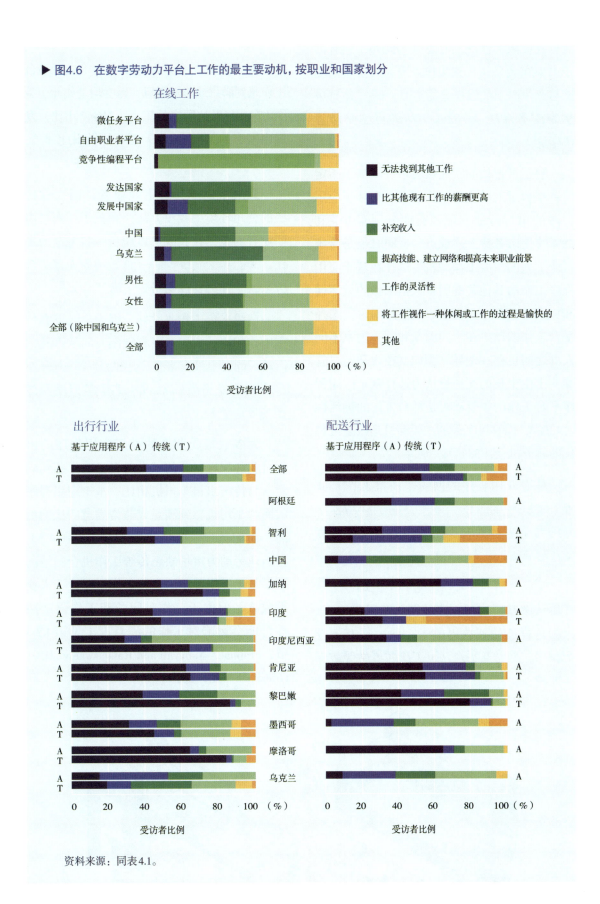

资料来源：同表4.1。

我喜欢参与竞争性编程活动，因为能挑战自我极限，摆脱固有思维。此外，还有助于未来在大公司找到工作，因为大公司的测试与竞争激烈的编程竞赛类似。—— *在竞争性编程平台 HackerRank 工作的男性受访者（印度）*

缺乏可替代的就业机会是许多基于指定位置平台工人的主要工作动机。在基于应用程序的出行行业和配送行业分别有40%和28%的受访者持上述观点。这同时也是传统行业工人的主要工作动机。选择在基于应用程序工作的其他关键因素包括工作的灵活性和更高的薪酬（见图4.6）。与此同时，选择平台工作的动机在不同国家和同一国家不同人群之间也存在差异。例如，在智利，尽管那些土生土长的配送员认为选择基于应用程序平台工作的主要动机是平台工作的灵活性（42%），而移民工人的主要动机是缺乏可替代的就业机会（38%）。

基于应用程序的网约车司机工作是我唯一能找到的工作。—— *在基于应用程序的网约车平台 Safe Boda 工作的男性受访者（肯尼亚）*

失业之后我在经济上遇到了困难，于是开始从事基于应用程序的网约车司机工作，因为这样能快速获得收入。—— *在基于应用程序的网约车平台 Beat 工作的男性受访者（智利）*

4.1.8 工人对平台工作的满意度

大多数基于在线网络平台的工人对平台工作感到满意或非常满意，男女均是如此（见图4.7）。与发达国家的工人（71%）相比，发展中国家的工人（80%）更可能做出此评价，尤其是发展中国家的女性工人（84%）。

我之所以成为自由职业者是因为在传统的公司环境中我没办法照顾孩子。而自由职业者的工作让我既可以履行一名母亲的责任，又能养家糊口。—— *在自由职业者平台 Upwork 工作的女性受访者（菲律宾）*

在线平台工作非常好，因为与线下办公室工作相比，人们可以有空闲时间从事其他活动，同时也没有来自雇主的压力。—— *在自由职业者平台 Kabanchik 工作的男性受访者（乌克兰）*

大多数接受调查的基于应用程序的出行行业和配送行业的工人对自身工作感到满意。与传统出租车司机相比，基于应用程序的网约车司机感到满意或非常满意的比例更高，而配送行业的情况则相反（见图4.7）。在当地劳动力市场缺乏传统工作机会的情况下，基于应用程序的平台工作可以让工人获得收入，但由于工作时间长和工作强度高等可能会影响对工作的满意度（见第4.2.3节；Prabhat, Nanavati and Rangaswamy 2019; Griesbachet al., 2019）。

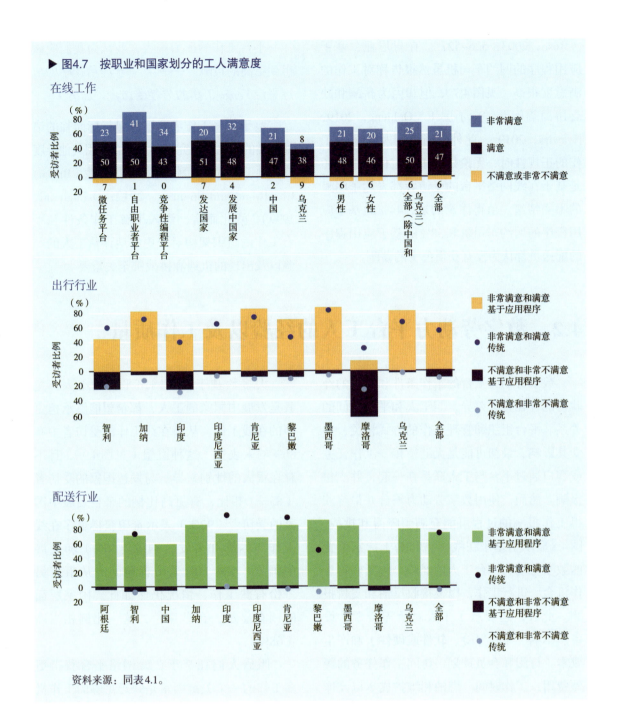

▶ 图4.7　按职业和国家划分的工人满意度

资料来源：同表4.1。

在没有其他收入来源的情况下，所有日常支出就只能依赖平台获得的收入，那么我应该对此感到满意。——*在基于应用程序的出行平台优步工作的男性受访者（印度）*

在摩洛哥，基于应用程序的网约车司机表示出了对工作的极度不满意（68%），这可能与数据收集期间的罢工有关，因为这可能会让司机对工作条件和工资水平产生更高的预期。与此同时，尽管单一工作满意度测量指标可以提供一些参考，但人们对其可靠性和普遍存在的异常现象提出了担忧（Brown，Charlwood and Spencer，2012；Rose，2003；Oshagbemi，1999）。与多项工作满意度测量指标相比，对单一工作满意度测量指标问题的回复被发现评价过高（Oshagbemi，1999）。这些回复更多地受到"内在"特征，如灵活性等的影响，而不是"外在"特征，如薪酬、合同状况或晋升前景等的影响

（Rose，2003：526~527）。在肯尼亚，基于应用程序的网约车司机虽然报告称对工作的满意度很高（见图4.7），但却因为薪酬和缺乏协商等问题举行了罢工（Ochieng，2019；Nyawira，2019）。此外，当被问及薪酬或工作的正规性时，无论是基于指定位置平台还是基于在线网络平台的受访者都表达了明显的不满情绪。值得注意的是，44%的基于应用程序的网约车司机和38%的基于应用程序的配送员都认为没有获得公平的薪酬。

平台工作的压力很大，我认为我们应该得到更高的报酬。—— 在基于应用程序的出行平台Yango工作的男性受访者（加纳）

鉴于单一工作满意度测量指标面临的诸如此类的问题，研究强调了配合使用其他维度或多项工作满意度测量指标的重要性（Brown，Charlwood and Spencer，2012；Oshagbemi，1999）。就此而言，深入了解工作条件和平台工作的组织架构对于更好地评估工人的经验以及出现的机遇和挑战都至关重要。

4.2   数字劳动力平台工人的经验以及工作质量

数字劳动力平台的工作条件和工人的经验可能存在很大差异，与工人和平台之间的关系、平台组织和管理工作的方式相关，并受其影响。最初可能是无缝衔接，工作任务或客户通过平台与工人联系在一起，并支付报酬。然而，使用数字劳动力平台并最终获得工作报酬的过程可能充满了障碍和挑战。图4.8显示了基于在线网络和基于指定位置的数字劳动力平台工人的经验，包括获得工作机会、进行工作，以及接收反馈和支付报酬。此外，还展示了工人对所需资源（设备、车辆、车辆保险、软件或硬件）和产生成本（订阅和会员计划、访问工作任务的额外费用、工作时间、燃油和维护成本以及连接互联网的成本）的负担程度。本章的其余部分则基于为选定行业收集的新数据，阐述了工人的经验及其工作条件。

4.2.1   获得足够的工作量

劳动力市场的主要挑战之一是将具有相应技能的工人和相关工作匹配起来。数字劳动力平台被视为是将工人直接与工作机会联系起来的一种方式。然而，许多数字劳动力平台上有经验的工人在获得足够的工作量方面却面临挑战。

大多数基于在线网络平台的工人，尤其是发展中国家的工人，都希望能够承担更多的在线工作。从事在线工作的受访者中有86%的人表达了这种愿望（见图4.9），且不存在很大的性别差异。与发达国家的受访者（85%）相比，有更高比例的来自发展中国家的受访者（92%）表示希望获得更多在线工作。尽管许多发达国家（56%）和发展中国家（41%）的受访者还同时从事着另一份有薪工作，情况仍然如此。国家层面的调查显示，在乌克兰，这一比例相当高（68%）。

阻碍人们在基于在线网络平台获得更多工作的一个关键因素是缺乏足够的工作机会，大约有45%的受访者表示情况正是如此（见图4.10）。无论在发达国家还是发展中国家，无论性别，都能看到类似趋势。无法获得更多工作的其他因素还包括在微任务平台上找不到高薪工作（18%），在自由职业者平台上难以找到客户（41%），等等。此外，工人在平台上累积的经验不一定是可以保障其获得更多的在线工作。调查显示，无论工作经验（不到一年或三年以上），40%的希望获得更多工作的基于在线网络平台工人发现很难获得足够的工作量。

▶ 图4.8 平台设计：工人的经验

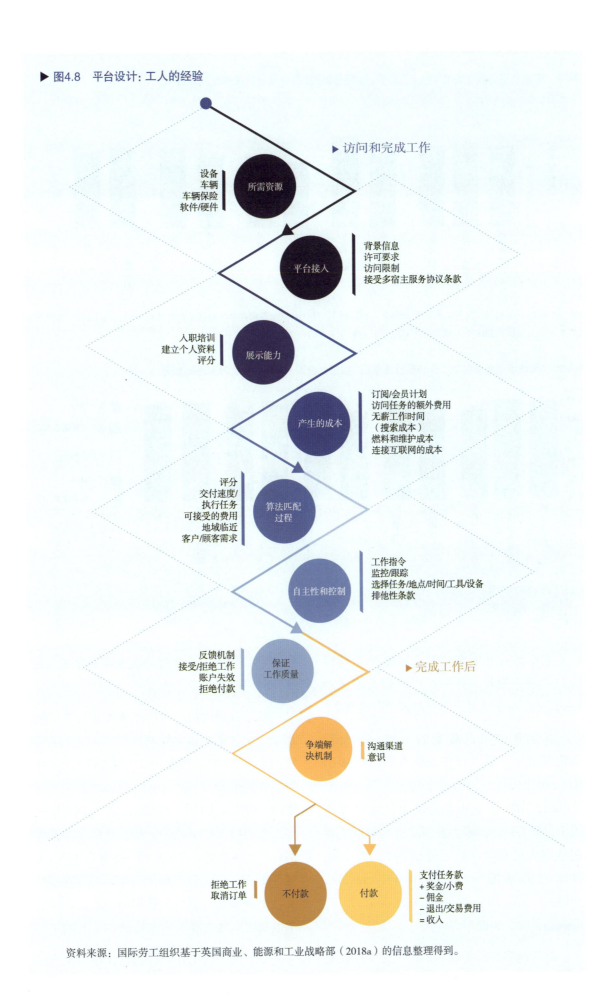

资料来源：国际劳工组织基于英国商业、能源和工业战略部（2018a）的信息整理得到。

▶ 图4.9   愿意从事更多在线工作的工人比例，按平台类型、国家发展状况和性别划分

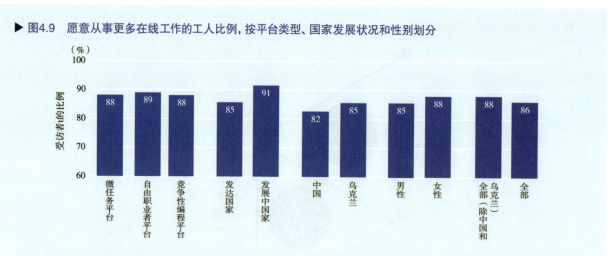

来源：国际劳工组织对众包工人的全球调查（2017年）、对自由职业者和竞争性编程平台工人的全球调查（2019~2020年）；国际劳工组织对中国（2019年）和乌克兰（2019年）平台工人的调查。

▶ 图4.10   无法承担更多在线工作的最重要原因，按平台类型、国家发展状况和性别划分

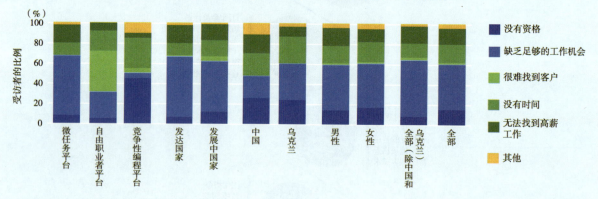

注：图中的数据涉及愿意承担更多在线工作的工人。

资料来源：同图4.9。

工作经验并不重要，完成订单是获得客户的唯一途径。—— *在自由职业者平台 Freelancehunt 工作的女性受访者（乌克兰）*

就如在中国观察到的一样，平台竞争很激烈，一项工作任务或项目可以吸引100~200个工人，甚至更多的工人参与竞争（Chen，2021）。这也是劳动力供应增加所致（见第1.3节），因为各国政府均采取了旨在培训人员和促进数字劳动力平台作为创收来源的措施等（Galpaya and Senanayake，2018；Graham，Hjorth and Lehdonvirta，2017；Graham et al.，2017）。

越来越多各行各业的人在平台工作，竞争非常激烈。—— *在自由职业者平台猪八戒工作的男性受访者（中国）*

基于在线网络平台的工人可能会尝试使用多个平台来获得足够的工作。与发展中国家的工人（44%）相比，发达国家的工人更有可能使用多种平台（52%），这可能是由发展中国家的工人支付平台费用或负担订阅费用的经济能力有限所导致的。就自由职业者平台而言，大多数受访者仅使用一个平台（59%），这可能是由于如需使用多个平台，则要在多个平台上添加个人资料、获得的声望、资格证书以及建立客户群所产生的成本所导致的。

在不同平台工作可以获得比在传统公司

工作更高的收入。——*在自由职业者平台 Text 工作的女性受访者（乌克兰）*

自由职业者平台通常不允许工人私下接受平台客户为其提供的平台外的工作，以此限制其建立客户群的能力（Green et al.，2018）。例如，大多数受访者表示，平台试图限制他们在平台外与客户合作（69%），或者他们从未在平台外与通过平台认识的客户合作（74%）。尽管个别平台提供了可以支付额外费用与平台外客户合作的选项（见第2.5节），但如果工人在不告知平台且在未支付额外费用的情况下从事了平台外的工作，则可能会面临账户被停用的后果。

我从未支付过离开平台的费用。除非客户要求，否则我通常不会在平台外工作，因为 Upwork 对此要求非常严格。——*在自由职业者平台 Upwork 工作的男性受访者（马来西亚）*

在线网络平台的平台设计也影响了工人获得足够工作的能力。平台通常会提供订阅计划或收取额外费用以增加工人的工作机会。因而付费工人可以比未付费工人更快申请到工作任务，平台会更迅速审查他们的提案，并确保在潜在客户搜索工人时，付费工人的个人资料将会出现在名单的前列（United Kingdom，Department for Business，Energy and Industrial Strategy，2018a；见第2.3节）。但以上做法对来自发展中国家的工人而言可能会形成很高的准入门槛，因为他们的经济能力有限，同时也说明存在一种情况，即技能的高低并不是能否获得工作机会的决定性因素。

可以选择在自由职业者平台升级成为高级会员，这为自由职业者提供了更多好处。——*在自由职业者平台 Upwork 工作的女性受访者（阿尔巴尼亚）*

由于平台或客户因工人国籍或所说语言而产生排斥，特别是来自某些发展中国家的工人在获得工作任务时面临更大障碍（Rani and Furrer，即将出版；Graham，Hjorth and Lehdonvirta，2017；Beerepoot and Lambregts，2015；见第4.5节）。另一种观点认为，发展中国家工人的工作质量较低，这导致他们不太可能获得高薪工作（Galperin andGreppi，2017；Lehdonvirtaer al.，2014）。为了规避以上障碍，工人们想出了一些办法来应对，如使用虚拟专用网络（VPN）或远程桌面配置服务（RDCs）来掩盖他们的真实位置（见专栏4.1）。在某些国家，特别是当客户要求大文件（如视频）或工作必须在短时间内完成时，"小故障"或平台效率低下、网速慢或不稳定以及互联网访问成本高则是工人可能面临的其他障碍（Galpaya and Senanayake，2018；Berg et al.，2018）。

有时我可能因为停电而无法完成工作，因此目前部分客户更喜欢从不存在停电问题的地方雇用工人。——*在自由职业者平台 Upwork 工作的女性受访者（肯尼亚）*

想要获得工作，通常需要证明自身技能，特别是通过先前客户的评分、测验得分和工作历史等作为参考，算法匹配在此能够发挥关键作用。约有79%的自由职业者平台受访者表示，来自先前客户的评分和反馈是获得新工作的关键因素，此外还包括以前的工作经历（54%）和完成的工作数量（53%）等其他因素。由此可能带来挑战，特别是对新入职者的挑战最大，正如在几个发展中国家的自由职业者平台上观察到的那样，由于新入职者的评分较低，平台算法没有优先考虑他们（Galpaya and Senanayake，2018）。微任务平台的新入职者可能不得不完成无薪工作任务，以证明自身技能或获得相关资格。面对来自经验丰富的工人的竞争，新入职者可能会使用一些平台上的工具和脚本程序来获知工作发布通知，以便能迅速拿下工作（Hanrahan et al.，2019）。

▶ **专栏4.1   规避获得工作的地域障碍**

人们普遍认为，具备必要技能的工人可以在全球任何地点、任何时间通过在线网络平台完成工作。然而，一些平台不允许居住在某些发展中国家的工人开设账户，即使创建了账户，他们在获得工作方面仍然存在挑战，因为这些工人通常无法完成留给发达国家工人的高薪工作。

一些工人表示，为了规避平台设置的地域障碍，他们采取了一些"创新"手段，比如使用虚拟专用网络（VPN）和远程桌面配置服务（RDCs）来掩盖自己的真实位置，用最有利的位置取而代之。受访者表示，通过使用虚拟专用网络，可以在平台上开设账户、通过资格测试并获得质量更好、薪酬更高的工作。例如，一名拥有经济学和统计学双本科学位的受访者表示，使用美国康涅狄格州来取代其自身真实所在国家作为网络所在地，可以让其获得学术写作工作并得到平均约每月490美元的收入。受访者说："我认为他们（客户）相信我就在美国，否则将不会给我提供工作机会。"

一些工人还利用虚拟专用网络创建或开设账户，然后通过脸书或WhatsApp等非正式的在线群组向其他工人出售这些账户。这些账户的价格取决于质量高低，包括评分和客户评论等。由于平台设计导致许多发展中国家的工人无法获得工作机会，因而他们别无选择，只能通过这种非正式的群组购买账户。然而，使用虚假文件和信息创建的多个类似账户也引发了法律和道德方面的问题，因此账户有时会在没有通知的情况下被平台停用。在此情况下，购买这些账户的工人将不得不承担全部损失并放弃工作机会。

资料来源：国际劳工组织对发展中国家工人的采访。

自由职业者平台的那些丰富经验或具有较高消费能力的工人在获得工作方面可能具有更多优势。例如，在Upwork上，一些经验丰富或具有较高评分的工人可以删除或隐藏一定数量的低评分，而其他人（包括新入职者）如果不认可自己获得的评分，可能还需要为此支付仲裁费用。

Upwork可以让"高评分"的自由职业者从其个人资料中删除或隐藏一些评论或评分，而我只要求删除一个特别低的评分。—— 在自由职业者平台Upwork工作的男性受访者（巴基斯坦）

2019年，缺乏足够的工作机会已经成为许多基于指定位置平台工人的担忧之一，这种情况在新冠肺炎疫情期间更加严重（见专栏4.2）。2019年，约有69%的基于应用程序的配送行业的受访者表示希望完成更多的配送工作，并指出无法获得更多工作的关键原因是由于缺乏工作机会（83%）。这可能是因为竞争加剧和劳动力供应增加所导致的；大多数受访者表示该地区的平台公司（56%）和配送员（62%）数量都比以往有所增加。

现有配送员很多，导致我无法收到更多订单。—— 在基于应用程序的配送平台Rappi工作的男性受访者（墨西哥）

在传统配送行业，有58%的配送员表示希望增加工作量，其中90%表示没有足够的工作机会，这可能是由基于应用程序的配送员之间的竞争等原因造成的。许多基于应用程序的网约车司机和传统的出租车司机也报告称，出行行业平台公司的数量有所增加（约72%）是导致现有工作竞争加剧的原因，因此一些司机有时会既开网约车，同时又开传统出租车。

▶ 专栏4.2　新冠肺炎疫情对工作机会和获得工作机会的影响

为了评估新冠肺炎疫情对包括基于应用程序的和传统的出行行业和配送行业工人的影响，国际劳工组织在智利、印度、肯尼亚和墨西哥进行了快速评估调查。调查是在2020年8月通过电话进行的，调查对象是曾参与2019年调查的182名配送员和222名网约车司机（见附录4A）。在这些工人中有14%的受访者（56人）已经永久离开了该行业。其中有32%的受访者（18人）出于与新冠肺炎疫情相关的原因，如因为封锁期间的工作限制或对病毒的恐惧而离开了该行业，其余人则出于与新冠肺炎疫情无关的原因离开了该行业，如找到了另一份工作、对原有工资或工作条件不满。就智利而言，离开的原因与2019年10月开始的因社会动荡造成的需求低迷和风险增加有关。

我不再为Ola工作，Ola不仅收入很低，还需要缴纳很高的佣金和税。我就算工作12个小时，也仍然无法支付每月的贷款。——曾在基于应用程序的出行平台Ola工作的男性受访者（印度）

调查结果中关于新冠肺炎疫情对收入、社会保障、职业安全和健康造成影响的相关数据均来自剩余的348名仍在工作或计划重返工作岗位的受访者（截至2020年8月，出行行业有197名受访者，配送行业有151名受访者仍在工作或计划重返工作岗位）。其中，68%的受访者表示在新冠肺炎疫情期间不得不暂停工作，32%的受访者表示尽管担心自己在工作中有感染新冠肺炎的风险，但出于经济原因而不得不工作。对于部分人来说，受新冠肺炎疫情影响进而暂停工作的情况持续了不到一个月（24%），但对于大多数人而言，暂停工作的情况持续了两个月或更长时间（59%）。导致基于应用程序的和传统的出行行业和配送行业工作中断的原因包括需求不足、行动受限和担心感染病毒，或者在极少数情况下是因为受访者或其家庭成员已经感染了病毒。在进行调查时，有26%的受访者（89人）尚未返回工作岗位，但正计划在情况允许时恢复工作。

因为我是外国人，我不能不工作，不吃饭，再说我的家人也需要我。——在基于应用程序的配送平台PedidosYa工作的男性受访者（智利）

平台工作是我主要的收入来源，我需要挣钱养活我的家人。——在基于应用程序的出行平台优步工作的男性受访者（肯尼亚）

在整个新冠肺炎疫情期间，继续工作的大多数工人都是从事基于应用程序的配送行业工作，其工作量时多时少，其中少数人表示业务量增加（13%）或没有变化（15%），而大多数人表示业务量有所减少（72%）。目前，一些基于应用程序的配送员主要负责配送包裹和配送从超市或药店购买的物品，而在新冠肺炎疫情之前，他们主要配送餐馆的外卖餐。

自新冠肺炎疫情暴发以来，在智利和墨西哥，滴滴、Beat和优步等几家基于应用程序的出行公司除了提供乘客运输服务外，还增加了包裹或货物的配送服务。然而，无论是基于应用程序的网约车司机，还是传统出租车司机（分别为76%和83%），都比配送员（分别为52%和65%）更有可能在某个时间点受新冠肺炎疫情影响而停止工作或被迫停止工作。在基于应用程序的网约车司机中，绝大多数司机（89%）表示需求量下降，这可能是由于人们出行受限、在封锁期间提供服务受到限制以及旅游业受到冲击所致。

资料来源：国际劳动组织快速评估调查（2020）。

我曾经在一家传统出行公司工作，放弃这份工作的原因是由于人们对传统出行公司的需求量锐减。—— 在基于应用程序的出行平台优步工作的男性受访者（黎巴嫩）

平台设计功能会通过评分和接单率来影响基于指定位置平台工人获得足量工作的能力。从事出行行业和配送行业的大多数基于应用程序的工人只使用一个平台来获得工作，分别约占85%，而在印度尼西亚和摩洛哥，这一比例接近100%。其中一个重要的原因可能是他们需要在同一平台维持高评分来获得工作和奖金（见第4.2.2节和第4.3.2节）。在大多数国家，有很大一部分在基于应用程序的出行行业和配送行业工作的受访者（分别超过70%和60%）表示，评分和接单率会对工作量产生影响。因此，维持高评分和高接单率限制了基于指定位置平台工人使用多个平台（"多宿主"）的能力，因为一次只能完成一个订单。

当拒绝乘客的乘车请求时，我的接单率就会下降，此外应用程序还将减少我之后获得的订单数量。—— 在基于应用程序的出行平台滴滴工作的男性受访者（墨西哥）

平台在工人使用多个平台方面也有严格规定。例如，在中国，一些配送平台强制要求工人分享自己的地理位置，并通过拍下自己身着工服的照片并上传社交媒体的方式来证明在岗工作，如果工人在15分钟内未应答，平台将把工人一天的收入作为罚款上缴。类似地，以印度和黎巴嫩为例，90%以上的基于应用程序的配送员指出，他们或收到或被要求购买在平台工作时指定的制服和配送袋。这些产品普遍带有平台标识，以向客户

表明工人与特定平台之间的关系，这也可能与平台和工人之间的保险利益相关，使工人很难同时服务于多个平台。但上述问题也往往会导致工人仅能通过一个平台进入市场，或直接被绑定到一个平台的情况发生，从而引发了对雇佣关系的担忧（见第5.3.10节）。

有时团队负责人会实地检查工人的配送袋和制服。—— 在基于应用程序的配送平台Zomato工作的男性受访者（印度）

有人在工作期间用摩托车撞伤了我。然而，Toters公司没有对我进行任何帮助，只因为当时我没有穿公司的制服。—— 在基于应用程序的配送平台Toters工作的男性受访者（黎巴嫩）

4.2.2　数字劳动力平台工人的收入

通过数字劳动力平台工作（从软件开发到配送服务）的异质性也反映在工人收入方面，高技能工作与低技能工作之间的收入差异很大。[①]在基于在线网络平台工作是许多人，尤其是发展中国家女性的主要收入来源。约有1/3的受访者表示，在线工作是其主要的收入来源（见图4.11），其中自由职业者平台工人的这一比例特别高（59%）。在线工作也是发展中国家许多工人（44%），特别是女性（52%）的主要收入来源。然而，收入低和收入不稳定则是部分工人所担心的问题。

我认为人们可以通过平台工作获得收入是一件好事，但我只是希望自己的收入能够稳定一些。—— 在自由职业者平台Upwork工作的女性受访者（希腊）

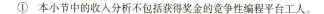

---

① 本小节中的收入分析不包括获得奖金的竞争性编程平台工人。

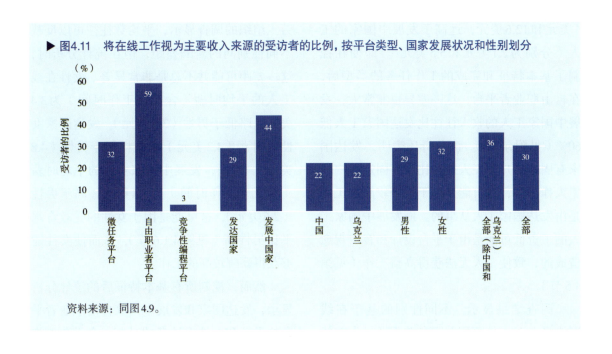

▶ 图4.11 将在线工作视为主要收入来源的受访者的比例，按平台类型、国家发展状况和性别划分

（%）

受访者的比例

- 微任务平台 32
- 自由职业者平台 59
- 竞争性编程平台 3
- 发达国家 29
- 发展中国家 44
- 中国 22
- 乌克兰 22
- 男性 29
- 女性 32
- 乌克兰全部（除中国和 36
- 全部 30

资料来源：同图4.9。

竞争性编程平台的绝大多数受访者（97%）不依赖于竞争性编程作为主要收入来源。只有12%的受访者表示在过去一年中从竞赛中获得过奖金，且大多数人的奖金来自1~2场竞赛。奖金数额因竞赛的不同而不同。受访者表示，他们参加的竞赛奖金在几美元到1万美元不等。

花费在无薪工作任务上的时间会影响基于在线网络平台工人的收入，并且对不同类型的平台的影响不同。基于在线网络平台工人通常每周的平均时薪为4.9美元（见表4.2），大多数工人（66%）的收入低于平均水平。然而，这并没有考虑工人还需要花费大量时间获得在线工作的事实，特别是一些平台的工人数量供过于求（Grahamet al.，2017）。如果将无薪工作时间（见第4.2.3节）考虑在内，则平均时薪将降至3.4美元，而大多数工人（66%）的收入低于这一平均水平（见图4.12）。

自由职业者平台工人通常一周的平均时薪为11.2美元，高于微任务平台工人的时薪（4.4美元）。如果将自由职业者平台的无薪工作时间计算在内，总平均时薪将降至7.6美元，其中64%的工人的收入将低于平均水

平。如果将微任务平台的无薪工作时间计算在内，则总平均时薪将降至3.3美元，其中63%的工人的收入将低于平均水平。

此外，统计分析表明，在控制基本特征后，微任务平台的工人比从事类似活动的传统劳动力市场的工人的收入要少得多（见附录4B）。具体而言，在印度和美国，与传统劳动力市场相比，从事微任务平台工作的人的收入分别低64%和81%，且在上述两个国家中女性工人的这一收入差距比男性工人更大（见图4.13）。

发达国家和发展中国家基于在线网络平台的工人收入存在显著差异。在对发展中国家工人以及对中国和乌克兰进行的国家层面的调查中均发现，工人的平均时薪（含无薪工作时间）低于发达国家工人的平均时薪（见表4.2）。

到目前为止，平台工作的情况非常棒，但唯一遗憾的是尼日利亚人无法获得高薪工作。—— 在微任务平台Microworkers工作的男性受访者（尼日利亚）

发达国家微任务平台和自由职业者平台工人的平均时薪（含无薪工作时间）分别为

4美元和12.6美元，远高于发展中国家的工人（分别为2.1美元和5.5美元）。即使在控制了基本特征和完成的工作任务的类型后，在自由职业者平台，这一差异也非常大，发展中国家工人的收入往往比发达国家工人低60%（见附录4B）。该分析还表明，发达国家有固定客户的工人往往比没有固定客户的工人挣得多，这可能是由于报酬较高的工作是由发达国家工人从事的。而发展中国家工人的工资低可能是由于平台设计和客户观念造成的，致使工人无法获得高薪工作（见第4.5节）。

调查结果显示，不同性别的基于在线网络平台工人的薪酬差距参差不齐。先前的研究表明，即使在虚拟世界中，女性的收入仍然低于男性（Aleksynska, Shevchuk and Strebkov，2021；Liang et al.，2018；Foong et al.，2018；United Kingdom，Department for Business，Energy and Industrial Strategy，2018b；Adams-Prassl and Berg，2017）。国际劳工组织的调查显示，平均数往往可以反映不同性别间的薪酬差距，但在统计分析时，这一差距可能并不总是非常显著。女性在线工人的平均时薪（含无薪工作时间）为3.4美元，略低于男性（3.5美元）。发达国家女性的时薪（4.2美元）也同样低于男性（4.8美元）。然而，发展中国家女性的平均时薪（含无薪工作时间）为3.4美元，高于男性（2.6美元），这可能是因于女性的受教育水平比男性高（见第4.1.6节），从而使女性能够获得薪酬较高的工作。

然而，控制所有基本特征后的统计分析显示，发达国家和发展中国家自由职业者平台的男性和女性受访者的时薪（含无薪工作时间）并没有显著差异。但针对自由职业者平台的国家层面的调查分析显示，不同性别间依然存在显著的薪酬差距，如乌克兰女性的薪酬比男性低26%，中国680位平台女性的薪酬比男性低32%（但在中国的其他平台上，这一差距并不显著）（见附录4B）。

▶ 表4.2 基于在线网络平台的时薪，按平台类型、国家发展状况和性别划分

类别	时薪			总时薪（含无薪工作时间）		
	平均值（美元）	中位数（美元）	总样本量（人）	平均值（美元）	中位数（美元）	总样本量（人）
自由职业者平台	11.2	7.2	296	7.6	5.3	297
微任务平台	4.4	3.0	2 026	3.3	2.2	2 021
发达国家	6.1	4.5	1 413	4.5	3.3	1 405
发展中国家	4.1	2.0	908	2.8	1.4	913
中国	4.2	2.9	1 036	2.7	1.8	1 039
乌克兰	4.7	2.3	651	3.2	1.4	652
男性	5.0	3.0	2 451	3.5	2.2	2 452
女性	4.8	2.9	1 557	3.4	1.9	1 556
全部（除中国和乌克兰）	5.3	3.3	2 322	3.9	2.5	2 318
全部	4.9	3.0	4 009	3.4	2.1	4 009

注：表中的数据为去掉各行业极端值（1%和99%）的数据。
资料来源：国际劳工组织对众包工人的全球调查（2017年）和对自由职业者平台工人的全球调查（2019~2020年）；国际劳工组织对中国（2019年）和乌克兰（2019年）平台工人的调查。

▶ 图4.12　基于在线网络平台工人的时薪（含无薪工作时间）按平台类型、国家发展状况和性别划分

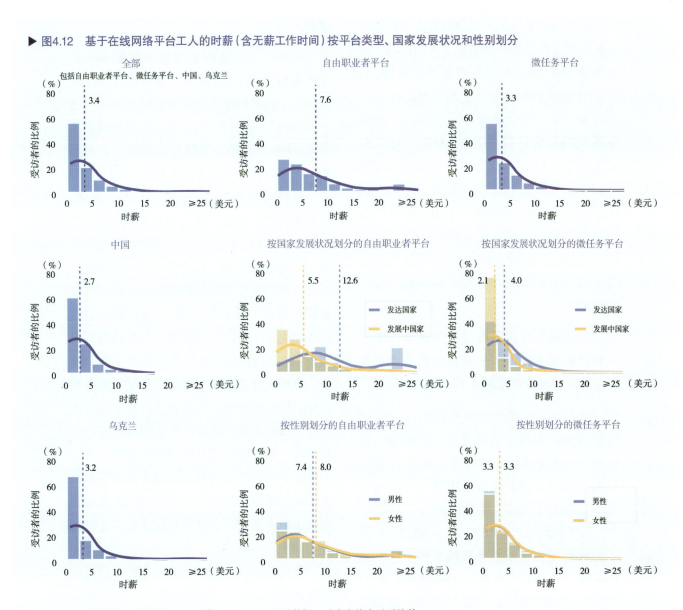

注：图中的数据为去掉各行业极端值（1%和99%）的数据。垂直虚线表示平均值。

资料来源：同表4.2。

▶ 图4.13　印度和美国不同性别的微任务平台受访者的时薪与传统劳动力市场受访者的时薪

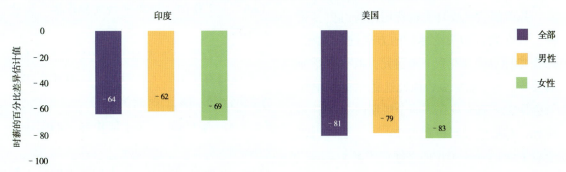

资料来源：国际劳工组织对众包工人调查的全球调查（2017年）；印度，NSSO定期劳动力调查，2017~2018年；美国，人口普查局，当期人口调查，2017年。

在线网络平台工人之间的竞争、高额佣金和无薪工作任务都影响了工人的收入。自由职业者平台工人之间的竞争非常激烈。为了增加曝光率和建立个人形象，许多受访者表示愿意接受低薪工作（62%）、愿意降低薪酬报价以获得工作（60%）或免费完成工作（13%）。在中国和乌克兰，分别有44%和20%的工人表示愿意这样做。此外，在新冠肺炎疫情期间，在基于在线网络平台上注册的工人数量有所增加（见第1.3节），因此许多人不得不以低于目标价格的薪资参与竞标以获得工作（Stephany et al., 2020）。

问题的关键在于通过低价竞争产生了一种价格战文化。——*在自由职业者平台Upwork工作的女性受访者（法国）*

收入还会受到平台收取的不同类型费用的影响，如佣金或服务费、订阅费、竞标费等（见表4.3）。自由职业者平台有相当大比例的受访者会按工作任务支付服务费，比例介于36%（俄罗斯和乌克兰的平台，除Kabanchik）和65%（Upwork）。不同平台收取的佣金或服务费的金额不同，如Upwork、Freelancer和PeoplePerHour的佣金为3.5%~20%（见第2.2.1节）。此外，有相当大比例的受访者（69%）也表示，为提交和接收Upwork的标书而支付了费用，其中一些人还被要求购买"竞标豆"来竞标项目。

我曾经尝试按月支付费用以获得更多竞标，现在则以购买竞标豆的方式进行竞标。10个竞标豆需要花费1.50美元，但有些竞标需要支付6个竞标豆，因此这些竞标豆很快就会用完。有时我在一两个星期内支付了20美元，却依然没有得到工作。——在自由职业者平台Upwork工作的女性求职者（美国）

Upwork在我申请工作、获得工作报酬和提取报酬时都会向我收取费用。——*在自由职业者平台Upwork工作的女性受访者（菲律宾）*

此外，工人还需要为提取报酬和外币兑换支付费用（见表4.3），这也同样会影响其收入。高昂的交易成本导致一些来自发展中国家的工人绕过平台本身，转而使用领英（LinkedIn）或脸书等社交媒体渠道获得工作，以提高自己的收入（见专栏4.3）。

客户拒绝为正在进行的工作支付薪酬，包括不公平的拒绝，同样会对工人的收入产生影响。例如，微任务平台分配和评价工作的整个流程都是通过算法完成的，因此客户不公平的拒绝是很普遍的现象，并且通常没有任何反馈（见第4.3.2节）。这不仅会造成工人已完成工作的收入损失，还会拉低工人的评分，从而限制其获得更多的工作。此外，自由职业者平台上普遍存在创意竞赛类工作，设计竞赛的目的是让客户从众多专业人士开发的设计中选择一个。因此只有提交赢得客户青睐的作品并最终被选用的设计工人才能获得薪酬，而其他落选作品的作者将无法获得报酬。类似的情况也可能发生在线下自由职业者身上，尽管风险一般会由代理公司而非个人承担。

分别有84%和90%的基于应用程序的出行平台和配送平台的受访者将平台薪酬作为主要收入来源，这一比例在传统行业中略高一些（各约占92%）。绝大多数在基于应用程序的出行行业（76%）和配送行业（86%）工作的女性将平台薪酬作为主要收入来源。

上述行业的工人时薪（包括等待时间）在各国间有所不同（见图4.14）。基于应用程序的网约车司机的时薪为1.1美元（印度）~8.2美元（黎巴嫩），基于应用程序的配送员时薪为0.9美元（加纳）~3.5美元（乌克兰）。此外，在所有国家中，大多数工人的收入都低于行业的平均水平。基于指定位置平台的工人的收入还受到新冠肺炎疫情的严重影响（见专栏4.4）。

▶ 表4.3　受访者在不同的自由职业平台支付费用的比例　　　　　　　单位：%

支付的费用	Freelancer	Upwork	Kabanchik	其他俄罗斯或乌克兰平台
一次性注册	22	4	16	15
年度注册	24	5	2	8
高级会员	0	5	–	–
提交或接收标书	22	69	29	27
在搜索结果中出现在头条	7	10	6	9
每个任务的服务费	48	65	42	36
交易或支付费用	24	41	14	21
提取报酬	24	61	21	29
外币兑换	15	24	4	8
其他	0	2	0	0
无	7	0	15	23

资料来源：国际劳工组织对自由职业者平台工人的全球调查（2019~2020年）；国际劳工组织对乌克兰平台工人的调查（2019年）。

▶ **专栏4.3　扫清低工资和支付障碍**

来自发展中国家的基于在线网络平台的许多工人担心因高昂的佣金费用、提款费用和未按时支付已完成的工作等情况而导致收入低。由于某些国家和地区的在线支付网关存在被禁用的可能性，因此工人在某些平台还面临支付障碍。

我收到邮件说有做翻译工作的机会，但因为支付障碍而无法收到付款，因此我没办法接受这份工作。——女性受访者（叙利亚）

为了应对这种情况，许多受访者表示只能通过领英（LinkedIn）、脸书等社交媒体平台以及非正式的渠道直接寻找客户。有些受访者还使用适合其所在的特定区域、以区域语言建立的劳动力平台，从而减少来自世界其他地区的工人的竞争。与客户直接互动可以使一些工人通过自主协商来获得更高的报酬，也可以使用无支付障碍的支付方式，并与客户建立信任。然而，这种方式也同样存在挑战，因为定期为寻找工作而建立人脉非常耗时。

我曾经想过直接选择客户，因此我开始在领英上添加用户。这对我来说，需要花费更多的精力，但对客户来说却很方便，因为我们可以直接了解对方。——女性受访者（巴勒斯坦被占领地区）

资料来源：国际劳工组织的采访。

尽管不同国家之间的差异很大，但基于应用程序的行业的收益往往高于传统行业。控制基本特征的统计分析（见附录4B）显示，基于应用程序的网约车司机的收入比传统出租车司机高22%（乌克兰）~86%（加纳）（见图4.15）。在配送行业，基于应用程序的工人的收入比传统工人高39%（肯尼亚）~25%（黎巴嫩），而智利的情况则相反，基于应用程序的工人的收入比传统工人收入低24%。①

平台设计和商业模式对基于应用程序和传统行业的收入都有影响。基于应用程序行业的收入包括奖金和激励措施。基于应用程序的出行行业和配送行业的大多数受访者表示，平台会提供奖金（超过76%），并且他们确实收到了奖金（超过60%）。对于85%以上的受访者而言，这些奖金是收入的重要组成部分。因此，基于应用程序行业的收入较高可能与平台提供的更高的经济激励措施或奖金有关。

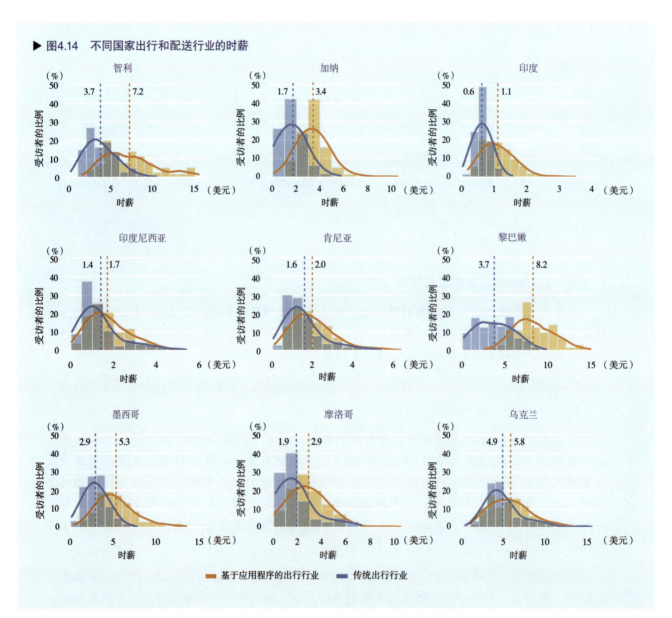

▶ 图4.14   不同国家出行和配送行业的时薪

①   在进行对配送员的统计学回归分析时，不包含印度，因为对传统配送员调查是在孟买的dabbawalas（主营传统午餐外卖）展开的，此外基于应用程序的调查是在班加罗尔和德里进行的，这限制了收入数据的可比性。

▶ 图4.14 （续）

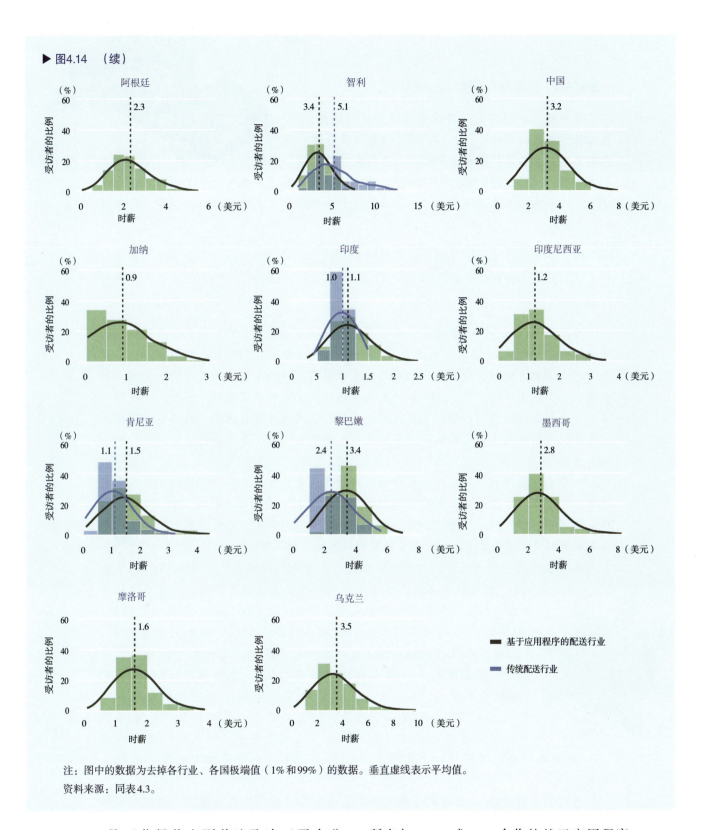

注：图中的数据为去掉各行业、各国极端值（1%和99%）的数据。垂直虚线表示平均值。
资料来源：同表4.3。

是否获得奖金则普遍取决于平台公司及其运营业务所在国家。例如，在摩洛哥，只有15%的基于应用程序的网约车司机获得了奖金，他们中的大多数人都与Careem平台合作；在印度尼西亚，几乎所有与Gojek或Grab合作的基于应用程序的网约车司机（99%）都能获得奖金。由此可见，这创造了一种强大的游戏化激励机制，以鼓励工人长时间、高强度地工作。

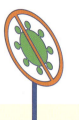

▶ **专栏4.4   新冠肺炎疫情对收入的影响**

在被纳入新冠肺炎疫情快速评估调查的国家，调查时处于活跃状态的工人中，有90%的基于应用程序的网约车司机和传统的出租车司机以及不同数量的配送员（智利为45%，肯尼亚为85%）表示，新冠肺炎疫情暴发后，其收入减少了。在大多数情况下，这是由于需求下降所致，尽管在配送行业依然有人表示需求有所增加（见专栏4.2）。

旅行限制导致我的工作时间比新冠肺炎疫情暴发之前大大减少了。由于两个月没有工作，我已经花光了全部积蓄。——在基于应用程序的网约车平台InDriver工作的男性受访者（墨西哥）

为了弥补收入损失，一些基于应用程序的受访者还表示，除了在基于应用程序的平台工作外，他们还通过私人关系提供额外的出行服务（31%）或配送（14%）服务。对大多数人而言，这只是他们在通过基于应用程序的工作之外获得的一小部分补充收入，而在某些情况下，这部分补充收入超过了他们的正常收入。例如，印度的一名基于应用程序的网约车司机表示，尽管在封锁期间他没有在优步平台工作，但他通过开车把乘客从德里送回其家乡所赚的月收入是平时使用优步平台获得有月收入的五倍之多。

一些基于应用程序的工人还表示他们同时在从事其他工作。自新冠肺炎疫情暴发以来，一些工人已经开始从事一份新工作（7%）或做一些兼职（4%），另一些人则继续从事现有工作（8%）或继续兼职来赚取额外的收入（3%）。此外，有13%的工人表示自新冠肺炎疫情以来，他们失去了之前所从事的其他工作。

基于应用程序和传统的出行行业和配送行业分别有超过90%和超过70%的受访者表示，新冠肺炎疫情已经对其家庭经济状况造成了影响。为了减少经济压力，79%的人表示已经缩减不必要的开支，65%的人开始动用储蓄，48%的人选择延期付款，29%的人选择向朋友、家人或邻居借款，13%的人选择从银行贷款，4%的人选择从应用程序公司借款。有些人还选择搬离公寓或搬回老家（11%），出售财产（10%），开始耕作或饲养动物（7%），或采取其他措施以减少支出或赚取额外收入（7%）。值得注意的是，43%的基于应用程序的网约车司机的车辆贷款偿还问题依旧悬而未决，虽然约有一半的人能够达成推迟全部或部分付款的协议，但另一半人仍必须支付与新冠肺炎疫情前相同的费用。

各行业约有1/3的受访者从政府或所在社区获得了某种形式的援助。在智利和印度，大多数受访者得到了政府的实物支持，一些人还得到了资金支持。只有少数受访者（9%）从自身工作的应用程序公司获得了资金或实物支持，比如肯尼亚的传统配送员（53%）和印度的基于应用程序的网约车司机（26%）。

资料来源：国际劳工组织快速评估调查（2020）。

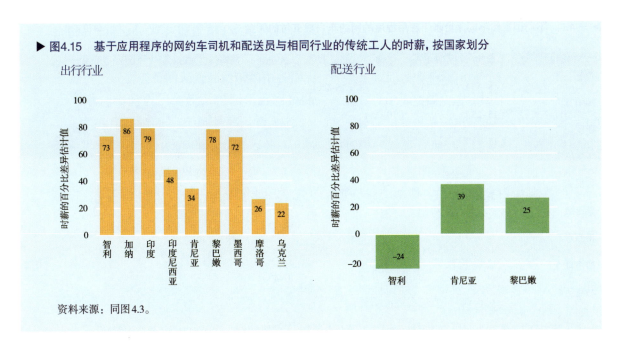

▶图4.15　基于应用程序的网约车司机和配送员与相同行业的传统工人的时薪，按国家划分

资料来源：同图4.3。

基于指定位置平台，特别是出行行业平台，通过向工人提供奖金和激励措施的方式，以低成本向客户提供服务（见第2.3节）。这可能会造成当地劳动力市场的扭曲，并减少传统行业中的工作机会。各国约有一半的传统出租车司机表示，自开始工作以来，每天的出行次数和收入都有所减少；仅约有1/3的司机表示其收入保持稳定。在一些国家（如智利、印度和墨西哥），多达70%的司机表示出行次数和每日收入都有所减少。

此外，与基于应用程序的网约车司机相比，传统出租车司机在两次订单行程之间等待的时间往往更长。例如，在印度，传统出租车司机表示两次行程之间平均需要等待93分钟，而基于应用程序的网约车司机只需要等待16分钟。

平台公司提供的奖金吸引了大量工人，从而增加了劳动力供应，同时也出现了人员数量超过预期需求的现象，导致竞争激烈。有43%的基于应用程序的网约车司机表示，随着时间的推移和平台引进人员的变化，越来越难获得奖金。在某些国家，受影响的工人人数尤其多，印度就是一个典型的例子，有84%的印度工人表示获得奖金的难度越来越大。

奖金激励方案的变化给司机带来了负担，而且工作更辛苦，一天下来，感觉更累。—— *在基于应用程序的出行平台Gojek工作的男性受访者（印度尼西亚）*

最初加入Ola时的待遇很好，但现在奖金和收入都减少了。—— *在基于应用程序的出行平台Ola工作的男性受访者（印度）*

除了奖金外，基于应用程序的工人的收入还受到平台收取的佣金（尤其是对于网约车司机而言）或者转账产生额外费用的影响。佣金在不同平台和国家间可能有所不同（见表4.4）。例如，在一些国家，优步的佣金从5%（肯尼亚）至25%不等。即使在同一国家，佣金也会因车辆和距离的不同而不同，介于5%~40%。

优步收取的佣金很高，所以在扣除佣金后，我的收入并不高。—— *在基于应用程序的出行平台优步工作的男性受访者（加纳）*

▶ 表4.4　不同国家和不同平台基于应用程序的网约车司机支付的佣金　　　　　　　　单位：%

国家	优步	Beat	Bolt	Cabify	Careem	滴滴	Gojek	Grab	Ola
智利	25（18~35）	25（20~30）	–	25（15~25）	–	–	–	–	–
加纳	25（15~25）	–	15（10~25）	–	–	–	–	–	–
印度	20（15~44）	–	–	–	–	–	–	–	20（15~40）
印度尼西亚	–	–	–	–	–	–	20（10~33）	20（5~40）	–
肯尼亚	5（5~25）	–	20（5~22）	–	–	–	–	–	–
黎巴嫩	25	–	–	–	20（15~25）	–	–	–	–
墨西哥	25（10~37）	25（15~28）	–	15（12~20）	–	10（9~30）	–	–	–
摩洛哥	–	–	–	–	25（10~40）	–	–	–	–
乌克兰	25（5~35）	–	15（10~40）	–	–	–	–	–	–

注：表中的数字是（调查时）各国家和应用程序的受访者最常提及的佣金比率，括号中为受访者答案的范围。
资料来源：同图4.3。

　　影响工人收入的其他因素还包括车辆贷款或租金。虽然许多基于应用程序的网约车司机自己拥有车子（69%），但绝大多数人（70%）都是通过贷款购买车辆。在某些情况下，贷款是平台公司提供的，这可能会导致工人被平台套牢，甚至产生财务问题，因为收入可能会随着时间的推移而降低。

　　起初，平台的薪酬很高，因此我贷款买了一辆车。但随着Ola和优步降低了薪酬，导致我目前无力偿还贷款。—— 在基于应用程序的出行平台优步工作的男性受访者（印度）

　　此外，因发生事故而导致难以获得保险（见第4.2.4节）、车辆损坏或承载应用程序的车辆或设备出现故障等情况还可能给工人带来额外的经济负担，甚至使其丧失工作机会。

　　我发现平台并没有将汽车维修产生的相关费用考虑在内，或是提供的维修费用很低，因此我无法承担车辆故障时产生的费用。—— 在基于应用程序的出行平台Beat工作的男性受访者（智利）

　　此外，如果客户取消或退回订单，工人就可能不得不自负盈亏，或在长途跋涉后自行负担额外费用。大约有70%的基于应用程序的配送员表示，通常在一周内至少被取消过一次订单。如果客户在最后一刻取消订单，工人可能不得不将订单退回平台办公室（50%），或者退回餐厅或公司（42%），或者自己掏钱（7%）或免费（3%）。

　　有时订单被取消，就必须退回商品，但配送过程中花费的汽油和浪费的时间却无法得到补偿。—— 在基于应用程序的配送平台PedidosYa工作的男性受访者（智利）

　　对基于应用程序的配送行业的工人而言，平台提供的协议性质同样会影响其收入。不同平台的情况不同，一些工人可能获得固定收入，而另一些人的收入可能更多地取决于奖金或订单数量，这使工人收入变得无法预测，也不稳定。例如，在印度，快递平台可能有全职工人（每天工作10~12小时）、兼职工人（每天工作4小时）、临时轮班工人（每周工作2天或3天）和单次送货工人。在Swiggy和Zomato平台，有很大比例的受访者是全职工人（分别为74%和96%）。

这些全职工人有"最低收入保证",这意味着只要他们完成了最低限度或数量的工作时间和订单,就会获得一份保障性的收入。此外,与平台兼职工人相比,他们还可能获得更高的奖金。在对乌克兰Glovo平台的调查中,约19%的受访者是正式工,14%的人是临时工,67%的人可以归为自雇劳动者或独立承包商。在阿根廷,平台竞争日益激烈,PedidosYa平台采用雇用独立承包商的方式来取代曾经的全职工人(López Mourelo,2020)。

要想获得每周6000卢比(约合85美元)最低收入,每天必须登录并保持在线时间达12个小时,每周六天,并完成60笔订单,没有假期和周末。—— *在基于应用程序的配送平台Zomato工作的男性受访者(印度)*

在一些国家的基于指定位置平台,不同性别间存在收入差距。尽管女性很少涉足基于应用程序的出行行业和配送行业(见第4.1.2节),但在那些能够获得充足数据的国家,依然可以观察到男女之间的这种收入差距。在阿根廷和智利,基于应用程序的配送行业存在显著的男女收入差距,女性的收入比男性低17%,而在乌克兰则没有显著的男女收入差距(见附录4B)。在某些发达国家也同样存在男女间的收入差距。美国的一项涵盖100多万名基于应用程序的优步司机数据的调查表明,男性的收入比女性高7%左右。这种差距的产生是由于经验、对工作地点的偏好以及在驾驶速度方面存在的差异(Cook et al.,2018)。女性获得更多工作的能力也可能会受到谨慎行事、不愿意在夜间工作、担心遭受歧视、骚扰或暴力等因素的限制(见第4.5节)。

4.2.3 工作时间和工作与生活的平衡

选择平台工作的主要原因之一是能够灵活安排工作时间,努力实现工作与生活的平衡。国际劳工组织调查的结果显示,不同类型平台的工作时间存在很大差异,这对工作与生活的平衡产生了严重影响。

基于在线网络平台的工人花费大量时间从事无薪工作。包括有薪和无薪工作在内,平均每周工作27小时(见图4.16),其中大约1/3的时间(8小时)花在了无薪工作上。

◢◢ 每完成一小时有薪工作,工人需要在自由职业者平台花费23分钟或在微任务平台花费20分钟完成无薪工作。

每完成一小时有薪工作,工人需要在自由职业者平台花费23分钟或在微任务平台花费20分钟完成无薪工作。虽然半数的基于在线网络平台工人每周工作少于20小时,但依然有1/5的受访者表示自己每周工作超过40小时。在自由职业者平台,平均每周工作时间为30小时,其中近1/4的受访者的工作时间超过40小时。相对而言,在竞争性编程平台(18小时)和微任务平台(24小时),平均每周工作时间较少。然而,尽管有半数的微任务平台工人的工作时间少于16小时,但依然有20%的受访者表示自己的工作时间超过40小时,这表明工作时间存在较大差异。

基于在线网络平台工人同时从事在线工作和其他有薪工作。约有一半的基于在线网络平台工人从事其他有薪工作,主要包括有薪雇员(45%)、领时薪或日薪的雇员(23%)和自由职业者(21%)。他们除了平均每周要花费28小时从事其他有薪工作,还要在基于在线网络平台工作26小时,导致其工作时间延长。这种长时间工作的需求也表明了在线和线下劳动力市场工作的收入都很低。大多数微任务平台工人平均每周有30小时从事其他有薪工作(52%)。在自由职业者平台(42%)和竞争性编程平台(23%),从事其他有薪工作的工人比例较低,分别为平均每周22小时和27小时。

▶ 图4.16 每周工作时长(包括有薪工作和无薪工作),按平台类型、国家发展状况和性别划分

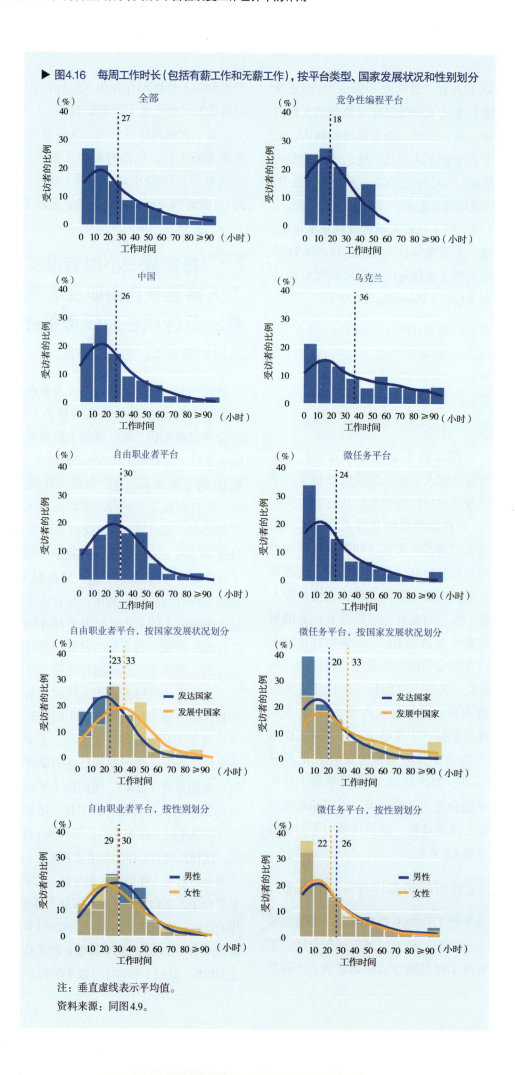

注:垂直虚线表示平均值。

资料来源:同图4.9。

曾经我在线下的一家公司每周工作40小时，此外还在自由职业者平台工作20小时。——*男性受访者（哥伦比亚）*

发展中国家的工人在基于在线网络平台工作的时间更长。平均而言，发展中国家的受访者每周的工作时间（32小时），包括有薪和无薪工作远高于发达国家的受访者（20小时），这可能是由于发展中国家的工人更依赖于将在线工作作为主要收入来源（见第4.2.2节）。此外，发展中国家的工人每周花费在无薪工作上的时间（9小时）也高于发达国家的工人（5小时）。这种差异可能是平台对发展中国家工人的限制所致，如被排除在某些工作之外（见第4.5节）。

特别是在发展中国家，基于在线网络平台的一些工人的工作时间表和加班时间无法预测。尽管平台促进了工作的灵活性和自由安排工作时间，但国际劳工组织的调查显示，事实上工人在选择工作时间表时依然面临局限性。在自由职业者平台，约82%的受访者表示，客户有时或定期要求他们在标准工作时间外提供服务（另见第4.3.1节）。客户的这种要求在发展中国家（85%）比发达国家（76%）更为常见。约63%的中国受访者和31%的乌克兰受访者表示他们收到过这样的请求，这可能是由于大多数客户往往来自发达国家（见第1.3节），因而存在时差的这一事实。

白天我是全职妈妈，晚上是全职自由职业者。我的"夜晚"是美国的"白天"。所以对我而言，除了想要睡觉外，一切都还好。—— *在自由职业者平台Upwork工作的女性受访者（罗马尼亚）*

同样在微任务平台，发展中国家的大多数工人（53%）在晚上10点至凌晨5点间工作。因为工作任务往往是在美国的上班时间发布的（对于非洲和亚洲工人而言，是其傍晚或夜间时间），因此工人只能适应这样的时间安排（Rani and Furrer，即将出版；O'Neill，2018）。

出行行业和配送行业的大部分工人的工作时间长、工作强度高。一直以来，发展中国家持续关注交通运输行业，尤其是传统出租车服务行业工作时间长的问题（Gwilliam，2005）。这种情况也同样存在于基于应用程序的平台。传统出行行业和配送行业的平均每周工作时间分别为70小时和57小时，在基于应用程序的出行行业和配送行业，平均每周的工作时间分别为65小时和59小时，但超过一半的受访者表示他们的工作时间超过平均水平。甚至在某些国家，工作时间更长。例如在印度，基于应用程序的出行行业平均每周的工作时间高达82小时；在肯尼亚和黎巴嫩，基于应用程序的配送行业平均每周的工作时间为63小时（见图4.17）。

我们不得不工作12个小时，甚至更长时间，但是却没有得到相应的报酬。—— *在基于应用程序的出行平台Ola工作的男性受访者（印度）*

有相当大比例的基于应用程序的出行行业（41%）和配送行业（38%）的工人每周工作7天。28%的基于应用程序的出行行业的受访者表示工作时间超过12小时，50%的基于应用程序的配送行业的受访者表示每周有三天或三天以上的工作时间超过10小时。通过游戏化激励机制，平台创造了获得更高收入或奖金的机会，从而激励工人长时间工作。这也可能导致高强度工作，因为工人为了实现自己的目标或因为担心失去客户或订单，往往会减少自己的休息时间。在一些平台上，工人的休息时间还会受到算法控制，有时时间精确到秒，工人还会因为离线时间过长而被罚款。

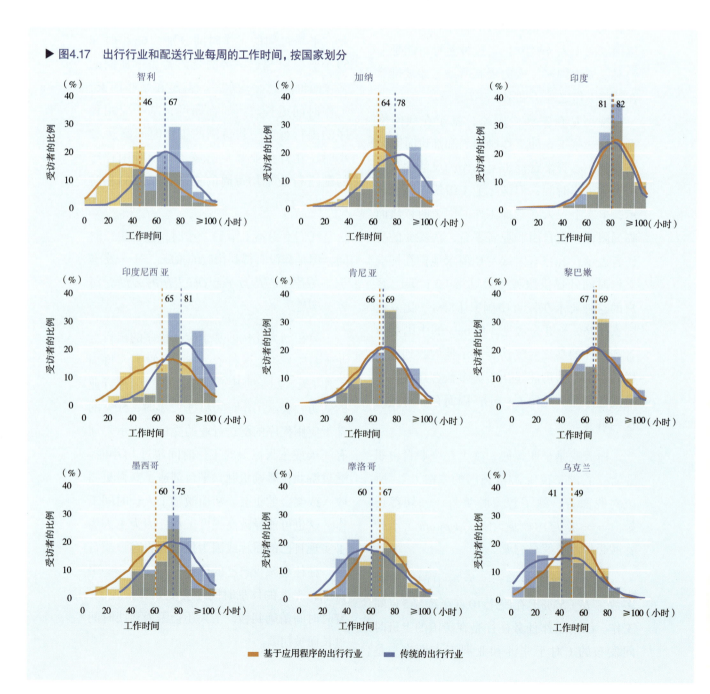

4.2.4 职业安全和健康

在基于在线网络平台,非正常工作时间段的工作需求不仅限制了平台工人灵活选择工作时间的能力,还影响了工作与生活的平衡,有时甚至会导致社交孤立(Anwar and Graham, 2020; Dedeoglu, 即将出版)。对乌克兰的自由职业者平台的调查显示,有61%的受访者表示与此前的工作情况相比,工作与生活的平衡并没有得到改善;此外,23%

的人表示他们经常或总是感到压力,58%的人担心未来的工作过量。这种情况对工人的健康造成了影响,其中许多人早已存在在屏幕前长时间工作的问题。

在晚上工作是自由职业者面临的最大问题。我每天辛苦工作超过16个小时,这对我的健康和心理都产生了影响,但我的家庭需要依靠我的收入。—— *在自由职业者平台Upwork工作的男性受访者(孟加拉国)*

▶ 图4.17   出行行业和配送行业每周的工作时间,按国家划分

▶ 图4.17 （续）

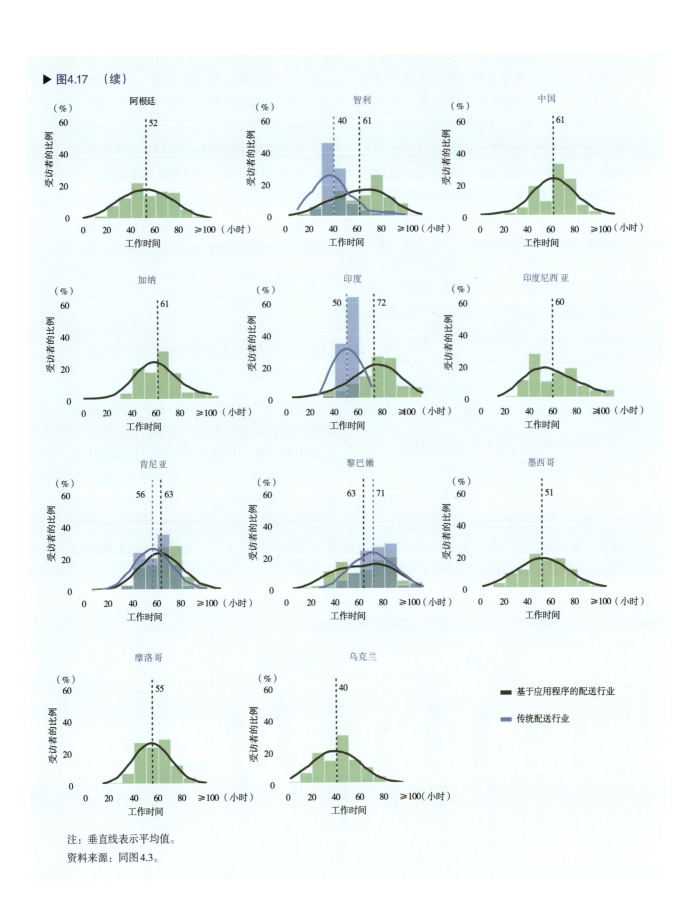

注：垂直线表示平均值。

资料来源：同图4.3。

在基于应用程序的出行平台和配送平台，有很大比例的受访者（分别为79%和74%）表示，工作和工作条件都给他们带来了压力。这通常是由于交通堵塞、收入不足、缺少工作机会、工作时间长、工伤风险和高速驾驶压力导致的（见图4.18）。工人的活动被平台密切监视，客户也可以进行实时跟踪，这进一步加剧了他们想要更快到达目的地的压力，从而确保未来的订单或行程不被取消，因为即使在途中稍有延误，客户也有权取消订单。这种情况对工人的职业安全和健康都可能产生严重影响，特别是这些工人往往无法被社会保障覆盖（见第4.2.5节），此外这还可能危及客户安全。

我曾经发生过车祸，是因为当时我连续工作了48个小时。—— 在基于应用程序的出行平台Cabify工作的男性受访者（智利）

如果出现延误，客户有权取消订单。—— 在基于应用程序的配送平台Deliveroo工作的男性受访者（肯尼亚）

基于应用程序的出行行业和配送行业的工人，特别是女性工人，也面临一系列职业安全和健康风险。分别有约83%和89%的基于应用程序的出行行业和配送行业的工人表示对工作安全感到担忧，这种担忧通常与道路安全、盗窃和人身伤害有关（见图4.19）。部分国家的调查采样包含女性样本。这些国家的调查结果显示，在基于应用程序的出行，女性比男性更担心人身伤害问题。这表明，安全问题以及工作中的暴力和骚扰问题仍有待解决。

我卷入了一起严重的骚扰案件。起初一名男子自己在手机上看色情电影，接着他提出给我钱，让我和他一起看。—— 在基于应用程序的出行平台Beat工作的女性受访者（智利）

发生车祸后我被送进了医院，有两周的时间无法工作。—— 在基于应用程序的出行平台Bolt工作的男性受访者（加纳）

分别有约10%和21%的基于应用程序的出行行业和配送行业的工人表示曾经历过工伤或事故。这一比例在摩洛哥（34%的基于应用程序的网约车司机）和墨西哥（47%的基于应用程序的配送员）都很高。超过80%的受访者表示，平台没有采取任何措施来预防工作场所可能发生的会影响工人工作和收入的风险。

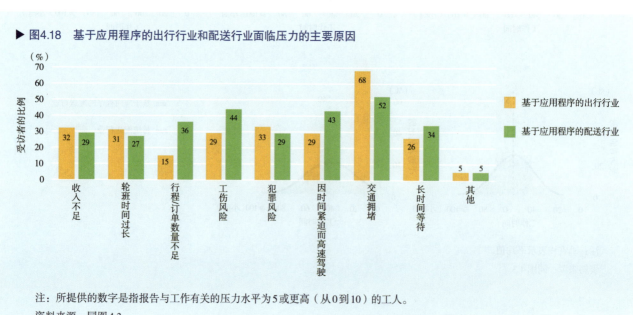

▶ **图4.18 基于应用程序的出行行业和配送行业面临压力的主要原因**

（%）

- 基于应用程序的出行行业
- 基于应用程序的配送行业

纵轴：受访者的比例

横轴：收入不足、轮班时间过长、行程订单数量不足、工伤风险、犯罪风险、因时间紧迫而高速驾驶、交通拥堵、长时间等待、其他

数值：收入不足 32/29；轮班时间过长 31/27；行程订单数量不足 15/36；工伤风险 29/44；犯罪风险 33/29；因时间紧迫而高速驾驶 29/43；交通拥堵 68/52；长时间等待 26/34；其他 5/5

注：所提供的数字是指报告与工作有关的压力水平为5或更高（从0到10）的工人。

资料来源：同图4.3。

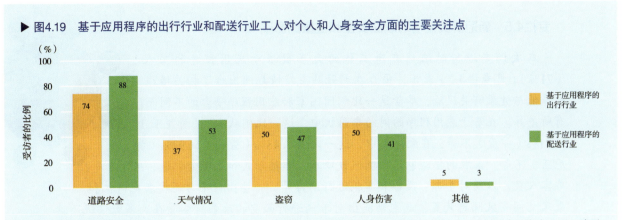

▶ 图4.19 基于应用程序的出行行业和配送行业工人对个人和人身安全方面的主要关注点

注：图中的数字是指报告其与工作有关的个人和人身安全为8或以下的工人。等级从0到10，0表示根本不安全，而10表示完全安全。

资料来源：同图4.3。

在发生车祸时，我希望Swiggy能承担责任并给予我支持，然而呼叫中心并没有人接听我的电话。平台理应在紧急情况下为我提供帮助。—— 在基于应用程序的配送平台Swiggy工作的男性受访者（印度）

此外，与新冠肺炎疫情相关的职业安全和健康风险进一步加剧了对工人健康的威胁，特别是对出行行业和配送行业工人的威胁（见专栏4.5）。英国的网约车和出租车司机以及专职司机是新冠死亡率最高的职业之一（United Kingdom，Office for National Statistics，2021）。

4.2.5 获得社会保障

社会保障是一项人权，包括失业、工伤、疾病、养老、残障、遗属和医疗保险，以及孕妇、儿童和家庭保险（ILO，2017a）。数字劳动力平台的工作组织安排导致人们对平台工人社会保障覆盖面不足的问题的极度担忧（Behrendt，Nguyen and Rani，2019；Woodet al.，2019a；OECD，2018）。新冠肺炎疫情加剧了

这种担忧，因为许多平台工人只享有有限的保险，而无法获得带薪病假、疾病津贴或失业保险（ILO，2020a and 2020b；Utek–Spilda et al.，2020；McGee，2020；见专栏4.6）。

只有一小部分基于在线网络平台的工人享有社会保障，大约有40%的受访者表示有医疗保险[1]（见表4.5），这方面的性别差距不大。超半数（61%）的微任务平台受访者表示有医疗保险，他们可能是通过主要工作[2]或配偶获得保险；然而，只有很少的自由职业者平台的工人（16%）和竞争性编程平台的工人（9%）表示自己有医疗保险。在基于在线网络平台，也只有很少的一部分受访者（不到20%）表示已经获得了工伤、失业和残障保险，或者养老金或退休金保障（包括公共和私人养老金计划），而且覆盖范围在不同类型的平台上都很低。不同年龄段的社会保障覆盖率没有差异，这表明年轻和年长的工人都容易受到社会经济和健康方面的冲击。

---

① 调查问题涉及医疗保险，包括公共社会医疗保险或私人医疗保险。应当指出的是，国际劳工组织的社会保障标准促进了社会保障机制，并通过基于团结原则的集体供款机制，特别是社会医疗保险和税收融资规定，以确保平台工人在获得有效的医疗保障的同时，不造成经济困难。

② 在社会保障覆盖范围涵盖"传统"经济中的工作的情况下，人们对基于应用程序平台的搭便车行为产生了担忧，这对以牺牲"传统"经济为代价的社会保障融资、公平竞争以及社会保护制度的公平和可持续融资造成影响（Behrendt，Nguyen and Rani，2019）。

▶ **专栏4.5　新冠肺炎疫情对职业安全和健康的影响**

本次调查进行时依然在岗工作的大多数基于应用程序的工人（71%）（见专栏4.2）表示，平台在新冠肺炎疫情期间出台了相关措施来降低与健康有关风险，尽管这一比例因国家和应用程序平台的不同而有所差异。在基于应用程序的网约车司机中，这一比例从24%（肯尼亚）到81%（印度）不等；在配送员中，这一比例从48%（智利）到92%（肯尼亚）不等。采取的措施包括强制佩戴口罩、非接触式和无现金配送、限制乘客人数，以及对手部、设备和车辆进行消毒等。一些出行平台还要求在司机和乘客之间安装隔离装置，或主动提出对车辆进行必要的改装。尽管在大多数情况下这些装置都是免费提供的，但依然存在部分平台向工人索取装置材料费用的情况。

除了每天都得佩戴口罩，登录并上传两到三次照片外，还必须启动接触者追踪应用程序。——在基于应用程序的出行平台优步工作的男性受访者（印度）

戴口罩、随身携带消毒液、戴手套、在配送时保持距离。——在基于应用程序的配送平台Jumia工作的男性受访者（肯尼亚）

大约一半的基于应用程序的网约车司机和81%的基于应用程序的配送员还表示，应用程序平台为应对新冠肺炎疫情提供了共享信息或安全培训，其中的绝大多数工人（89%）认为这是有用的。分别有31%和67%的基于应用程序的网约车司机和配送员表示，平台公司向工人提供了口罩、手套或洗手液等个人防护用品（PPE）。然而，有大约一半的工人表示个人防护用品的数量不足，1/3的工人表示个人防护用品的质量不过关。此外，14%的工人表示他们虽然拿到了防护用品但并未使用，另有11%的工人表示由于这些防护用品经常在特定地点和特定时间发放，因此很难取用，给工人带来了很多不便。

为了避开发放个人防护用品时办公室拥挤的人群，我决定自己购买个人防护用品。——在基于应用程序的出行平台滴滴工作的男性受访者（墨西哥）

每月我都会得到一个一次性口罩、一瓶50毫升的消毒液和一副手套，然而这些防护用品在一个月内并不够用，因为口罩和手套都很容易坏掉。——在基于应用程序的配送平台Dunzo工作的男性受访者（印度）

无论是在基于应用程序的还是传统的出行行业和配送行业，几乎所有受访者（94%）都采取了个人防护措施以降低在工作中感染新冠肺炎的风险。这对于83%的基于应用程序的工人来说意味着额外的支出，尤其是在平台公司无法提供或提供的个人防护用品不足的情况下，他们不得不自行购买口罩、手套或消毒液。此外，尽管大多数基于应用程序的网约车司机（88%）和配送员（96%）在调查时都被认为是新冠肺炎疫情期间重要的平台工人，但当中的许多人都对平台保护其免遭感染新冠肺炎的做法感到不满意（24%的工人表示不满意，33%的工人表示非常不满意）。

资料来源：国际劳工组织快速评估调查（2020年）。

▶ **专栏4.6　新冠肺炎疫情与社会保障**

　　基于在线网络平台和基于指定位置平台的工人获得带薪病假、疾病津贴或失业津贴的机会非常有限，因此新冠肺炎疫情期间平台工作存在特定风险。由于许多工人的收入完全依靠基于工作型的工作维系，无法获得带薪病假和疾病津贴（ILO，2020b），因此即便出现新冠肺炎症状，他们也无法负担自我隔离的费用，从而给自己和他人带来了风险。与此同时，鉴于一些国家的医疗保障成本和平台工人缺少医疗保险的问题，让工人在接受新冠肺炎检测和治疗方面面临挑战。

　　国际劳工组织的新冠肺炎疫情快速评估调查显示，在依然从事基于应用程序和传统的出行行业和配送行业工作的受访者中（见专栏4.2），有8%的人表示自己或家庭成员的新冠肺炎检测结果呈阳性或有相关症状。尽管其中的大多数人会选择休假，也有部分基于应用程序平台的工人会将自己的情况告知平台公司，然而仅有一名平台工人获得了一次性经济补贴（70美元，相当于在基于应用程序平台工作两天的薪酬）。在另一个案例中，一名无症状的基于应用程序的工人因为与新冠肺炎检测结果呈阳性的人住在一起，因此被平台要求无薪休假，并且在其告知所属公司具体情况的一个月后，他的平台账户被停用了。

　　一些基于应用程序的出行平台和配送平台采取了一些具体措施，以降低工人在财务、职业安全和健康方面的风险（见专栏4.6），如平台为确诊的工人提供长达两周的经济援助或支持。然而，约有70%的基于应用程序平台的工人表示，即使他们的新冠肺炎检测结果呈阳性，也依然无法获得带薪病假或补贴。正如在其他研究（Fairwork Project，2020）中观察到的那样，这可能是由于缺少此类规定、认知有限或实施不力造成的。

　　虽然基于在线网络平台工人感染新冠肺炎的风险可能低于基于指定位置平台工人，但即便在这种情况下，基于在线网络平台工人获得医疗保险的机会仍然有限。当基于在线网络平台的工人出现相关症状时，往往会由于缺乏医疗保险或者需要自己承担医疗费用等原因而难以获得足够的医疗服务。此外，由于缺乏疾病津贴，工人们不愿意休假。这种情况反过来给工人和用工平台造成了漏洞，同时也潜在地破坏了公共卫生系统为遏制疫情所做出的努力。

　　一些政府采取了临时措施以减轻新冠肺炎疫情对工人的不利影响，如保证工人获得高质量的医疗服务，通过提高福利水平来加强工人的收入保障，通过正在进行的或新的方案将医疗服务覆盖范围扩大到从前未覆盖的工人群体。虽然许多国家已将其现行方案或计划的覆盖范围扩大到自雇劳动者，但一些国家特别强调了平台工人才是此类措施的目标群体。例如，在爱尔兰，疾病津贴已经扩大，覆盖所有工人；在芬兰和美国，临时失业津贴已覆盖失业保险未涵盖的工人，包括平台经济中的自雇劳动者（ILO，2020a；ISSA，2020）。

　　资料来源：国际劳工组织快速评估调查（2020年）。

与发达国家相比，发展中国家的基于在线网络平台的工人获得社会保障的可能性较小。发展中国家从事在线工作的工人表示享有医疗保险（43%）、养老金或退休金保障（23%）、失业保险（9%）、残障保险（7%）或工伤保险（18%）的比例很低。在对中国和乌克兰进行的国家层面的调查显示，只有不到10%的受访者表示有养老金或退休金保障。相比之下，发达国家的工人在享有医疗保险（61%）、养老金或退休金（35%）方面的比例相对较高（见表4.5）。调查结果明确强调，尽管发达国家的工人得益于某些健全的体制结构而获得了更好的社会保障，但无论是在发达国家还是发展中国家，社会保障对在线网络平台工人的覆盖率不足都是共同存在的问题（ILO，2017a）。

在进行调查的国家中，大多数从事基于应用程序的出行行业和配送行业的受访者表示没有社会保障。在基于应用程序的出行行业和配送行业，只有不到10%的受访者享有失业保险和残障保险，不到20%的受访者享有养老金或退休金（公共和私人养老金计划）（见表4.6）。虽然大多数工人表示在出现严重健康问题时可以获得医疗服务（分别为94%和80%），但只有大约一半的人真正享有医疗保险。

▶ 表4.5　享有社会保障福利的基于在线网络平台的受访者比例，按平台类型、国家发展状况和性别划分

单位：%

类别	医疗保险	工伤保险	失业保险	残障保险	养老金或退休金
自由职业者平台	16	1	2	2	6
竞争性编程平台	9	6	4	2	6
微任务平台	61	21	16	13	35
发达国家	61	17	17	15	35
发展中国家	43	18	9	7	23
中国	30			18	6
乌克兰	12	5	5	4	4
男性	42	18	13	12	21
女性	39	11	10	11	18
有其他工作	45	17	14	13	26
无其他工作	37	12	10	10	14
全部（除中国和乌克兰）	53	17	14	11	30
全部	41	15	12	12	20

资料来源：同图4.9。

▶ 表4.6　享有社会保障福利的出行行业和配送行业的受访者的比例

单位：%

类别	医疗保险	工伤保险	失业保险	残障保险	养老金或退休金
基于应用程序的出行行业	51	27	5	4	18
传统出行行业	52	23	3	3	14
基于应用程序的配送行业	53	31	7	6	17
传统配送行业	40	31	16	4	23

资料来源：同图4.3。

尽管面临着很高的职业安全和健康风险，但在基于应用程序的出行行业和配送行业，只有约30%的受访者享有工伤保险。

我们应该享有事故保险和社会津贴。——基于应用程序的配送平台iVoy的男性受访者（墨西哥）

尽管面临着很高的职业安全和健康风险，但在基于应用程序的出行行业和配送行

业，只有约30%的受访者享有工伤保险（见表4.6）。一些发展中国家的工人表示，在没有得到公司支持或通过公共保险计划得到充分保护的情况下，自行购买了相关的私人保险。例如，在墨西哥，有70%的基于应用程序的网约车司机享有工伤保险，其中超过91%的人享有私人保险。一些平台公司（如印度的Swiggy或印度尼西亚的Grab）虽然表示提供事故保险（SwiggyBytes，2017；Grab，2017），但一些遭遇过事故的受访者称自己并没有得到过公司的任何支持。此外，在工作出现变动时，这些保障措施也可能会带来社会保障利益转移方面的问题。

4.3　算法管理下工人的自主权与控制权

平台工作的支持者通常认为，工作平台让工人拥有更广泛的自主权，以及对如何完成工作的控制权（Mulcahy，2016；MGI，2016）。然而，平台及算法的设计使人们对于新形势下工人控制导致的自主权丧失表示担忧（Pichault and McKeown，2019；Wood et al.，2019b；Schorpf, Flecker and Schonauer，2017）。这些算法依赖来自工人工作的各个方面的数据，但工人通常无权使用或控制这些数据（见第1.4节）。这导致了信息不对称，平台上有大量关于工人和其所从事工作的数据，而工人却几乎不知道平台是如何使用这些数据的。

算法管理正在使用工人在平台工作时生成的数据来定义工人的日常工作经验、绩效和成就（Duggan et al.，2020；Jarrahi et al.，2019；Rosenblat and Stark，2016）。同时，这也对工人收到的反馈、评分、纠纷解决、有薪或无薪的工作情况产生影响。

4.3.1　工作的自主权和控制权

监控工作和决定工作方法在基于在线网络平台很常见。平台为客户和工人提供了各种用于沟通、管理和监控工作进展情况的工具，尤其是在线自由职业者平台非常常见（见第2.5节）。国际劳工组织的调查显示，有相当大比例的受访者被平台或客户要求安装特定软件或满足某些硬件和软件方面的要求；[①]工人的工作时间被客户监控；客户要求工人在特定时间内进行工作；工人还被要求使用监控系统来提交已完成的工作截图（见表4.7）。对发展中国家平台工人和女性而言，这种监控和控制机制更为常见。在某些情况下，平台要求工人签署保密协议，以阻止他们与平台外的工人一起工作，协议中还包括工作中所使用工具的详细说明，以及要求其放弃对其所从事工作的知识产权（Darkwah and Tsikata，即将出版）。

[①] 硬件方面的要求包括中央处理器的速度、互联网连接的速度、摄像头、麦克风等。软件方面的要求包括操作系统、特定工作任务软件（如转录或照片编辑软件）和时间追踪软件等。

我不得不安装桌面应用程序用于进行时间追踪，这是一个烦人的应用程序。这个程序可以通过网络摄像头、鼠标和键盘来截屏和拍照。——*在自由职业者平台Upwork工作的男性受访者（阿根廷）*

基于应用程序的出行行业和配送行业的工人的自主权和控制权有限。工作自主权和控制权的一个重要内容是工人选择的工作时间和休息时间，以及出于疲劳或安全考虑而拒绝某些订单。然而，工人的日程安排和目的地可能取决于评分及其"级别"，以及平台的其他激励结构，如峰时定价。基于应用程序的出行行业（37%）和配送行业（48%）有相当大比例的工人无法拒绝或取消工作，因为拒绝或取消工作可能会对评分产生负面影响，从而导致工作机会减少、失去奖金、受到经济惩罚，甚至平台账户被停用（见图4.20）。

如果拒绝了订单，那么我将无法选择想要的轮班时间。—— 在基于应用程序的配送平台Glovo工作的男性受访者（乌克兰）

如果拒绝了工作，那么我的接单率会降低，订单量也会因此减少。—— 在基于应用程序的配送平台Cornershop工作的女性受访者（智利）

我取消了三次订单行程，因而被停止了一个小时的接单服务。—— 在基于应用程序的出行平台滴滴工作的非二元性别受访者（墨西哥）

智利的PedidosYa平台允许配送员提前预订轮班时间，而工作时段则根据工人的"级别"来分配，而"级别"又取决于在特定天数或时间段内工人的工作时间和接受的订单量。如果工人减少工作时间或拒绝订单，则可能无法获得想要的工作时段，订单量也会因此减少。出行平台为了确保在高峰时段提供足够的驾驶员以满足客户需求，因而使用峰时定价来解决供需问题（Liu et al., 2019；Rosenblat and Stark，2016）。许多工人表示，他们依靠很高的峰时定价来增加收入。由于某些区域的峰时定价较高，因此平台鼓励司机在特定时间抵达这些区域，并接受最少的订单数，以从中受益。

▶ 表4.7   监控和组织自由职业者平台上的工作，按国家发展状况和性别划分（受访者百分比）   单位：%

类别		平台需求		客户需求		客户监控工作时间		工作截图		在特定的时间内工作	
		硬件和软件要求	安装特定的软件	硬件和软件要求	安装特定的软件	定期	有时	定期	有时	定期	有时
	自由职业者平台	22	41	46	47	47	38	46	37	43	47
发达国家	全部	17	27	41	48	34	42	34	40	31	51
	男性	17	27	35	44	26	46	30	36	34	48
	女性	18	27	47	52	40	39	38	43	29	53
发展中国家	全部	24	48	48	47	53	36	51	36	49	46
	男性	23	47	43	46	52	37	53	34	50	44
	女性	28	48	55	49	55	34	47	39	46	50
	中国	–	–	–	–	4	48	–	–	–	–
	乌克兰	–	–	–	–	7	17	12	28	13	32
	全部	22	41	46	47	13	36	24	31	24	38

资料来源：国际劳工组织对自由职业者平台工人进行的全球调查（2019~2020年）；国际劳工组织对中国（2019年）和乌克兰（2019年）的平台工人的调查。

▶ 图4.20　在不同国家的基于应用程序的出行行业和配送行业，因无法拒绝或取消工作而受到影响的受访者的比例

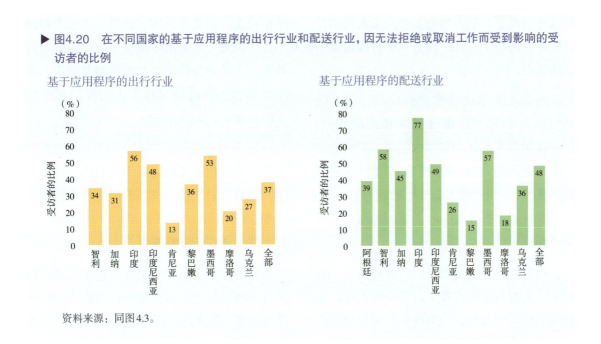

基于应用程序的出行行业

基于应用程序的配送行业

资料来源：同图4.3。

我去到动态定价的地区，选择在峰时定价时段避开人流量大的道路，以增加收入。——*在基于应用程序的出行平台滴滴工作的男性受访者（墨西哥）*

你不能拒绝超过每日订单总量10%的订单，否则平台会给你降级。——*在基于应用程序配送平台PedidosYa工作的男性受访者（智利）*

平台和客户经常通过全球定位系统（GPS）密切监控基于应用程序的出行行业和配送行业的工人，下单后，客户可以随时与工人联系。追踪系统还能帮助平台规定工人完成订单的路线，并监控行程所花费的时间。此外，受访者还表示，他们往往没有太多时间来决定是否接受或拒绝订单；在优步平台上，司机需要在收到请求后的15秒到40秒内根据有限的信息做出决定。

4.3.2　评分、评价和争议解决

在平台上，算法的主要用途包括匹配工人和客户、评价完成的工作并提供评分（Duggan et al.，2020；Wood et al.，2019b；见第2章）。如果工人的评分低于某个阈值，

平台就会拒绝为其分配工作或"停用"，而这些通常都是用算法进行管理的。

评分对是否能在基于在线网络平台获得工作起着决定性作用。在自由职业者平台，有83%的受访者认为高评分是获得新工作的关键因素。在对乌克兰进行的国家层面的调查中，87%的受访者表示评分非常重要或比较重要。在竞争性编程平台，有近一半的受访者表示高评级对他们的求职有利。较高的评分在获得更多的工作机会方面发挥了作用，而较低的评分有时会导致工人账户被停用。在中国和乌克兰，分别有6%和11%的基于在线网络平台工人报告了账户被停用的情况，

在这种情况下，平台可能不会向工人提供任何解释，而且工人几乎没有与平台沟通或争论的机会。

Upwork严重依赖客户的反馈评分。如果没有收到客户反馈或无法联系到客户，Upwork就认为工人的工作未完成，因而完成率评分会降低。在这种情况下，除非工人是最高分获得者，否则将不能对此提出异议。——在自由职业者平台Upwork工作的男性受访者（菲律宾）

对乌克兰进行国家层面的调查显示，有60%以上的自由职业者平台的受访者称，他们除了获得评分外，没有收到任何其他形式的评价。即便评分很差也是如此，这限制了工人从评分中吸取教训以争取在未来取得更好表现的可能性。来自发达国家的工人（68%），特别是女性工人（71%），未获得任何形式的工作评价的比例较高。

工人的评分受到客户和平台算法的影响。例如，客户对工人的工作给出了低评分或拒绝了工作成果，尽管这种情况可能是不公平或带有欺诈性的，但仍然会被考虑到算法中，进而影响工人的整体评分。中国有62%的自由职业者平台的受访者表示，自己至少遇到过几次客户或平台欺骗或欺诈的情况。

客户拒绝工作成果的情况在基于在线网络平台很常见，但并不是所有拒绝都是合理的，特别是在微任务平台。86%的微任务平台受访者和34%的自由职业者平台受访者表示工作成果被客户拒绝过，只有少数人表示这种拒绝是合理的（见图4.21）。尤其在微任务平台上的不公平拒绝率之高，反映出了这样一个事实，即工作往往是由算法监管，而不是由人来监管。这些算法的设计方式可以使平台同意多个工人同时完成相同的工作任务，但最终的工作成果选取仅基于工人对工作任务应答内容的多少，而不是取决于应答内容是否正确，这种做法可能会导致不公

平拒绝工作的情况出现。此外，不公平拒绝工作以及随之而来的拒绝支付工作报酬可能导致工人的评分降低，甚至影响其到未来的工作机会，还可能导致工人的账户被停用（Berg et al.，2018）。

客户对拒绝接受工作成果给出的理由是在最初提出的要求方案中没有提到相关内容，但在我看来他们只是希望免费获得工作成果。——在自由职业者平台Upwork工作的女性受访者（白俄罗斯）

一些客户在没有给出令人信服的理由的情况下随机拒绝了工作成果，因此我们可能在无法获得报酬的情况下完成工作。——在微任务平台AMT工作的男性受访者（印度）

约有一半的自由职业者平台的受访者表示不知道申诉或寻求帮助的正式流程（见图4.22）。知道流程的受访者中有31%的人曾经对评分或评价提出过异议或申诉。其中有77%的人表示对申诉结果感到满意；18%的人表示申诉被拒绝，而评分或评价没有改变；5%的人表示申诉后评分或评价变得更差或面临某种形式的惩罚。男性（79%）获得令人满意的申诉结果的比例高于女性（73%）。

评分对基于应用程序的配送行业和出行行业的大多数工人而言至关重要。分别有72%和65%的基于应用程序的出行行业和配送行业的受访者表示，评分对获得的工作量和工作类型有影响（58%的工人认为对工作收入产生影响，47%的工人认为对订单行程距离有影响）。约有1/4的在上述行业工作的工人认为目前的评分并不能准确反映他们的表现。在黎巴嫩（47%的基于应用程序的网约车司机）和印度（43%的基于应用程序的配送员），这一比例尤其高。有时，评分还会受到工人无法控制的因素影响，如因餐馆出餐慢而造成的订单延误或遇到交通堵塞。

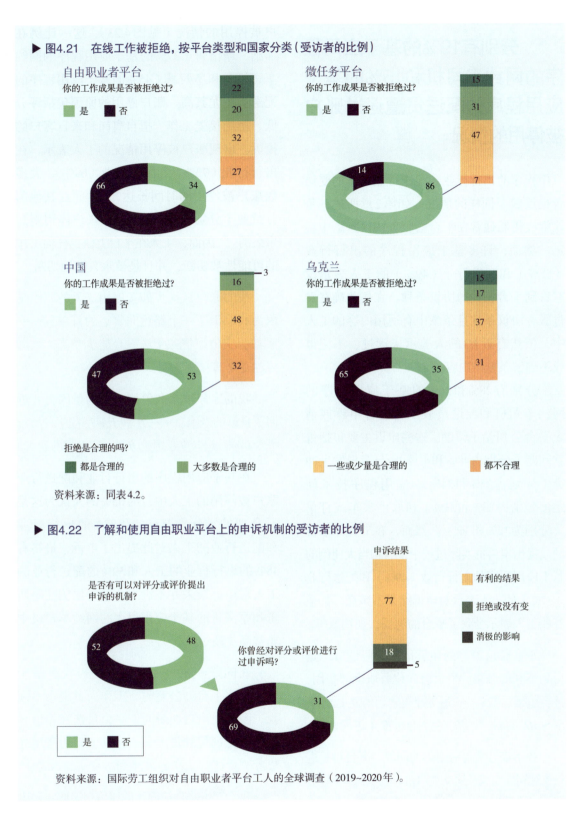

▶图4.21　在线工作被拒绝，按平台类型和国家分类（受访者的比例）

自由职业者平台
你的工作成果是否被拒绝过？
■ 是　■ 否

66　34

22
20
32
27

微任务平台
你的工作成果是否被拒绝过？
■ 是　■ 否

14　86

15
31
47
7

中国
你的工作成果是否被拒绝过？
■ 是　■ 否

47　53

16　3
48
32

乌克兰
你的工作成果是否被拒绝过？
■ 是　■ 否

65　35

15
17
37
31

拒绝是合理的吗?

■ 都是合理的　　■ 大多数是合理的　　■ 一些或少量是合理的　　■ 都不合理

资料来源：同表4.2。

▶图4.22　了解和使用自由职业平台上的申诉机制的受访者的比例

是否有可以对评分或评价提出
申诉的机制?

52　48

你曾经对评分或评价进行
过申诉吗?

69　31

申诉结果
■ 有利的结果
■ 拒绝或没有变
■ 消极的影响

77
18
5

■ 是　■ 否

资料来源：国际劳工组织对自由职业者平台工人的全球调查（2019~2020年）。

平台降低了我的评分，但这并不是我的过错。是客户不想为这次行程付钱，事实上他们也没有付钱，但我的账户却因此被暂停使用了三天。——*在基于应用程序的出行平台Bolt工作的男性受访者（墨西哥）*

有相当大比例的基于应用程序的出行行业和配送行业的工人（分别有42%和32%的基于应用程序的网约车司机和配送员）表示不知道申诉或寻求帮助的正式流程。此外，在印度尼西亚和摩洛哥，大多数在基于

▰▰ **分别有19%的基于应用程序的网约车司机和15%的基于应用程序的配送员遭遇过账户被停用的情况。**

应用程序的出行行业和配送行业工作的受访者也反映了同样的情况。如第2章所述，争议解决机制通常在平台的服务协议条款中规定。然而，许多基于应用程序的出行行业（58%）和配送行业（49%）的工人表示没有看到平台相关的协议条款。在那些确有看过服务协议条款且条款中有适用内容的工人中，依然有近1/3的人表示未读过、不记得或不理解条款的内容。

分别有28%和36%的基于应用程序的网约车司机和配送员表示自己曾申诉或请求平台公司给予帮助。这些申诉主要包括付款问题（分别占48%和41%）、与客户发生冲突（分别占35%和24%）、应用程序技术问题（分别占23%和31%）和取消乘车或订单（分别为12%和36%）。然而，在工人寻求帮助或提出申诉的实际过程中，有相当大比例的基于应用程序的出行行业（49%）和配送行业（37%）的工人表示对申诉结果不满意，甚至有些工人表示受到了平台的惩罚，如罚款等。

平台会应答你的申诉请求，但最后总是得到不利的结果。平台会向你收取全部费用，甚至包括运费。——*在基于应用程序的配送平台SinDelantal工作的男性受访者（墨西哥）*

我不满意平台对申诉的回复。平台对我进行了惩罚，而我必须支付罚款。——*在基于应用程序的出行平台Beat工作的女性受访者（智利）*

分别有19%的基于应用程序的网约车司机和15%的基于应用程序的配送员遭遇过账户被停用的情况（见图4.23）。这一比例在加纳、摩洛哥（37%的基于应用程序的网约车司机）和墨西哥（45%的基于应用程序的配送员）尤其高。账户停用的原因包括评分低、拒绝接受工作、擅自离岗和来自客户的投诉。出现账户被停用情况的工人表示，在出行行业（73%）和配送行业（69%），大多数账户被停用的时间长达7天，而在其他部分行业（分别为7%和15%），账户停用则是永久的。[①]因而，工人在平台上获得任何工作的可能性被切断，并且是被永久性地切断。

我的账户被优步外卖停用三天的原因是因为我取消了一个路途非常远的订单。——*在基于应用程序的配送平台优步外卖工作的男性受访者（墨西哥）*

我的账户被永久停用的原因是因为我返回了自己的老家。——*在基于应用程序的出行平台Gojek工作的男性受访者（印度尼西亚）*

在基于应用程序的出行行业和配送行业账户被停用的工人中，约65%的人认为这是不合理的，分别有69%和83%的出行行业和配送行业的工人对此提出了申诉，最终有48%的出行行业的工人和59%的配送行业的工人对申诉结果并不满意。这一比例在墨西哥和摩洛哥的基于应用程序的网约车司机中非常高（超过60%）。

我的账户被停用了一年。当我去基于应用程序平台办公室时，工作人员根本不理我。因为在出现纠纷时，平台只选择相信客户，而无视驾驶员。——*在基于应用程序的出行平台优步工作的男性受访者（墨西哥）*

我不知道账户被停用的原因，因此我提出了申诉，但并没有得到结果。最终在协会的介入下，问题才得以解决。——*在基于应用程序的出行平台Careem工作的男性受访者（摩洛哥）*

---

① 调查时，那些在一个平台上账户被永久停用的工人正在使用另一个平台。

▶ 图4.23 基于应用程序的出行行业和配送行业平台账户停用情况（受访者的比例）

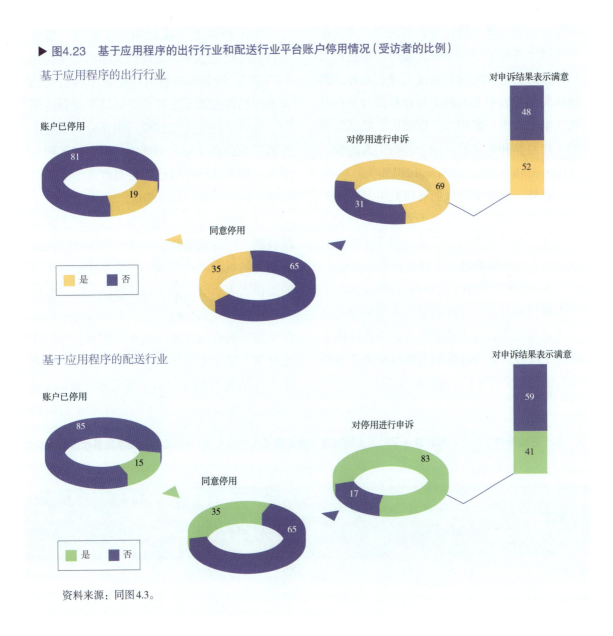

资料来源：同图4.3。

 # 4.4 技能获得与技能不匹配

数字劳动力平台提供了从低技能（短期、重复性工作或配送工作）到高技能（网站开发或数据分析）的各种工作机会。尽管可得到的工作多种多样，但在平台技能匹配、培训需求、技能积累方面仍存在挑战。

平台正在重新定义正规教育与工作机会之间的关系（Teubner，Adam and Hawlitschek，2019；见第4.3.2节）。基于在线网络平台对通过正规教育获得的技能与资格需求有所不同。工人们通常不需要在在线网络平台提供学历；取而代之，个人资料、评分或声誉才是获得高薪工作的关键。

即便如此，统计分析表明学历和收入之间依然存在一定的相关性（见附录4B）。在控制基本特征的情况下，发达国家自由职业者平台拥有研究生及以上学位的工人的收入往往比未获得大学学位的工人高70%。但在发展中国家，不同教育水平的工人在收入方面没有显著差异。统计分析也表明，无论在发达国家还是发展中国家，获得和未获得大学学位的受访者的时薪并没有显著差异。其他研究同样表明工人的受教育程度与平台的收入水平并不一定相关，取而代之的是以前的工作经验和客户的评论会影响工人的收入（Herrmann et al.，2019a and 2019b）。

此外，发展中国家拥有研究生及以上学位工人的平均时薪往往低于发达国家只受过中等或中等以下教育的工人（见表4.8）。当观察收入的中位数时，这种差异更为明显。

在某些平台（如PeoplePerHour或Freelancer），工人可以通过支付额外的服务和增加曝光度的方式来提高获得工作的机会，由此取代了通过正规教育获得技能和资格以提高工作机会的途径（见第2.3节和第4.2.1节）。

为了提高工人技能和个人形象，部分平台通过技能认证方案提供工作机会（见第2.3.3节）。约20%的自由职业者平台的受访者表示已经完成了获得此类认证的课程或培训。尽管已经证实工作经历和评分对经验丰富的工人会产生更大的影响，但对新入职者而言，技能认证也被证实会对收入产生积极影响（Kässi and Lehdonvirta，2019）。

竞争性编程平台特别为工人提供了学习新技能、提升现有技能、建立网络和提高就业能力的机会。约有76%的竞争性编程平台的受访者表示会定期（每月超过一次）参加编程竞赛，竞赛可以帮助工人解决在平台工作中遇到的有趣挑战。此外，竞赛还可以补充并帮助克服正规学历教育的局限性，有助于工人适应不断变化的市场需求（Brito and

▶ 表4.8　基于在线网络平台上不同教育水平的工人的时薪（含无薪工作时间），按平台类型、国家发展状况和性别划分

单位：美元

类别	平均值				中位数			
	初中及以下学历	高中学历	本科学位	研究生及以上学位	初中及以下学历	高中学历	本科学位	研究生及以上学位
自由职业者平台	–	7.8	7.3	8.1	–	5.8	4.7	6.5
微任务平台	3.4	3.1	3.6	2.9	1.7	2.2	2.5	1.9
发达国家	3.8	3.8	5.1	4.5	2.3	2.9	3.9	2.7
发展中国家	2.7	2.1	2.8	3.5	1.0	1.1	1.6	1.9
中国	–	2.6	2.7	3.4	–	1.6	1.8	3.0
乌克兰	–	2.2	3.0	3.7	–	1.2	1.5	1.5
男性	–	3.0	3.7	4.0	–	2.0	2.3	2.3
女性	2.6	2.8	3.6	3.7	2.1	1.7	2.3	1.7
全部（除中国和乌克兰）	3.5	3.4	4.1	4.0	1.7	2.3	2.6	2.3
全部	3.5	2.9	3.6	3.9	1.7	1.9	2.3	2.0

　–　表示缺乏足够的观察值来得出任何有意义的分析。

注：表中的数据为去掉各行业极端值（1%和99%）的数据。

资料来源：同表4.2。

Gonçalves，2019）。一些平台（如CodeChef、Kaggle、HackerEarth和HackerRank）还为在校大学生提供了解决实时问题的竞赛或挑战，作为大学学历课程的一部分。工人因此会更有动力加入这些平台来提高能反映其编程能力的评分或评级，同时许多平台（如HackerRank，Topcoder等）还为大公司提供招聘服务（Grooms，2017；见第3.1.1节）。

竞争性编程平台有助于我为在大公司面试中出现的常见的挑战性问题做好准备，因此竞争性编程平台可以作为一个有价值的准备工具。——*在竞争性编程平台HackerRank工作的男性受访者（印度）*

我加入竞争性编程平台既可以解决那些有趣的问题，也可以学习新技能。——*在竞争性编程平台HackerRank工作的男性受访者（美国）*

在基于在线网络平台，可以观察到不同程度的纵向的与横向的技能不匹配的情况，有较高学历的工人不一定能找到与其技能相匹配的工作。许多基于在线网络平台的受访者表示其技能水平超出了工作任务要求（见图4.24），并且在这方面不存在显著的性别差异。在微任务平台，技能不匹配的情况非常明显，57%的拥有大学学位且大多数有科学、技术、工程和医学专业（STEM）背景的工人却在从事诸如调查分析、实验设计、内容存取和数据收集等仅需要简单技能或不需要特殊技能就能完成的工作任务。然而，在自由职业者平台上，仅有29%的受访者表示其技能水平超出了工作任务要求。有更多的女性工人（68%）认为自己的技能与工作得到了很好的匹配（男性工人的这一比例为59%）。同样，在竞争性编程平台，有77%的受访者表示其技能足以胜任平台工作。此外，在中国和乌克兰，基于在线网络平台的受访者对获得更多技术培训的需求尤为突出，分别占54%和33%。

我具备工作所需的必要技能，但是如果拥有其他技能的话，肯定会让我更加成功。——*在自由职业者平台Upwork工作的女性受访者（乌克兰）*

横向的技能不匹配情况在部分基于在线网络平台并不普遍。自由职业者平台的许多受访者从事与其研究领域相关的工作任务（见表4.9）。例如，60%的拥有艺术专业大学学位的受访者从事创意工作，61%的拥有信息技术（IT）和计算机学位的受访者从事与技术相关的工作任务。然而，当工人从事与其专业领域无关的工作时，横向的技能不匹配情况也会发生。例如，22%的拥有医学和健康专业大学学位的受访者从事创意工作。一项对俄语自由职业者平台工人的调查显示，约有1/3（36%）的工人从事与其研究领域完全无关的工作（Shevchuk and Strebkov，即将出版）。横向的技能不匹配情况在发展中国家非常普遍（见专栏4.7）。

与我的技能相匹配的工作任务很少，特别是与土木工程和土木3D工作有关的工作任务很少。——*在自由职业者平台Upwork工作的男性受访者（巴基斯坦）*

基于性别的职业工作分工在自由职业者平台很常见。女性受访者在自由职业者平台从事技术和数据分析相关工作的比例（分别为8%和22%）低于男性（分别为32%和29%）。相对而言，特别是发展中国家（70%）的女性从事与企业服务有关工作的比例较高。此外，在法律、翻译、写作、编辑、销售和市场营销等专业服务领域，女性的参与度也高于男性。在中国和乌克兰，分别有50%和52%的女性受访者从事专业服务工作，这一比例高于男性受访者（分别为34%和29%），但从事技术相关工作的女性的比例则比男性低很多（分别为5%和2%），大约只有从事这项工作的男性受访者的1/4。

▶ 图4.24　基于与在线网络平台工作任务相关的技能，按平台类型划分

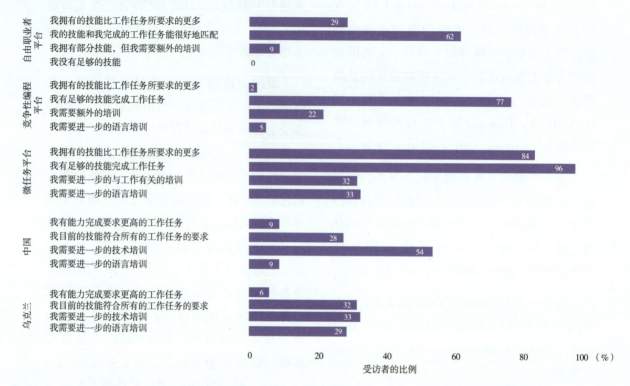

注：由于问题的表述方式不同，不同平台对工作任务技能要求的回答也不同。此外，微任务平台和竞争性编程平台的受访者被要求可对答案选项进行多选，而在中国、乌克兰进行的国家层面的对自由职业者平台的调查中，受访者被要求只能选择一个答案。

资料来源：同图4.9。

▶ 表4.9　受访者在自由职业平台上的工作任务的类型，按研究领域划分

研究领域	受访者人数（人）	执行的工作任务的类型（%）						
		商业服务	技术相关	数据分析	创意	销售和市场营销	专业服务	其他
艺术	25	40	16	20	60	20	68	4
传播与媒体	15	20	7	13	47	13	80	27
经济、金融和会计	85	64	14	36	26	25	59	20
工程	35	34	31	20	51	17	74	26
形式科学与自然科学	30	47	23	43	17	33	77	17
信息技术（IT）和计算机	61	31	61	28	41	21	36	10
法律	11	55	9	9	0	18	100	9
医药和医疗卫生	18	50	11	28	22	28	83	33
社会科学	84	57	7	21	25	21	77	33
全部	364	48	22	27	32	23	66	21

注：表中的数据涉及拥有大学学位的工人。工作任务的类型包括：商业服务：会计、行政支持、客户服务、业务咨询；技术相关：信息技术和网络管理、移动开发、通用编程、软件开发、网页开发、网站开发；数据分析：分析学、数据科学、数据库管理；创意：设计、图形、音乐和音频、视频和动画、其他创意活动；销售和市场营销：一般销售和市场营销、数字营销；专业服务：建筑、法律、翻译、文字录入、写作、编辑、综合咨询。

资料来源：国际劳工组织对自由职业者平台进行的全球调查（2019~2020年）。

▶ **专栏4.7　未充分利用的技能**

许多发展中国家的平台工人无法获得与其技能相符的工作机会，因此许多受过高等教育的平台工人在基于在线网络平台从事学术写作工作，帮助学生完成作业和论文，而这可能导致法律和伦理问题。例如，一位拥有会计学学位的受访者完成一篇学生论文要价50美元，有时还进行硕士和博士论文的写作。写作任务通常是由发达国家的学生匿名发布的，选题范围从社会科学到生物科学不等，也可能规定得非常具体。平台工人需要努力获得相关问题的专业知识以便迅速完成任务。正如一条评论所述："在你不可能精通每门学科的情况下，你要把自己当作一名记者。"

工人们要花费很多时间完成这些写作任务。一位受访者强调，大约需要10个小时才能完成一篇十页的硕士论文，大约需要9个小时才能完成一篇七页的博士论文。就这一点而言，工人会担心其工作成果遭到拒绝，报告中也有实例显示工人的工作成果被无理由拒绝且没有反馈任何修改意见，这不但浪费了工人的时间和精力，还使其无法获得任何收入。

有很多工作成果会被拒绝。在完成工作后，客户会发送拒绝通知，但却并不会重新发布这项工作。——*男性受访者（肯尼亚）*

在呼叫中心从事内容审核的雇佣工人中有超过95%的人是拥有工程或计算机科学大学学位的信息技术专业人士。这些工人的主要工作是监控和删除网络平台上的冒犯性、淫秽、虚假或非法的内容。这些工作与工人的资历无关，而且工人也无法从工作中看到任何学习机会或职业发展前景。从事这类工作的主要原因是缺乏可供选择的就业机会。尽管信息技术专业人员被聘任来完成这些工作，但研究表明包括信息通信技术行业在内的一些行业正面临工人短缺的问题（ILO，2020g）。这清楚地表明目前亟须解决工人技能与工作不匹配的问题，并确保信息技术专业人员的专业知识得到有效利用。

资料来源：国际劳工组织对发展中国家的工人的采访。

基于应用程序的出行行业和配送行业的大多数工人都接受了行业特定培训，尽管培训质量受到了一些人的质疑。考虑到上述行业的工作被认为是低技能工作，因此对于受过高水平教育的工人而言（见第4.1.6节），可能存在技能与工作的不匹配的情况。但进行特定培训对这些行业工人取得良好的工作表现是有益的。分别有75%和85%的基于应用程序的出行行业和配送行业的受访者表示接受过一定程度的培训，但不同国家之间差异很大（见图4.25）。培训内容包括怎样使用应用程序、客户服务和安全准则等（见图4.26）。部分受访者对平台的培训质量持批判态度，他们认为培训并没有对工作产生太大帮助。随着新冠肺炎疫情的蔓延，许多平台开始意识到相关培训的重要性，通过包括利用数字手段等向工人提供职业安全和健康培训（Fairwork Project，2020；见专栏4.6）。

培训并没有什么作用，因为大多数完成培训的配送员依然不知道该怎么做。——*在基于应用程序的配送平台Rappi工作的男性受访者（智利）*

关于培训，我仅通过应用程序上的视频来进行学习。——*在基于应用程序的出行平台优步工作的男性受访者（印度）*

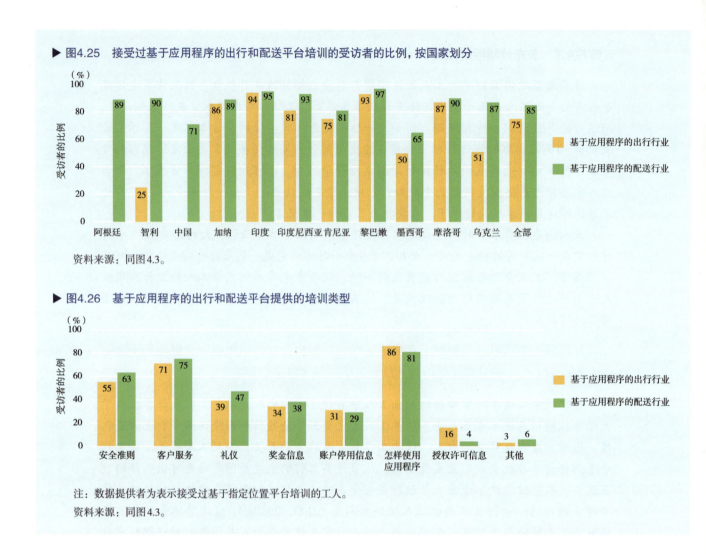

▶ 图4.25   接受过基于应用程序的出行和配送平台培训的受访者的比例，按国家划分

资料来源：同图4.3。

▶ 图4.26   基于应用程序的出行和配送平台提供的培训类型

注：数据提供者为表示接受过基于指定位置平台培训的工人。

资料来源：同图4.3。

4.5 平台设计与歧视

　　有相当大比例的基于在线网络平台工人曾遭受过歧视，特别是女性和来自发展中国家的工人。约有19%的自由职业者平台的受访者表示曾遭受过歧视。发达国家的这一比例（12%）低于发展中国家（22%）。发展中国家的女性遭受歧视的比例非常高（25%）（见图4.27）。

　　发展中国家的受访者进一步反映了一个事实，即这种歧视往往表现为无法得到工作机会或低薪。在部分平台也能观察到，通过平台设计，某些高薪工作分配给了来自发达国家的工人。此外，歧视还与性别、种族、年龄或所说语言等有关。

　　一些工作岗位规定，只要你是非母语人士，即使符合岗位要求，也无法申请这项工作。——*在自由职业者平台Upwork工作的女性受访者（尼加拉瓜）*

　　一位男性客户曾暗示，因为我是女性的原因而无法完成某项工作。——*在自由职业者平台Upwork工作的女性受访者（南非）*

　　在接受求职面试时，有些客户清楚地表明他们喜欢来自某些地区的工人。而原本这些工作大多是可以通过公开竞争得到的。——*在自由职业者平台Upwork工作的女性受访者（马拉维）*

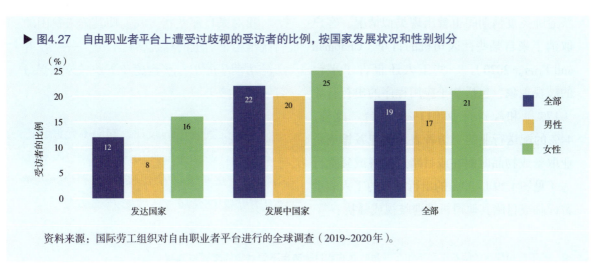

▶ 图4.27　自由职业者平台上遭受过歧视的受访者的比例，按国家发展状况和性别划分

资料来源：国际劳工组织对自由职业者平台进行的全球调查（2019~2020年）。

有相当大比例的基于应用程序的出行行业和配送行业的工人也曾经历过歧视或骚扰。分别有20%和29%的基于应用程序的出行行业和配送行业的受访者表示自己曾遭受歧视或骚扰，或意识到其同行在工作中也面临这样的情况（见图4.28）。基于应用程序的出行行业的女性工人（女性被纳入样本中）受到歧视或骚扰的比例高于男性。在基于应用程序的配送行业，特别是印度、墨西哥和摩洛哥的受访者（主要是男性，因为这些国家在配送行业工作的女性很少）报告称面临歧视或骚扰的比例非常高。

我们遭受过很多歧视，特别是来自餐馆和一些顾客的歧视。我们的穿着和工作都受到歧视——在基于应用程序的配送平台Rappi工作的男性受访者（墨西哥）

我被乘客性骚扰，他表示愿意为性服务付钱。——在基于应用程序的出行平台优步工作的女性受访者（智利）

在遭受或目睹歧视或骚扰的工人中，大多数基于应用程序的出行行业和配送行业的工人表示歧视或骚扰行为来自客户（见图4.29）。许多平台会向客户提供工人的姓名和照片，这可能会导致歧视的发生。在

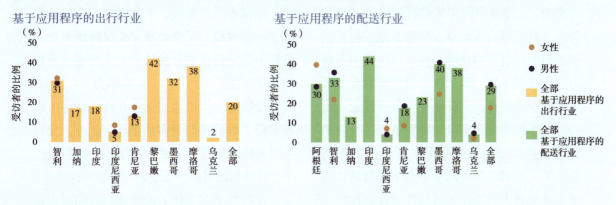

▶ 图4.28　基于应用程序的出行平台和配送平台的受访者中经历或目睹遭受歧视或骚扰的比例，按性别和国家划分

注：只有在抽样中有至少10名女性受访者的国家，才显示了按性别划分的情况。
资料来源：同图4.3。

新冠肺炎疫情期间也曾出现类似情况，客户取消了来自某些社区司机的订单（Chapman and Frier，2020）。一些工人还报告了平台的歧视现象，包括基于应用程序的出行行业（17%）和配送行业（11%）平台。此外，44%的配送行业的受访者表示曾在餐馆或企业取餐或物品时面临或目睹过歧视或骚扰行为（见图4.29）。33%的出行行业的工人表示曾面临或目睹其他司机遭遇歧视或骚扰。

我对来自那些指责我们使其陷入贫困的传统出租车司机的骚扰感到不安。—— 在基于应用程序的出行平台优步工作的男性受访者（黎巴嫩）

我们受到餐馆的歧视，它们不允许我们坐在里面，甚至不能使用洗手间，也没有水喝。—— 在基于应用程序的配送平台优步外卖工作的男性受访者（印度）

▶ 图4.29   基于应用程序的网约车司机和配送员曾面临或目睹来自不同对象的歧视或骚扰

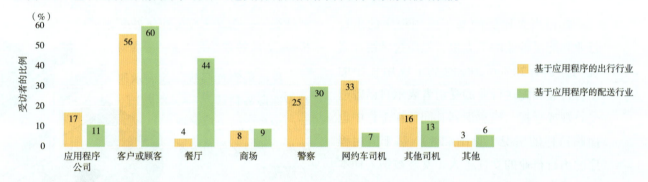

注：数据提供者为表示自己或其中一名同事在工作中遭受过歧视或骚扰的工人。
资料来源：同图4.3。

▶ 结论

本章收集了约1.2万名工人的数据，表明数字劳动力平台（包括基于在线网络平台和基于指定位置平台）是很多工人的主要收入来源。大多数平台工人都很年轻（35岁及以下）且受过高等教育。尽管女性（包括那些承担照顾责任的女性）也可以在数字劳动力平台找到工作，但从事平台工作的女性数量依然少于男性，尤其是在发展中国家。此外，基于指定位置平台，特别是配送行业平台为一些国家的移民提供了重要的工作机会。工人在基于在线网络平台工作的动机通常是补充收入、工作的灵活性或喜欢在家工作，而在基于指定位置平台工作的原因是由于缺乏可替代的就业机会，或收入高于其他可得到的工作。

虽然数字劳动力平台为工人提供了工作机会，但对工作条件和平台工作组织架构的进一步调查研究发现，平台对工人的福祉带来了许多挑战。无论是基于在线网络平台还是基于指定位置平台的许多工人都表示希望得到比现在更多的工作，但劳动力供应过剩、缺乏足够的工作机会或无法获得高薪等因素都阻碍了他们参与更多的工作。此外，发展中国家的工人往往还面临平台或客户的排斥、平台收费超出其经济承受能力等额外的障碍。

花费在无薪工作上的时间会影响基于在线网络平台工人的收入。包括有薪和无薪工作在内，工人平均每周工作27小时，其中大约1/3的时间（8小时）花在了无薪工作上。包括有薪和无薪时间在内的平台平均时薪为3.4美元，但其中有一半的工人的时薪低于2.1美元。虽然关于性别间差异的调查结果参差不齐，但发展中国家和发达国家间工人的收入存在明显差距。此外，平台收入还受到激烈的竞争、高昂的佣金和拒绝为已完成的工作付费等情况的影响。

基于应用程序的出行行业和配送行业的时薪（包括等待时间）在各国有所不同，但往往都高于传统行业。平台提供的奖金和激励措施在吸引大量工人的同时，也导致了劳动力供应过剩，对基于应用程序和传统行业工人的收入都产生了影响。工人的收入还会受到订单取消的影响，尤其是出行行业的收入还受到偿还贷款、奖金减少和收取佣金的影响。出行行业和配送行业的大多数工人承受着长时间、高强度的工作，以实现其收入和奖金目标。

社会保障是一个突出的问题，因为数字劳动力平台的大多数工人都没有社会保障。这对工人，特别是对基于指定位置平台的那些暴露于职业安全和健康风险之中的工人影响很大。这一情况自新冠肺炎疫情暴发以来进一步恶化。

工人的日常经验是由平台设计和算法管理定义的。平台使用算法将工人与客户进行匹配，工人的评分则在其中起到了决定性作用。实际上，评分也由算法决定，使用包括接受率和拒绝率在内的一系列指标来衡量。这种做法最终限制了工人的自由以及做出与工作相关决定的能力，尤其是拒绝被分配工作的能力。此外，客户的评分和评价并不总是公平或透明的，而负面评分可能会导致工人的账户被停用。尽管评分和评价对工人有如此严重的影响，但工人对可选择的争议谈判或解决办法的意识依然有限。而且新的平台形式和客户监控也限制了工人的灵活性和自主性。基于在线网络平台工人表示，平台

或客户要求他们在特定的时间内工作，或者安装能追踪到他们工作习惯和工作时间的软件。对于基于指定位置平台工人而言，算法管理决定了工作日程安排、工作时间和未来的工作机会，而工人则会因为取消工作任务而受到惩罚。

各大平台正在重新定义正规教育和工作机会之间的关系，因为工人的个人资料、评分和声誉对获得工作非常重要。在数字劳动力平台可以观察到不同程度的纵向的与横向的技能不匹配的情况。尽管有很大比例的自由职业者平台和竞争性编程平台的工人表示自身技能与正在从事的工作非常匹配，并且潜在地与其研究领域相关，然而微任务平台工人的技能与工作不匹配的现象非常普遍，受过高等教育的工人往往从事只需要很少或根本不需要特定技能就能完成的工作。同样，有相当大比例的出行行业和配送行业的平台工人受过高等教育。这表明，技能不匹配与工人技能利用不足方面的挑战依然严峻，且在发展中国家尤为突出。

调查结果还显示，有相当大比例数字劳动力平台工人曾遭受过歧视或骚扰。在某些案例中，平台设计加剧了排斥现象，特别是基于在线网络平台阻止来自某些发展中国家的工人获得高薪工作，或者基于指定位置平台对在平台上发生的客户歧视行为放任不管。固有的平台结构问题进一步加剧了上述情况，特别是基于指定位置平台的女性工人可能面临危险、暴力和骚扰等问题。

通过对平台工人经验的进一步调查研究发现，数字劳动力平台面临的挑战凸显了在平台工作尚处于起步阶段时对其进行重新评估的紧迫性。平台工作为包括女性、残疾人、移民工人、原住民和部落成员在内的工人创造体面的工作机会的潜力是巨大的。解决本报告中突出强调的挑战，对于转变数字劳动力平台以确保其成为或继续发展成为获得体面工作机会的可持续和包容性的途径至关重要。

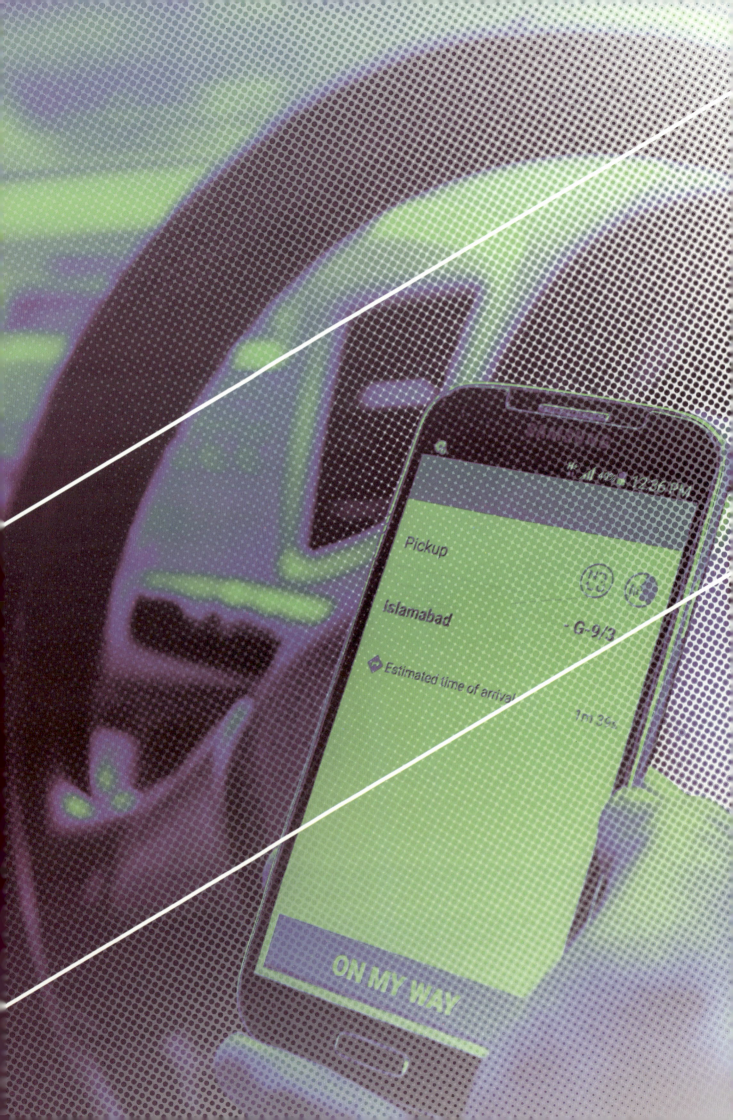

第5章

确保数字劳动力平台的体面工作

确保体面的工作

▶ 世界各国对平台工人的不同规定

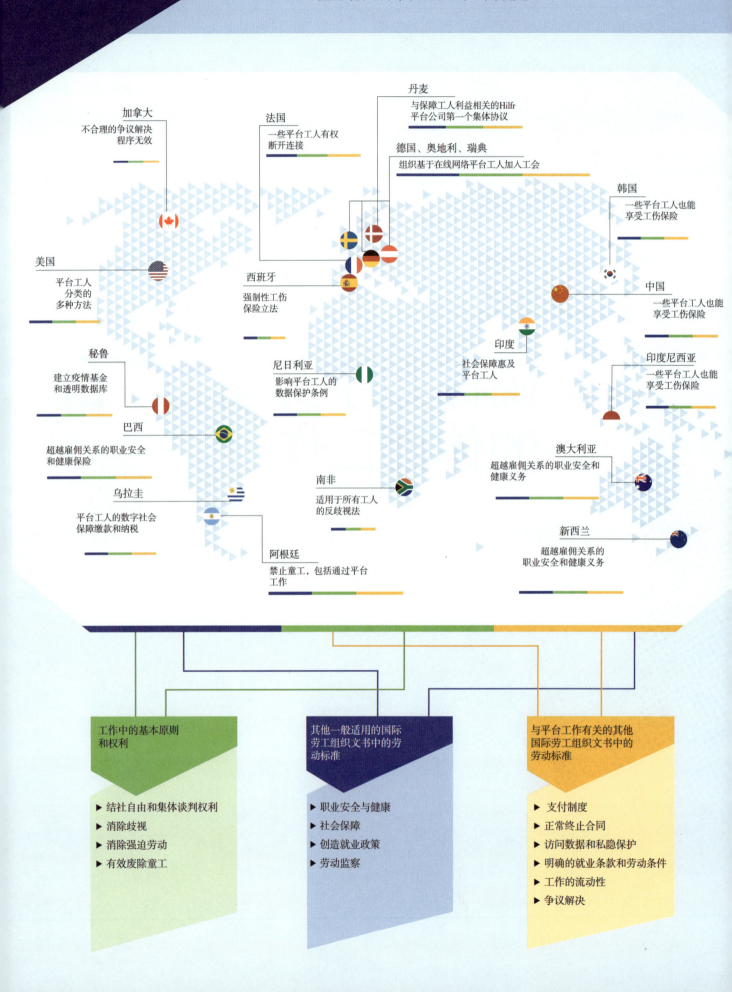

加拿大
不合理的争议解决
程序无效

法国
一些平台工人有权
断开连接

丹麦
与保障工人利益相关的Hilfr
平台公司第一个集体协议

德国、奥地利、瑞典
组织基于在线网络平台工人加入工会

韩国
一些平台工人也能
享受工伤保险

美国
平台工人
分类的
多种方法

西班牙
强制性工伤
保险立法

中国
一些平台工人也能
享受工伤保险

秘鲁
建立疫情基金
和透明数据库

尼日利亚
影响平台工人的
数据保护条例

印度
社会保障惠及
平台工人

印度尼西亚
一些平台工人也能
享受工伤保险

巴西
超越雇佣关系的职业安全
和健康保险

澳大利亚
超越雇佣关系的职业安全和
健康义务

乌拉圭
平台工人的数字社会
保障缴款和纳税

南非
适用于所有工人
的反歧视法

新西兰
超越雇佣关系的
职业安全和健康义务

阿根廷
禁止童工,包括通过平台
工作

**工作中的基本原则
和权利**

- ▶ 结社自由和集体谈判权利
- ▶ 消除歧视
- ▶ 消除强迫劳动
- ▶ 有效废除童工

**其他一般适用的国际
劳工组织文书中的劳
动标准**

- ▶ 职业安全与健康
- ▶ 社会保障
- ▶ 创造就业政策
- ▶ 劳动监察

**与平台工作有关的其他
国际劳工组织文书中的
劳动标准**

- ▶ 支付制度
- ▶ 正常终止合同
- ▶ 访问数据和私隐保护
- ▶ 明确的就业条款和劳动条件
- ▶ 工作的流动性
- ▶ 争议解决

▶ 引言

数字劳动力平台为经济增长和创造就业提供了新的机遇，并能潜在性地促进联合国可持续发展目标的实现，特别是目标8，即"促进持久、包容和可持续的经济增长，促进就业，确保人人有体面工作"。这些平台也促进了包括中小企业在内的许多企业融入数字经济，从而提高生产力和增强市场基础。

如前几章所述，工作条件是由各平台单方面决定的，这带来了很多挑战。许多平台在工作条件方面的广泛自由裁量权显然没有被政府和其他利益相关者的举措充分抵消（Kapczynski，2020；Berg et al.，2018；Agrawal et al.，2013）。通过服务协议，平台能够以低成本快速收集工人及其绩效的大量数据，这为平台的监管能力提供了有力支撑。平台可以利用这些信息来制定最有利于平台的监管措施，并将其付诸实施。

至少在原则上，平台在监控和控制工作关系方面有广泛的权力，从而能创造更多更好的工作。例如，个人数据和汇总的工人数据都可以用于减少过长的工作时间，改善工作中的安全和健康状况，确定歧视性的雇用方式或维护高效且准确的支付制度（Rogers，2018）。但是，如在前几章所述，情况并非如此。

本章将研究数字平台的监管，重点关注劳动和社会保护。它不仅涵盖平台自身制定的规则，也涵盖政府和社会伙伴（雇主和工人组织）的法规。本章以国际劳工组织的主要文书和宣言为基础，其中包括国际劳工组织《关于劳动世界的未来百年宣言》，该宣言呼吁国际劳工组织成员国："通过……政策和措施……应对劳动世界中与数字转型（包括平台工作）有关的挑战和机遇，促进可持续

和包容的经济增长、充分的生产性就业和体面工作[①]"（国际劳工组织，2019a：Ⅲ C（ⅴ））。

本章首先考虑数字劳动力平台如何使用服务协议来设置工作规则（见5.1节）。在5.2节中，以对国际劳工组织公约和建议书的分析为基础，讨论针对平台工人的"体面工作"的含义。由于数字平台工作的现行监控与体面劳动之间常常存在差距，因此第5.3节着手研究政府和社会合作伙伴试图弥补这些差距而采取的相关举措。

在开始实质性讨论之前，必须提出一个关于范围的重要问题。本章以宽泛的"规则"（regulation）概念为基础，而不仅仅局限于立法和法院判决。"规则"在这里不仅仅是指政府制定的法规（Black，2002，28；另见Black，2001）。研究不局限于国家相关法规和程序，还涉及社会合作伙伴和其他"影响事件进程"的非国家主体的干预（Parker and Braithwaite，2003：119）。因此，此处所使用的规则不仅包括立法、法院判决、行政机构的决定和政府的政策声明，还包括集体协议、多边协议、行为守则、合同，甚至非正式安排。它们都影响着或至少潜在性地影响着数字劳动力平台运作的"监管空间"（Hancher and Moran，1998；Scott，2001）。

当然，这并不表示这些不同形式的规则是等效的；它们有不同级别的权限和不同的执行方式。由政府机构（包括立法机构、行政机构和法院）产生的规则优于通过协议订立的私人规则。尽管集体协议的确切法律地位因司法管辖区的不同而异，但通常优于个人合同。根据司法管辖区的不同，所有集体协议都可能具有约束力和法律效力，而行为准则和非正式安排则可能没有约束力。

---

① 另见2008年6月10日第97届国际劳工大会通过的《国际劳工组织关于争取公平全球化的社会正义宣言》。

从广义上研究规则而不是仅仅研究国家法律，有两个主要优点。首先，数字劳动力平台通过服务协议条款在制定规则方面产生的重要作用显而易见，因为此类协议（合同）便是规则的一种。在第5.1节，基于对31个主要的数字劳动力平台的服务协议条款的分析，对比进行了研究（见附录2）。其次，分析揭示了工人和雇主组织（有时与政府一起）在通过社会对话和三方机制来应对平台工作的对策方面所发挥的重要作用。[①]例如，这些对策的形式包括创新的集体协议和劳动法改革倡议等。这些举措将在第5.2节和第5.3节中加以论述。

5.1 数字劳动力平台的规制：服务协议条款

如第2章所述，数字劳动力平台起草服务协议条款并通过技术工具加以实施的方式决定了这些协议有涉及工人的工作条件（Berg et al.，2018；De Stefano，2016；Pasquale，2015）。本节以国际劳工组织编制和分析的31个主要数字劳动力平台（基于在线网络平台和基于指定位置平台）为样本，研究这些协议的效果（附录2B）。

5.1.1 平台服务条款协议

在大多数数字劳动力平台上，服务协议条款是工人与平台之间参与规制的首要重点。协议援引合同法，使其规定具有法律效力（Berg et al.，2018）。

在大多数数字劳动力平台上，服务协议条款往往是"附意合同"（contracts of adhesion）[②]。这意味着协议的内容由平台单方面决定，另一方只能选择接受或拒绝。因此，很少进行此谈判或根本不需要谈判（Berg et al.，2018）。无论是工人还是客户，用户都必须在访问平台或建立平台档案之前接受服务协议条款（Pasquale，2015）。虽然附意合同通过降低交易成本，极大地提高了效率并节约了成本，但经常出现的议价能力的不平等将导致不公平的条款（Kessler，1943；Hillman and Rachlinski，2002）。此外，

> **服务协议条款往往是"附意合同"。**

如第2章所述，服务协议条款中规定的义务通常通过平台提供的算法管理和工作流程工具进行监控和评估（见Duggan et al.，2020；Rosenblat and Stark，2016）。

尽管服务协议条款的措辞通常因平台和司法管辖区的不同而异，但存在一个基本的业务逻辑（Sanders and Pattison，2016）。第2章已经分析了协议在企业组织方面的内容（包括评分）。本小节基于上述分析，研究协议如何定义平台与工人之间关系的性质，如何构建控制方法，以及如何形成有利于平台的争议解决流程。

首先，平台和工人之间的协议关系为非雇佣关系，这是许多服务协议条款的一个显著特征。附录2表A2.3中，国际劳工组织分析揭示了用于避免建立雇佣关系的各种表述。通过平台就业的工人被称为"独立承包商""独立的第三方供应商""司机""队长""快递合伙人""司机合伙人""自由职业者""数据工人"和"黑客"等（见Malin，2018；Xie，2018；Rodríguez Fernández，2017；Pinsof，2016；De Stefano，2016；Aloisi，2016）。

---

① 关于规制理论中三方机制的意义，可以参考Ayres和Braithwaite（1992：54-100）的开创性工作。
② 附意合同，也称附从合同，意指同意加入合同。这是一种并不以他人同意为前提的合同——译者注。

您承认并同意，本协议不属于雇佣协议（从劳动法、税法和/或社会保障的角度）。因此，请您了解，本协议不得以任何方式解释为您与Grab之间的劳动关系。——*使用条款，Grab（印度尼西亚），截至2020年11月30日的英文版本*

然而，国际劳工组织对基于应用程序的网约车司机和配送员的调查表明，一些平台工人并不理解这些术语。使用这种表述导致的结果是，假设在法律诉讼中认定这些术语有效，则平台工人将被剥夺许多雇员所应得的权利。这些权利可能包括最低工资、最长工作时间、请假和一些社会保障权利，所有这些都可能与建立雇佣关系有关（取决于司法管辖区）（Berg et al.，2018；De Stefano，2016）。

其次，由于平台通过服务协议条款让工人无法享有这些权利，在规定薪酬、工作时间和其他相关问题方面，这些平台基本不受劳动保护法规的限制。尽管否认存在雇佣关系，但强加给工人的许多服务协议条款往往会限制工人的自主权和灵活性。这些限制是强制性的，若工人不遵守，则可能出现账户被停用的情况（Lobel，2016）。第2章和第4.3.1节详细讨论了这些问题。

例如，国际劳工组织的分析表明，许多基于在线网络平台在其条款中包含排他性或"非规避"（non-circumvention）条款，将工人及其客户与该平台绑定长达两年（见第2.5节）。一些微任务平台也限制使用自动化流程来完成工作（见第2.4节）。基于指定位置平台规定了诸如路线指示、工作时间和全球定位系统（GPS）跟踪等事项。无论是基于在线网络平台还是基于指定位置平台，通常都有规定工作的接受与拒绝、工人与客户

▲ 这些平台基本不受劳动保护法规的限制。

之间的沟通方式以及客户服务礼仪的条款（见第2章，附录2B）。这些规定通过平台接收数据进行监控，并由算法进行处理。例如，在配送服务协议中，可能要求在配送期间客户可以随时与工人联系，并进行实时追踪。

其中一些条款是可以解释的（如客户服务礼仪和对超时工作时间的限制），或者是必不可少的（如旨在确保客户安全或防止遭受来自工人的歧视）。但其他的一些条款可能存在限制过多的问题。

最后，许多协议抑制了工人质疑平台决策（包括自动化决策）的能力。许多服务协议条款对工人来说是不能完全理解或不容易理解的。这意味着工人可能并不清楚自己的权利和义务。例如，一些平台没有系统地将服务条款文档链接到其主页或常见问题（FAQ），而仅在注册过程中才会链接到这些条款（Berg et al.，2018）。国际劳工组织的分析表明，服务协议条款往往很长，有时超过1万字，而且很复杂，难以理解（见Venturini et al.，2016；Bygrave，2015；Bakos，Marotta-Wurgler and Trossen，2014）。

不同平台、不同行业和不同教育水平的平台工人对这些复杂的服务协议条款的理解程度也不同。有些服务条款内容相对抽象，其他的则以相对容易理解和清晰的语言说明。因此，实证研究可能会产生迥然不同的结果。在国际劳工组织对基于在线网络平台工人进行的全球和国家层面的调查中，80%的工人阅读了服务条款，其中约有79%的人表示他们理解其中的内容。约有48%的基于

指定位置平台工人（42%的基于应用程序的网约车司机和51%的基于应用程序的配送员）表示，他们看过服务协议条款的副本。在这些受访者中，70%的人表示自己清楚这些条款，而其他人则表示自己不清楚或不记得或没有读过这些条款。

服务协议条款不是一成不变的；随着平台在协议范围内进行的单方面更改，其内容可能会随时间变化而变化。国际劳工组织分析的大部分服务协议条款规定，各平台保留随时修改条款的权利，这些修改将在网上发布后生效。对平台工人来说，要实时了解这些修改内容通常不是一件容易的事情。

此外，国际劳工组织所分析的协议存在一个突出特点，即在法律允许的范围内，由平台选择争议解决的方法。这些方法对于平台来说是有成本效益的，并且/或者可以最大限度提高其成功的概率。由于服务协议条款是附意合同，因此平台工人无法寻求法律意见，以协商出可能会更好地反映双方意愿的另一种安排。

解决这些纠纷的方法有哪些？其中一个方法是，在管辖权允许的情况下，对于涉及协议纠纷、法定权利要求、歧视性投诉和工作安全与健康事件等事项，仲裁通常优于司法程序。例如，国际劳工组织的分析显示，Upwork的服务协议条款规定有关美国境内用户的纠纷，提交给私人仲裁机构：司法仲裁和调解服务（JAMS）。亚马逊的Amazon Mechanical Turk以及HackerEarth的服务协议条款通常规定将争议提交给美国仲裁协会（AAA）选定的仲裁机构，而优步通常会将争议提交给国际商会。

将争议交由其他争议解决程序本身

并无不妥之处，因为双方同意的仲裁往往比立即诉诸司法程序更有效率且成本更低。确实，对于某些平台工人来说，内部申诉程序经常会带来令人满意的结果（见第4.3.2节）。在一些服务协议中，平台同意支付部分或全部仲裁费用。这可能是因为强制性劳动仲裁必须满足某些条件才能允许执行法定权利（Halegua，2016）。

然而，一些服务协议条款声称要求工人使用设在另一个国家的机构（仲裁或法庭）来进行裁决。在某些司法管辖区（尤其是美国），只要遵守某些程序，通常可以通过协议中的条款完全排除对实质性主张进行审查的司法程序。这是一个严重的问题：伊斯特伦德（Estlund，2018）指出，即便适用普通法院系统，但美国工人更有可能因为强制性仲裁条款而被阻止提起诉讼（另见Colvin，2019；Halegua，2016）。回顾经验证据，伊斯特伦德（Estlund，2018：707）称："现在看来，通过对实施强制性仲裁，雇主可以确保自己在将来对雇员的法律不当行为承担责任的可能性微乎其微。"[①]

此外，私人仲裁不像一般司法裁决那样（通过具有约束力的判例、指导性的案例或其他有影响力的判决）有助于法律的发展。鉴于国家层面的数字平台监管尚处于初级阶段，这一发展尤为重要。不仅如此，私人仲裁可能缺乏透明度；它通常不像司法程序那样对公众开放。

服务协议中用来解决争议的另一种方法是防止国家立法中规定的"集体"或"代表"的行为。在这些诉讼中，许多在法律诉讼事宜方面有相似利益的原告（如平台工人）联合，对其共同的被告（如平台）提起诉讼。这使多个诉讼人能够集中资源，启动对任

---

① 虽然这一评论适用于雇员，但其理由也适用于包括自雇职业者在内的任何工人，因为强制性仲裁条款同样禁止他们诉诸法院。

何一个人来说都可能过于复杂或昂贵的诉讼程序。而禁止集体诉讼，尽管从平台的角度来看在经济上是合理的，但由于个人放弃诉讼，即使他们有合理的理由，也可能会抑制纠纷。另外，一些服务协议条款允许向法院提起诉讼，当这样做对平台有利时。涉及知识产权的行为就是这种情况。在知识产权案件中，诉诸法院使平台能够获得强大的司法补偿（如禁令），而这是私人仲裁机构无法做到的，超出了其权限。

因此，数字劳动力平台制定规则和流程的程度取决于政府和法官准备向其让渡的监管空间。第5.3.9节将进一步讨论立法机构、法院和利益相关者应对这些争议解决条款的措施。

5.1.2　数字劳动力平台会自行改进服务条款吗？

在考虑平台外部的规则之前，首先要需考虑平台本身试图解决当前其业务实践（包括服务协议）产生的诸多问题的方式。2020年1月，包括优步、Deliveroo和Grab在内的许多知名数字劳动力平台签署了《世界经济论坛良好平台工作原则宪章》（WEF，2020，以下简称《宪章》）。《宪章》致力于平台实现多样性与包容性，安全与福祉，灵活性与公平条件，合理的工资与费用，社会保障，学习与发展，发声与参与，以及数据管理。

《宪章》还规定，"条款应该是透明的、明确的和容易理解的，并以一种易于获取的形式提供给工人"（第3.1条），并且"平台应该通过使用算法来促进建立具有透明性和问责制的平台文化，并确保在算法设计中优先考虑公平和非歧视"（第3.4条）。这反映了人们意识到这些问题的严重性，并提出为解决这些问题做好准备。

《宪章》中的许多条款可以进一步拟订或修改。例如，通过社会对话而不是单方面进行监管，其他受影响方（如工人组织）也可以作为代表在起草书上签字。《宪章》呼吁"多方利益相关者合作"，但在撰写本报告时，其他受影响的各方尚未作为代表在起草书上签字。下一节的分析表明，仅由平台制定规则是不够的，其他参与者也需要参与其中。

5.2　为劳动和社会保障监管数字平台：目标应是什么？

如果平台制定的规则需要其他监管措施加以补充和制衡，那么采取何种干预措施才是合适的？本章的其余部分将从规范性和描述性两个角度探讨这个问题。首先，应该研究制定干预措施的原则和标准，然后通过研究现实世界中的例子，以借鉴来自许多不同司法管辖区的政府、法院和社会合作伙伴的创新举措。

讨论集中在对工作的监管上。当然，还有许多其他相关领域——例如，竞争（反垄断）、税收、知识产权、公司治理、隐私、数据，以及越来越多的互联网和算法法则。本报告不可能对所有这些问题都进行全面的叙述；第6.3.2节概述了其在数字平台上的应用。

▶ 工人

"工人"一词在不同的司法管辖区有不同的法律含义。如第1章所述，该词是根据国际劳工组织监察机构解释的，鉴于国际劳工组织文书讨论后所设想的广义用语。除非另有规定，否则该术语包括受雇工人及自雇工人（包括独立承包商）。

我们对范围广泛的司法管辖区进行了调查, 确定了在各种经济、制度和社会背景下的措施。鉴于这种多样性, 即使是在这些措施取得了很好效果的地方, 也不能声称任何一项措施都可以"移植"到不同的环境中并以类似的方式实施。这种移植通常会出现意想不到的问题 (Teubner, 1998), 或至少在没有适应当地环境的情况下会出现这种情况 (Berkowitz, Pistor and Richard, 2003)。

此外, 也无法详细解释每项措施是在何种特定环境下生效的; 这将使许多关于国家特殊情况的讨论陷入僵局。这项调查的目的是表明发展是未来行动的潜在刺激因素, 而不是可以复制或强加的模式。这些未来行动应根据其国内和多边情况以及有关社会伙伴的参与来确定。此外, 还需要解决拟定措施中的局限性, 因为正如所看到的那样, 有些措施尚未产生明确或持久的影响。

很多关于劳动保护和数字劳动力平台的文献都涉及工人是否被平台雇用或是自雇, 是否位于某些司法管辖区, 以及是否属于中间类别 (Cherry and Aloisi, 2017; Waas et al., 2017)。这是因为服务协议条款通常否认平台工人是雇员, 以阻止他们获得法定权益 (如最低工资和某些形式的社会保障)。这就产生了通常被描述为"错误分类"的问题。

错误分类问题是一个关键性问题, 之前在关于平台劳动监管的出版物中就经常被讨论。但是, 本章将暂缓对该问题的讨论, 因为首要关注的是从国际劳工组织章程和国际劳工组织文书的角度来看适用于所有工人的标准, 无论其签署的是哪种形式的合同。也就是简单地以工作为标准的原则 (Countouris, 2019)。换句话说, 正如"体面工作"一词所暗示的那样, 这些原则不仅适用于雇佣关系, 也适用于所有的工作安排, 包括以自雇身份通过数字劳动力平台进

> "体面工作"原则不仅适用于雇佣关系, 也适用于所有的工作安排, 包括以自雇身份通过数字劳动力平台进行的工作。

行的工作。

有许多学者和利益相关者共同努力, 以确定哪些劳动和社会保障权益可以适用于所有工人 (例如, 见Risak and Lutz, 2020; Rodríguez Fernández, 2019; Xie, 2018; Davidov, 2014; Fudge, McCrystal and Sankaran, 2012; Freedland and Countouris, 2011; Supiot, 2001; 以及《法兰克福平台工作宣言》[①])。这些学者和利益相关者的努力为本章的讨论提供了参考。然而, 该分析主要基于国际劳工组织《关于劳动世界的未来百年宣言》《关于争取公平全球化的社会正义宣言》以及可持续发展目标8中提出的"体面工作"的概念。此外, 还有其他一些直接相关的国际文书, 但本章不对其进行研究和讨论。

5.2.1 适用于所有工人的劳动标准: 国际劳工组织的文书

主要的国际劳工组织宣言中的体面劳动目标与国际劳工组织公约、建议书及其组织章程有关。它们明确指出, 某些基本原则和权利适用于所有工人。尤其可以肯定的是, 表5.1和表5.2中列出的原则和权利适用于所有工人, 包括通过数字劳动力平台参与工作的工人 (De Stefano and Aloisi, 2019)。

表5.1列出了国际劳工组织工作中的基本原则和权利, 包括由八项基本公约。援引国际劳工组织公约和建议书实施专家委员会 (CEACR) 的最新声明: "与其他所有工人一样, 工作中的全部基本原则和权利同样适用于平台工人, 不论其就业状况如何" (ILO, 2020h: Para.327)。

---

① http://faircrowd.work/unions-for-crowdworkers/frankfurt-declaration/.

▶ 表5.1　平台工人的体面工作：适用于所有工人的工作基本原则和权利，不论其签订的是哪种合同

基本原则和权利	公约和建议书的适用范围
结社自由和有效承认集体谈判权	1948年《结社自由和保护组织权利公约》（第87条）规定："工作人员［…］毫无差别地有权建立并加入自己选择的组织，唯一的条件是遵守有关组织的规章"（第2条）。这包括自营职业者（见ILO，2012，Para. 53）；ILO，2018b，Para. 328–330、387–389）。1949年《组织权利和集体谈判权利公约》（第98号）规定，所有工人应享有保护，以免因其工会活动和雇主对其组织的干涉而受到歧视（包括受害和报复）。所有工人，包括平台工人，也应该享有集体谈判的权利。①
非歧视、待遇平等	1951年《同工同酬公约》（第100号）和1958年《（就业和职业）歧视公约》（第111号）（适用于"就业和职业"）均适用于"所有工人，包括本国公民和非本国公民，在所有活动领域，公共和私营部门以及正规经济和非正规经济"（见ILO，2012，Para.658，733）。
消除强迫劳动	1930年《强迫劳动公约》（第29号）及其2014年议定书以及1957年《废除强迫劳动公约》（第105号）适用于"公共部门和私营部门的所有工人、移徙工人、家庭佣工和非正式经济中的工人"（见ILO，2012，Para.262）。
消除童工	1973年《最低年龄公约》（第138号）和1999年《最恶劣形式的童工劳动公约》（第182号）涵盖了经济活动的所有分支以及所有类型的就业或工作（包括正规经济和非正规经济中的非正规就业）（见ILO，2012，Para.339）。

①第5条和第6条有关于武装部队和警察以及从事国家管理工作的公务员的资格。见ILO（2012，Para.168；2018b，Para.1285）；直接请求（国际劳工组织公约和建议书实施专家委员会，CEACR）——2019年通过，第109届国际劳工大会于2021年发布），1949年《组织和集体谈判权公约》（第98号）——比利时（批准：1953年）（该公约专门涉及平台工人）。2016年，国际劳工组织公约和建议书实施专家委员会就爱尔兰个体经营者的集体谈判权进行了多样化的辩论和讨论。在其协商一致的结论中，"委员会建议政府和社会合作伙伴确定对集体谈判机制有影响的合同安排类型"，个案（CAS）——讨论：2016，出版物：第105届国际劳工大会（2016年）。

▶ 表5.2　平台工人的体面劳动：适用于所有工人的其他关键劳动标准，无论其签订的是哪种合同

国际劳工标准	国际劳工组织文书的适用范围
职业安全与健康	1981年《职业安全和卫生公约》（第155号）"适用于经济活动的所有分支"和这些分支中的"所有工人"（第1和第2条）。其他主要的职业安全与卫生文书包括1981年《职业安全与卫生公约2002年议定书》，以及《2006年职业安全与卫生促进框架公约》（第187号）（另见ILO，2009，Para. 33；ILO，2017b）。2019年《暴力与骚扰公约》（第190号）也适用于所有工人（包括求职者和前工作人员）（第2条），并针对涉及第三方的暴力和骚扰（第4条）。这些公约不仅涉及身体伤害，还涉及心理健康，由于在线活动或与世隔绝，这尤其可能使他们处于危险之中。这些标准在创建和维护安全健康的工作环境方面确立了明确职责。国际劳工组织《关于劳动世界的未来百年宣言》还指出，安全健康的工作条件是体面劳动的基础。
社会保障	1952年《社会保障（最低标准）公约》（第102号）和国际劳工组织的其他社会保障文书为保护包括自营职业者在内的经济活动人员设定了最低基准（见ILO，2019b）。这些基准涉及疾病、医疗、残疾、生育、工伤、失业和老年保障，并包括对家庭成员的支持。2012年《社会保障最低标准建议书》（第202号）呼吁制定一套与基本医疗保健和基本收入保障有关的基本社会保障体系。这些措施应确保在一个人的整个生命过程中"基于社会团结的保护的普遍性"（第3段）。
就业和创造就业政策	1964年《就业政策公约》（第122号），1984年《就业政策（补充规定）建议书》（第169号），以及《2015年非正规经济向正规经济转型建议书》（第204号）与所有工人都息息相关，包括自营职业者和非正式经济中的工人（见ILO，2020h，Para. 29）。
劳动监察	适用于保护工人及其工作条件的主要有关文书包括1947年《劳动监察公约》（第81号）、1995年《1947年劳工监察公约议定书》，以及1947年《劳工监察建议书》（第81号）。存在一些有限的例外情况，如武装部队可能被排除在外（另见ILO，2006，Paras 44~49）。

表5.2中的劳动标准虽然没有包括在工作中的基本权利和原则中，但对提供体面劳动也很重要。国际劳工组织的监察机构表示，它们同样适用于所有工人。

国际劳工组织《宪章》[①]和公约规定了批准这些文书的成员国必须承担的具有约束力的义务。国际劳工组织的《宪章》和公约并不直接约束自雇企业或工人，尽管其中许多自雇企业或工人有良好的实践经验。建议书提供了非约束性的指导方针，主要针对成员国，尽管可能包含与雇主、工人及其组织有关的规定。成员国与雇主组织和工人组织合作，将这些原则和义务纳入其国内法，使之适应本国国情。例如，通过符合其国家宪法安排的反歧视法律。其他的公司监管形式，包括集体协议、仲裁裁决和法院判决等，具体取决于国际劳工组织文书涵盖的主题。

在某些情况下（如失业救济金、就业政策和劳动监察），执行国际劳工组织文书中标准的责任在于政府，而不是数字劳动力平台（尽管后者可能被要求缴纳特定的福利计划保险）。不过，在大多数情况下，要使公约和建议书生效，就需要做出规定，要求数字劳动力平台以特定的方式行事（或不行事）。因此，应禁止数字劳动力平台损害结社自由（例如，通过对工会组织者的不利对待）；应防止它们以性别或种族等理由来区分工人（包括依靠工人产生的平台算法）；不应允许它们招收非自愿或低于最低工作年龄的工人；在合理可行的范围内，应要求它们确保工人不暴露在不安全和不健康的工作环境中，或确保工人不遭受暴力和骚扰。

虽然简单概括表述这些义务，但难以具体说明其实际含义。一个主要的问题是，与许多现代商业模式一样（Goldman and Weil，2020；ILD，2020i；Weil，2014），数字劳动力平台经常在其与工人之间介入一方当事人——如客户、乘客或顾客（一种"分裂"的形式）。这样平台便可辩称其不用对第三方行为负责。因此，如果乘客因种族原因拒绝接受通过数字平台聘用的司机，或者司机因乘客的行为而受伤，则该平台可以声称自己没有违反义务；这是属于第三方的责任。

要解决这个问题，方法之一不是将所施加的责任与特定的协议关系联系起来，而应将其与对结果产生重大影响的能力联系起来［Johnstone and Stewart，2015；比较戈德曼和韦尔（Goldman and Weil，2020）关于美国类似的"控制雇主"概念的论述］。将责任扩展到直接协议关系以外的其他法律规定包括"工作许可"[②]"涉及违规行为"[③]，以及"确保……可能受到任何工作影响的人的安全与健康"[④]。许多司法管辖区还规定，特别是在行业一级，委托人和分包商之间应在工资和部分社会保障方面分担责任；中国和一些拉美国家提供了案例（Zou，2017a；ILO，2016；Cooney，Biddulph and Zhu，2013）。相应的规定因管辖区而异。

最根本的是要使用确保数字平台在其"负责"的方面维护劳动权利的语言表述。[⑤]这种语言表述不必强加过多的责任——可以用诸如"在合理可行的范围内尽可能地使用"等众所周知的说法加以限制。这就将注意力转向了平台制定的实际工作安排上。

[①] 在1998年《工作中的基本原则和权利宣言》中，国际劳工大会宣布："所有成员，即使尚未批准有关公约，都有义务尊重、促进并真诚地根据《宪章》规定促进和实现这些公约所涉及的基本权利和原则"。

[②] 例如，参见1986年（印度），《儿童和青少年劳工（禁止和管制）法》第3节。

[③] 例如，参见2009年（澳大利亚），《公平工作法案》第550条（另见Johnstone and Stewart，2015）。

[④] 例如，参见2009年（新加坡），《工作场所安全与健康法》第14条（关于第4条中定义的"主体"）。

[⑤] 参见Prassl（2018：101~102）的分析，他提倡"功能性"的方法来分配责任。另见Fudge（2006：622~625）；Davies and Freedland（2006）；Prassl（2015）；Prassl and Risak（2016）。

5.2.2　可能适用于所有数字劳动力平台工人的公约原则，无论其地位如何

表5.1和表5.2中列出的基本原则和权利及标准并没有穷尽数字劳动力平台监管旨在保护的体面工作的全部内容。还有其他一些标准，虽然不是明确根植于国际劳工组织的文书中，但适用于所有劳动者，是平台工人获取公正的工作条件的重要要求（Berg et al.，2018；Johnstone et al.，2012）。表5.3中列出的标准来自国际劳工组织的文书，虽然这些文书有时仅局限于特定类别的工人（如有薪雇员、家政工人、家庭佣工或通过私人就业机构雇用的工人），但体现了解决前几章中确定的问题的原则（与欧盟的比较，Kilhoffer et al.，2020；Cherry and Poster，2016）。

此处，工作的流动性很重要，因为排他性或"非规避"条款，以及缺乏评分系统的可移植性——主要平台使用指标的不兼容往往会将工人锁定在单一的平台（Prassl，2018；De Stefano，2016）。第2章已经对这两个方面进行了论述。应对第二个问题的部分方法是开发平台之间的互通性机制，使平台工人能够跨平台共享他们的评分、工作和财务历史记录，以便获得工作，同时获得社会保障（Schmidt，2017）。因此，数据的可移植性和工作的流动性之间存在密切的联系。

表5.3中所列的标准是体面工作涉及的要素，尽管各公约的适用范围各不相同，但适用于所有工人，这些内容在国际人权公约[①]

和其他存在信息不对称和议价能力不平等的监管环境中均有所体现和涉及。例如，保护消费者的法律法规涉及公司强加给个人的附意合同，包含有关公平定价、正常终止合同、隐私权、数据访问权、条款透明度和争议解决的条款。[②]在许多司法管辖区，消费者保护法（正在定期修订，以应对通过数字平台进行的交易）将成为建立适当的平台工作监管框架的一个额外的有用来源。[③]

图5.1将本节的讨论汇总在一起，列出了为所有平台工人提供体面工作所必需的原则和权利。由于平台工作的性质，关于如何执行这些原则和权利，出现了几个相对新颖的问题。例如，在网络平台的背景下，如何构建集体谈判关于正常终止合同和数据访问的权利？在评分和停用账户方面，如何应用竞赛类平台和竞争性编程平台？如何适用工作场所健康和安全的原则？这些是今后需要讨论的问题。

5.2.3　与雇佣关系密切相关的体面工作的要素：2006年《关于雇佣关系的建议书》（第198号）

还有一些其他问题涉及体面工作的要素，但就国际劳工组织的文书而言，这些问题并不适用于所有工人；它们与雇佣关系密切相关，如工作时间[④]、某些休假形式（如产假）[⑤]及薪酬比率。真正自主创业、有能力通过创业活动创造收入的平台员工，一般不属于这些范畴。

---

① 见关于《经济、社会和文化权利国际公约》（ICESCR）第7条的一般性评论，https://tbinternet.ohchr.org/_layouts/15/treatybodyexternal/Download.aspx?symbolno=E%2fC.12%2fGC%2f23&Lang=en，特别是第4段关于范围的内容以及经济、社会和委员会对第26条的一般性评论（E/C.12/GC/18）。另见关于《经济、社会和文化权利国际公约》第6条的一般性评论的第6段，其中将"体面工作"扩大到一个更广泛的概念，并将权利扩大到独立工人，https://tbinternet.ohchr.org/_layouts/15/treatybodyexternal/Download.aspx?symbolno=E%2fC.12%2fGC%2f18&Lang=en。

② 参见，例如许多欧盟法规针对不公平的合同条款、不公平的定价、消费者权利和数字交易，包括委员会指令93/13/EEC、指令98/6/EC、指令2005/29/EC、指令2011/83/EU、指令2019/2161。

③ 例如，哥伦比亚工商管理局2019年9月5日关于数字劳动力平台Rappi S.A.S.的命令。

④ 在国际劳工组织（2018c.Paras 750~757）中有关于工作时间和零工经济的简短讨论。

⑤ 2000年《保护生育公约》（第183号）第1条规定，该公约适用于所有就业妇女，包括从事非典型的非独立工作的妇女。

▶ 表5.3 平台工人体面工作的其他要素：适用于所有数字劳动力平台工人的公约原则，无论其签订的是哪种合同

劳动标准	对国际劳工组织文书适用情况的意见
支付制度	1949年《保护工资公约》（第95号）的原则涉及以法定货币支付、直接支付给工人、自由处置工资、禁止不当的扣减和债券替代、定期和及时支付、劳动合同终止时全额支付、支付记录，以及有关所适用工资率的信息，所有这些都适用于与通过数字劳动力平台组织的工作。1997年《私营职业介绍所公约》（第181号）是一项广泛适用的公约，其中第7条所规定的禁止私营职业介绍所收费的规定也同样适用。这些原则需要适应平台工作的具体特点，如平台算法的自动监控、评分和拒绝接受工作。
正常终止合同	尽管国际劳工组织1982年《雇主提出终止雇用公约》（第158号）仅限定于雇佣关系范畴，但其核心原则仍是强调工人的工作关系不应随意或不公正地被终止，对于数字劳动力平台与工人之间的工作安排来说，至少在工作过程中或持续期间，平台不得解雇工人[①]。
数据与隐私保护	数字劳动力平台处理个人数据应尊重工人的隐私，这是1997年《私营职业介绍所公约》（第181号）第6条中规定的原则。[②]1997年《私营职业介绍所相关建议书》（第188号）规定，"应采取措施确保工人能够查阅由自动化或电子系统处理或人工处理和保存档案中的所有个人资料"[第12（2）段]。这些措施应包括工人有权获得和检查任何此类数据的副本，以及有权要求删除或纠正不正确或不完整的数据。
明确的合同条款	"以适当的、可核实的和容易理解的方式"，最好以书面合同的方式，向工人通报其受雇的条款和条件，这一原则出现在2011年《家庭佣工公约》（第189号）第7条和1996年（第184号）《家庭工作建议书》第5段。[③]同样，这一原则也适用于与数字劳动力平台签署的合同。
工作的流动性	工作的流动性此处是指员工离开一个平台，开始在另一个平台工作，或独立于一个平台工作的能力。1964年《就业政策公约》（第122号）第1条反映了这一原则，其中提到"自由选择就业"。[④]
申诉和争议解决	虽然没有具体的劳工组织公约涉及全面的处理申诉和解决争议的程序，[⑤]但这些程序对于执行国际劳工组织文书的标准是必不可少的。关于申诉程序的指南可参见1967年《申诉审查建议书》（第130号）。这些流程适用于数字劳动力平台，包括工人能够对评分和评估提出异议。申诉和争议解决程序应高效、公平，并对各方开放（Budd and Colvin，2008；Ebisui，Cooney and Fenwick，2016）。

注：①请注意公约中"正当理由"的概念。②另见国际劳工组织《保护工人个人资料实务守则》。③参见1997年《私营就业机构建议书》（第188号）第5段。④参见1984年《就业政策（补充规定）建议书》（第169号）。这一问题可视为"换工作的权利"，这是《经济、社会和文化权利国际公约》等其他国际文书所规定的工作权利的一个方面。⑤1951年《自愿调解和仲裁建议书》（第92号）。

▶ 图5.1 体面工作适用于所有平台工人，无论他们签订的是哪种合同

资料来源：国际劳工组织制作。

因此，法律制度必须有复杂巧妙的原则来确定工人实际上是否为受雇员工，不管服务协议条款是如何表述的。在雇佣被伪装成自主创业以避免就业保护立法所规定的义务的情况下尤其如此。此外，在许多司法管辖区，根据国际劳工组织文书规定而应适用于所有工人的权利实际上往往在法律和司法裁决中只适用于雇员。因此，决定就业地位规则的实际影响往往远超出其对与就业有关的国际劳工组织标准的影响。

2006年国际劳工组织《关于雇佣关系的建议书》（第198号）（见ILO，2016；ILO，2020h）规定，确定是否存在雇佣关系，应主要以与工作表现和工人报酬有关的事实为依据，不管双方当事人之间可能达成的任何协议、合同或其他安排如何描述这种关系。（第9段）

该原则被称为"事实至上"（ILO，2020h，Para.230）。第198号建议书提供了有关法律机构可以用来确定雇佣关系概念（如从属性和依赖性）和指标（如控制和整合）的系统指南（第12段和第13段）。它还指出了可能推定或认定某些工人为雇员的情况（第11段）。[①]

在对建议书应用于数字劳动力平台的最新审查中，国际劳工组织公约和建议书实施专家委员会（CECR）指出世界各地在确定平台工人的就业状况方面采取了各种方法，强调在做出相关决定时应援引"事实至上"的原则："这种新的工作形式要求对这类工人的实际状况进行彻底考察，而这并不总是很容易"（ILO，2020h，Para. 326）。

因此，从第198号建议书的角度看，服务协议条款中规定工人与平台之间的关系不属于雇佣关系的条款并不具有确定性。虽然法官可能视司法管辖区而定，将合同关系定义为纯商业的合同条款，但在适用"事实至上"原则的情况下，通常是各项工作安排的

> **在许多司法管辖区，根据国际劳工组织文书规定而应适用于所有工人的权利实际上往往在法律和司法裁决中只适用于雇员。**

实际操作情况决定了合同关系的真实性质（另见Waas et al.，2017）。在第5.3.10节中将进一步讨论此问题。

5.2.4　与雇佣关系有关的标准和自雇平台工人

即使平台工人是真正的个体经营者，这是否也意味着与工作时间、休假和薪酬有关的原则对他们不适用？当然，人们会认为真正的涉及商业关系的企业家应该可以控制工作时间，并有能力承担财务风险。然而，有有力的证据支持这样的观点，即对薪酬和工作时间进行某种程度的监管干预可能适用于自雇平台工人，即使这与管理雇佣关系的性质不同（Goldman and Weil，2020）。

首先，就工作时间和休假而言，工作时间过长对健康和安全构成威胁（见ILO，2018c）。前面已经明确指出，职业安全与卫生法规应适用于所有工人，而不仅仅是受雇员工。

其次，关于薪酬（见Cherry and Poster，2016），工资支付不足自然会破坏有效的支付制度（如表5.3所述，该制度应适用于所有劳动者）。明确的基本工资率是识别不遵守工资支付义务的先决条件，如已强制支付债券或存在不当扣除（Prassl，2018）。此外，不适当的薪酬安排可能会给整个社会附加社会保障成本，因为社会保障体系应是普遍覆盖的。例如，这可能意味着工人需要通过失业救济金来补充收入。此外，这可能还意味

[①]　例如，参见《劳动法》第2750.3段（美国加利福尼亚州）；《劳动法典》（法国）第7311–1条和第7311–3条；Dockès，2019。

着养老金等与工作收入挂钩的计划缴款不足。工资不足会导致工作时间的延长。

制定自雇平台工人薪酬标准的精确模式具有争议且很复杂，而平台工作安排的多样性使问题变得更加复杂。存在这样一种可能方法，即让真正的自雇平台工人能够通过集体谈判与平台组织协商基本费率。但是，如下所述，许多司法管辖区的竞争法规成为采用这种方法的主要障碍，因此，越来越多的政府考虑制定适用的薪酬标准。

总结本章截至目前的讨论，体面劳动的许多方面应扩展到平台工人，而不论其签

 体面劳动的许多方面应扩展到平台工人，而不论其签订的是哪种合同。

订的是哪种合同。是否应将与雇佣合同紧密相关的条件（如工作时间和薪酬）扩展到真正的自雇平台工人更是一个棘手的问题。在认识到真正的自营职业的独特性的同时，相关讨论也提出了解决这些问题的理由。

下一小节将从原则问题转向讨论全球的实践发展。

5.3   实现体面工作：对平台工作的监管响应

在我们所考察的大多数司法管辖区，监管机构对平台工作的反应在不断变化。在很多地方，人们正在对立法草案正在进行激烈的辩论，法院判决有冲突或正在上诉，新成立的平台工人协会的影响仍不确定。关于这些工人的劳动和社会保障框架可能还需要几年的时间才能成形。尽管如此，已经出现了一些具有里程碑意义的进展。

此处的讨论遵循上一部分的结构。首先考虑与图5.1中列出的原则相关的举措，其次研究确定雇佣关系以及工作时间和薪酬问题的各种方法，最后讨论交易协议中的劳动标准对平台工作的潜在适用性。由于篇幅所限，此处并未对所有问题进行深入研究，如创造就业机会和劳动监察。

5.3.1   结社自由、集体谈判和其他形式的社会对话

如前所述，根据第87号和第98号公约，所有工人，包括平台工人，均享有进行组织和参加集体谈判的权利。批准第87号公约的国际劳工组织成员国应允许"工人和雇主毫无差别地享有建立和加入他们自己选择的组

织，而无须事先授权，唯一的条件是遵守有关组织的规章，"（第2条）。该公约使工人能够以多种组织形式组织工会（ILO，2018b，Para. 502）。

国际劳工组织要求批准第98号公约的成员国建立保护工人免受反工会歧视的机制，并采取措施鼓励和促进雇主与工人组织之间的自愿谈判。第87号和第98号公约确立了一种特殊的社会对话形式，即集体谈判，作为所有工人的一项基本权利。工人能够对诸如最低工资率、公平评级系统的设计、争议解决制度及合理工作时间之类的问题进行谈

判，无论工人按照合同是如何被分类的。平台和工人代表组织之间达成一致的协议也可以减轻国家的监管负担，因为国家不需要同等程度的立法和执法。

第87号公约和第98号公约的方法与数字劳动力平台所使用的方法明显不同，因为平台倾向于单方面监管。另外，这些公约旨在通过社会对话促进监管合作，包括政府参与时的三方代表机制。此外，1981年《集体谈判公约》（第154号）中规定的集体谈判概念涉及"……谈判……以（1）确定工作条件和就业条件；和/或（2）规范雇主与工人之间的关系……"（第2条）（着重强调）。

如果平台不愿参与社会对话，工人和政府将如何应对？在许多司法管辖区，平台工人联合起来以改善自己的工作条件，无论是通过与平台进行谈判，还是游说政府采取新的监管措施（ILO，2018b，Para. 502）。有时平台工人会加入已建立的工会，[①]有时他们会组成新的组织。[②]

从工会的角度来看，作为一个工会，我们所要求的是保护这项工作。在收入和劳动法方面的最低保障包括职业安全、工伤事故、安全。当然，如果司机撞车，那就是工伤事故。——基于应用程序的司机、优步V Región工会主席，这是第一个正式注册的基于应用程序的司机工会（智利）

无论其组织结构，工人协会要实现其保护会员利益的目标都需要与平台和监管机构进行社会对话。原则上，集体谈判提供了

监管机构对平台工作的反应在不断变化。

一种以更公平的方式重塑服务协议条款的方法，因为它通常涉及缔结一项具有约束力的法律文书，该文书是经过谈判形成的，而非单方面制定的（例如，参见Rogers，2018）。

然而，在现有法律框架下，将集体谈判应用于平台工人存在许多困难。对于基于在线网络平台而言，困难尤其严重，因为工人所在地域十分分散。第一个障碍是法律上的，许多司法管辖区不允许没有雇佣关系的工人进行集体谈判。这是因为集体谈判法律并不适用于自雇工人（Beaudonnet，2020）。

当前最根本的问题是，许多国家的竞争法（反垄断法）限制自雇工人进行集体谈判，因为这可能构成垄断（参见，Kilhoffer et al.，2020；OECD，2019c；Johnston and Land-Kazlauskas，2019；Lianos，Countouris and De Stefano，2019；Aloisi and Gramano，2018。）一些平台工人是真正的自雇工人，但在经济上明显依赖于平台雇主，所以这一问题比较麻烦（McCrystal，2014）。[③]

欧盟提供了一个突出的例子，说明竞争法可能会抑制自主创业的平台工人进行集体谈判。欧盟法院的判例一般禁止被视为"企业"的真正的自雇工人进行谈判（Schiek and Gideon，2018）。[④]然而，这项禁令的确切范围尚不确定，目前欧盟机构正在对此进行讨

[①] 例如，德国的IG Metall、瑞典的Unionen、加拿大邮政工人联合会和优步司机联合会（隶属于食品和商业工人联合会）、纽约独立司机协会（美国国际机械师和航空航天工作者协会的一部分）。

[②] 例如，印度尼西亚的在线司机协会（ADO）；首尔的车手联盟；尼日利亚的全国专业电子叫车司机合作伙伴联盟（NUPEDP）；墨西哥的应用独立工会（SIRA）；智利的联合应用程序司机协会；乌拉圭的应用程序司机协会；肯尼亚的数字出租车论坛；英国的私人租赁司机联合会；美国加利福尼亚州的骑乘司机联合会、宾夕法尼亚州的费城车手，以及纽约市的纽约出租车工人联盟。其中一些协会加入了基于应用程序的运输工人国际联盟。

[③] 虽然竞争监管通常关注产品市场，工作监管负责劳动力市场，但越来越多的证据表明，这两者是相互交织的。劳动力市场集中和其他劳动力来源导致"垄断"或"寡头垄断"；一个或少数公司能够利用其在劳动力市场的主导地位及其的权力来制定合同条款，降低薪酬和其他工作条件，并阻碍工作的流动性（Naidu，Posner and Weyl，2018）。

[④] 例如，参见欧洲法院对案件（C-413/13，*FNV Kunsten Informatie en Media*，ECLI：EU：C：2014：2411）的裁决（裁定自雇工人的集体谈判违反了欧盟竞争法）。关于欧洲法律中的"工人"概念，请参见Countouris（2018）。

论。[①]一些欧盟成员国似乎允许独立的自雇工人在一定程度上进行集体谈判，包括意大利、德国和西班牙（Kilhoffer et al., 2020）。在法国和爱尔兰最近又有两个明显的例子表明了对这一限制的突破。法国对《劳动法典》进行了修正，其中包括添加与自雇平台工人有关的特定头衔，[②]给予劳动者享有集体行动的权利，这些集体行动受到保护，免遭平台方面的报复（如终止合同）。修正案还确保通过工会进行组织和"维护集体利益"的权利，尽管没有特别提到集体谈判（Kilhoffer et al., 2020）。2017年，爱尔兰通过《竞争法（修正案）》，该法案将某些类别的自雇工人排除在《竞争法》之外，以使他们能够进行集体谈判。

在欧盟以外，某些国家允许某些类型的自雇工人进行集体谈判。在加拿大，诸如食品配送等独立承包商拥有这项权利。[③]其他例子来自日本（Waas et at., 2017）和澳大利亚（McCrystal, 2014；澳大利亚的规定自2021年起得以加强）。此外，在诸如阿根廷这样的国家，没有关于这一问题的法规，这被普遍理解为不禁止自雇工人组织起来以谋求改善其工作条件（Goldín, 2020）。

尽管有这些例外情况，但许多国家的竞争法实际上或潜在地阻碍了平台工人集体行使谈判权，阻碍了通过这种强有力的社会对话形式来解决诸如工资、工作时间、评价和安全等问题。需要展开国际合作来重构竞争法的适用范围，以使其不损害弱势自雇工人的谈判能力（有关美国的完善建议，参见Kim 2020）。这并不意味着应该以与雇员相同的方式来规范自雇工人的集体谈判权（Stewart and McCrystal, 2019）。国际劳工组织公约和建议实施专家委员会强调了三方协商作为调整集体谈判程序的一种手段，以便其适用于自雇工人。[④]

但即使有关自雇工人的竞争法方面的问题能够得到解决，国家层面的集体谈判框架也会带来更多的困难。例如，许多国家需要确定一个"谈判单位"，或一个或多个"有代表性的工会"，以便使集体谈判机制得以运行。[⑤]由于劳动力跨地域和跨行业较为分散，因此这些概念很难在基于在线网络平台中应用。由于法律要求的集体谈判主要发生在企业层面，因此这个问题尤其严重。

集体谈判可行性遇到的第二个问题是事实性障碍。平台工人通常不在一个可以进行物理互动和组织的共同的工作场所。即使平台工人可以构成集体组织，但这种形式的组织机构也是暂时性的，缺乏资源支持，或组织结构不明确、重点目标不清晰，难以保持组织成员的热情和积极性。

在工会运动活跃、谈判制度健全而灵活的国家（Mundlak, 2020），平台工人协议谈判中面临的有关法律性和事实性障碍已经在工会的协助下逐步被克服。在丹麦，一项巧妙而具有开创性的集体协议使自由家庭佣工或清洁工人可以选择过渡到受雇员工的身份（见专栏5.1；Kilhoffer et al., 2020）。

在集体谈判不可行的情况下（通常是这样），平台工人经常将精力转向获得其他监管干预措施（Johnston and Land-Kazlauskas, 2019；Wood, Lehdonvirta and Graham, 2018；Rodríguez Fernández 2018）。一种方法是与政府和平台合作，以改善工作条件（尽管没有一个具有约束力的集体协议作为结果）。这可能会自愿采取措施。

---

① 参见https://ec.europa.eu/info/law/better-regulation/have-your-say/initiatives/12483-Collective-bargaining-agree- ments-for-self-employed-scope-of-application-EU-competition-rules for details。

② 使用电子网络平台的工人（2016年8月8日第2016-1088号法案引入的《劳动法典》第L.7341-1-7342-11条）。

③ 加拿大邮政工人工会诉Foodora公司案，2020 CanLII 16750（ON LRB）Para. 171。

④ 参见，如"观察"（CEACR）——2017年通过，国际劳工大会第107次会议（2018年）——1949年《组织权和集体谈判权利公约》（第98号）——荷兰（批准日期：1993年）。

⑤ 参见，如加拿大《劳动法》第一部分中的第3章。

▶ **专栏5.1　集体谈判：丹麦**

Hilfr平台与丹麦工人联合会(3F)的集体协议

2018年4月，丹麦工人联合会（3F）与丹麦数字劳动力平台Hilfr签署了一项集体协议，该平台有助于促进私人家庭的清洁。平台上有200多名活跃的"自由职业者"，其中大多数是年轻人，且多数是移民。

该协议涉及的问题包括自由职业者身份向受雇员工身份的转变、所有工人的保险覆盖、档案和评级处理流程，以及争议解决（争议性地选择仲裁，而不是劳动法院）。最初该协议得以成功实施（Ilsøe，2020），尽管大多数工人尚未加入工会，但超过1/3的清洁工人转变为受雇员工身份，可以享有较高的工资和更好的休假权利。但是，正如第6章所讨论的那样，该协议已受到丹麦竞争委员会的批评。

例如，在韩国，总统咨询机构——经济社会和劳工理事会提供了一个有关利益攸关方（工人、雇主和劳工委员会的代表）进行对话的论坛。该理事会成立了多个委员会来处理与数字平台有关的问题，包括数字转型和未来工作委员会。2020年5月27日，该委员会宣布了一项行为准则，为工人与平台公司之间在支付方式、费用、税收、非歧视、绩效评估项目和争议解决等问题上的公平合同条款制定了指导方针。

在平台不希望进行对话的情况下，平台工人越来越多地参与罢工、示威和诉讼等。

根据利兹平台劳工抗议指数（Leeds Index of Platform Labour Protest）（Bessa et al.，即将出版；另见Joyce et al.，2020），自2015年以来，世界范围内此类行动的数量不断增加，2017年1月~2020年7月在57个国家至少发生了1253起抗议活动（见图5.2）。在阿根廷、印度、英国和美国分别举行了100多次抗议活动。即使在新冠肺炎疫情期间，仍是如此。

根据该指数，工资是新冠肺炎疫情之前导致这种纠纷的最主要原因（64%），其次是就业状况（20%）、健康与安全（19%），以及监管问题（17%）。自新冠肺炎疫情暴发以来，健康和安全纠纷占纠纷总数的一半以上，其中拉丁美洲受到此类影响尤为严重。该指数表明，罢工与薪酬问题有关，而诉讼则集中在就业状况和监管问题方面。

大约80%的争议诉讼涉及非正式工人团体。（新成立或已成立的）工会的参与情况因地区而异，在欧洲以及澳大利亚和新西兰更为普遍。在这些地区以及北美，针对平台的法律诉讼（通常与就业状况有关）比世界其他地区更为普遍。

国际劳工组织的国别调查和全球调查还显示，在基于在线网络平台和基于指定位置平台上，工人的工会化水平都非常低，分别只有5%和1%的微任务工人和自由职业者，以及不到3%的基于应用程序的网约车司机称自己是工会会员，而基于应用程序的配送员中几乎没有人加入工会。

罢工和示威等抗议活动往往面临一些实际困难，尤其是基于在线网络平台上的工人，这主要是由于平台劳动力的地理分布。基于指定位置平台工人寻求了新的方式，主要是通过"大众自我交流网络"（mass self-communication networks）来增强其联合力量（Woodcock and Graham，2020；Wood，2015）。在国际劳工组织的采访中，工会和工人协会的代表（见附录5，表A5.1）表明，他们采取了不同战略来组织工人和进行立法改革。例如，英国私人租赁司机联合会（the United Private Hire Drivers Association）通过推特发起了一场针对优步的数字罢工，其做法是所有的优步司机不登录优步应用程序。[1]国际劳工组织的国别调查显示，约9%的基于应用程度的网约车司机和3%的快递员曾参加过抗议、示威或退出应用程序等协调一致的集体行动，而各国之间的差异显著。

在国际劳工组织的国别调查中，约有28%的基于应用程序的网约车司机和33%的基于应用程序的配送员是与其工作相关的社交媒体小组的成员。虚拟团队对于动员拉丁美洲的配送员也至关重要（Hidalgo Cordero and Valencia Castro，2019；Ottaviano，O'Farrell and Maito，2019）。[2]在阿根廷，一些配送员通过社交媒体群组织发起了拉丁美洲配送平台工人的首次罢工，呼吁平台工人将自己定位在热点地区，接受或取消平台发出的请求，以引起人们对收入计算方式的不利变化的关注。[3]

奥地利、德国和瑞典[4]的工会建立了"公平众包工作"网站，这是另一种形式的行动。[5]该网站提供平台分析（包括审查服务条款和比较支付比率），以及为希望加入工会的平台工人提供信息。该网站的一项创新功能是，它从工人和工会那里收集信息，以便对不同平台上的工作条件进行评估和评分（另见有关Turkopticon平台的讨论，Silberman and Irani，2016）。

最后，工人组织可以游说政府，以促进立法改革。在哥斯达黎加，一个基于应用程序的司机协会试图通过支持独立的管理机构

> **自新冠肺炎疫情暴发以来，健康和安全纠纷占纠纷总数的一半以上。**

▶ 图5.2   2017年1月~2020年7月全球每月与数字劳动力平台工作条件相关的抗议事件数量

资料来源：Bessa et al.，即将出版，图1。

---

[1]   国际劳工组织采访了英国私人租赁司机联合会的代表；罢工于2018年10月举行。
[2]   国际劳工组织采访了智利的应用程序送货员协会（MAREA）、墨西哥的应用程序送货员联盟（SIRAPPs）和"一个送货员都不能少"（Niunrepartidormenos）的代表。
[3]   国际劳工组织采访阿根廷平台工人协会App Personal的法律顾问。
[4]   德国金属工人工会（IG Metall）、奥地利劳工商会、奥地利工会联合会和瑞典白领工会联盟。
[5]   更多信息详见 http：//faircrowd.work/。

来解决应用程序公司与司机之间的争议，以应对账户停用问题。[①] 该协会正试图将这一建议纳入一项法案，而这一法案已提交哥斯达黎加立法机关。[②]

根据第98号公约第1条的要求，无论工人采取何种形式的社会对话和动员，如果他们的工会活动遭到报复，需要采取有效的补救措施（De Stefano and Aloisi，2018）。根据南非约翰内斯堡和智利康塞普西翁等城市的平台工人协会代表的说法，两地的情况具有相似性，面对平台关闭或屏蔽那些试图动员工人的工人账户的情况，缺乏有效保护，从而对针对应用程序公司的集体行动构成巨大威胁。[③] 如果劳动法的范围仅限于雇佣关系，将这种机制纳入劳动法可能会产生问题。

5.3.2　非歧视

如第4.2.2节和第4.5节所述，有证据表明平台经济存在歧视和骚扰，包括某些基于指定位置平台的性别薪酬差距，以及在某些国家，由于性别和种族原因，一些工人无法获得基于在线工作平台部分的工作机会。国际劳工组织分析研究的许多服务条款（或相关政策）都禁止歧视和骚扰，特别是在出行行业（见附录2B）。《世界经济论坛良好平台工作原则宪章》（WEF，2020）还包含有关多样性和包容性的条款："平台应努力促进包容性，以及各种工人都可使用平台，并应鼓励所有符合条件的人（无论其国籍、宗教派别、性别、性取向和种族背景）参与，包括残疾人"（原则1.1）。

这些对于反歧视而言都很重要，但这并不能免除其他形式的监管，特别是确立平等权利的法定和司法措施。例如，某些合同

的反歧视条款可能仅适用于用户，不适用于平台；或者可能涉及某些歧视因素（如种族或性别），但未能涵盖其他歧视因素（如政治见解或工会活动）。这些条款可能没有提到有家庭责任的工人的地位，[④] 但这个问题受新冠肺炎疫情的影响而变得更加突出（见ILO，2020j）。

许多司法管辖区的确制定了完善的反歧视法律，对平台和平台工人均具有约束力。但是，平台工作对平等监管提出了难题。其中一些是与歧视法有关的、长期存在的普遍性问题，但形式不同，包括应禁止哪些歧视因素？应如何确定歧视？哪些区别不应被视为歧视？应该如何理解因果关系（应由谁来证明什么）？歧视法应涵盖什么样的关系？在出现歧视性行为的情况下，应该由谁负责？应采取哪些补救措施？

除此之外，还出现了一些与数字劳动力平台相关的新问题。有人认为，在平台工作的背景下，需要转变关于歧视的思维；例如，他们建议将反歧视法的目标"从确定谁在歧视转变为歧视是如何发生的"（Barzilay and Ben-David，2017：428）。算法的作用值得特别关注：经过适当设计的算法可能不会像人类那样具有歧视性——人类容易产生定式思维、偏见和其他认知错误——但由于它们是由人类设计的，因此仍然可以"再现，甚至加剧结构性偏见"（Bornstein，2018：570；另见Ajunwa，2020）。在第6.3.2节中将进一步讨论此问题。

司法管辖区在处理（或不处理）反歧视法律中这些问题的方式上有很大差异，因此在数字劳动力平台的背景下实施《反歧视公约》可采取不同的监管形式。然而，虽然不能提供任何模板，但有一些关于执行一般原

[①] 国际劳工组织于2020年4月24日在哥斯达黎加与技术平台驱动程序协会及相关组织（ACOPLATEC）的代表进行了采访。

[②] 《技术平台交通运输人员服务管理法案》，第21587号立法文件，2019年9月11日提交。

[③] 国际劳工组织采访了南非约翰内斯堡基于应用程序的司机代表，以及智利康塞普西翁送货工人代表。

[④] 见《有家庭责任工人公约》（第156号），1981年。

> **在某些司法管辖区，与其他形式的工作关系相比，在雇佣关系背景下反歧视权发展得更为彻底。**

则的有用例证。如我们所见，公约要求全面适用反歧视法，而不应只适用于就业方面的歧视。

欧盟在其条约和指令中提供了广泛应用的例子（Kilhoffer et al.，2020；Countouris and Ratti，2018）。平台和工人都必须遵守雇用和自雇方面的非歧视规范，尽管对雇员、类似的"工人"和自雇者适用不同的指令。被禁止的歧视因素多种多样，包括国际劳工组织1958年《歧视（就业和职业）公约》（第111号）所列的所有因素，以及年龄、性取向和残疾。[①] 此外，歧视包括直接和间接歧视，同第111号公约一样。直接歧视是指，由于某种特征（如性别）而导致待遇欠佳。间接歧视是指，明显中立的规定、标准或做法导致部分人因某种特征而遭受不合理、不平等的待遇。

然而，将这些规定应用于数字劳动力平台存在诸多问题。首先，在某些司法管辖区（如英国），与其他形式的工作关系相比，在雇佣关系背景下反歧视权的实施发展得更为彻底（例如，参见Fredman，2015；Bamforth，2004）。这就限制了独立承包商诉诸反歧视法。

此外，由于数字劳动力平台上工作的碎片化性质，使得欧盟反歧视法规的实施更具有挑战性（Countouris and Ratti，2018；参见Barnard and Blackham，2017；Blackham

2018）。有学者（Countouris and Ratti，2018）提出，法官采取法律平等保护措施的方式（如给出的是宽泛的解释还是狭义的解释）对于确定如何充分解决平台工作的复杂性至关重要。

国际人权公约[②]也广泛禁止歧视，这可能会涉及通过数字劳动力平台工作中的歧视性做法。例如，在拉丁美洲，人权制度对平等权和非歧视权提出了强有力的构想。根据美洲人权法院的说法，"法律面前人人平等、法律面前平等保护和非歧视的原则属于强制法（不可减损的国际规范），因为国内和国际的整个法律结构和公共秩序就此立足，这是渗透于所有法律的一项基本原则。"[③]在这种情况下，平等和反歧视权凌驾于国内法之上，包括合同法。无论合同形式，平台工人都可以根据这些规范对平台提起诉讼。

在南非，反歧视法有明确的宪法支持，对私人行为具有约束力。[④]歧视的理由包括种族、性别、怀孕、婚姻状况、种族或社会出身、肤色、性取向、年龄、残疾、宗教、意识、信仰、文化、语言和出生。[⑤]1998年《就业平等法》和2000年《促进平等和防止不公平歧视法》全面实施了这些宪法规定，并包括其他一些歧视因素，如家庭责任和艾滋病毒感染状况。同样，这些法律在数字劳动力平台上的应用可能影响深远，但尚未经过检验。

另一种方法不是侧重于现有的一般性歧视法是否适用于针对特定行业的监管平台工作，而是体现在阿根廷政府于2020年提交给国会的一项法案中，该法案指出："在使用算法时，公司必须尊重平等和非歧视的原则。"[⑥]

---

① 例如，《欧盟基本权利宪章》第21条。
② 例如，见《世界人权宣言》《公民权利和政治权利国际公约》《消除一切形式种族歧视国际公约》和《消除对妇女一切形式歧视公约》。
③ 2003年9月17日OC-18/03咨询意见，《无证移徙者的法律条件和权利》第101段。
④ 《南非宪法》第9（4）条。
⑤ 《南非宪法》第9（3）条。
⑥ 国际劳工组织根据西班牙版本的翻译：Proyecto de ley presentado por el Poder Ejecutivo Nacional，"Estatuto del Trabajador de Plataformas Digitales Bajo Demanda"，2020年5月6日。

最后一点涉及将反歧视法适用于平台所属司法管辖区以外的工人。如第4.2.1节所述，位于发展中国家的工人会发现自己无法获得基于在线网络平台的某些工作。如果一个平台选择跨多个司法管辖区开展业务，那么除其他因素外，来自特定种族或国家的工人在获得工作方面很可能存在系统性的不利地位，从而遭受歧视。

5.3.3 强迫劳动和童工

虽然强迫劳动和童工问题不像其他与数字劳动力平台有关的问题那样引人关注，但却是真实存在的。例如，德斯特凡诺（De Stefano，2016）指出了监狱中那些被拘留者和儿童从事众包工作的可能性。

现在，许多国家全面禁止强迫劳动和禁止童工（除了在有限情况下），如果平台被用来实施这些虐待行为，那么平台也将被相关法律纳入实施执法范畴。阿根廷的《禁止童工和保护青少年法》提供了广泛禁止这类行为的一个例子：

该法律适用于所有十八岁以下人员以及所有工作形式……禁止年龄在十六岁以下的人从事任何形式的工作，无论是否有合同雇佣关系，以及工作是否有报酬。劳动监察部门必须行使其职能，督促遵守这一禁令。①

5.3.4 职业安全与健康

在这个领域，许多司法管辖区都不仅仅关注雇佣关系，而且侧重于影响工人健康和安全的能力（Garben，2019）。这阻止了基于特定合同形式的责任转移和否认责任。该方法使司法机构处于有利地位，可以制定与平台、通过平台参与的工人以及平台协调工作流程的任何其他个人或实体有关的义务。这些主体的责任不是绝对的；在许多司法管辖区，1981年《职业安全与卫生公约》（第155

号）中所述的"在合理可行的范围内"这一众所周知的措词对其进行了限定。

例如，在澳大利亚（《工作健康和安全法》，2011年）和新西兰（《工作健康和安全法》，2015年），工作安全和健康立法的核心概念不是"雇主"和"雇员"，而是"经营企业或事业的人"（PCBU）、"工人"和"工作场所"这些都是广义的（Johnstone and Stewart，2015）。"经营企业或事业的人"必须在合理可行的范围内确保下列人员的健康及安全：（1）由该人雇用或使之被雇用的工人，（2）从事的工作或经营活动受该人影响的工人［澳大利亚，2011年法案，第19（1）条；另见新西兰，2015年法案，第36（1）条］。"经营企业或事业的人"还必须确保"在合理可行的范围内，不会因为从事该业务或经营活动而使他人的健康和安全受到威胁"［澳大利亚，2011年法案，第19（2）条；新西兰，2015年法案，第36（2）条］。

> ⚜ **根据国际劳工组织公约和大多数国家的法律，关于职业安全与卫生的规定要协商确定工作场所安排，而不是单方面制定政策。**

工人也必须合理注意自己的健康和安全，并"合理注意［他们的］行为或不作为不会对他人的健康和安全产生不利影响"（澳大利亚，2011年法案，第28条；新西兰，2015年法案，第45条）。因此，司机应当合理照顾通过叫车应用软件分配的乘客。这一做法的另一个优点是，它使所有工人，而不仅仅是受雇员工，都能够停止或拒绝从事对生命或健康构成紧迫和严重威胁的工作

---

① 国际劳工组织根据西班牙版本的翻译：Prohibición del Trabajo Infantil y Protección del Trabajo Adolescente，Ley 26.390，Art. 2。禁止上述未满18岁人员工作的规定也已明确纳入上述阿根廷法案中。

（澳大利亚，2011年法案，第84条；新西兰，2015法案，第83条；另见第155号公约第13条）。

这个框架反映出数字平台劳动力的各种情况，可以作为特定监管材料的补充（立法允许），可以是小的修订（见Stewart and Stanford，2017）。它能够应对基于指定位置平台工作方面的问题，因为它相对直接地建立在现有的标准上，如适用于交通的标准。例如，过分强调高接单率（见第4.2.1节）可以被认为是一种安全风险，因为这可能导致司机高速驾驶或危险驾驶。同样，迫使工人长时间工作和从事高强度的工作（见第4.2.2节）也可被视为对健康有害。当然，平台需要在合理可行的范围内采取措施，以保护司机，特别是女性司机免受暴力和骚扰。

乍一看，基于在线网络平台带来了更多挑战，因为工人通常在家工作，家就是他们的工作地所。然而，此处考虑的立法模式中，"工作场所"被定义为"为企业或事业进行工作的地方，包括工人工作时去或可能去的任何地方"［澳大利亚，2011年法案，第8（1）条；新西兰，2015年法案，第20（1）条］；这显然包括在家工作。新冠肺炎疫情期间，由于隔离政策的要求，许多工人在家工作（远程工作），这导致工作场所卫生和安全部门为此制定了更明确的标准。例如，澳大利亚昆士兰州就制定了大量关于在居家办公的规定，涉及地点、工作时间、设备、通信方法、工作表现和预期。[①]这些规定也非常适合平台工作。

健康和安全领域的另一种监管干预形式是司法解释，这些司法解释使现有法律原则能适用于平台劳动力市场。在巴西圣保罗最近的一项司法裁决中，法院对健康与安全责任的解释更为宽泛，而不再局限于雇佣关系（见专栏5.2）。

那些最具影响力的平台已经明确表示准备承担这方面的部分责任。《世界经济论坛良好平台工作原则宪章》（WEF，2020）规定：

各平台应制定适合其工作地点和工作方式的政策或准则，帮助保护工人免遭健康和安全风险，并应努力保护和促进工人的身心健康。用户/客户应承认并遵守这些政策和准则（原则2.2）。

虽然这是《宪章》的重要内容，但根据国际劳工组织公约和大多数国家的法律，关

▶ **专栏5.2   工作中的安全与卫生：巴西**

"毫无疑问，（被告）通过一个数字平台集中和组织工人与第三方（即供应食品的公司和消费者）建立联系。从广义上讲，工人有权通过健康、卫生和安全标准（《联邦宪法》第7条、引言和第22条）降低其工作固有的风险。公司必须承担实现这一权利的部分责任（国际劳工组织第155号公约，第16/21条；第1254/94号总统法令）。第8080/90号法律……规定，健康是一项基本人权，国家必须充分确保这一权利，而不能免除包括公司在内的所有人的责任（第2条、引言和第2款）。从广义上讲，被告的行为的性质决定了其对服务提供者造成的任何损害都负有严格责任（《民法典》第927条）。"

资料来源：国际劳工组织根据葡萄牙语文本的翻译：Poder Judiciário Ⅲ Justiça do Trabalho Tribunal Regional do Trabalho da 2ª Região 82ª Vara so Trabalho de São Paulo Ⅲ TutAntAnt 1000396–28.2020.5.02.0082。.

---

① https://www.worksafe.qld.gov.au/laws-and-compliance/workplace-health-and-safety-laws/specific-obligations/health-and-safety-for-working-from-home.

于职业安全与卫生的规定要协商确定工作场所安排，而不是单方面制定政策。①

5.3.5 社会保障

加强社会保障体系需要将缴费型（主要是社会保险）和非缴费型、税收资助的社会保障机制结合起来。虽然没有"通用"的解决方案，但可以通过调整政策、法律和行政框架，将社会保障扩展到平台工人。不少国家采取了创新的措施，以覆盖各种工作形式，包括合同关系复杂和不明确的工作形式。

工伤便是其中一个重要的问题。如果平台工人是平台的雇员（或至少是正式雇员），许多管辖区要求平台支付社会保险金，或者在无社会保险的情况下支付工人的个人工伤保险费。但是，如果工人无法建立雇佣关系，则可能需要自行缴纳保险费用。这对低薪工人而言是沉重的经济负担，因此许多人可能无法进行投保——如果发生重大事故，将给他们带来非常严重的后果。道路交通事故和其他与工作有关的事故是基于指定位置平台工作中的最突出问题。②

许多国家正在研究解决此问题的方案，并采取更广泛的措施将社会保障扩展到平台工人。例如，在法国，根据是否达到平台使用的阈值，要求平台承担自雇工人的意外保险费（《劳动法典》，第L7342–2和L7342–4条）。平台还必须与税务机关共享有关工人收入和活动的数据；税务机关随后会将相关详细信息发送给社会保障机构。一些平台工人可以选择不让平台支付保险缴费，而是平台将这部分钱给工人，由工人直接将其支付给社保机构（Ogembo and Lehdonvirta，2020）。在西班牙，强制性工伤保险立法涵盖了自雇工人（Behrendt and Nguyen，2018）。

拉丁美洲的许多国家已经引入了"单税

制"机制，将保险范围扩展到自雇工人和小微企业，促进了其向正规经济的过渡。例如，在乌拉圭，单税制的参与者按固定税率缴税和社会保障金，这使他们（或他们的工人）享有与雇员相同的福利（失业救济金除外）；他们还可以选择自愿参加医疗保险。政府推出了具体措施，将覆盖范围扩大到出行平台的工人（Freudenberg，2019）。使用出行应用程序的司机必须以与受雇员工相同的条件，在社会保险和税务机关注册，才能获得驾驶运营执照。这些应用程序允许司机进行注册，同时自动将社会保险缴费增至乘车费用中并将收到的这笔费用转至乌拉圭社会保障机构（Behrendt，Nguyen and Rani 2019；Behrendt and Nguyen，2018）。巴西目前也采取类似做法，政府计划将其单税机制的覆盖范围扩大到在数字平台上工作的司机，让他们获得医疗保险、生育保险、残障保险及养老保险（La Salle and Cartoceti，2019）。

> **可以通过调整政策、法律和行政框架，将社会保障扩展到平台工人。**

同样，在印度尼西亚，负责社会保障的政府机构③与金融部门合作，协助进行登记和缴费，以扩大工伤和死亡抚恤金的覆盖范围，将Gojek（印度尼西亚最大的网约车

---

① 特别是1981年《职业安全和卫生公约》（第155号）第19条和第20条；2019年《暴力和骚扰公约》（第190号）第9（a）条。另见国际劳工组织的LEGOSH数据库。
② 这些担忧构成了智利和墨西哥的平台工作者协会的优先事项之一。
③ 参见https：//www.bpjsketenagakerjaan.go.id/。

信息技术为扩大社会保障的覆盖范围开辟了更广泛的潜在解决办法。

平台）司机纳入其中。这鼓励了 Gojek 平台司机在该机构进行在线注册，他们的社会保障缴款则直接从其账户中提取（Nguyen and Cunha，2019）。马来西亚国家社会保障机构 Perseko 和平台公司 Grabcar 之间也有类似的安排（La Salle and Cartoceti，2019）。在中国，占主导地位的乘车共享平台滴滴出行已根据平台和/或员工的缴费，建立了"点滴医保"计划。Deliveroo、Glovo、Ola、Swiggy 和优步等平台也为司机和乘客提供了不同程度的乘车保险（参见第 2.3 节）。例如，Deliveroo 的保险涵盖了司机在线时及下线后一小时内的伤害和第三方责任，而 Swiggy 的保险范围包括对家人生病的补偿。但是，就某项具体安排而言，如果保险计划纯粹是私人的，那么与公共保险计划相比，就存在公平性和有效性较弱的风险。[①]这是因为较为弱势的低收入者和职业生涯不连续的工人不太可能享受到充足的保障，这可能会加剧不平等，包括性别不平等（Behrendt，Nguyen and Rani，2019）。

在缺乏明确规定如何对平台工人实施社会保障的法律框架的情况下，可以通过判例法在某种程度上将覆盖范围扩大到平台工人，中国和韩国就是这样做的（见专栏 5.3）。这种方法也有不足之处。法院诉讼的费用和持续时间可能会阻碍工人，而在为平台工人设计社会保障的类型、水平、资格和融资方面，政府通常比法院处于更有利的地位。尽管如此，法院经常会收到关于适用社会保障法律方面的争议，像这里所展示的案例那样，一个广泛的、有针对性的解释可以帮助填补覆盖范围方面的空白。

此处提到的国家以及许多其他辖区的发展情况表明，可以将平台工人有效地纳入社会保障的覆盖范围。印度在 2020 年 9 月引入了《社会保障法》，以扩大对包括平台工人在内的所有工人的保障，而不论其是否存在雇佣关系。[②]在有可持续资金的支持下，以及在遵循工人团结互助和风险共担的理念下，所有工作形式的工人在其整个生命周期都可以获得普遍的社会保障，不仅有助于实现社会保障人权，而且对于建设公平的竞争环境并确保平台与传统公司之间的公平竞争至关重要（Behrendt，Nguyen and Rani，2019）。

可以肯定的是，当人们只是偶尔使用一个平台进行工作或使用多个平台进行工作时，就会产生复杂的问题。如何调整社会保障机制，使即便是那些人们不常使用的平台也需要公平承担企业责任？多平台应该如何分担成本？这些问题以及其他的一些问题均有待全面解决，但其实这些问题并不像看上去那样新奇或复杂。长久以来，包括为多个雇主工作在内的间歇性和临时性工作一直存在，并且已经制定了完善的法规和政策加以应对。例如，各国通过缴费型和非缴费型的社会保障机制相结合，成功地将社会保障的覆盖范围扩展到服务多个雇主的工人群体（ILO，2016；ILO，2019b）。信息技术不仅导致新的问题出现以及使问题变得更加复杂，而且为扩大社会保障的覆盖范围开辟了更广泛的潜在解决办法。

5.3.6　新冠肺炎疫情及其对工作中健康与安全以及社会保障的影响

新冠肺炎疫情凸显了平台工作、职业安全和卫生法律、社会保障以及保护公众免受病毒侵害的措施之间的相互关系。例如，如果一名配送员感染了新冠肺炎病毒，而此人由于谋生的压力而未被隔离，这可能导致包括其同事和客户在内的大批人感染。

---

① 参见 http：//finance.sina.com/bg/tech/technews/sinacn/2019-07-09/doc-ifzkvvxn2512524.shtml；另见 Behrendt and Nguyen，2018。

② 参见 https：//labour.gov.in/sites/default/files/SS_Code_Gazette.pdf。

▶ **专栏5.3　工伤保险：中国和韩国**

北京市海淀区人民法院于2018年做出的一项判决涉及一名快递员，该快递员在北京通过闪送应用程序接受和执行工作任务时受伤。他向运营闪送平台的公司寻求工伤保险。然而，该平台否认其负有责任，理由是该快递员是根据"合作合同"而非劳动合同聘用的，且不适用工伤保险的规定。该平台提供了书面协议以及快递员自行掌握工作时间和送货配额的证明。

法院驳回了平台公司的论点，认为实际上有许多因素表明平台与快递员之间存在劳动关系。例如，快递员的收入依赖于平台，因此每天专门为此工作很长时间。该平台还对快递员进行了高度控制。

更为根本的是，法院考虑到了追究责任的社会和经济后果，注意到工伤赔偿与工作健康和安全之间的重要关系。如果一个平台实体不承担其平台工人所遭受的事故的经济后果（就保险安排而言），那么平台就没有动力改进其安全措施。法院进一步强调，"互联网企业不能因为采用了新技术、新商业方法而不承担法律责任和社会责任"。

最后，法院指出，不能因为合同形式的不确定性而剥夺快递员获得工伤保险的权利，因为这是劳动者的一项基本权利。

（李相国诉北京同城必应科技有限公司劳动争议。一审民事判决书，北京市海淀区人民法院，民事判决书（2017）京0108民初53634号）[①]

同年，韩国最高法院在两个涉及外卖员的案件中，对适用《工业事故赔偿保险法》的情况也做出了类似判决。最高法院推翻了下级法院的判决，这些判决仅依靠合同措辞而不是实际情况。法院认为，就该《保险法》而言，配送员被视为"类雇员"，即特殊工作人员（PSTE）（最高法院判决书2016Du49372，2018年4月26日；最高法院判决书2017Du74719，2018年4月26日）。首尔高等法院裁定配送员是特殊工作人员（首尔高等法院判决书2018Nu43523，2019年1月16日；首尔高等法院判决书2018Nu44496，2019年1月17日）。[②]随后，对韩国《职业健康与安全法》的修订也将特殊工作人员纳入该法律的适用范围（参见第78条）。

[①]　国际劳工组织根据中文版本的翻译：李相国与北京同城必应科技有限公司劳动争议一审民事判决书，北京市海淀区人民法院，民事判决书（2017）京0108民初53634号。

[②]　国际劳工组织根据韩文版本的翻译：대법원 2018. 4. 26. 선고 2016두49372; and 대법원 2018. 4. 26. 선고 2017두74719. 서울고등법원 2019. 1. 16. 선고 2018누43523; and 서울고등법원 2019. 1. 17. 선고 2018누44496.

这一情况引发了多个监管问题。首先，工人是否从遵守安全与健康法规的平台获取工作，而不论其签订的是哪种合同？如果是这样，监管者如何确保平台和其他平台履行了法律义务？平台及其工人如何采取合理措施，既维护员工健康，又维护大众健康？是否有法律规定的途径让工人参与健康和安全管理，以制定适当的安全程序？

其次，工人是否能够有效地获得通过社

◤◤ 社会保障也可以作为经济的自动稳定器。

会医疗保险或国家卫生服务提供的医疗保健服务，而不至于产生经济负担？

最后，工人是否有权以疾病或检疫为由请假？如果可以，那么他们是否通过带薪病假或病假福利获得了足够的收入保障？政府和雇主提供的病假在不同的司法管辖区差别很大（参见经济合作与发展组织的数据，如OECD，2020c，图1和图2）。

在新冠肺炎疫情期间，由于需要防止收入损失，导致出现即使生病也要工作的情况，而这可能导致他人感染（见专栏4.6；ILO，2020b；Adams-Prassl et al.，2020）。例如，疫情在澳大利亚墨尔本大面积暴发，其中80%的病毒传播都归因于工作场所，"其中大部分感染者是无法获得病假的临时工，他们在出现症状时仍在工作场所坚持工作"（Sakkal and Ilanbey，2020）。澳大利亚现在已经实行带薪大流行病假。正如经济合作与发展组织指出的那样：

带薪病假是应对新冠肺炎疫情危机对工人及其家庭的经济影响的一项重要工具。它可以为因确诊患有新冠肺炎或不得不自我隔离而无法工作的工人提供一定的连续性收入。通过确保生病的工人有能力待在家里直到他们不再具有传染性，带薪病假也有助于减缓病毒的传播（OECD，2020c：2；另见ILO，2020b）。

新冠肺炎疫情危机凸显了健康和安全法规以及对从事各种工作的人员的社会保障的重要性。在危机期间，通过防止污染、提供医疗保健服务和应对严重经济衰退造成的巨额收入损失来保护个人。社会保障也可以作为经济的自动稳定器，包括通过改善消费和部分抵消危机导致的总需求波动（ILO，2020b）。

为应对这场危机，一些平台已采取措施，给予需要继续隔离的受感染的平台工人相应的支持和帮助。这些规定是否充分，一直受到质疑（Marshall，2020；Fairwork Project，2020；见专栏4.5）。因此，政府必须采取行动，提供更全面的应对措施。例如，爱尔兰向目前所有工人提供了医疗保险，而芬兰和美国政府向失业保险未覆盖的

工人提供了失业保险，包括平台经济中的自雇工人（ILO，2020a）。

秘鲁的一项新冠肺炎相关协议[①]（适用于所有配送平台工人）规定了配送平台需要承担的健康和安全义务，包括共享数据、防止配送员在提货地点聚集；要求平台建立监测健康状况和实施卫生处理措施的强制检查点；此外，还设立了一个共同基金，为感染病毒或与受感染者密切接触的配送工人支付病假工资和医疗相关费用。

这些只是各国为应对新冠肺炎疫情而采取的众多措施中的几项。可以明确的是，将全面的健康和安全以及社会保障措施纳入应对疫情综合措施对于防治疫情来说至关重要。

5.3.7 支付制度、正常终止合同和明确的聘用条款

如前所述，规范支付程序、终止合同以及义务和权利透明度的法律越来越普遍，不仅涉及雇佣关系，而且也涉及一方要求另一方订立附意合同的其他情况，特别是消费者合同。这一趋势反映了这样一个事实，即当一方单方面确定条款内容时，它可能不会充分考虑到另一方的利益。例如，处于较强地位的一方可以制定包括不合理地征收超额费用、罚款或扣除费用，或者允许在任何时间以任何理由单方面终止合同的条款。

平台工作经常处于就业法规和商业或消费者法规之间的"灰色地带"，但在许多司法管辖区，这两个领域在公平合同条款方面存在显著趋同。原则上，这降低了平台工人"掉到裂缝中间"的可能性；在实践中，相关法律条款的适用范围将对其实际覆盖的工人产生重大影响。

欧盟最近的两份文件不仅说明了在支付制度、终止合同和透明度方面，商业或消费者和雇佣方法之间的相似性，还表明平台

① Resolución Ministerial，Nº 00163-2020-Produce，Lima，21 de Mayo De 2020；Resolución Ministerial Nº 239-2020-MINSA.

工人可能"两头落空"。这两份文件分别是适用于工人的《透明和可预测的工作条件指令》①（TPWC）[第1（2）条]（真正的自雇者以外的人），以及适用于向企业和企业网站用户提供或拟提供的网上中介服务及网上搜索引擎服务的《促进网上中介服务企业用户公平透明条例》②（P2B）[第1（2）条]。

基尔霍夫等人在其为欧盟委员会所做的研究中写道，尽管适用范围不同，"两份法律文件都包含了……非常相似的方法和实质性条款，即平台企业在与使用数字应用程序提供服务的专业人士的合同关系中必须遵守的条件"（Kilhoffer et al.，2020，173；本小节的分析在很大程度上借鉴了这项研究）。概括地说，这两份文件分别规管下列问题：

▶ 及时了解雇佣关系的"基本方面"（《透明和可预测的工作条件指令》）以及"明确且易于理解"的就业条款和劳动条件（《促进网上中介服务企业用户公平透明条例》）；

▶ 可以修改合同的情况；

▶ 关于是否可以限制为其他企业工作的规则；

▶ 薪酬规则，就《透明和可预测的工作条件指令》而言，包括关于薪酬的组成、支付频率和支付方式的规则；

▶ 有关终止合同的规则，包括说明原因，对于《促进网上中介服务企业用户公平透明条例》而言，必须与合同中涉及的理由有关；

▶ 补救方法。

为了防止滥用非典型合同，如按需合同或零工时合同，《透明和可预测的工作条件指令》敦促成员国对存在的雇佣关系适用可反驳的推定（第11条）。同时，《促进网上中介服务企业用户公平透明条例》（第5条）要求在线中介服务的提供者清楚地概述确定用户排名及其相对重要性的参数。

遗憾的是，这两份法律文件之间遗留了

另一种方法可能更好，即要求平台向客户而不是工人收取佣金。

一个空白：真正的"自雇平台工作者不依赖平台，仅仅是为消费者提供数字中介信息社会服务"（Kilhoffer et al.，2020：185）。换句话说，出行行业中基于指定位置平台的工人就属于这类自雇平台工人。尽管如此，这两份法律文书表明，自雇平台工人有可能适用其中的部分条款。

尚未完全解决的另一个问题与佣金和相关费用有关，尤其是基于在线网络平台和出行平台设定的佣金和相关费用。正如第2章和第4章所讨论的那样，许多平台都收取佣金，费用可能高达25%。因此出现了两个相互矛盾的问题。一是平台需要有收入来源，才能确保其商业模式运行平稳，而佣金被普遍认为是提高平台企业收益的有效途径。二是长期以来一直存在的政策上的担忧，即第三方中介机构不应向工人施加成本。这在1997年国际劳工组织《私营职业介绍所公约》（第181号）（第7条；另见De Stefano and Wouters，2019）以及国内立法中均有规定。例如，韩国《劳动标准法》规定：

消除中间人的剥削：除非另有法案规定，否则任何人不得干预他人的工作，以赚取利润或作为中间人的利益（第9条）。

可以协调这两个目标的方法有很多。其中一种方法是坚持政策关注点仅适用于基于在线网络平台的雇员，而不适用于自雇工人。然而，尚不清楚雇员是否是唯一应受保护以免受过高佣金负担的工人类别，特别是在雇员和自雇工人之间的界限模糊的情况下。另一种方法可能更好，即要求平台向客户而不是工人收取佣金和/或通过诸如设定佣金比例之类的标准来限制过高的佣金。

① 2019年6月20日，欧洲议会和理事会关于欧盟透明和可预测工作条件的指令（EU）2019/1152。
② 2019年6月20日，欧洲议会和理事会关于促进在线中介服务商业用户公平和透明的法规2019/1150。

5.3.8　数据访问、隐私权和工作流动性

近年来，监管机构越来越关注隐私和数据保护。这一领域的许多进展与平台工作高度相关，不仅因为数据收集和传输是数字劳动力平台商业模式的核心，而且因为新法律适用于数据主体，而不论其就业状况。

其中一个进展就是数据保护机制的出现，如自 2018 年 5 月起生效的欧盟《通用数据保护条例》（GDPR）。[①]该条例确立了若干个人权利，如知情权、查阅数据权、数据可移植性、数据删除权，以及不受仅基于自动处理的决定支配的权利。与此同时，美国于 2020 年 1 月生效的《加利福尼亚州消费者隐私法案》确立了一项选择不出售个人信息的特殊权利（第 1798.120 条）。平台工人可以从这些权利中受益。例如，英国一些使用应用程序的司机已经对优步提起了诉讼，因为优步隐瞒了他们的数据，违反了《通用数据保护条例》。一些司机建立了一个合作组织，汇集行驶数据，不仅用它来帮助工人优化其收入能力，还可以帮助城市机构做出更明智和更有效的交通规划决策。[②]

数据可移植性的权利对于平台工人而言尤为重要。

数据可移植性的权利尤为重要。根据《通用数据保护条例》第 20 条，平台工人可以"以结构化、通用的和机器可读的格式"获取其数据的副本。在"技术可行"的情况下，他们还享有将数据从一个控制器直接传输到另一个控制器的权利。虽然这一宽泛的规定似乎在很大程度上解决了数据可移植性问题，但技术可行性条件是一个潜在障碍。这个问题不仅出现在欧盟，也体现在其他引

入类似法律的司法管辖区。例如，尼日利亚 2019 年《数据保护条例》和印度 2019 年《个人数据保护法案》都包含了技术可行性的条件。后者目前正在印度议会审议，它提供了进一步的限定条件，在涉及商业秘密方面进一步限制数据可移植性（第 19 条）。

不服从仅基于自动化处理的决定的权利也会产生重大影响。自动化决策是平台运营的关键，从定价和用户匹配到确定用户的声誉和停用状态，这些都是至关重要的。这项权利可以解决平台算法的不透明性，这是许多平台工人共同关心的主要问题的根源，如不合理地停用账户和平台定价机制的更改。

欧盟《通用数据保护条例》和其他司法管辖区的类似法律的确允许在为履行合同、有法律授权或基于同意的情况下，进行个人数据处理不受全自动决策权利的制约。工人们有权获得人工干预，表达他们的观点，并对有问题的决定提出异议。为理解该权利的范围，还要《通用数据保护条例》中的其他条款，如第 13（2）（f）条和第 14（2）（g）条。其中规定，对于自动决策，数据控制器应提供"有关所涉逻辑的有意义的信息，以及这种处理对数据主体的意义和可能产生的后果"。

此外，数据保护法概述了处理个人数据的某些原则和法律基础，一般包括透明度和"同意"。然而，有些规定涉及更具体的原则。例如，巴西《一般数据保护法》（Lei Geral de Proteção de Dados，2018）要求对个人数据的处理是无歧视的，并保护其信用（第 6（IX）条和第 7（X）条）。虽然数据保护法律将对工人与平台的关系产生影响，但要确定这种影响的程度还为时过早。这些法规的应用在实践中可能会受到合同和商业秘密等其他相关法律的阻碍，这些阻碍有可能造成平台算法不透明性以及使平台免受审

---

① 2016 年 4 月 27 日欧洲议会和理事会关于个人数据处理方面自然人保护和此类数据自由流动的法规（EU）2016/679，OJ L119。
② 司机座椅合作社：https://www.driversseat.co。

查（De Stefano，2019；Kapczynski，2020）。此外，作为数据处理授权手段的"同意"概念可能会给平台工人带来问题，特别是考虑到在议价能力方面往往存在严重的不对等的情况（Todolí-Signes，2019）。

最后，除了这些通用的数据保护法律之外，还出现了专门的与平台工人数据相关的国家法律。例如，在法国（《通用数据保护条例》直接适用的司法管辖区之一），对《劳动法典》进行了修订，包括：

有充分的理由证明平台应服从工人所在司法管辖区的法院和法庭。

（基于平台的自雇工人）有权访问与自己活动有关的所有平台数据，使其能够被识别。他们有权接收结构化格式的数据，也有权传输数据。这一数据的准确范围及其访问、提取和传输方法将由该法令（第L7342-7条）规定。

5.3.9　申诉和争议解决

第4.3.2节描述了平台工人进行申诉和争议解决过程的几种情况，如对糟糕的绩效评估、低评分和拒绝其工作（特别是在微任务平台上）表示异议，以及许多工人面临的临时或永久停账户。

《世界经济论坛良好平台工作原则宪章》规定，"平台应确保工人有机会使用透明和负责任的机制，在合理的时间框架内解决与用户/客户和其他工人之间的纠纷"（WEF，2020，原则7.2）。

公平的内部审查过程至关重要。它们可以有效降低成本和时间，并且通常给工人带来有利的结果（如第4.3.2节所讨论的）。然而，内部程序并不排除使用外部争议解决机

制，如诉诸法院。尤其在受到质疑的是商业实践（如对工人的定性）而不是个人决定（如错误评分）的情况下。

第5.1.1节的讨论表明，在某些司法管辖区，数字劳动力平台可以单方面选择在其服务协议条款中指定外部争议解决机构。这样做存在风险，即可能会阻碍通过普通法院系统进行申诉来解决争议。这意味着，如果对工人的分类一直存在错误，内部审查系统存在结构性缺陷，或者算法决策存在系统性问题，那么即便这会导致账户停用，其也无法受到司法监督。

因此，有充分的理由证明平台应服从工人所在司法管辖区的法院和法庭，包括一般的程序规则，如集体诉讼。在某些司法管辖区，尤其是在诸如阿根廷、智利和墨西哥等大陆法系国家，法律要求将纠纷提交至普通法院系统，而且服务协议条款中通常有了这样的要求。

在那些只能以有限理由限制诉诸法院的司法管辖区（美国以外的许多普通法司法管辖区），平台工人正在通过提起诉讼来挑战平台服务协议条款中规定的争议解决机制。在提供服务涉及的司法管辖区之外，对将争议提交仲裁的条款的质疑获得了成功。

最近一个突出的例子是加拿大海勒（Heller）诉讼，该诉讼导致加拿大最高法院在2020年做出重大判决（见Coiquaud and Martin，2019，应注意他们的文章是在诉讼最终判决之前写的）。海勒是优步外卖（Uber Eats）的外卖员，他和同事一起对优步提起了集体诉讼，称根据安大略省2000年《就业标准法案》的规定，他们属于雇员，享有相应的权利。优步申请法院停止审理此案，由于海勒受到强制性仲裁条款的约束，该条款要求将争议提交仲裁机构调解，然后应在荷兰进行仲裁。

加拿大最高法院裁定，仲裁条款因不合

情理而无效[①]。

实际上，仲裁条款修改了合同中的所有其他实质性权利，导致海勒先生要行使其享有的所有权利需要具备一个前提，即前往阿姆斯特丹，缴纳相应的费用，提起仲裁申请并获得仲裁裁决。显然，这样的条款违反了诉讼权利。只有满足了上述前提条件，海勒先生才能获得法院命令以行使其合同里规定的实质性权利。实际上，仲裁条款限制了司机对平台公司行使其合同赋予的实质性权利。没有一个具有理智的人在理解仲裁条款含义的情况下会同意该条款（海勒诉讼，第95段）。

平台公司提出了地方法院不适合解决争议（平台位于欧洲）的论点，但这一论点在英国阿斯兰案中再次被驳回（在第5.3.10节中讨论）。尽管上述案例中服务协议里的争议解决条款被判定无效，但这并不意味着这一条款不会产生实际效果。即使这些条款无效，也可能会阻止潜在的申诉人，因为他们不是法律专家，会认为这些条款是有效的。

在一些发展中国家，有效解决争议受到阻碍，原因是对提出诉讼的适当法律实体缺乏明确规定。例如，优步司机在南非提出的关于不正常的合同终止的诉讼失败，因为司机起诉的是在南非注册的优步集团成员，而不是在荷兰注册的优步有限责任公司（Uber BV），而后者被认为是相关的缔约方[②]。

基于指定位置平台将工作关系置于外部司法管辖区法律之下的尝试也可能失败。例如，在中国、欧盟、印度和美国加利福尼亚州，国际私法规定至少在不涉及跨境工作的简单案件中，适用的相关法律通常是工人所在司法管辖区的法律，尤其是在涉及雇佣关系或适用劳动法规的情况下[③]。

正如切利（Cherry，2020：226）所评论的那样："如果跨国平台运营商可以选择适用附意合同强加的法律，他们很可能会选择没有法律的司法管辖区、存在有利于公司的先例或可能有先例的、或者是劳动标准很低的司法管辖区"。

对于在"虚拟世界"中进行的基于在线网络的工作的监管可能更加复杂，而且鲜有对比的研究（Cherry，2020）。[④]与基于指定位置平台不同，对于基于在线网络平台，其平台、工人和客户端可以位于三个不同的国家（Cherry，2020；另见 Arthurs，2010；Mundlak，2009）。例如，亚马逊劳务众包平台AMT的许多工人都住在印度（Difallah，Filatova and Ipeirotis，2018；Berg et al.，2018），还有许多Upwork平台的工人也是这样（Horton，Kerr and Stanton，2017）。这些平台本身位于美国，用户（客户）则可以位于不同国家，通常是居住在更发达的经济体（见第1.3节）。

就其本身而言，工人的这种地理分散并不新奇。多年来，工人的国际借调一直很普遍，并且已经有相关法律原则来确定在发生纠纷时适用的法律（Morgenstern，1985；Morgenstern and Knapp，1978）。但在涉及在线工作时，工人们实际上仍处于其所在国的国内法律体系之内。事实上，线上服务协议

---

① 对待不公平的加拿大方法包含两个要素：议价能力的不平等和不明智的交易。其他普通法司法管辖区有不同的标准。

② *Uber South Africa Technology Services（Pty）Ltd v National Union of Public Service and Allied Workers（NUPSAW）and Others*（C449/17）［2018］ZALCCT 1；［2018］4 BLLR 399（LC）；（2018）39 ILJ 903（LC）。肯尼亚也发生了类似的案件，Kanuri有限公司和其他公司诉优步肯尼亚有限公司，肯尼亚高等法院，内罗毕，2016年民事诉讼第356号：http://kenyalaw.org/caselaw/cases/view/134444。

③ 如切利在对加利福尼亚、欧盟和印度的研究中所指出的那样，法院不会自动根据服务协议来实施适用法，而是倾向于根据工人的实际位置（Cherry，2020：204~228）。另见Grušić，2012；2010年10月28日，第十一届全国人民代表大会常务委员会第十七次会议通过的《中华人民共和国涉外民事关系法律适用法》；2012年12月10日，最高人民法院审判委员会第1563次会议通过的最高人民法院关于适用《中华人民共和国涉外民事关系法律适用法》若干问题的解释（一），第10条；2000年12月22日，关于民商事判决的管辖权、承认和执行的理事会规例（EC）44/2001，第5条。

④ 切利对这些问题的分析使我们的讨论受益匪浅。

条款需要经过跨国（地区）引入后，才能适用于工人所在地的条件和要求。而这些协议条款旨在限制工人行使应有的权利。仅有少量案例、法规和其他政府法规将这些原则适用于纯粹的在线工作，因此即使在主要司法管辖区，其法律地位仍然不确定。切利（Cherry，2020）考虑了一些可以填补规则空白的选择，包括类似于2006年《海事劳工公约》和《通用数据保护条例》的规则，以及企业社会责任倡议。

5.3.10 雇佣关系

虽然本章强调许多原则和权利适用于工人，而不论其签订的是哪种合同，但现实情况是，在许多司法管辖区，保障这些原则和权利的法律只适用于受雇员工。这一事实在前面的讨论中已经多次提及，这也说明了许多劳动保护方面的规则在诸如集体谈判和社会保障等领域的范围是有限的。

劳动保护和雇佣关系之间联系密切的一个原因是，许多劳动法在最初起草的时期，雇佣与创业之间的界限似乎更容易确定，至少在工业化国家是这样（Deakin，2007）。垂直整合工业企业的时代已经过去，从根本上扰乱了雇员和企业家的二元分化（Weil，2014；Fudge，McCrystal and Sankaran，2012；Davidov and Langille，2011；Freedland and Countouris，2011；Fudge，2006；Stone，2004；Freedland，2003；Supiot，2001；Collins，1990）。然而，立法机构和法院往往未能从更全面的角度彻底地重新制定劳动保护的法律体系（工作中的安全和健康、强迫劳动和童工，以及非歧视法是主要的例外）。简而言之，虽然从理论上讲，适用于所有工人的原则和权利不应该仅局限于雇佣关系，但实际上却是这样。

然而，对工人进行适当分类也很重要，

> 对工人进行适当分类也很重要，因为就国际劳工组织的文书而言，某些法律规定的劳动权利并不适用于所有工人。

因为就国际劳工组织的文书而言，某些法律规定的劳动权利并不适用于所有工人，而是继续依赖于雇佣关系来确定是否适用。当然，区别可能并不总是明确的。工作时间规则既可以适用综合的标准（对健康和安全有影响），也可以仅适用于雇员（如带薪年假）。[①]但后者不可能总是被前者所包含，对于此类仅针对雇员的权利，建立雇佣关系至关重要。

所有这些都意味着雇员地位仍然非常重要。因此，许多关于通过数字劳动力平台工作的诉讼和立法辩论都围绕着这个问题展开就不足为奇了。对于平台工人来说，被雇用是其获得一系列权利的途径。对于许多平台来说，这可能是对其商业模式的一大威胁。

不仅风险很高，而且由于审查时的具体情况不同以及各国采取的方法存在差异，导致在世界范围内产生了巨大的多样性和不确定性。可以肯定的是，许多国家采用的方法大体上与2006年《关于雇佣关系的建议书》（第198号）中规定的相对应（见第5.2.3节）。正如普拉斯（Prassl，2018：100）评论："根据每个司法管辖区的要求，按需经济中的工作适用雇佣关系和劳动法的规定，而且鉴于平台对服务提供的许多方面都进行了严格控制，通常重点关注是否被雇用，且将真正的企业家置于保护性法律法规的范围之外。"

---

① 见1970年《带薪休假公约》（修正案）（第132号）；ILO，2018c，Pana. 280。

但这些确定是否具有雇佣关系的方法仍存在很多漏洞，加之受实际用工情形的影响，导致对相似的雇佣关系争议案例，一个司法管辖区得出一种结论（该关系是雇佣关系），而另一个司法管辖区却得出相反的结论（该关系是商业关系）。此外，在同一司法管辖范围内也可能出现不一致的情况，比如有的法官可能比其他法官更关注否认存在雇佣情况的合同声明。对一名法官来说，足以构成雇佣关系的情形对另一名法官来说可能是不够的（例如，见 Kilhoffer et al.，2020；另见 Ban，2020；Zou，2017 b）。

由于平台工作形式的多样化（具有不同的服务条款），很难确定法院对一种工作形式（如司机）的决定在多大程度上适用于另一种工作形式（如自由职业者）。尽管如此，我们还是能够在对雇佣的广义解释和狭义解释之间找到某种趋势。

第一种方法是强调平台对通过平台进行的交易的实际控制。例如，2020年法国最高法院裁定，优步司机是该平台的受雇员工。① 法院认为，有几个关键因素指向了劳动合同。司机被集中到一个由平台创建和维护，且由平台来控制价格和提供运输条件的系统中。② 诉讼中的司机没有自己的客户，不能自行选择行驶路线。如果司机拒绝平台指派任务的次数达到三次，优步就能够暂时冻结该司机的账户。如果该司机的任务取消率或者"问题行为"报告数量过多，则可能无法

登陆自己的账户。因此，法院认定："实际工作是在一个雇主的授权下进行的，该雇主有权发出命令和指示，监督命令和指示的执行，并制裁违规行为。因此，司机所谓的自雇身份是虚构的。"③

美国加利福尼亚州的最新司法分析（现已纳入州立法）反映了相似的分类方法，尽管2020年通过投票的方式对《州商业与职业守则》进行了修订，改变了其在数字劳动力平台上的应用（见专栏5.4）。④

第二种方法出现在其他一些国家，在这些国家存在一种介于雇佣和自营职业之间的中间类别。阿斯兰诉讼案便是其中的一个代表性案例，这是英国上诉法院的一项裁决⑤，法院的大多数人认为，诉讼司机虽然不是雇员，但他们是"工人"（workers），有权享有最低工资和带薪休假。这是因为，他们"亲自为合同的另一方从事或完成工作或服务，而该方的地位不是根据合同确定的，而是根据个人从事的具体工作或服务的客户来确定的。"⑥

上诉法院指出，"［优步］与每个司机之间的标准格式协议的措辞高度虚构"（第90段）。⑦法院确认了就业法庭的最初判决，同意："将优步视为'为'司机工作是不现实的，唯一合理的解释是，两者的关系恰恰相反。优步经营的是运输业务，司机是提供服务和赚取利润的熟练劳动力"（第95段）。在撰写本报告时，案件正在向英国最高法院上诉，这将对该司法管辖区产生决定性的结果。

---

① Arrêt no 374 du 4 mars 2020（19-13.316）– Cour de cassation – Chambre sociale。另请参阅西班牙的案例，包括2020年9月25日的STS 2924/2020判决，最高法院（社会庭），认定平台（Glovo）与其快递员之间存在雇佣关系。

② 罗杰斯（Rogers，2018）指出，平台的监控程度（包括基于在线网络平台，记录按键和定期截图）可能会导致对雇佣关系的推定。

③ 参见https://www.courdecassation.fr/IMG/20200304_arret_uber_note_%20ENGLISH.pdf。这种控制方法似乎比欧洲法院采取的方法更有可能认定平台工人是雇员，例如，*B v Yodel Delivery Network Ltd*（2020）C-692/19，这是一宗涉及快递员的案件，尽管优步司机和Yodel公司快递员之间存在某些事实和法律上的差异，但在随后一个月欧洲法院对这宗案件做出了判决。

④ 请注意联邦政府和美国其他州的不同做法。例如，国家劳动关系委员会法律总顾问办公室的建议备忘录（案例13-CA-163062、14-CA-158833和29-CA-177483），2019年4月16日，认定优步司机是独立承包商；而在Luis Vega v. Postmates Inc案中纽约州上诉法院裁定快递员是雇员，2020年3月26日。

⑤ ［2018］EWCA Civ 2748。

⑥ 《1996年就业权利法》（英国）第230（3）条。

⑦ ［2018］EWCA Civ 2748。另见*Autoclenz Ltd v Belcher*［2011］UKSC 41。

> ▶ **专栏5.4　雇佣关系：《加利福尼亚州劳动法》**
>
> 　　世界各国对错误分类的检查方法各不相同，其中"ABC"方法越来越受欢迎，尤其是在美国加利福尼亚州：可参见一宗涉及送货公司（Dynamex）的送货司机的案件［Dynamex Operations West, Inc. v. Superior Court of Los Angeles（2018）4 Cal.5th 903（Dynamex）］。Dynamex方法现在已经成为《加州劳动法》的一部分。
>
> 　　2750.3《加利福尼亚州劳动法》：
>
> 　　（一）（1）就本法和《失业保险法》的规定以及就产业福利委员会的工资令而言，为获得报酬而提供劳动或者服务的人应当被视为雇员，而不应当被视为独立承包人，除非雇人单位证明满足下列全部条件：
>
> 　　①无论是根据工作绩效的合同，还是基于事实，该人在执行工作方面都不受雇佣实体的控制和指示。
>
> 　　②该人从事的工作不在雇人单位的正常业务范围内。
>
> 　　③该人通常从事的工作涉及具有相同性质的由其独立建立的行业、职业或业务。
>
> 　　也有一些例外，包括自由职业。
>
> 　　2020年11月，大多数加利福尼亚州选民支持由优步、Lyft等出行车平台制定的"22号提案"，该提案将第10.5章（基于应用程序的司机和服务）纳入《州商业和职业守则》。这一章的内容凌驾于《加利福尼亚州劳动法》之上。它将基于应用程序的司机定义为独立承包商，但规定了一系列福利，包括最低收入、健康福利、工伤保险、反歧视、公共安全和休息时间。然而，没有明确规定组织或集体谈判的权利。

　　第三种方法是，法院重视在特定诉讼中寻求雇佣地位的目的。这意味着，至少在原则上，平台工人可以在工伤赔偿诉讼中被认为是雇员，但在涉及其他劳动标准的诉讼中却不能被认定为雇员（规制定义之间的差异允许这种做法）。这实际上创建了一个中间类别。中国和韩国的一些法院判决（如专栏5.3中的讨论）就是一个例子（见Zou，2017a；Ban，2020；Xie，2018；Yan，2018；Peng and Cao，2016）。

　　第四种方法在某些方面与第一种方法相反，即强调平台不行使控制的方式。与上面对法国最高法院的分析相反，澳大利亚等国的法院和法庭指出，司机等平台工人对"是否、何时以及工作多长时间"享有控制权；他们"不受任何正式或操作义务的约束来从事工作"。[1]一个工人不经营自己的业务，而是仅仅为平台工作，这一事实并不具有决定性。[2]巴西法院也对优步司机采取了类似的推断。[3]

　　需要重申的是，无论采用什么方法（见图5.3），总会有一些工人是"真正的"自雇者，特别是在第四类分类中。表5.1所提到的各项基本公约也规定了他们享有劳动权利，不论其签订的是哪种合同。纠正错误分类虽然非常重要，但并不能解决这些工人的问题，可能还需要采取进一步的监管措施（Xie，2018）。

---

① 参见https://www.fairwork.gov.au/about-us/news-and-media-releases/2019-media-releases/june-2019/20190607-uber-media-release。也可参见 *Kaseris v Raiser Pacific*［2017］FWC 6610；*Amita Gupta v Portier Pacific Pty Ltd*；*Uber Australia Pty Ltd t/a Uber Eats*［2020］FWCFB 1698。

② *Uber Australia Pty Ltd t/a Uber Eats*［2020］FWCFB 1698，第71~72段；另见*ACE Insurance Limited*诉*Trifunovski*［2013］FCAFC 3。

③ 见巴西高等法院，2019年8月28日，案件164.544-MG（2019/0079952-0）；以及高等劳动法院，2020年2月5日，案件TST-ED-RR-1000123-89.2017.5.02.0038。

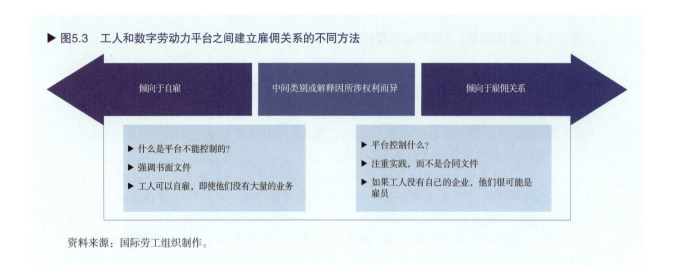

▶ 图5.3   工人和数字劳动力平台之间建立雇佣关系的不同方法

资料来源：国际劳工组织制作。

5.3.11   薪酬和工作时间

有关薪酬和工作时间的原则与国际劳工组织公约中的雇佣关系密切相关，因此严格的分类原则对于确保所有雇员从中受益至关重要。但是，这并不意味着不应该为自雇工人在这些问题方面做出规定。

有必要制定一些薪酬和工作时间标准，以落实普遍权利和原则，如职业安全和健康、社会保障和公平支付制度。首先，如果一个自雇平台工人需要通过工作很长时间来赚取收入，这可能会损害他们的健康和安全。由于平台工人难以获得足够的工作，因此他们有很强的动力长时间工作（有偿和无偿工作），这会导致平台工人自身精神和身体健康状况不佳。

其次，对于许多以平台工作（如自由职业和微任务）作为其主要收入来源的人来说，这些收入可能不足以支付其基本生活费

> 有必要制定一些薪酬和工作时间标准，以落实普遍权利和原则。

用。正如第4.2.2节所讨论的，自由职业者有时出价低，微任务平台上的工人比传统劳动力市场上的同行挣得少得多。如果这些酬劳是工人唯一的收入来源，那么他们可能需要补充收入（包括关于养老金和其他形式的社会保险）。这可能会对社会保障体系产生影响。

最后，第2章和第4章说明了平台工人很容易受到掠夺性定价策略的影响，并被要求支付佣金和交易费，这使他们获得的报酬下降。

制定薪酬和工作时间规范以解决这些问题，并适用于自雇者的可能性有哪些？从社会对话和协同监管的角度来看，如果各方之间的集体谈判能达成一致，那将是最好的。然而，许多国家的反垄断法阻碍了这种做法；例如，小时工资率可能容易受到价格固定的挑战（Kilhoffer et al.，2020）。

应对这一难题的另一种措施是将现有的劳动标准扩展到"非雇员"平台工人。智利的参议员在2020年提出的一项法案试图为自雇平台工人提供基本保障，包括获得符合国内最低工资基准的小时工资的权利。[①]在英国的阿斯兰诉讼中也可以看到这种方法（请参阅第5.3.10节），在上诉结果出来之前，法

[①] 智利参议院，《为通过数字平台提供服务的人建立基本保障的法案》，第13.496–13号公告，第3条。

院裁定优步司机可以享受最低工资和工作时间的相关规定（因为就这些规定而言，他们是"工人"），即使他们不是雇员。但是，在雇佣和自雇业之间建立起中间类别的规制举措受到了批评；一些人认为它们破坏了雇佣分类（Stewart and McCrystal，2019；Cherry and Aloisi，2017；De Stefano，2016；关于辩护，参见Davidov，2014）。

另一个方法是构思新的劳动标准，专门适用于以数字为基础的工作。其中一个标准是"断开连接的权利"，这是2017年法国为雇员制定的《劳动法典》第L7342-9（1）条的内容。该标准于2019年扩展到交通运输业的平台工人，使得出行行业的自雇平台工人能够在不受报复的情况下"关闭"平台，前提是该标准构成了平台自愿性社会宪章的一部分。

然而，就其本身而言，这种措施在许多情况下可能无效。如第4.2.2节所述，许多平台为保持较长在线时间进行奖励，或以其他方式激励工人长时间工作以获得奖金（特别是在基于指定位置平台）。虽然可能不会因为下线而受到任何直接报复，但这样做的工人可能会将自己置于明显的不利地位。几个司法管辖区正在为基于指定位置平台的自雇工人制定最低工资标准。法国《劳动法典》第L7342-9（2）规定，平台的社会宪章应包括使自雇工人获得"体面价格"的方法。

2020年11月出台的《印度机动车辆集成商指南》规定，集成商（乘客与司机进行交通连接的数字中介机构或市场）必须符合某些标准，才能获得许可证，其中包括与工作时间和薪酬有关的义务。例如，集成商必须确保司机每天的登录时间不超过12小时，即使司机与多个集成商协作时也是如此；一旦达到这一时间限制，将强制中断连接10小时〔第7（2）（d）条〕。该指南还规定相关城市出租车费用也适用本指南，起步价必须至少相当于3公里的费用，以包含空载里程以及前往接客户的距离和燃料的费用〔第13条（1）、（2）〕。此外，还规定最高加价不得超过起步价的1.5倍，司机必须获得至少80%的费用〔第13条（3）、（4）〕。

在美国西雅图，人们质疑该市允许优步和Lyft司机集体谈判的法令的有效性，导致该市为这些司机建立了一个最低补偿制度（Seattle Municipal Code，第14.31章）。在投票成功实施"22号提案"之后，加利福尼亚州似乎也采取了类似的方法（见专栏5.4）。

自雇工人的最低薪酬标准与雇员工资制度之间的关系是复杂的。在实行最低工资标准的国家，这将成为利益相关方之间谈判的一个参考点。另外，在实行行业最低工资标准的国家（如通过集体协议或奖励确定），为技术工人规定的薪资水平与其技能水平相关。

反对制定与自雇平台工人有关标准的一个重要观点是，在某些情况下，可能需要多方参与确定平台工人的薪资水平，这可能会使适用薪酬法规变得更加困难，如由客户确定工资率的情况。正如普拉斯（Prassl，2018：104）建议的那样，可以制定一个规则来处理这个问题：平台可以负责建立其系统，以便"对于任何给定的工作时间，客户都不能输入低于每小时最低工资相关比例的值"。

还有一点与执行工资标准有关。正如第2.4节和第4.3.1节所讨论的，许多平台为工人提供了管理工作流的"协调工具"，包括追踪路线（基于指定位置平台）和记录鼠标点击和键盘输入情况以及截屏（基于在线网络平台）（见附录2B）。这意味着平台能够非常准确地确定工作时间，因此应该能够避免少付工资的情况出现。此外，正如罗杰斯（Rogers，2018）所指出的，以这种方式产生的数据可以提供给政府部门或其他工人组织，以检查是否存在违规行为。

5.3.12　贸易协定中的平台工作和劳动条款

到目前为止，讨论集中在国内和区域法律体系上。监管的另一种重要形式是跨国监管。就法律影响而言，最突出的例子是自由贸易协定（FTA）。由于篇幅所限，本书无法广泛讨论自由贸易协定与平台工作的相关性，但可以提出一些一般性意见。

越来越多的自由贸易协定载有劳动条款，这些条款引用了1998年国际劳工组织《关于工作中的基本原则和权利宣言》（见ILO，2019c；ILO，2017c；Agustí-Panareda，Ebert and LeClercq，2014）以及其他事项，如工作中的健康和安全。最近达成的协议中还涉及国际劳工组织《体面劳动议程》和2008年《关于争取公平全球化的社会正义宣言》，如与欧盟谈判的自由贸易协定），以及受保护权利的扩展清单，如，《全面与进步跨太平洋伙伴关系协议》（CPTPP）和《美国—墨西哥—加拿大协议》（Compa，2019；Namgoong，2019）。

其中一些条款因为未正确提及基本公约（Agustí-Panareda，Ebert and LeClercq，2014），且措辞含糊不清，以至于难以实施（Santos，2018；Tham and Ewing，2016）。

但是，由于自由贸易协定通常对其签署国施加有约束力的法律义务，因此它们是与数字劳动力平台跨国活动有关的重要干预措施。贸易协议，尤其是其劳动条款对平台工人的影响，在贸易谈判中可能比以往更加受到关注。

尽管如此，由于自由贸易协定通常对其签署国施加有约束力的法律义务，因此是与数字劳动力平台跨国活动有关的监管干预的重要对象。贸易协定，特别是其劳工条款对平台工人的影响，可能是迄今为止在贸易谈判中受到更多关注的一个问题。

> **自由贸易协定是与数字劳动力平台跨国活动有关的重要干预措施。**

另外，某些自由贸易协定可能包含限制各国规范平台工人劳动条件的能力的规定；这些规定可以在涉及投资、电子商务和跨境服务贸易的章节中找到。例如，某些自由贸易协定保护数字平台公司的跨境数据流，并阻止政府本地化或要求它们转移或披露其源代码和算法。在这种情况下，一个关键问题是平台公司是否仅提供技术服务。如果是这样的话，则它们可能被允许从国外提供服务，而无须遵守国内部门法规，如涉及运输、数据保护、税法和劳动法的法规。这些法规将不仅影响国际仲裁小组诉讼案件的审判，而且还会打击本国企业改善平台工人条件的积极性，产生寒蝉效应。

▶ 结论

本章阐述了不同司法管辖区对平台工作监管的不同的做法。在一些司法管辖区，平台工人被视为自雇工人，平台对工人不承担任何责任和义务；而在另一些司法管辖区，平台工人被认为是平台的雇员，平台有责任遵守劳动和社会保护法规规定的所有义务。

从体面工作的角度来看，特别是根据国际劳工组织的公约和建议书，平台工人应享有许多劳动和社会保护权利，不论其签订的是哪种合同。在许多情况下，这意味着平台需要承担一些责任，确保平台工人获得体面工作，因为平台可能对工人的工作条件产生重大影响，因此不能继续处于"毫无责任"的状态。

▼▼ 平台工人应享有许多劳动和社会保护权利，不论其签订的是哪种合同。

事实上，尽管仍存在有关平台工人的适当特征的争论，但在许多国家，很多的平台已经不再采取"不负责任"的原则。越来越多的平台——无论是出于意愿而通过社会对话的方式，还是由于政府的监管——正在承担与社会保障、健康与安全、数据保护、最低收入、防止歧视等相关的义务。

在许多情况下，由于平台承担的义务远不如雇主对雇员承担的义务，因此许多立法机构和法院倾向于将平台和工人的关系解释为一种雇佣关系。然而，就目前的情况来看，这种将两者之间的关系视为雇佣关系的趋势并非普遍和必然。事实上，在许多司法管辖区，建立"中间"类别的工作关系似乎同样根深蒂固。

然而，平台与工人之间的合同条款应该明确而清楚，确保社会对话是平台工人获得体面工作的保障途径；让平台、工人及其代表、政府共同参与，以创造更好的工作条件。特别是平台工人应该能够组织起来，以便与平台进行谈判。集体谈判也应该是可行的，无论是以雇佣关系为中心的传统形式，还是以在许多国家出现的适合自雇者的新形式。正是通过社会对话，才有可能会出现创新和协商一致的方法来规范平台工作，以造福所有利益攸关方。

第6章

抓住机遇：

前行之路

▶ 随着越来越多的对规制的关注，
已经出现了：

- 国家立法规制倡议
- 社会伙伴倡议
- 其他非国家主体倡议

▶ 确保工人受到保护的政策措施

▶ 与平台工人相关的其他法律和
政策领域

竞赛　人工智能　税收

结社自由和
集体谈判

数据保护

雇佣关系

职业安全与
健康

争议解决机制

社会保障

非歧视

合理的报酬
和工作时间

▶ 引言

在云基础设施、云计算服务和风险投资的推动下，数字平台在过去十年中呈指数级增长。特别是信息和通信技术革命导致企业和个人广泛采用技术解决方案和设备，刺激了对数字产品和服务的需求，并为平台的快速增长创造了有利环境。新冠肺炎疫情进一步强化了数字经济的作用，因为它使业务得以持续，远程工作成为可能。

在数字平台中，数字劳动力平台具有鲜明的特征，再加上其快速的增长速度，正在改变着工作世界。这些平台可以分为基于在线网络平台和基于指定位置平台。这些平台涵盖多个经济行业，这些行业需要应用各种技能，从快递到数据分析。

通过对全球多个行业的85家企业的1.2万名员工及代表进行的调查和采访，在对基于在线网络和基于指定位置平台的工人和企业进行深入了解的基础上，本报告提供了对数字劳动力平台商业战略的开拓性和全面性的国际化概述。

尽管数字劳动力平台仍处于发展的早期阶段，但正在不断地塑造着未来工作。它们为工人和企业创造了机会，但也扰乱了一些经济部门（如出行行业），并且给未来工作带来了挑战，第6.1节将对此进行了论述。

第6.2节讨论了政府、社会合作伙伴、平台和其他利益攸关方（如合作社）为应对劳动者在数字劳动力平台上面临的挑战而采用的一些新的硬性法律和软性法律、应对措施和举措，同时还特别阐述了各国的实践经验。

第6.3节通过借鉴国际劳工标准以及国家法律和实践的指导，探索利用机遇和克服挑战的关键途径，这些指导与确保数字劳动力平台工人的体面工作有关。

最后，本章描述了数字劳动力平台如何发挥其潜力，为工人创造体面工作机会，并支持企业蓬勃发展，从而推动实现可持续发展目标的进展。

6.1 数字劳动力平台上的机遇与挑战

随着数字经济的发展和数字劳动力平台的增长，国家之间和国家内部的数字鸿沟也愈发突出。数字基础设施存在巨大差距，特别是许多发展中国家在确保其国民和企业充分获得可靠的数字基础设施方面面临挑战。这导致数字经济带来的利益无法惠及所有人和企业，由数字经济提供的就业和创业机会增长也因此受到限制。

对依赖平台的企业来说，数字基础设施薄弱是其面临的重大挑战，较差的网络连接会影响平台的平稳运行，还可能会限制网络平台工人完成工作的效率，从而在与数字基础设施较好的国家的竞争中处于劣势。这些挑战在发展中国家对企业，特别是中小企业的可持续创造就业机会和增长都构成了严重威胁，而这对于创造就业机会和实现可持续发展目标来说至关重要。

此外，报告显示数字劳动力平台的增长在地理位置上呈现出不均衡的特点，较集中在北美、欧洲和亚洲。数字劳动力平台的全球投资分布也出现了类似的特点，96%的投资集中在北美、欧洲和亚洲，而在拉丁美洲、非洲和阿拉伯国家的投资比例仅占4%。通过平台产生的全球收入中约有70%的收入集中在美国和中国这两个国家。市场力量进一步集中在少数几个基于指定位置平台上，通过大规模的风险资本投资，这些平台能够在新市场上实现多样化和快速扩张，尽管它们可能常常无利可图。

这些平台中有许多已经进入发展中国家市场，而这些国家的国内初创企业和传统公司都在努力跟上步伐并在公平的竞争环境进行竞争。此外，关于基于在线网络平台的可用数据显示，在这些平台上工作的工人大多数居住在发展中国家，而工作需求主要来自发达国家。自2020年3月新冠肺炎疫情大暴发以来，这一趋势更加明显。

6.1.1 企业的机遇与挑战

随着消费者越来越喜欢使用基于应用程序的平台，许多企业（尤其是中小企业）对平台的依赖日益加深。根据相关业务类型的不同，企业希望使用数字劳动力平台来提供各种服务，从通过基于在线网络平台访问全球人才库到通过配送平台扩展其客户群。这种情况反过来也为信息技术、运营、营销、研发、配送熟食和杂货等领域的平台工作创造了额外的市场需求。这种需求的增长在影响线下和线上劳动力市场的就业机会方面发挥着重要作用。

通过基于在线网络平台，企业可以接触到全球的人才，这不仅能够促使企业创新发展，而且可以利用这些平台进行人才招聘、降低成本和提高效率（参见第3.1节）。平台促进了企业使用多样化的劳动力生态系统，该生态系统由具有多种合同类别的工人组成。因此，从中小企业、初创公司到《财富》500强公司，许多企业不仅依赖网络平台来挖掘精英人才，而且还提高了组织绩效（参见第3.1节）。

> **通过基于在线网络平台，企业可以进行人才招聘、降低成本和提高效率。**

在基于指定位置平台，特别是配送平台使餐馆和零售商店等企业能够通过更快地适应不断变化的顾客偏好来扩大其客户群和市场，提高生产力和盈利能力。在新冠肺炎疫情期间，配送平台在确保业务连续性方面也发挥了关键作用。同样，出行平台也让企业和消费者能够以更低的成本获得更大的便利。

与此同时，数字劳动力平台也为企业带来了一些挑战。数字劳动力平台对大规模风险资本投资的依赖可能造成不公平的竞争环境，从而给传统企业带来竞争问题。这些企业无法获得充足的资金来进行升级和应对不断变化的市场动态。大型平台已经在许多领域占据主导地位，致使传统业务和平台初创企业的可持续性发展面临挑战。

平台单方面制定服务协议条款可能对企业产生影响。例如，在外卖行业，平台可能收取高额的佣金，这会影响餐馆的利润率。在零售行业，尽管传统企业通过使用电子商务平台扩展了客户基础，但它们通常面临不利的合同条款、数据和定价不透明性以及争议解决机制薄弱等问题。

6.1.2 工人的机遇与挑战

数字劳动力平台的兴起为工人创造了新的创收机会。基于在线网络平台为包括残疾人在内的工人提供了获得各种工作的机会，并促进了客户（企业）与工人之间的交流。基于指定位置平台（如出行和配送服务平台）为包括移民、低技能、就业不足或失业者在内的人提供了工作机会，尽管获得这些工作需要一定的资金财力。基于在线网络平台工人可以不受工作地点限制，这使得他们能够兼顾工作与照顾孩子和老人的家庭责任。竞争性编程平台为工人提供了自身发展以及提升编码、数据分析和编程等技能的空间，在编程和编码领域形成一个同行社区。

调查结果表明，基于指定位置平台和基于在线网络平台已经成为许多工人（特别是在发展中国家）的重要工作和收入来源。这些数据还显示，平台工人有很强的动力通过接受和完成平台工作来补充和增加收入，同时平台工作的灵活性和居家办公也非常具有吸引力。对于平台工人来说，缺乏其他就业机会、平台工作灵活性较好和薪酬较高是选择平台

工作主要的激励因素（参见第4.1.7节）。

数字劳动力平台的兴起为工人创造了新的创收机会。

数字劳动力平台的工作还伴随着诸多挑战，涉及工作和收入的规律性、体面的工作条件、社会保障、技能应用以及结社自由和集体谈判权。很多挑战也普遍存在于非正式和非标准工作安排中，并日益影响那些在数字劳动力平台上工作的人。数字劳动力平台工人的工作条件在很大程度上受到服务协议条款的约束，这些服务协议是由平台单方面制定的，构成了附意合同，包括薪酬和工作时间等内容。这些协议倾向于将工人归类为独立承包人。这些协议使得这类工人无法获得或需要承担很高的成本才能获得雇员享有的工作场所保障和权利。在许多国家，自雇工人要么没有被社会保障体系覆盖，要么虽然有社会保障（自愿或强制加入），但需要自行承担高额的成本，而平台则无须分担任何成本。

本报告的调查结果还表明，尽管基于在线网络平台为工人提供了新的工作机会，但由于高薪工作不足，工人往往难以找到足够量的工作。造成这种情况的原因包括劳动力供应过剩加剧了工人之间的竞争，以及平台可能会歧视某些工人，迫使他们向平台缴纳各种费用以此获得工作。新冠肺炎疫情加剧了工作机会的匮乏，导致工人收入下降，同时由于缺乏社会保障，工人有可能面临更大的风险。

除了缺乏足够量的工作，基于指定位置平台工人的薪酬下降和平台要求缴纳高额佣金也会影响平台工人的收入。基于在线网络平台工人的收入受到高水平竞争和佣金的影响，有时已完成的工作还会遭到无理拒绝或不付款。基于在线网络平台工人通常会花大量时间完成无报酬的工作，而基于指定位置

各国政府迫切需要解决平台工人工作条件方面的挑战。

平台工人通常会花大量时间等待工作，而这些时间是没有报酬的。

来自发达国家的平台工人和来自发展中国家的平台工人在基于网络平台上的工作收入也存在差异，后者的收入更少，因为他们获得较高报酬工作的机会较少。此外，基于在线网络平台工人通常面临不可预知的工作日程安排和加班，特别是在发展中国家。由于发布工作任务的时间通常以美国时间为准，这对如何平衡工作与生活造成了很大困扰。对于基于指定位置平台工人，他们通常需要工作很长时间，才能完成任务目标，进而获得奖金并确保下次获得工作机会（参见第4.2.3节）。

对于数字劳动力平台工人来说，无论他们身在何处，缺乏社会保障是一个主要问题。新冠肺炎疫情加剧了他们的脆弱性，并为那些经常与公众打交道的平台工人带来了额外风险。职业安全和健康风险在出行和配送平台上尤为重要，缺乏医疗保险和带薪病假迫使工人即便被感染也要继续工作，从而给自己、客户和公众健康带来风险（ILO，2020b）。值得注意的是，缺乏失业保险和其他收入支持措施使这部分工人处于高度脆弱的境地（ILO，2020a）。

在数字劳动力平台上，对工人的算法管理无处不在。算法决定工作分配、绩效评估、评分和工作的接受或拒绝。无论是基于在线网络平台还是基于指定位置平台，这些算法还决定工人工作的日程安排和工作时间，以及工人获得工作机会的概率。这些问题严重影响了数字劳动力平台工作的灵活性、自主权和控制性（见第4.3节）。

平台设计也可能加剧歧视，特别是在基于在线网络平台。有证据表明，很多工人在获得工作或高薪工作时经历了歧视，特别是发展中国家的妇女和工人。在基于指定位置平台，这些应用有时被设计成允许算法代码存在人为偏见，这可能导致对一些工人的歧视。

此外，基于在线网络平台和基于指定位置平台所使用的算法都是使用数据进行训练的，这些数据往往带有偏见，因此可能导致在算法的结构中嵌入人类歧视。平台工人，特别是出行和配送行业的工人也报告说他们经历或目睹过歧视或骚扰，主要是来自客户和顾客的歧视或骚扰，但在某些情况下，他们也会受到警方的歧视或骚扰（见第4.5节）。

各国政府迫切需要解决平台工人工作条件方面的挑战，包括获得社会保障，以便通过这些平台带来收入和工作机会，促进体面工作。

6.2　新兴的监管响应

越来越多的国家已经开始着手应对数字劳动力平台的工作条件方面的挑战。第5章阐述了监管的发展，包括硬性法律和软性法律，这可能成为促进进一步发展的潜在刺激因素。这些发展包括国家法律以及社会伙伴和其他非国家主体采取的举措。本节概述了硬性法律和软性法律举措及其重要性，强调了监管的不确定性，提出了在国家和国际层面需要建立一致的监管框架和公共政策。

6.2.1　国家法律

正如第5章所述，许多国家已经采取了各种监管方式，使现有的劳动保护和社会保障法律框架适用于平台工人，特别是基于指定位置平台，如出行和配送服务平台。这些措施包括：根据平台工人的需要调整现有立法，制定针对基于平台的工作规则，将平台工人归类为雇员以防止他们被错误分类。

一些发达国家和发展中国家扩大或修改了现有法律，使之适用于平台工人，特别是在职业安全和健康以及社会保障领域。例如，巴西通过了一项司法裁决，将职业安全和健康标准扩大到平台工人。在印度，一项新的社会保险法将社会保障扩大到包括平台工人在内的所有工人，不论他们的雇佣关系如何。同样，一些拉丁美洲和亚洲国家一直在利用技术和信息技术基础设施为平台工人提供社会保障。

▲ 一些发达国家和发展中国家扩大或修改了现有法律，使之适用于平台工人。

一些国家还在工作时间、薪酬、数据获取和隐私保护等领域针对平台工作制定了新的方法或规则。法国《劳动法典》就是一个很好的例子。该法典于2019年修订，将某些工作时间规定延伸至交通运输行业的平台工人[1]。该法律规定，平台的自愿社会宪章应包括"断开连接的权利"，并为平台工人提供获得"合理收入"的方法。同样，巴西、印度、尼日利亚、欧盟和美国加利福尼亚州正在制定有关数据保护和隐私保护的立法规则和措施，这些规则和措施也适用于数字劳动力平台和工人，而不论其雇佣状况如何。

最后，对基于指定位置平台，各国也采用了多种方法对平台工人进行分类。大致有四种不同的方法。第一种是根据平台对工人的控制程度，将平台工人归类为雇员，如法国优步司机案和西班牙Glovo快递工人案。

第二种方法是将平台工人归类为部分受劳动保护和社会保障覆盖的中间类别，如英国一些法院所做的裁决。第三种方法是采用事实上的中间类别，如中国的做法，向工人提供某些福利，比如工伤保险。第四种方法是将平台工人视为自雇工人，因为他们可以控制自己的日程安排，如澳大利亚和巴西的做法。平台工人的雇佣状况一直是一个有争议的问题，各国法院在承认这些工人为雇员方面采取了不同的方法。

6.2.2 社会伙伴的举措

除了第5章中提到的措施外，政府和社会伙伴还在国家辖区内采取了许多软性法律举措。其中一些行为准则是由公共机构与工会及平台公司联合制定的。例如，意大利博洛尼亚市于2018年通过了适用于城市地区的《数字劳工基本权利宪章》。该宪章提供了有关公平工资、健康与安全、个人数据保护和断开连接的指南，鼓励签署宪章的平台积极遵守并执行。[2]

在韩国，经济、社会及劳工理事会，工人，平台公司和政府代表合作，共同通过了一项行为守则，为工人与平台之间就诸如付款方式、费用、税、非歧视、绩效评估方案和争议解决等问题如何达成公平的合同条款提供了准则和指南。

随着政府对监管的关注和创新不断增多，平台公司也在应对工人面临的挑战。例如，在丹麦，工会与清洁平台（Hilfr）[3]于2018年达成了一项集体协议（Jesnes and Oppegaard，2020）。这使Hilfr平台上的超级劳动者（Superhilfrs）可以转变为雇员身份，从而可以受到3F工会达成的集体协议的保护。但是，丹麦竞争委员会在2020年

---

[1] 交通运输业包括用汽车运送乘客和用两轮或三轮车辆运送货物。

[2] 有关更多详细信息，请参阅：https://digitalplatformobservatory.org/initiative/charter-of-fundamental-rights-of-digital-labour-in-the-urban-context/。

[3] Hilfr平台有"自由职业者"和"超级劳动者"两种服务提供商，后者受"3F"工会集体协议的保护。"自由职业者"可以在工作100小时后自动转变为"超级劳动者"，但员工可以选择继续保持"自由职业者"。

政府和社会伙伴还在国家辖区内采取了许多软性法律举措。

8月的评估中指出："从竞争法的角度来看，自由职业者（Freelancehilfrs）/超级劳动者（Superhilfrs）很可能不是Hilfr的雇员"，并且"最低时薪可能会形成'底价'，限制自由职业者之间的竞争"。Hilfr平台在对评估的回应中承诺确保超级劳动者是雇员，并确保公司为他们的清洁工作承担财务风险，这符合其与3F工会达成集体协议时的意图。此外，它还提议取消"从平台上为自由职业者支付最低小时工资"。[1]

工会还通过了其他行为准则并采取了一些举措，如德国的"公平众包工作"（FairCrowdWork）倡议和"众包行为准则监察办公室"。后者订立了一套基本指引，以促进平台、客户和众包工人之间的信任和合作。众包行为准则监察办公室的职责是寻求遵守行为准则，并解决工人与平台之间的纠纷，无论工人的身份如何。监察办公室由五人董事会组成，包括一名工人、一名工会代表、一名平台代表、一名众包协会代表和一名中立主席。监察办公室与德国金属工人工会（IG Metall）协商解决争议。截至2019年12月，工人通过在线表格向众包行为准则监察办公室提交的投诉共计44宗。[2]

工会还一直在帮助出行行业和配送行业的平台工人协会应对法律挑战。例如，南非全国公共服务和联合工人工会对优步提起了一宗不公平解雇诉讼。同样，加拿大邮政工人工会向安大略省劳动关系委员会提起诉讼，要求承认Foodora工人有权参加工会和进行集体谈判。

6.2.3　其他非国家主体的举措

其他非国家主体也越来越意识到解决平台工人所面临挑战的重要性。这些主体制定了软性法律文书，如行为准则、良好平台工作原则和平台认证。这类文书的一个突出例子是《世界经济论坛良好平台工作原则宪章》（2020年）。该《宪章》涵盖了诸如安全和福利、灵活性、公平工作条件、社会保障、发言权和参与以及数据管理等问题。在瑞士达沃斯举行的2020年世界经济论坛年会上，六大数字劳动力平台（Cabify、Deliveroo、Grab、MBO Partners、Postmates和Uber Technologies）签署并承诺遵守这些原则。

同样，由大学研究人员组成的公平工作基金会（Fairwork Foundation）[3]提供了规范平台工作的良好实践准则，以确保数字劳动力平台上的体面工作标准。该基金会的研究人员已经将这些原则转化为可测量的阈值，他们根据这些阈值对平台进行评估，为平台提供评级和认证。

在多个行业工会的支持下，建立了许多平台合作社，涵盖出行行业（如绿色出租车合作社Eva）、配送行业（如Coopcycle）、医疗保健行业（如NursesCan）和电子商务（如Fairmondo），以确保平台工人的公平工作条件（见专栏2.3）。SMart是一个由自主工人组成的合作社，在九个国家（奥地利、比利时、法国、德国、匈牙利、意大利、荷兰、西班牙和瑞典）运营。对其成员，它承担着雇主的角色，帮助其成员获得社会保障福利。成员还可以从法律援助、安全培训和保险中受益，并且作为雇员，他们还可以享有劳动和社会保障法规定的某些法律权益。

随着监管问题日益突出，某些平台公

① 有关更多详细信息，请参见：https://www.en.kfst.dk/nyheder/kfst/english/decisions/20200826-commitment-decision-on-the-use-of-a-minimum-hourly-fee-hilfr/。
② 有关更多详细信息，请参见：https://ombudsstelle.crowdwork-igmetall.de/en.html。
③ 有关更多详细信息，请参见：https://fair.work/en/fw/homepage/。

司已开始着手解决与工作条件相关的一些问题。例如，一些基于指定位置平台为工人提供保险或带薪病假（如Deliveroo），或乘车保险和社会保障福利（如优步）。一些快递平台（如Swiggy）还为工人及其家庭成员提供医疗和工伤保险（参见第2.3.1节）。

尽管各国在监管方面的进展各不相同，但这为重新认识数字劳动力平台给工人带来的巨大挑战提供了一个重要的契机。它们还

> **其他非国家主体也越来越意识到解决平台工人所面临挑战的重要性。**

为构建未来之路打下了基础。今后，至关重要的是，（包括国际层面的）监管和公共政策框架必须更加协调一致，并以国际劳动标准为基础，引入监管确定性。

6.3　战胜挑战，抓住机遇

充分发挥数字劳动力平台的潜在优势，促进体面工作，助力实现可持续发展目标。第5章从国际劳工标准的角度讨论了"体面工作"在数字劳动力平台方面的意义。确保关键的劳动标准适用于所有工人，不论他们签订的是哪种合同，这是一项显著进步。本节的政策行动建议包括：通过立法应对监管缺口；探索与确保体面工作（特别是在数字劳动力平台上）相关的其他法律领域。

6.3.1　弥补监管漏洞

如第5章所述，国际劳工组织关于工作中基本原则和权利以及一些主要公约和建议书适用于所有工人，不论其签订的是哪种合同。因此，无论平台工人是被划分为雇员还是自雇工人，他们都应享有结社权、集体谈判权，并受到保护，免受歧视和不安全工作场所的侵害。平台应当为他们提供健康和安全保护以及社会保障，并保障他们在工作中的一系列其他主要权利（另见OECD，2020a）。国际劳动标准中规定的原则和权利也适用于数字劳动力平台，尽管如何在特定背景下适用可能会出现问题。

国际劳工组织《关于劳动世界的未来百年宣言》呼吁"强化劳动制度，确保充分保护所有工人，并重申雇佣关系的持续相关

性，以此作为向工人提供确定性和法律保护的方式，同时认识到非正规性的程度以及有必要确保采取有效行动，实现向正规性转型"（ILO，2019a：5）。各国有责任实施已批准的国际劳动标准，它们可以通过本国立法和执行机制来确保数字劳动力平台遵守符合国际劳动标准的法律。因此，国家监管框架至关重要，因为它关系到公司怎么做。而在国家没有批准这些劳动标准的情况下，国际劳动标准为国家政策和立法设计提供了最有用的参考。

近年来，在国家和地区层面已经采取了许多旨在为平台工人实施这些标准的举措（见第5章）。尽管取得了很大的进步，但仍存在很多问题。此外，国家之间也存在根本的差异。这些不只是国家差异的反映，也体现在对国际劳动标准是否适用于所有工人还是只针对某些特定工人这一问题上。例如，在一些国家（如澳大利亚、加拿大和日本），自雇平台工人有权进行集体谈判，但在其他地区（如欧盟），工人实现集体谈判存在重大阻碍。如果所有借助平台进行工作的工人都享有体面的工作条件，则需要巩固和扩展当前的创新和举措，同时还要尊重不同司法管辖区的独特监管方法。确保平台工人的体面工作需要解决八个关键领域的监管空白，

如图6.1所示。

政策行动的第一项建议是结社自由和集体谈判。如第5章所述，数字劳动力平台工人的工会化程度很低。近年来，有关工人组织的势头不断增强，尤其是在基于指定位置平台上催生了许多平台工人协会。一个重要的挑战是，

国际劳工组织关于工作中基本原则和权利以及一些主要公约和建议书适用于所有工人。

在平台工人完全属于自雇工人的情况下，为自雇工人设计集体谈判的结构。因此，第一项政策建议将是确保立法框架保障所有工人都有组织和集体谈判的权利。这些不需要复

制以雇员为中心构建的传统体系。社会对话是基础，通过谈判可以解决本报告中的许多问题，如平台的聘用条款、佣金规则、评分和账户停用、定价、数据使用以及评估系统。

政策行动的第二项建议涉及雇佣关系问题。如第5章所述，各国在确定平台工人雇佣状况以及将其归类为雇员或独立承包者的问题上采取了不同、甚至有时是相反的方法。这意味着，在同一平台工作的司机有可能被一个国家定义为雇员，在另一个国家被划入独立承包者，而在别的国家又被分类为中间类别。国际劳工组织2006年《关于雇佣关系的建议书》（第198号）是一个重要参考，它提出要"确保对在雇佣关系下工作的工人提供有效保护"（第1段），[①]立法机关和法院在这方面需要达成一致。

▶ 图6.1　为确保对平台工人的保护而需要适用的政策领域

资料来源：国际劳工组织制作。

---

① 有关更多详细信息，见：https://www.ilo.org/dyn/normlex/en/f?p=NORMLEXPUB:12100:0::NO::P12100_INSTRUMENT_ID:312535。

关于政策行动的另外两个相互关联的建议涉及职业安全和健康及社会保障。新冠肺炎疫情加剧了平台工人缺乏社会保障的破坏性影响，解决这些问题显得尤为紧迫。需要重新设计工作流程，以便在合理可行的范围内保护工人和其他使用平台的人免遭受安全和健康风险，包括发生工伤事故或感染病毒的风险。在这方面，澳大利亚或巴西的监管实践提供了范例，通过立法和司法决定，这两个国家将工作场所安全和健康的保障扩大到包括平台工人在内的所有工人。

同样，获得社会保障也是确保平台工人获得医疗保险和收入保障的关键。在生病期间获得医疗保险和疾病津贴，以及在失业和失去收入时获得收入支持，是应对疫情及其后期影响的基本措施。各国在处理工伤保险方面正在取得一些进展，这往往是建立在自愿的基础上。其他需要注意的领域还包括健康保险、医疗保险、生育和失业保险、残障保险和养老保险，这些领域需要更多的国家干预，以便通过建立明确的法律框架来确保平台工人获得社会保障的权利。

第5章提到的一些创新方法和进展表明，平台工人可以被有效地纳入社会保障的覆盖范围，而不考虑他们的雇佣关系如何。这不仅是为了确保平台工人的社会保障权利，也是为了保障企业公平竞争。然而，有一点是明确的，那就是根据1952年《社会保障（最低标准）公约》（第102号）、2012年《社会保障最低标准建议书》（第202号）及其他相关标准，通过调整现有的政策、法律和行政框架，包括缴费和非缴费机制，将社会保障覆盖范围扩大到平台工人。

关于政策行动的第五项建议涉及执行合理的报酬和工作时间的规范。这些问题是密切相关的，如第4章所述，低收入导致工作时间过长，从而对身心健康造成影响。因此，虽然国际劳工组织关于最低工资和工作时间的公约是针对雇佣关系而制定的，但这些公约应该扩展到所有平台工人。法国等一些国家已将某些工作时间的规定扩大到交通运输业的自雇平台工人，并采用了创新机制来计算他们的小时工资率，调整相关机制以确保公平的报酬和对工作时间规定最高限制。

关于政策行动的第六项建议涉及在性别、残疾、国籍、种族和移民地位等方面的非歧视和平等待遇。1951年国际劳工组织《同工同酬公约》（第100号）和1958年《就业和职业歧视公约》（第111号）确保了男女同工同酬，并且力求消除基于种族、肤色、性别、宗教或社会出身以及国家层面决定的其他因素的歧视。尽管平台的服务条款禁止歧视性行为，并且许多司法管辖区都制定了完善的反歧视法律，但平台上仍然存在歧视问题，这些都源于平台及其算法的设计方式。另一个需要引起注意的问题是在平台及其客户不在同一司法管辖区内的情况下，如何适用反歧视法律。

第七项建议涉及为所有平台工人提供公平有效的参与性的争议解决程序，以确保在发生有关工作权利的争议时，可以寻求解决该问题的适当方法。对于基于在线网络平台而言，平台、客户和平台工人可能分别位于不同的司法管辖区，在这种情况下，确定和适用特定司法管辖区的法律可能具有挑战性。此外，在一些司法管辖区，平台可能选择劳动标准薄弱的国家的合同法，这将剥夺工人的（潜在的）利益（Cherry，2020）。即使是基于指定位置平台也可以这样做，甚至拒绝工人诉诸当地法院，通过司法程序解决争议。尽管许多司法管辖区不允许这样做，但在那些允许这样做的司法管辖区，社会对话可以确保工人能够将争议诉诸当地司法机关。

最后的建议涉及数据保护。数字经济是由数据驱动的，数据所有权和控制权可能对工人、企业和国家的发展产生重大影响。数字平台目前对所收集的用户数据拥有专有所有权，并且控制使用和共享此类数据的方式。平台对数据的这种默认所有权不可避免地导致资本和劳动力之间的权力失衡，工人无法利用其数据来采取集体行动和集体谈判。应该探索一个更加平衡的数据治理框架，该框架与生成该数据的平台工人、个人和社区共享数据的使用权。在这方面，通过欧盟的《通用数据保护条例》（GDPR）等数据保护制度，已经取得了一些进展，巴西、印度和尼日利亚等许多发展中国家正在按照类似的思路起草数据保护法，正如第5章所述。

这类数据保护法适用于工人，而不论其雇佣状况如何，并通过赋予数据主体享有访问数据、删除数据、数据移植性等权利，给予他们对数据更多控制权。例如，《通用数据保护条例》赋予工人访问个人数据的权利，如果数据不准确，工人可以要求进行更正。如果评分系统是自动化的，工人有权得到合理解释，并在决策过程中"获得人为干预"。此外，根据《通用数据保护条例》第40条，数字平台可以采用承诺对数据进行公平、透明处理的行为准则。

除了确保个人对数据的权利外，在建立对社区数据的集体权利方面也迈出了重要的步伐。社区的谈判能力可能大于个人的谈判能力，因此对社区数据的集体权利可以帮助工人通过平台有效地协商其工作条件（P.J. Singh，2020；De Stefano，2019）。

数据所有权和控制权的问题也超越了国界，关于数据本地化和数据自由流动存在着激烈辩论（UNCTAD，2018）。数据本地化在发展中国家日益普及，以确保更公平地分享数字经济中创造的价值，弥合数字鸿沟。然而，也有人认为，数据本地化可能会阻碍数据的移动，从而削弱数字经济提供的敏捷性和移动性。由此可以看出，有效的数据治理是必要的。一方面，这种数据治理要确保数据在保护隐私和国内发展之间取得平衡；另一方面，要确保实现数据的自由流动。

6.3.2　与数字劳动力平台体面工作相关的其他法律和政策领域

劳动保护和社会保障方面的举措只涉及通过数字劳动力平台开展工作的部分问题。其他监管领域，如竞争法、涵盖算法和税收等新兴法律，也与确保体面工作并塑造平台及其工人运营的法律和政策空间高度相关（见图6.2）。这些内容将在下面进行讨论。

竞争

在许多司法管辖区，竞争法禁止自雇工人行使集体谈判权，理由是这可能构成垄断。这削弱了工人在数字劳动力平台上的地位，使他们无法与平台运营商进行协调谈判。然而，一些国家已对某些类别的自雇工人实行例外规定，欧盟也正在做出类似的努力。欧盟委员会负责竞争政策的执行副主席在2020年6月明确表示，欧盟委员会致力于改善平台工人的工作条件，特别是在当今劳动力市场上"工人"和"自雇工人"的概念已经变得模糊不清。他强调，"制定竞争规则并不是为了阻止工人组成工会"，因此"有必要向那些需要集体谈判以改善其工作条件的人们明确说明"。[①]包括自雇工人在内的所有工人都可以从集体谈判中受益，实现这一点需要审查现有的竞争法，并确保数字劳动力平台工人享有这些权利。此外，竞争法还有助于解决与竞业禁止条款、排他性协议、高佣金以及数字劳动力平台上的优惠或歧视待遇相关的问题。

竞争法也与确保企业拥有公平竞争的环境有关。对于传统企业和科技初创企业来说都是如此，它们要么直接与数字平台竞争，要么利用平台获取更广泛的客户群。针对平台公司反垄断问题的审查表明，在数字经济中确保公平竞争日益重要（见第3.4节）。

---

① 见https://ec.europa.eu/commission/presscorner/detail/en/ip_20_1237。

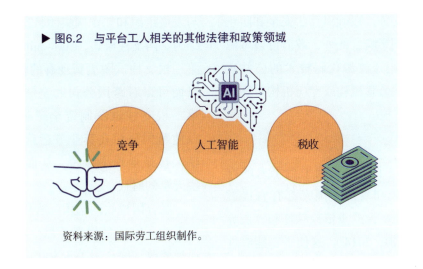

▶ 图6.2　与平台工人相关的其他法律和政策领域

竞争　　人工智能　　税收

资料来源：国际劳工组织制作。

算法的不透明给工人和企业带来了很多风险。

人工智能

本报告指出，数字劳动力平台上的工作流程正在日益实现自动化，平台设置了用于各种目的的算法，包括匹配工人和客户、分配工作、评估和评价绩效、停用账户以及动态计算价格。这种自动决策算法的透明度较差，由此给工人和企业带来了一系列风险，比如由于工人的性别、种族和所在地理位置而对其的歧视，以及不公平竞争。国际劳工组织的一个独立部门，即全球未来工作委员会（Global Commission on the Future of Work）呼吁"对人工智能采用'人为主导'的方法，以确保影响人类工作的最终决定是由人类做出的"（Global Commission，2019；13）。

为了解决歧视或不正当竞争问题，并纠正潜在的违规行为，有必要访问并分析算法的源代码。为确保人工智能的透明度和问责制，这样做至关重要。例如，如果数字劳动力平台的匹配算法基于某些工人的国籍而将其排除在获得某些工作之外，那么检查算法的源代码是确定它是否被故意设置为这样及这种歧视是否合理的唯一途径。同样，如果不检查源代码，也很难证明一家基于应用程序的网约车公司的定价算法是否会产生反竞争结果。然而，目前有几项贸易协定禁止获得或转让算法的源代码，类似的建议在世界贸易组织电子商务谈判中悬而未决。全面禁止获取源代码对于追求合法的公共利益目标（如打击歧视和保护消费者和工人）具有严重的潜在影响。

为了减轻人工智能部署和实践方面的负面影响，出现了一批特别政策，强调了透明度和问责制的必要性。一些司法管辖区（澳大利亚、中国、欧盟、日本、新加坡和美国）已经开始针对人工智能制定监管框架，[1]这可能在未来增加对算法的部署的

① 参见欧盟的相关讨论：https://ec.europa.eu/digital-single-market/en/artificial-intelligence；经济合作与发展组织负责任的人工智能原则：https://www.oecd.org/going-digital/ai/principles/；北京人工智能原则：https://www.baai.ac.cn/news/beijing-ai-prin-ciples-en.html；澳大利亚政府人工智能伦理原则：https://www.industry.gov.au/data-and-publications/building-austral-ias-artificial-intelligence-capability/ai-ethics-framework/ai-ethics-principles；日本，以人为本的人工智能社会原则：https://www.cas.go.jp/jp/seisaku/jinkouchinou/pdf/humancentricai.pdf；新加坡的国家人工智能战略：https://www.smartnation.gov.sg/why-Smart-Nation/NationalAIStrategy；美国人工智能应用监管指南备忘录：https://www.whitehouse.gov/wp-content/uploads/2020/01/Draft-OMB-Memo-on-Regulation-of-AI-1-7-19.pdf 以及20国集团：https://www.mofa.go.jp/files/000486596.pdf. 另请参见人工智能的全球合作伙伴关系：https://oecd.ai/wonk/oecd-and-g7-artificial-intelligence-initiatives-side-by-side-for-responsible-ai。

透明度和问责义务, 以确保算法安全和防止人工智能的不利影响。此外, 政府可以考虑采用有利于使用开放源代码技术的公共政策, 并允许公共监管机构或专门机构对算法的源代码进行审核。

税收

税收是另一个间接影响平台工人的方面, 对发达国家和发展中国家都有直接影响。数字劳动力平台严重依赖软件和算法等无形资产 (OECD, 2014)。这使平台能够进入全球市场, 但从税收的角度来看, 这带来了挑战。此外, 当平台、客户或企业和工人来自不同的司法管辖区时, 将其纳入征税范围就变得更加困难。这对发展中国家的税收收入产生了影响, 特别是在数字贸易和对工人及企业征税方面。缺乏足够的公共资金用于社会支出分配, 使得为包括工人在内的所有群体提供社会保护受到影响 (Behrendt, Nguyen and Rani, 2019)。此外, 这可能对从新冠肺炎危机中复苏以及将数字经济作为可持续发展工具的国家的经济成果产生不利影响。

联合国和经济合作与发展组织正在考虑两项对数字经济有效征税的建议。经济合作与发展组织和二十国集团将这一揽子计划总结为 "两支柱模式" (two-pillar approach)。[1] 第一根支柱试图更新现有的税收关联规则, 以便可以对跨国公司的全球利润征税; 而第二根支柱试图制定全球最低公司税率, 以使跨国公司在其业务运营的每个司法管辖区按最低税率缴税, 从而有效地终结避税天堂的时代。

联合国税收问题国际合作专家委员会的发展中国家成员提出了另一项建议: 首先, 通过修改《联合国关于发达国家与发展中国家间避免双重征税示范公约》第12条 (特许权使用费), 对使用软件支付的特许权使用费征税;[2] 其次, 引入新的第12B条[3], 对 "从自动数字服务中获得的收入" 征税, 具体定义为 "对那些仅需极少人力参与的服务提供者在互联网或电子网络上提供的服务所支付的任何费用"。[4] 这包括在线中介平台服务、社交媒体服务和用户数据销售等。该建议将赋予支付款项发生所在司法管辖区按总额或净额对其进行征税。如果被接受, 这项建议将更新现有的联合国税收协定范本, 并将成为确保财政空间的一项举措, 特别是在发展中国家。

6.4　前行之路

充分发挥数字经济和数字劳动力平台的潜力, 可能对于推进可持续发展、为企业创造有利环境和促进人人享有体面工作至关重要。但是, 同样重要的还有应对数字劳动力平台崛起带来的挑战、塑造工作世界正在经历的变革, 使企业和劳动者都能受益, 实现共赢。要克服这些挑战、抓住眼前机遇, 就需要有硬性法律和软性法律监管框架和公共政策, 以充分应对当今数字经济前所未有的复杂性。在数字经济中, 劳动监管发挥着决

---

① 有关更多信息, 见: https://www.southcentre.int/tax-cooperation-policy-brief-10-november-2019/。

② 有关更多信息, 见: https://www.un.org/development/desa/financing/sites/www.un.org.development.desa.financing/files/2020-10/CRP38%20Inclusion%20of%20software%20payments%20in%20royalties%20%207OCT20.pdf。

③ 有关更多信息, 见: https://us5.campaign-archive.com/?u=fa9cf38799136b5660f367ba6&id=f330625ffc。

④ 有关更多信息, 见《联合国税务国际合作专家委员会的联合协调员报告》第9页, 可在以下网址获得: https://www.un.org/development/desa/financing/sites/www.un.org.development.desa.financing/ files/2020-10/CITCM%2021%20CRP.41_Digitalization%2010102020%20Final%20A.pdf。

定性的作用。此外，还需要在与劳动相关的竞争、人工智能和税收等其他法律和政策领域采取综合响应措施。鉴于对平台工作监管仍处于起步初期，各国的监管方法和政策多种多样，因此实践中有必要通过某种形式的国际监管对话和政策协调来澄清监管政策的不确定性，并重申普遍劳动标准的适用性。

为此，国际劳工组织的一个独立部门——全球工作未来委员会呼吁建立一个要求平台及其客户尊重某些最低限度权利和保护的国际治理体系（Global Commission，2019），这一提议是受到国际劳工组织2006年《海事劳工公约》（第186号）的启发。该公约涉及跨越地理边界的海员，涉及跨不同司法管辖区的多个当事方，树立了指导性先例。对于数字劳动力平台，可以考虑采用类似的方法。[①] 它还呼吁采用"人为主导"的方法，对数据使用进行监管，在工作领域实行算法问责制，并改革税收制度（Global Commission，2019）。此外，国际劳工组织《关于劳动的未来百年宣言》呼吁"确保适当保护隐私和个人数据，并应对工作数字化转型（包括平台工作）相关的劳动世界中的挑战和机遇的政策和措施，"（ILO，2019a：6），促进包容性和可持续的经济增长，促进人人享有充分的生产性就业和体面工作。

另一个重要的出发点可能是国际劳工组织《关于多国企业和社会政策的三方原则宣言》（《多国企业宣言》）（2017）。这是为多国企业提供社会政策和包容性、负责任和可持续工作场所实践直接指导的文书。它将多国公司定义为包括那些对其所在国家的以外的服务进行控制的企业。平台可以利用《多国企业宣言》提供的指导，为成员制定明确的行为准则，包括已公布的有关工人提出异议的程序。

多个国际论坛和组织的共同努力对于确

保数字劳动力平台以有力促进包容性和可持续发展的方式进一步发展至关重要。这种监管对话和协调过程的核心应是确保国内法律执行工作中基本原则和权利以及其他关键法律规定，如有关职业安全、健康和社会保障的法律规定。安全性适用于包括数字劳动力平台工人在内的所有工人。

鉴于相关主体和政策领域的范围，通过利益攸关方，特别是数字劳动力平台、平台工人及其代表和政府之间的社会对话，可以更好地取得进展。通过适当参与和准备，随着时间的推移，他们的努力会在企业、国家和国际层面促成更清晰明确的共识和协同一致的方法，以期：

▶ 确保公平竞争并为企业可持续发展创造有利环境；

▶ 参照劳动法和消费法，促进平台工人与平台企业间劳动合同的公开化、透明化；

▶ 确保工人的雇佣状况得到正确分类并符合国家分类系统；

多个国际论坛和组织的共同努力对于确保数字劳动力平台促进包容和可持续发展至关重要。

▶ 确保数字平台工人和企业评级、排名的透明性，包括基于在线网络平台、基于指定位置平台和电子商务平台；

▶ 确保平台采用的针对工人和企业的算法具有一定的透明度，并建立问责制；

▶ 保护工人个人和工作数据，以及与平台业务及其活动有关的数据；

▶ 确保自雇平台工人享有集体谈判的权利，如通过竞争法与劳动法等法规；

[①] 参见Markov和Travieso（2019），他们建议通过一项国际标准建立一项国际认可的在线协议，这可能导致数字平台的国际协调。

▶ 重申反歧视法和职业安全与健康法适用于数字化劳动力平台及其工人；

▶ 必要时扩大和调整政策和法律框架，确保所有工人（包括平台工人）享有充分的社会保障福利；

▶ 确保平台工人的正常合同终止程序；

▶ 确保平台工人采用独立的争议解决机制；

▶ 确保平台工人能够选择诉诸其所在司法管辖区的法院；

▶ 提供关于工资保护、合理支付和工作时间的标准；

▶ 允许平台工人在平台之间自由流动，包括共享工人的数据信息等，如评分数据；

▶ 旨在有效地对数字经济（包括平台、客户、平台工人和平台交易）进行征税。

 参考文献

Adams-Prassl, Abi, and Janine Berg. 2017. "When Home Affects Pay: An Analysis of the Gender Pay Gap Among Crowdworkers", Social Science Research Network (SSRN) Scholarly Paper ID 3048711.

Adams-Prassl, Abi, Teodora Boneva, Marta Golin, and Christopher Rauh. 2020. "The Large and Unequal Impact of COVID-19 on Workers". *VoxEU*, 8 April.

AfDB (African Development Bank), ADB (Asian Development Bank), EBRD (European Bank for Reconstruction and Development), and IDB (Inter-American Development Bank). 2018. *The Future of Work: Regional Perspectives.* Washington, DC.

Agrawal, Ajay, John Horton, Nicola Lacetera, and Elizabeth Lyons. 2013. "Digitization and the Contract Labor Market: A Research Agenda", National Bureau of Economic Research (NBER) Working Paper 19525.

Agustí-Panareda, Jordi, Franz Christian Ebert, and Desirée LeClercq. 2014. "Labour Provisions in Free Trade Agreements: Fostering Their Consistency with the ILO Standards System", Background Paper, Social Dimensions of Free Trade Agreements. Geneva: ILO.

Ajunwa, Ifeoma. 2020. "The Paradox of Automation as Anti-Bias Intervention". *Cardozo Law Review* 41.

Akhtar, Pav, Phoebe Moore, and Martin Upchurch. 2018. "Digitalisation of Work and Resistance". In *Humans and Machines at Work: Monitoring, Surveillance and Automation in Contemporary Capitalism*, edited by Phoebe Moore, Martin Upchurch and Xanthe Whittaker, 17–44. Palgrave Macmillan.

Aleksynska, Mariya. 2021. "Digital Work in Eastern Europe: Overview of Trends, Outcomes, and Policy Response", ILO Working Paper.

Aleksynska, Mariya, Anastasia Bastrakova, and Natalia Kharchenko. 2018. *Work on Digital Labour Platforms in Ukraine: Issues and Policy Perspectives.* Geneva: ILO.

Aleksynska, Mariya, Andrey Shevchuk, and Denis Strebkov. 2021. "Online Platform Work in Russia and Ukraine: Gender Differences in Earnings and Work Satisfaction". In *Gendering Post-Soviet Space: Demography, Labor Market and Values in Empirical Research*, edited by Tatiana Karabchuk, Kazuhiro Kumo, Kseniia Gatskova and Ekaterina Skoglund, 277–299. Singapore: Springer.

Alexander, Julia. 2020. "Creators Finally Know How Much Money YouTube Makes, and They Want More of it". *The Verge*, 4 February.

Aloisi, Antonio. 2016. "Commoditized Workers: Case Study Research on Labor Law Issues Arising from a Set of On-Demand/ Gig Economy Platforms". *Comparative Labor Law & Policy Journal* 37 (3): 653–690.

Aloisi, Antonio, and Elena Gramano. 2018. "Non-Standard Workers and Collective Rights". In *Industrial Relations in Europe Conference (IREC).* Leuven.

Alsos, Kristin, Kristin Jesnes, Beate Sletvold Ølstad, and Torstein Nesheim. 2017. "Når sjefen er en app", Fafo Report No. 41. Oslo: Fafo Research Foundation.

Anwar, Mohammad Amir, and Mark Graham. 2019. "Does Economic Upgrading Lead to Social Upgrading in Contact Centers? Evidence from South Africa". *African Geographical Review* 38 (3): 209–226.

———. 2020. "Between a Rock and a Hard Place: Freedom, Flexibility, Precarity and Vulnerability in the Gig Economy in Africa". *Competition & Change* 1–22.

Armour, John, and Mari Sako. 2020. "AI-Enabled Business Models in Legal Services: From Traditional Law Firms to Next-Generation Law Companies?" *Journal of Professions and Organization* 7 (1): 27–46.

Arntz, Melanie, Terry Gregory, and Ulrich Zierahn. 2016. "The Risk of Automation for Jobs in OECD Countries", OECD Social, Employment and Migration Working Papers No. 189.

Arrieta-Ibarra, Imanol, Leonard Goff, Diego Jiménez-Hernández, Jaron Lanier, and E. Glen Weyl. 2018. "Should We Treat Data as Labor? Moving Beyond 'Free'". *AEA Papers and Proceedings* 108 (May): 38–42.

Arthurs, Harry. 2010. "Extraterritoriality by Other Means: How Labor Law Sneaks Across Borders, Conquers Minds, and Controls Workplaces Abroad". *Stanford Law and Policy Review* 21 (3): 527–554.

Ayres, Ian, and John Braithwaite. 1992. *Responsive Regulation: Transcending the Deregulation Debate*. Oxford Socio-Legal Studies. New York: Oxford University Press.

Ayyar, Ranjani. 2017. "Ever-Changing Incentives Keeping Drivers on Their Toes". *The Times of India*, 31 March.

Azevedo, Mary Ann. 2020. "Report: VC Funding in Latin America More Than Doubled to a Record $4.6B in 2019". *Crunchbase News*, 6 May.

Babu, Venkatesha. 2015. "Coolest Start-Ups 2015: HackerEarth Helps Find Top-Quality Coders for Tech Companies". *Business Today*, 21 June.

Bakos, Yannis, Florencia Marotta-Wurgler, and David R. Trossen. 2014. "Does Anyone Read the Fine Print? Consumer Attention to Standard-Form Contracts". *The Journal of Legal Studies* 43 (1): 1–35.

Ball, Kirstie. 2010. "Workplace Surveillance: An Overview". *Labor History* 51 (1): 87–106.

Bamforth, Nicholas. 2004. "Conceptions of Anti-Discrimination Law". *Oxford Journal of Legal Studies* 24 (4): 693–716.

Ban, Xiaohui. 2020. "Identifying Labour Relationship in the Sharing Economy: Judicial Practice in China". In *Regulating the Platform Economy: International Perspectives on New Forms of Work*, edited by Lourdes Mella Méndez, 48–60. Abingdon, UK: Routledge.

Barnard, Catherine, and Alysia Blackham. 2017. "Discrimination and the Self-Employed: The Scope of Protection in an Interconnected Age". In *European Contract Law and the Charter of Fundamental Rights*, edited by Hugh Collins, 197–218. Cambridge, UK: Cambridge University Press.

Barzilay, Arianne Renan, and Anat Ben-David. 2017. "Platform Inequality: Gender in the Gig-Economy". *Seton Hall Law Review* 47 (2): 393–431.

Beaudonnet, Xavier. 2020. "Le droit de négociation collective des travailleurs considérés comme indépendants au regard des norms de l'organisation internationale du travail". In *Le droit de négociation collective des travailleurs indépendants: Cadrages théoriques et études de cas*, edited by Daniel Dumont, Auriane Lamine and Jean-Benoît Maisin, 55–79. Droit Social, Larcier.

Beerepoot, Niels, and Bart Lambregts. 2015. "Competition in Online Job Marketplaces: Towards a Global Labour Market for Outsourcing Services?" *Global Networks* 15 (2): 236–255.

Behrendt, Christina, and Quynh Anh Nguyen. 2018. "Innovative Approaches for Ensuring Universal Social Protection for the Future of Work", ILO Future of Work Series, Research Paper 1.

Behrendt, Christina, Quynh Anh Nguyen, and Uma Rani. 2019. "Social Protection Systems and the Future of Work: Ensuring Social Security for Digital Platform Workers". *International Social Security Review* 72 (3): 17–41.

Belvedere, Matthew J. 2018. "Upwork Shares Rocket More Than 50% Higher at the Open on Their First Day of Trading". *CNBC*, 3 October.

Berg, Janine. 2016. "Income Security in the On-Demand Economy: Findings and Policy Lessons from a Survey of Crowdworkers", ILO Conditions of Work and Employment Series No.74.

———. 2019. "Protecting Workers in the Digital Age: Technology,Outsourcing and the Growing Precariousness of Work". Comparative Labour Law and Policy Journal 41(1): 66–94.

Berg, Janine, Uma Rani, Marianne Furrer, Ellie Harmon, and M. Six Silberman. 2018. *Digital Labour Platforms and the Future of Work: Towards Decent Work in the Online World*. Geneva: ILO.

Berkowitz, Daniel, Katharina Pistor, and Jean-Francois Richard. 2003. "Economic Development, Legality, and the Transplant Effect". *European Economic Review* 47 (1): 165–195.

Bessa, Ioulia, Simon Joyce, Denis Neumann, Mark Stuart, Vera Trappmann, and Charles Umney. Forthcoming. "Worker

Protest in the Platform Economy", ILO Working Paper.

Bezos, Jeff. 2020. "Statement by Jeff Bezos to the U.S. House Committee on the Judiciary: Testimony before the Subcommittee on Antitrust, Commercial, and Administrative Law". *The Amazon Blog*, 28 July.

Bhalla, Tarush. 2017. "With $4.5M under Its Belt, HackerEarth Is Finding New Ways to Engage with Developers in India". *YourStory*, 12 April.

Black, Julia. 2001. "Decentring Regulation: Understanding the Role of Regulation and Self-Regulation in a 'Post-Regulatory' World". *Current Legal Problems* 54 (1): 103–146.

———. 2002. "Critical Reflections on Regulation". *Australian Journal of Legal Philosophy* 27: 1–35.

Blackham, Alysia. 2018. "'We Are All Entrepreneurs Now': Options and New Approaches for Adapting Equality Law for the 'Gig Economy'". *International Journal of Comparative Labour Law and Industrial Relations* 34 (4): 413–434.

Blevins, Cameron, and Lincoln Mullen. 2015. "Jane, John ... Leslie? A Historical Method for Algorithmic Gender Prediction". *Digital Humanities Quarterly* 9 (3).

Bloomberg Law. 2020. "Amazon Accused of Monopolization, Sweeping Price-Fixing Scheme". https://news.bloomberglaw.com/mergers-and-antitrust/amazon-accused-of-monopolization-massive-price-fixing-scheme.

Bodie, Matthew T., Miriam A. Cherry, Marcia L. McCormick, and Jintong Tang. 2016. "The Law and Policy of People Analytics", Social Science Research Network (SSRN) Scholarly Paper ID 2769980.

Bornstein, Stephanie. 2018. "Antidiscriminatory Algorithms". *Alabama Law Review* 70 (2): 519–572.

Boudreau, John W., Ravin Jesuthasan, and David Creelman. 2015. *Lead the Work: Navigating a World Beyond Employment*. London: Wiley.

Boudreau, Kevin J., and Andrei Hagiu. 2009. "Platform Rules: Multi-Sided Platforms as Regulators". In *Platforms, Markets and Innovation*, edited by Annabelle Gawer. Cheltenham, UK: Edward Elgar.

Boudreau, Kevin J., and Lars B. Jeppesen. 2015. "Unpaid Crowd Complementors: The Platform Network Effect Mirage". *Strategic Management Journal* 36 (12): 1761–1777.

Boudreau, Kevin J., and Karim R. Lakhani. 2013. "Using the Crowd as an Innovation Partner". *Harvard Business Review* 91(4): 61–69.

Brito, Miguel, and Celestino Gonçalves. 2019. "Codeflex: A Web-Based Platform for Competitive Programming". In *2019 14th Iberian Conference on Information Systems and Technologies (CISTI)*, 1–6.

Brown, Andrew, Andy Charlwood, and David A. Spencer. 2012. "Not All That It Might Seem: Why Job Satisfaction Is Worth Studying Despite It Being a Poor Summary Measure of Job Quality". *Work, Employment and Society* 26 (6): 1007–1018.

Budd, John W., and Alexander J.S. Colvin. 2008. "Improved Metrics for Workplace Dispute Resolution Procedures: Efficiency, Equity, and Voice". *Industrial Relations: A Journal of Economy and Society* 47 (3): 460–479.

Burson-Marsteller, The Aspen Institute, and *Time*. 2016. "The On-Demand Economy Survey", Future of Work Initiative, 21 June. Washington, DC: The Aspen Institute.

Butollo, Florian. 2020. "Digitalization and the geographies of production: Towards reshoring or global fragmentation?" *Competition & Change*, ISSN 1477-2221.

Butollo, Florian, and Lea Schneidemesser. Forthcoming. "Specialization Revisited: B2B Platforms as Distribution-Driven Path towards Digitized Manufacturing". *International Labour Review*.

Bygrave, Lee A. 2015. *Internet Governance by Contract*. Oxford: Oxford University Press.

Cagle, Susie. 2020. "'Fees Are Murder': Delivery Apps Profit as Restaurants Forced to Close Doors". *The Guardian,* 3 April.

Canada, Statcan (Statistics Canada). 2017. *The Sharing Economy in Canada*.

Castells, Manuel. 2010. *The Rise of the Network Society*. New York: Wiley.

Chapman, Lizette, and Sarah Frier. 2020. "Uber and Lyft Cars Become Vector for Racism amid Coronavirus Fears". *Los Angeles Times*, 6 February.

Chen, Julie Yujie, and Jack Linchuan Qiu. 2019. "Digital Utility: Datafication, Regulation, Labor, and DiDi's Platformization of Urban Transport in China". *Chinese Journal of Communication* 12 (3): 274–289.

Chen, Yiu Por (Vincent). Forthcoming. "Online Digital Labour Platforms in China: Working Conditions, Policy Issues and Prospects", ILO Working Paper.

Cherry, Miriam A. 2020. "A Global System of Work, A Global System of Regulation?: Crowdwork and Conflicts of Law". *Tulane Law Review* 94 (2): 184–245.

Cherry, Miriam A., and Antonio Aloisi. 2017. "Dependent Contractors in the Gig Economy: A Comparative Approach". *American University Law Review* 66 (3): 635–689.

Cherry, Miriam A., and Winifred R. Poster. 2016. "Crowdwork, Corporate Social Responsibility, and Fair Labor Practices". In *Research Handbook on Digital Transformations*, edited by F. Xavier Olleros and Majlinda Zhegu, 291–312. Cheltenham, UK; Northampton, MA: Edward Elgar.

Choudary, Sangeet Paul. 2018. "The Architecture of Digital Labour Platforms: Policy Recommendations on Platform Design for Worker Well-Being", ILO Future of Work Series, Research Paper 3.

Chui, Michael, James Manyika, Mehdi Miremadi, Nicolaus Henke, Rita Chung, Pieter Nel, and Sankalp Malhotra. 2018. "Notes from the AI Frontier: Insights from Hundreds of Use Cases". McKinsey Global Institute.

CIPD (Chartered Institute of Personnel and Development). 2017. *To Gig or Not to Gig? Stories from the Modern Economy*. London.

Clark, Kate. 2019. "Unicorns Aren't Profitable, and Wall Street Doesn't Care". *TechCrunch* (blog). 26 March. https://social. techcrunch.com/2019/03/26/unicorns-arent-profitable-wall-street-doesnt-care/.

Clewlow, Regina R., and Gouri Shankar Mishra. 2017. "Disruptive Transportation: The Adoption, Utilization, and Impacts of Ride-Hailing in the United States", Research Report UCD-ITS-RR-17-07, Institute of Transportation Studies, University of California, Davis.

Coiquaud, Urwana, and Isabelle Martin. 2019. "Accès à la justice des travailleurs de plateformes numériques: Réponses contrastées des tribunaux canadiens et américains". *Relations industrielles / Industrial Relations* 74 (3): 577–588.

Collins, Hugh. 1990. "Independent Contractors and the Challenge of Vertical Disintegration to Employment Protection Laws". *Oxford Journal of Legal Studies* 10 (3): 353–380.

Colvin, Alexander J.S. 2019. "The Metastasization of Mandatory Arbitration". *Chicago-Kent Law Review* 94 (1): 3–24.

Compa, Lance. 2019. "Trump, Trade, and Trabajo: Renegotiating Nafta's Labor Accord in a Fraught Political Climate". *Industrial Journal of Global Legal Studies* 26 (1): 263–304.

Competition Commission of India. 2020. "Market Study on E-Commerce in India".

Cook, Cody, Rebecca Diamond, Jonathan Hall, John List, and Paul Oyer. 2018. "The Gender Earnings Gap in the Gig Economy: Evidence from over a Million Rideshare Drivers", National Bureau of Economic Research (NBER) Paper W24732.

Cooney, Sean, Sarah Biddulph, and Ying Zhu. 2013. *Law and Fair Work in China*. Abingdon: Routledge.

Corporaal, Greetje F., and Vili Lehdonvirta. 2017. "Platform Sourcing: How Fortune 500 Firms Are Adopting Online Freelancing Platforms". Oxford Internet Institute, University of Oxford.

Countouris, Nicola. 2018. "The Concept of 'Worker' in European Labour Law: Fragmentation, Autonomy and Scope". *Industrial Law Journal* 47 (2): 192–225.

———. 2019. "Defining and Regulating Work Relations for the Future of Work", ILO Governance and Tripartism Department.

Countouris, Nicola, and Luca Ratti. 2018. "The Sharing Economy and EU Anti-Discrimination Law". In *The Cambridge Handbook of the Law of the Sharing Economy*, edited by John J. Infranca, Michèle Finck and Nestor M. Davidson, 486–498. Cambridge, UK: Cambridge University Press.

Crémer, Jacques, Yves-Alexandre de Montjoye, and Heike Schweitzer. 2019. "Competition Policy for the Digital Era". European Commission, Directorate-General for Competition.

Cusumano, Michael A., Annabelle Gawer, and David B. Yoffie. 2019. *The Business of Platforms: Strategy in the Age of Digital Competition, Innovation, and Power*. New York: Harper Collins.

Darkwah, Akosua K., and Dzodzi Tsikata. Forthcoming. "Home Based Work and Homework in Ghana: An Exploration". Geneva: ILO.

Davenport, Thomas, Abhijit Guha, Dhruv Grewal, and Timna Bressgott. 2020. "How artificial intelligence will change the future of marketing". *Journal of the Academy of Marketing Science* 48: 24–42.

Davidov, Guy. 2014. "Setting Labour Law's Coverage: Between Universalism and Selectivity". *Oxford Journal of Legal Studies* 34 (3): 543–566.

Davidov, Guy, and Brian Langille. 2011. *The Idea of Labour Law.* Oxford: Oxford University Press.

Davies, Paul, and Mark Freedland. 2006. "The Complexities of the Employing Enterprise". In *Boundaries and Frontiers of Labour Law*, edited by Guy Davidov and Brian Langille. Portland: Hart.

Deakin, Simon. 2007. "Does the 'Personal Employment Contract' Provide a Basis for the Reunification of Employment Law?". *Industrial Law Journal* 36 (1): 68–83.

Dedeoglu, Saniye. Forthcoming. "Homeworkers in Turkey: Home Bounded-Global Outreach". Geneva: ILO.

de la Merced, Michael J., and Kate Conger. 2019. "Uber I.P.O. Values Ride-Hailing Giant at $82.4 Billion". *The New York Times*, 9 May.

Deloitte. 2017. *2017 Deloitte Global Human Capital Trends: Rewriting the Rules for the Digital Age.* Deloitte University Press.

———. 2018. *2018 Deloitte Global Human Capital Trends: The Rise of the Social Enterprise.* Deloitte University Press.

———. 2019. *2019 Deloitte Global Human Capital Trends: Leading the Social Enterprise – Reinvent with a Human Focus.* Deloitte University Press.

De Stefano, Valerio. 2016. "The Rise of the 'Just-in-Time Workforce': On-Demand Work, Crowd Work and Labour Protection in the 'Gig-Economy'", ILO Conditions of Work and Employment Series No. 71.

———. 2019. "'Negotiating the Algorithm?': Automation, Artificial Intelligence and Labour Protection". *Comparative Labour Law and Policy Journal* 41 (1): 15–46.

De Stefano, Valerio, and Antonio Aloisi. 2018. "European Legal Framework for 'Digital Labour Platforms'". Luxembourg: European Commission Joint Research Centre.

———. 2019. "Fundamental Labour Rights, Platform Work and Human-Rights Protection of Non-Standard Workers". In *Labour, Business and Human Rights Law*, edited by Janice R. Bellace, Samuel Blank and Beryl Haar, 359–379. Cheltenham, UK; Northampton, MA: Edward Elgar.

De Stefano, Valerio, and Mathias Wouters. 2019. "Should Digital Labour Platforms Be Treated as Private Employment Agencies?" European Trade Union Institute (ETUI) Foresight Brief.

Dhillon, Amrit. 2018. "'My Life is Spent in This Car': Uber Drives Its Indian Workers to Despair". *The Guardian*, 4 December.

Difallah, Djellel, Elena Filatova, and Panos Ipeirotis. 2018. "Demographics and Dynamics of Mechanical Turk Workers". In *Eleventh ACM International Conference*, 135–143. Marina Del Rey, CA: ACM Press.

Dockès, Emmanuel. 2019. "New Trade Union Strategies for New Forms of Employment". *European Labour Law Journal* 10 (3): 219–228.

Drahokoupil, Jan, and Brian Fabo. 2016. "The Platform Economy and the Disruption of the Employment Relationship", European Trade Union Institute (ETUI) Policy Brief No. 5.

Dube, Arindrajit, Jeff Jacobs, Suresh Naidu, and Siddharth Suri. 2020. "Monopsony in Online Labor Markets". *American Economic Review: Insights* 2 (1): 33–46.

Duch-Brown, Néstor. 2017a. "The Competitive Landscape of Online Platforms". JRC Technical Reports. European Commission.

———. 2017b. "Platforms to Business Relations in Online Platform Ecosystems". JRC Technical Reports, JRC Digital Economy Working Paper 2017-07. European Commission.

Duggan, James, Ultan Sherman, Ronan Carbery, and Anthony McDonnell. 2020. "Algorithmic Management and App-Work in the Gig Economy: A Research Agenda for Employment Relations and HRM". *Human Resource Management Journal* 30 (1): 114–132.

Ebisui, Minawa, Sean Cooney, and Colin Fenwick. 2016. *Resolving Individual Labour Disputes: A Comparative Overview.* Geneva: ILO.

Economic Times, The. 2018. "Walmart Acquires Flipkart for $16 Billion in the World's Largest Ecommerce Deal". 10 May.

Estlund, Cynthia. 2018. "The Black Hole of Mandatory Arbitration". *North Carolina Law Review* 96 (3): 679–710.

European Commission. 2016a. "Business-to-Business Relationships in the Online Platforms Environment: Legal Aspects and Clarity of Terms and Conditions of Online Platforms".

———. 2016b. "Online Platforms: Contrasting Perceptions of European Stakeholders".

———. 2017a. "Business-to-Business Relationships in the Online Platforms Environment: Algorithms, Ranking and Transparency".

———. 2017b. "Unfair Platform-to-Business Trading Practices: Focus Group with Business Users".

———. 2017c. "Unfair Platform-to-Business Trading Practices: Effective Dispute Resolution and the Fundamental Right to Conduct a Business".

———. 2018. "Study on Contractual Relationships between Online Platforms and Their Professional Users".

———. 2019. "How Do Online Platforms Shape Our Lives and Businesses?"

———. 2020. "Competition: The European Commission Launches a Process to Address the Issue of Collective Bargaining for the Self-employed". Press Release, 30 June.

EU (European Union). 2020. "The Platform Economy and Precarious Work", Policy Department for Economic, Scientific and Quality of Life Policies, Directorate-General for Internal Policies.

Evans, David S., and Richard Schmalensee. 2008. "Markets with Two-Sided Platforms". In *Issues in Competition Law and Policy*, Vol. 1, edited by Wayne D. Collins, Josepha Angland and the American Bar Association. Chicago: ABA Section of Antitrust Law.

———. 2016. *Matchmakers: The New Economics of Multisided Platforms.* Boston, MA: Harvard Business Review Press.

Fairwork Project, The. 2020. *The Gig Economy and Covid-19: Fairwork Report on Platform Policies.* Fairwork Foundation.

Farrell, Diana, and Fiona Greig. 2016. *Paychecks, Paydays, and the Online Platform Economy: Big Data on Income Volatility.* New York: JPMorgan Chase Institute.

Farrell, Diana, Fiona Greig, and Amar Hamoudi. 2018. *The Online Platform Economy in 2018: Drivers, Workers, Sellers and Lessors.* New York: JPMorgan Chase Institute.

Federal Reserve Board. 2019. "Report on the Economic Well-Being of U.S. Households in 2018". Washington, DC.

Florida, Richard, and Ian Hathaway. 2018. *Rise of the Global Startup City: The New Map of Entrepreneurship and Venture Capital.* Washington, DC: Center for American Entrepreneurship.

Foong, Eureka, Nicholas Vincent, Brent Hecht, and Elizabeth M. Gerber. 2018. "Women (Still) Ask For Less: Gender Differences in Hourly Rate in an Online Labor Marketplace". *Proceedings of the ACM on Human-Computer Interaction* 2 (CSCW) 53: 1–21.

Foster, Christopher, Mark Graham, Laura Mann, Timothy Waema, and Nicolas Friederici. 2018. "Digital Control in Value Chains: Challenges of Connectivity for East African Firms". *Economic Geography* 94 (1): 68–86.

Fountoukakos, Kyriakos, André Pretorius, and Lisa Geary. 2018. "Market Definition in a Rapidly Changing (Digital) World: The Case of Ride-Sharing". *Competition Policy International*, June 25.

Fredman, Sandra. 2015. "Equality Law: Labour Law or an Autonomous Field?" In *The Autonomy of Labour Law*, edited by Alan Bogg, 257–273. Oxford and Portland, Oregon: Hart.

Freedland, Mark. 2003. *The Personal Employment Contract.* Oxford: Oxford University Press.

Freedland, Mark, and Nicola Countouris. 2011. *The Legal Construction of Personal Work Relations.* Oxford: Oxford University Press.

Freudenberg, Christoph. 2019. "Rising Platform Work: Scope, Insurance Coverage and Good Practices among ISSA Countries". Geneva: International Social Security Association (ISSA).

Frey, Carl Benedikt, and Michael A. Osborne. 2017. "The Future of Employment: How Susceptible Are Jobs to Computerisation?" *Technological Forecasting and Social Change* 114 (C): 254–280.

Fudge, Judy. 2006. "Fragmenting Work and Fragmenting Organizations: The Contract of Employment and the Scope of Labour Regulation". *Osgoode Hall Law Journal* 44 (4): 609–648.

Fudge, Judy, Shae McCrystal, and Kamala Sankaran. 2012. *Challenging the Legal Boundaries of Work Regulation.* Oxford and Portland, Oregon: Hart.

Fuller, Joseph, Manjari Raman, Allison Bailey, Nithya Vaduganathan, James Palano, et al. 2020. *Building the On-demand Workforce*. Boston: Harvard Business School and Boston Consulting Group.

Fumagalli, Andrea, Stefano Lucarelli, Elena Musolino, and Giulia Rocchi. 2018. "Digital Labour in the Platform Economy: The Case of Facebook". *Sustainability* 10 (6): 1–16.

Fundación ONCE and the ILO Global Business and Disability Network. 2019. "Making the Future of Work Inclusive of People with Disabilities".

Galpaya, Helani, and Laleema Senanayake. 2018. "Online Freelancing: Potential for Digital Gig Work in India, Sri Lanka and Myanmar". In *The 22nd Biennial Conference of the International Telecommunications Society: "Beyond the Boundaries: Challenges for Business, Policy and Society", June 24th–27th, 2018, Seoul, Korea*. Seoul: International Telecommunications Society (ITS).

Galperin, Hernan, and Catrihel Greppi. 2017. "Geographical Discrimination in the Gig Economy". Social Science Research Network (SSRN) Scholarly Paper ID 2922874.

Garben, Sacha. 2019. "The Regulatory Challenge of Occupational Safety and Health in the Online Platform Economy". *International Social Security Review* 72 (3): 95–112.

Gawer, Annabelle. 2014. "Bridging Differing Perspectives on Technological Platforms: Toward an Integrative Framework". *Research Policy* 43 (7): 1239–1249.

Global Commission on the Future of Work (Global Commission). 2019. *Work for a brighter future*. Geneva: ILO.

Goldín, Adrián. 2020. "Los trabajadores de plataforma y su regulación en la Argentina", documentos de Proyectos (LC/TS.2020/44), Santiago, Comisión Económica para América Latina y el Caribe (CEPAL).

Goldman, Tanya, and David Weil. 2020. "Who's Responsible Here? Establishing Legal Responsibility in the Fissured Workplace", Institute for New Economic Thinking Working Paper No. 114.

Gomez-Uribe, Carlos A., and Neil Hunt. 2015. "The Netflix Recommender System: Algorithms, Business Value, and Innovation". *ACM Transactions on Management Information Systems* 6 (4): 1–19.

Grab. 2017. "Overview of Grab's Personal Accident Insurance". *Grab ID* (blog). 9 May. https://www.grab.com/id/en/blog/asuransi/.

Graf, Michael, and Susan M. Mudambi. 2005. "The Outsourcing of IT-Enabled Business Processes: A Conceptual Model of the Location Decision". *Journal of International Management* 11 (2): 253–268.

Graham, Mark, Isis Hjorth, and Vili Lehdonvirta. 2017. "Digital Labour and Development: Impacts of Global Digital Labour Platforms and the Gig Economy on Worker Livelihoods". *Transfer: European Review of Labour and Research* 23 (2): 135–162.

Graham, Mark, Vili Lehdonvirta, Alex Wood, Helena Barnard, Isis Hjorth, and David Peter Simon. 2017. "The Risks and Rewards of Online Gig Work at the Global Margins". Oxford Internet Institute, University of Oxford and Gordon Institute of Business Science (GIBS), University of Pretoria.

Grand View Research. 2020. "Retail E-Commerce Market Size, Share and Trends Analysis Report, 2020–2027". May.

Green, Daryl, Craig Walker, Abdulrahman Alabulththim, Daniel Smith, and Michele Phillips. 2018. "Fueling the Gig Economy: A Case Study Evaluation of Upwork.Com". *Management and Economics Research Journal* 4: 104–112.

Griesbach, Kathleen, Adam Reich, Luke Elliott-Negri, and Ruth Milkman. 2019. "Algorithmic Control in Platform Food Delivery Work". *Socius: Sociological Research for a Dynamic World* 5: 1–15.

Grimshaw, Damian, Colette Fagan, Gail Hebson, and Isabel Tavora. 2017. "A new labour market segmentation approach for analysing inequalities: Introduction and overview". In D. Grimshaw, C. Fagan, G. Hebson and I. Tavora (eds): *Making work more equal: A new labour market segmentation approach*, 1–32. Manchester, Manchester University Press.

Grimshaw, Damian, and Jill Rubery. 2015. "The Motherhood Pay Gap: A Review of the Issues, Theory and International Evidence", ILO Conditions of Work and Employment Series No. 57.

Grooms, Jignasha Amin. 2017. "The Art and Science of Attracting Today's Next-Gen Workforce Is Digital by Design". *Strategic HR Review* 16 (4): 177–181.

Grušić, Uglješa. 2012. "Jurisdiction in Employment Matters under Brussels I: A Reassessment". *International & Comparative Law Quarterly* 61 (1): 91–126.

Gupta, Ruchi. 2020. "Why Facebook Joined Google and Tencent in Gojek Investment". *Market Realist*, 4 June.

Gwilliam, Kenneth M. 2005. "Regulation of Taxi Markets in Developing Countries: Issues and Options", Urban Transport Thematic Group Transport Note No. TRN-3. The World Bank.

Halegua, Aaron. 2016. "United States". In *Resolving Individual Labour Disputes: A Comparative Overview*, edited by Minawa Ebisui, Sean Cooney and Colin Fenwick, 311–347. Geneva: ILO.

Hancher, Leigh, and Michael Moran. 1998. "Organizing Regulatory Space". In *A Reader on Regulation*, edited by Robert Baldwin, Colin Scott and Christopher Hood, 148–172. Oxford Readings in Socio-Legal Studies. Oxford: Oxford University Press.

Hanrahan, Benjamin V., David Martin, Jutta Willamowski, and John M. Carroll. 2019. "Investigating the Amazon Mechanical Turk Market Through Tool Design". *Computer Supported Cooperative Work 28*: 795–814.

Heeks, Richard. 2017. "Decent Work and the Digital Economy: A Developing Country Perspective on Employment Impacts and Standards in Online Outsourcing, Crowdwork, etc.", Centre for Development Informatics Working Paper No. 71, University of Manchester.

Henkel, Joachim, Simone Schöberl, and Oliver Alexy. 2014. "The Emergence of Openness: How and Why Firms Adopt Selective Revealing in Open Innovation". *Research Policy* 43 (5): 879–890.

Herrmann, Andrea M., Petra Zaal, Maryse M.H. Chappin, and Brita Schemmann. 2019a. "We Don't Need No Education! How the Gig Economy Challenges the Current Education Paradigm of the Western World". In *31st Annual Conference of the Society for the Advancement of Socio-Economics (SASE): "Fathomless Futures: Algorithmic and Imagined"*. New York: Society for the Advancement of Socio-Economics.

———. 2019b. "Does Education Still Matter in Online Labor Markets?". In *Perspectives on the Sharing Economy*, edited by Dominika Wruk, Achim Oberg and Indre Maurer. Newcastle upon Tyne: Cambridge Scholars Publishing.

Hidalgo Cordero, Kruskaya, and Belén Valencia Castro. 2019. "Entre la precarización y el alivio cotidiano: Las plataformas Uber Eats y Glovo en Quito". Friedrich Ebert Stiftung Ecuador.

Hillman, Robert A., and Jeffrey J. Rachlinski. 2002. "Standard-Form Contracting in the Electronic Age". *New York University Law Review* 77 (2): 429–495.

Horan, Hubert. 2019. "Uber's Path of Destruction". *American Affairs* 3 (2).

Horton, John, William R. Kerr, and Christopher Stanton. 2017. "Digital Labor Markets and Global Talent Flows", National Bureau of Economic Research (NBER) Working Paper No. 23398.

Huws, Ursula, Neil Spencer, Dag Syrdal, and Kaire Holts. 2017. *Work in the European Gig Economy: Research Results from the UK, Sweden, Germany, Austria, the Netherlands, Switzerland and Italy*. Brussels and Hatfield, UK: Foundation for European Progressive Studies (FEPS), UNI-Europa and University of Hertfordshire.

Hyman, Louis. 2018. *Temp: How American Work, American Business, and the American Dream Became Temporary*. New York: Viking.

ILO (International Labour Organization). 2006. *Labour Inspection.* Report of the Committee of Experts on the Application of Conventions and Recommendations. ILC.95/III(1B).

———. 2009. *ILO Standards on Occupational Safety and Health: Promoting a Safe and Healthy Working Environment.* Report of the Committee of Experts on the Application of Conventions and Recommendations. ILC 98/III(1B).

———. 2012. *Giving Globalization a Human Face: General Survey on the Fundamental Conventions concerning Rights at Work in Light of the ILO Declaration on Social Justice for a Fair Globalization, 2008.* Report of the Committee of Experts on the Application of Conventions and Recommendations. ILC 101/III(1B).

———. 2016. *Non-Standard Employment around the World: Understanding Challenges, Shaping Prospects.*

———. 2017a. *World Social Protection Report 2017–19: Universal Social Protection to Achieve the Sustainable Development Goals.*

———. 2017b. *Working Together to Promote a Safe and Healthy Working Environment: General Survey on the Occupational Safety and Health Instruments concerning the Promotional Framework, Construction, Mines and Agriculture.* Report of the Committee of Experts on the Application of Conventions and Recommendations. ILC.106/III(1B) .

———. 2017c. *Handbook on Assessment of Labour Provisions in Trade and Investment Arrangements.*

———. 2018a. *Care Work and Care Jobs for the Future of Decent Work.*

———. 2018b. *Freedom of Association: Compilation of Decisions of the Committee on Freedom of Associat*ion, 6th ed.

———. 2018c. *Ensuring Decent Working Time for the Future: General Survey concerning Working-time Instruments.* Report of the Committee of Experts on the Application of Conventions and Recommendations. ILC.107/III(B).

———. 2019a. ILO Centenary Declaration for the Future of Work. International Labour Conference. 108th Session.

———. 2019b. *Universal Social Protection for Human Dignity, Social Justice and Sustainable Development: General Survey concerning the Social Protection Floors Recommendation, 2012 (No. 202).* Report of the Committee of Experts on the Application of Conventions and Recommendations. ILC.108/III/B.

———. 2019c. *Labour Provisions in G7 Trade Agreements: A Comparative Perspective.*

———. 2020a. "Unemployment Protection in the COVID-19 Crisis: Country Responses and Policy Considerations."

———. 2020b. "Sickness Benefits during Sick Leave and Quarantine: Country Responses and Policy Considerations in the Context of COVID-19."

———. 2020c. "Appeal: Venezuelan Refugees and Migrants in Latin America and the Caribbean", 11 August.

———. 2020d. *World Employment and Social Outlook: Trends 2020.*

———. 2020e. *Global Employment Trends for Youth 2020: Technology and the future of jobs.*

———. 2020f. "Social Protection Monitor: Social Protection Responses to the COVID-19 Crisis around the World".

———. 2020g. *Synthesis Report: Skills Shortages and Labour Migration in the Field of Information and Communication Technology in Canada, China, Germany, India, Indonesia, Singapore and Thailand.*

———. 2020h. *Promoting Employment and Decent Work in a Changing Landscape.* Report of the Committee of Experts on the Application of Conventions and Recommendations. ILC109/III(B).

———. 2020i. "Achieving Decent Work in Global Supply Chains". TMDWSC/2020.

———. 2020j. "The COVID-19 Response: Getting Gender Equality Right for a Better Future for Women at Work". Policy Brief.

———. 2021. *Working from home: From invisibility to decent work.*

ILO, EU, and OECD. Forthcoming. Technical Expert Group Draft Handbook on the Measurement of Platform Employment.

Ilsøe, Anna. 2020. "The Hilfr Agreement: Negotiating the Platform Economy in Denmark", FAOS Research Paper No. 176. Employment Relations Research Centre, Department of Sociology University of Copenhagen.

Ilsøe, Anna, and Louise Weber Madsen. 2017. *Digitalisering af arbejdsmarkedet: Danskernes erfaring med digital automatisering og digitale platforme.* Copenhagen: FAOS, University of Copenhagen.

India, Ministry of Electronics & Information Technology. 2020. "Report by the Committee of Experts on Non-Personal Data Governance Framework".

India, National Sample Survey Office (NSSO). n.d. *Periodic Labor Force Survey, 2017–2018.*

Irani, Lilly. 2015. "Difference and Dependence among Digital Workers: The Case of Amazon Mechanical Turk". *South Atlantic Quarterly* 114 (1): 225–234.

ISSA (International Social Security Association). 2020. "Social Security Measures for the Self-Employed during the COVID-19 Crisis", 9 April.

Jarrahi, Mohammad Hossein, Will Sutherland, Sarah Beth Nelson, and Steve Sawyer. 2019. "Platformic Management, Boundary Resources for Gig Work, and Worker Autonomy". *Computer Supported Cooperative Work (CSCW)* 29: 153–189.

Jayne, Thomas, Felix Kwame Yeboah, and Carla Henry. 2017. "The Future of Work in African Agriculture: Trends and Drivers of Change", ILO Research Department Working Paper No. 25.

Jesnes, Kristin, and Sigurd M. Nordli Oppegaard (eds). 2020. *Platform work in the Nordic models: Issues, Cases and Responses.* Copenhagen: Nordic Council of Ministers, Nordic Council of Ministers Secretariat.

Johnson, Nicholas L. 2020. "Financial Platforms Are Disrupting More Than Just Lending (Infographic)". *Applico* (blog). https://www.applicoinc.com/blog/infographic-platforms-disrupting-finance/.

Johnson, Khari. 2020. "CB Insights: AI Startup Funding Hit New High of $26.6 Billion in 2019". *VentureBeat*, 22 January.

Johnston, Hannah, and Chris Land-Kazlauskas. 2019. "Organizing On-Demand: Representation, Voice, and Collective Bargaining in the Gig Economy", ILO Conditions of Work and Employment Series No. 94.

Johnstone, Richard, Shae McCrystal, Igor Nossar, Michael Quinlan, Michael Rawling, and Joellen Riley. 2012. *Beyond Employment: The Legal Regulation of Work Relationships*. Sydney: The Federation Press.

Johnstone, Richard, and Andrew Stewart. 2015. "Swimming against the Tide: Australian Labor Regulation and the Fissured Workplace". *Comparative Labor Law & Policy Journal* 37 (1): 55–90.

Josephs, Jonathan. 2020. "Just Eat to Stop Using Gig Economy Workers". *BBC News*, 14 August.

Joyce, Simon, Denis Neumann, Vera Trappmann, and Charles Umney. 2020. "A Global Struggle: Worker Protest in the Platform Economy", European Trade Union Institute (ETUI) Policy Brief No. 2.

Kalleberg, Arne L., and Michael Dunn. 2016. "Good Jobs, Bad Jobs in the Gig Economy". *Perspectives on Work* 20 (2): 10–14.

Kalra, Aditya. 2020. "Amazon Faces New Antitrust Challenge from Indian Online Sellers: Legal Documents". *Reuters*, 26 August.

Kapczynski, Amy. 2020. "The Law of Informational Capitalism". *Yale Law Journal* 129 (5): 1460–1515.

Kässi, Otto, and Vili Lehdonvirta. 2018. "Online Labour Index: Measuring the Online Gig Economy for Policy and Research". *Technological Forecasting and Social Change* 137 (December): 241–248.

———. 2019. "Do Digital Skill Certificates Help New Workers Enter the Market? Evidence from an Online Labour Platform", Cesifo Working Paper No. 7810.

Katz, Lawrence F., and Alan B. Krueger. 2016. *The Rise and Nature of Alternative Work Arrangements in the United States, 1995–2015*. National Bureau of Economic Research (NBER) Working Paper No. 22667.

Kenney, Martin, and John Zysman. 2016. "The Rise of the Platform Economy". *Issues in Science and Technology* 32(3) (Spring).

———. 2018a. "Work and Value Creation in the Platform Economy", Social Science Research Network (SSRN) Scholarly Paper ID 3253673.

———. 2018b. "Entrepreneurial Finance in the Era of Intelligent Tools and Digital Platforms: Implications and Consequences for Work", Berkeley Roundtable on the International Economy (BRIE) Working Paper 2018-8.

———. 2019. "Unicorns, Cheshire Cats, and the New Dilemmas of Entrepreneurial Finance". *Venture Capital* 21 (1): 35–50.

Kessler, Friedrich. 1943. "Contracts of Adhesion: Some Thoughts about Freedom of Contract". *Columbia Law Review* 43 (5): 629.

Kilhoffer, Zachary, Willem Pieter De Groen, Karolien Lenaerts, Ine Smits, Harald Hauben, Willem Waeyaert, Elisa Giacumacatos, Jean-Philippe Lhernould, and Sophie Robin-Olivier. 2020. "Study to Gather Evidence on the Working Conditions of Platform Workers", VT/2018/032. Brussels: European Commission.

Kim, Eugene K. 2020. "Labor's Antitrust Problem: A Case for Worker Welfare". *Yale Law Journal* 130.

King-Dejardin, Amelita. 2019. *The Social Construction of Migrant Care Work: At the Intersection of Care, Migration and Gender*. Geneva: ILO.

———. Forthcoming. "Homeworking: Bad Job? Good Job", ILO Working Paper.

Kingsley, Sara Constance, Mary L. Gray, and Siddharth Suri. 2015. "Accounting for Market Frictions and Power Asymmetries in Online Labor Markets: Market Friction and Power in Online Labor Markets". *Policy & Internet* 7 (4): 383–400.

KPMG. 2018. "Unlocking the Value of the Platform Economy: Mastering the Good, the Bad and the Ugly". Amsterdam: Dutch Transformation Forum.

Kuek, Siou Chek, Cecilia Paradi-Guilford, Toks Fayomi, Saori Imaizumi, Panos Ipeirotis, Patricia Pina, and Manpreet Singh. 2015. *The Global Opportunity in Online Outsourcing*. Washington, DC: World Bank.

Kunthara, Sophia. 2019. "VC Dollars For China Take A Dip In 2019". *Crunchbase News*, 5 December.

Lakhani, Karim R., Kevin J. Boudreau, Po-Ru Loh, Lars Backstrom, Carliss Baldwin, Eric Lonstein, Mike Lydon, Alan MacCormack, Ramy A. Arnaout, and Eva C. Guinan. 2013. "Prize-Based Contests Can Provide Solutions to Computational Biology Problems". *Nature Biotechnology* 31 (2): 108–111.

Lakhani, Karim R., David A. Garvin, and Eric Lonstein. 2012. "TopCoder (A): Developing Software through Crowdsourcing", Harvard Business School Case Study 610-032.

La Salle, Dominique, and Greta Cartoceti. 2019. "Social Security for the Digital Age: Addressing the New Challenges and Opportunities for Social Security Systems". Geneva: ISSA.

Lee, K. Wilson. 2020. "Ghost kitchens: Reasons to Adopt this Type of Food Delivery Model". *Forbes*, 11 December.

Lee, Min Kyung, Daniel Kusbit, Evan Metsky, and Laura Dabbish. 2015. "Working with Machines: The Impact of Algorithmic and Data-Driven Management on Human Workers". *CHI 2015*, 1603–1612.

Lehdonvirta, V., H. Barnard, M. Graham, and I. Hjorth. 2014. "Online Labour Markets: Levelling the Playing Field for International Service Markets?" In *Crowdsourcing for Politics and Policy*. Oxford: Oxford Internet Institute.

Lerner, Josh, and Jean Tirole. 2005. "The Economics of Technology Sharing: Open Source and Beyond". *The Journal of Economic Perspectives* 19 (2): 99–120.

Levy, Ari. 2019. "Alphabet's Investment in Uber Has Multiplied by 20-Fold since 2013". *CNBC*, 11 April.

Liang, Chen, Yili Hong, Bin Gu, and Jing Peng. 2018. "Gender Wage Gap in Online Gig Economy and Gender Differences in Job Preferences", NET Institute Working Paper No. 18-03.

Lianos, Ioannis, Nicola Countouris, and Valerio De Stefano. 2019. "Re-Thinking the Competition Law/Labour Law Interaction: Promoting a Fairer Labour Market". *European Labour Law Journal* 10 (3): 291–333.

Liu, Weihua, Xiaoyu Yan, Wanying Wei, and Dong Xie. 2019. "Pricing Decisions for Service Platform with Provider's Threshold Participating Quantity, Value-Added Service and Matching Ability". *Transportation Research Part E: Logistics and Transportation Review* 122: 410–432.

Lobel, Orly. 2016. "The Law of the Platform". *Minnesota Law Review* 101 (1): 87–166.

López Mourelo, Elva. 2020. *Work on delivery platforms in Argentina: Analysis and policy recommendations*, Buenos Aires: ILO Country Office for Argentina.

Malin, Martin H. 2018. "Protecting Platform Workers in the Gig Economy: Look to the FTC". *Indiana Law Review* 51 (2): 377–412.

Mao, Ke, Licia Capra, Mark Harman, and Yue Jia. 2017. "A Survey of the Use of Crowdsourcing in Software Engineering". *Journal of Systems and Software* 126 (April): 57–84.

Markov, Kroum, and María Marta Travieso. 2019. "Technologies, the Future of Work and the ILO's Normative Approach". In *ILO100 Law for Social Justice*, edited by George P. Politakis, Tomi Kohiyama and Thomas Lieby, 953–980. Geneva: ILO.

Marshall, Aarian. 2020. "Covid-19 Opens the Door for Gig Workers to Win Sick Pay". *Wired*, 7 June.

Martens, Bertin. 2016. "An Economic Policy Perspective on Online Platforms". JRC Technical Reports, Institute for Prospective Technological Studies Digital Economy Working Paper 2016/05. European Commission.

McCrystal, Shae. 2014. "Collective Bargaining Beyond the Boundaries of Employment: A Comparative Analysis". *Melbourne University Law Review* 37 (3): 662–698.

McGee, Luke. 2020. "Self-Isolate or Get Paid? That's the Choice for Gig Workers in a Virus Outbreak, and It's a Big Problem for the Rest of Us". *CNN*, 8 March.

Mehta, Neel, Parth Detroja, and Aditya Agashe. 2018. "Amazon Changes Prices on Its Products about Every 10 Minutes: Here's How and Why They Do It". *Business Insider*, 10 August.

Mendonca, Jochelle, and Nilesh Christopher. 2018. "India's Graduates Line up to Rid Facebook of Inappropriate Content". *The Economic Times*, 5 September.

MGI (McKinsey Global Institute). 2016. "Independent Work: Choice, Necessity, and the Gig Economy". McKinsey Global Institute.

Miric, Milan, Kevin J. Boudreau, and Lars Bo Jeppesen. 2019. "Protecting Their Digital Assets: The Use of Formal and

Informal Appropriability Strategies by App Developers". *Research Policy* 48 (8).

MIT (Massachusetts Institute of Technology). 2020. *The Work of the Future: Building Better Jobs in an Age of Intelligent Machines*. Cambridge: MIT.

Moazed, Alex. 2019. "Platform Businesses Account for 20% of S&P 500 Returns". *Applico* (blog), 26 August. https://www.applicoinc.com/blog/platform-businesses-account-for-20-of-sp-500-returns/.

Moazed, Alex, and Nicholas L. Johnson. 2016. *Modern Monopolies: What It Takes to Dominate the 21st Century Economy*. New York: St. Martin's Press.

Moore, Phoebe V., and Simon Joyce. 2020. "Black box or hidden abode? The expansion and exposure of platform work managerialism". *Review of International Political Economy*, 27 (4): 926–948.

Morgenstern, Felice. 1985. "The Importance, in Practice, of Conflicts of Labour Law". *International Labour Review* 124 (2): 119–132.

Morgenstern, Felice, and Blaise Knapp. 1978. "Multinational Enterprises and the Extraterritorial Application of Labour Law". *International and Comparative Law Quarterly* 27 (4): 769–793.

Mulcahy, Diane. 2016. "Who Wins in the Gig Economy, and Who Loses". *Harvard Business Review*, 27 October.

Mundlak, Guy. 2009. "De-Territorializing Labor Law". *Law & Ethics of Human Rights* 3 (2): 189–222.

———. 2020. *Organizing Matters: Two Logics of Trade Union Representation*. Cheltenham, UK: Edward Elgar.

Murali, Anand. 2019. "How India's Data Labellers Are Powering the Global AI Race". *Factor Daily*, 21 March.

Naidu, Suresh, Eric A. Posner, and E. Glen Weyl. 2018. "Antitrust Remedies for Labor Market Power". *Harvard Law Review* 132 (2): 536–601.

Namgoong, June. 2019. "Two Sides of One Coin: The US-Guatemala Arbitration and the Dual Structure of Labour Provisions in the CPTPP". *International Journal of Comparative Labour Law and Industrial Relations* 35 (4): 483–510.

Narula, Prayag, Philipp Gutheim, David Rolnitzky, Anand Kulkarni, and Bjoern Hartmann. 2011. "MobileWorks: A Mobile Crowdsourcing Platform for Workers at the Bottom of the Pyramid", Human Computation Conference, Papers from the 2011 AAAI (Association for the Advancement of Artificial Intelligence) Workshop, San Francisco, California, 8 August.

Nedelkoska, Ljubica, and Glenda Quintini. 2018. "Automation, Skills Use and Training", OECD Social, Employment and Migration Working Papers No. 202.

Neeraj, R.S. 2017. "Trade Rules on Source-Code Deepening the Digital Inequities by Locking up the Software Fortress", Centre for WTO Studies, Indian Institute of Foreign Trade Working Paper CWS/WP/200/37.

Nguyen, Quynh Anh, and Nuno Cunha. 2019. *Extension of Social Security to Workers in Informal Employment in the ASEAN Region*. Bangkok: ILO.

Nitzberg, Mark, Timo Seppälä, and John Zysman. 2019. "The Hype Has Eclipsed the Limitations of Third-Wave Artificial Intelligence". *ETLA Economic Research*, 12 May.

Nyawira, Lindsay. 2019. "Digital Taxi Drivers Go on Strike, Demand Higher Rates". *The Star*, 15 July.

Ochieng, Abiud. 2019. "Online App Taxi Drivers in Kenya to Go on Strike over Pricing Deal". *The East African*, 15 July.

OECD (Organisation for Economic Co-operation and Development). 2014. *Addressing the Tax Challenges of the Digital Economy*.

———. 2018. "The Future of Social Protection: What Works for Non-Standard Workers?", Policy Brief.

———. 2019a. *An Introduction to Online Platforms and Their Role in the Digital Transformation*.

———. 2019b. "Implications of E-Commerce for Competition Policy: Background Note".

———. 2019c. *OECD Employment Outlook 2019: The Future of Work*.

———. 2020a. *Digital Economy Outlook 2020*.

———. 2020b. *A Roadmap toward a Common Framework for Measuring the Digital Economy*. Report for the G20 Digital Economy Task Force, Saudi Arabia, 2020.

———. 2020c. "Supporting People and Companies to Deal with the COVID-19 Virus: Options for an Immediate Employment and Social-Policy Response", ELS Policy Brief on the Policy Response to the COVID-19 Crisis.

Ogembo, Daisy, and Vili Lehdonvirta. 2020. "Taxing Earnings from the Platform Economy: An EU Digital Single Window for Income Data?". *British Tax Review*, 82–101.

O'Neill, Jacki. 2018. "From Crowdwork to Ola Auto: Can Platform Economies Improve Livelihoods in Emerging Markets?". In *The Future of Work in the Global South*, edited by H. Galperin and A. Alarcon, 28–31. Ottawa: International Development Research Centre.

Oshagbemi, Titus. 1999. "Overall Job Satisfaction: How Good Are Single versus Multiple□item Measures?". *Journal of Managerial Psychology* 14 (5): 388–403.

Osman, Osman Mohamed. 2019. "There Are More Female Cab Drivers on Nairobi Roads than Ever before and More Are Coming". *Quartz Africa*, 26 January.

Ottaviano, Juan Manuel, Juan O'Farrell, and Matías Maito. 2019. "Organización sindical de trabajadores de plataformas digitales y criterios para el diseño de políticas públicas", Análisis No. 40. Friedrich Ebert Stiftung Argentina.

Online Labour Observatory (iLabour Project). n.d. Oxford Internet Institute and International Labour Organization. Database.

Parayil, Govindan (ed.) 2005. *Political Economy and Information Capitalism in India*. Technology, Globalisation and Development Series. London: Palgrave Macmillan UK.

Parker, Christine, and John Braithwaite. 2003. "Regulation". In *The Oxford Handbook of Legal Studies*, edited by Mark Tushnet and Peter Cane, 119–145. Oxford: Oxford University Press.

Parker, Geoffrey G., Marshall W. Van Alstyne, and Sangeet Paul Choudary. 2016. *Platform Revolution: How Networked Markets Are Transforming the Economy and How to Make Them Work for You*. New York, NY: W. W. Norton & Company.

Parthasarathy, Balaji. 2010. "The Computer Software Industry as a Vehicle of Late Industrialization: Lessons from the Indian Case". *Journal of the Asia Pacific Economy* 15 (3): 247–270.

Pasquale, Frank. 2015. *The Black Box Society*. Cambridge, MA; London: Harvard University Press.

Peng, Qingwen, and Dayou Cao. 2016. "是劳动关系还是劳务关系？ 以滴滴出行为例解析中国情境下互联网约组车平台 [Labour relationship or Labour service relationship? An analysis of platform-based car booking using the example of Didi]". 中国人力资源开发 [*Human Resources Development of China*]: 93–97.

Pesole, Annarosa, Maria Cesira Urzì Brancati, Enrique Fernández-Macías, Federico Biagi, and Ignacio González Vázquez. 2018. *Platform Workers in Europe: Evidence from the COLLEEM Survey*. Luxembourg: Publications Office of the European Union.

Pesole, Annarosa, and Uma Rani. Forthcoming. "How many online workers?: Estimates based on selected online web-based and location-based platforms", European Commission Working Paper.

Pichault, François, and Tui McKeown. 2019. "Autonomy at Work in the Gig Economy: Analysing Work Status, Work Content and Working Conditions of Independent Professionals". *New Technology, Work and Employment* 34 (1): 59–72.

Pinsof, Jennifer. 2016. "A New Take on an Old Problem: Employee Misclassification in the Modern Gig-Economy Notes". *Michigan Telecommunications and Technology Law Review* 22 (2): 341–374.

PitchBook. 2020. "US Venture Capital Investment Surpasses $130 Billion in 2019 for Second Consecutive Year". *PRNewswire*, 14 January.

Pofeldt, Elaine. 2016. "Upwork's New Pricing Model Sparks Outcry". *Forbes*, 7 May.

Prabhat, Shantanu, Sneha Nanavati, and Nimmi Rangaswamy. 2019. "India's 'Uberwallah': Profiling Uber Drivers in the Gig Economy". In *Proceedings of the Tenth International Conference on Information and Communication Technologies and Development*, 1–5. ICTD '19. Ahmedabad, India: Association for Computing Machinery.

Prassl, Jeremias. 2015. *The Concept of the Employer*. New York: Oxford University Press.

———. 2018. *Humans as a Service: The Promise and Perils of Work in the Gig Economy*. New York: Oxford University Press.

Prassl, Jeremias, and Martin Risak. 2016. "Uber, Taskrabbit, and Co.: Platforms as Employers – Rethinking the Legal Analysis of Crowdwork". *Comparative Labor Law and Policy Journal* 37 (3): 619–651.

Rahman, K. Sabeel, and Kathleen Thelen. 2019. "The Rise of the Platform Business Model and the Transformation of

Twenty-First Century Capitalism". *Politics & Society* 47 (2): 177–204.

Ram, Aliya. 2019. "Europe's AI Start-ups Often Do Not Use AI, Study Finds". *Financial Times*, 5 March.

Rani, Uma, and Marianne Furrer. Forthcoming. "Digital Labour Platforms and New Forms of Flexible Work in Developing Countries: Algorithmic Management of Work and Workers". *Competition & Change*.

Rani, Uma, and Parminder Jeet Singh. 2019. "Digital Platforms, Data, and Development: Implications for Workers in Developing Economies". *Comparative Labour Law and Policy Journal* 41 (1): 263–287.

Risak, Martin, and Doris Lutz. 2020. *Arbeit in der Gig-Economy: Rechtsfragen neuer Arbeitsformen in Crowd und Cloud*. Vienna: ÖGB Verlag.

Rochet, Jean-Charles, and Jean Tirole. 2003. "Platform Competition in Two-Sided Markets." *Journal of the European Economic Association* 1 (4): 990–1029.

Rodríguez Fernández, Maria Luz. 2017. "Plataformas, Microworkers y Otros Retos del Trabajo en La Era Digital". In *El Futuro del Trabajo que Queremos*, edited by Laura Mora Cabello de Alba and Maria Luz Rodríguez Fernández, 95–113. Albacete: Bomarzo.

———. 2018. "Sindicalismo y Negociación Colectiva 4.0". *Temas Laborales* 144: 27–41.

———. 2019. "Calificación jurídica de la relación que une a los prestadores de servicios con las plataformas digitales". In *Plataformas digitales y mercado de trabajo*, edited by Maria Luz Rodríguez Fernández, 57–89. Madrid: Ministerio de Trabajo, Migraciones y Seguridad Social.

Rogers, Brishen. 2018. "Fissuring, Data-Driven Governance, and Platform Economy Labor Standards". In *The Cambridge Handbook of Law of the Sharing Economy*, edited by Nestor M. Davidson, Michèle Finck and John J. Infranca, 303–315. Online: Cambridge University Press.

Rolandsson, Bertil (ed.). 2020. *Digital Transformations of Traditional Work in the Nordic countries*. Report from The Future of Work: Opportunities and Challenges for the NORDIC models. Copenhagen: Nordic Council of Ministers, Nordic Council of Ministers Secretariat.

Rose, Michael. 2003. "Good Deal, Bad Deal? Job Satisfaction in Occupations". *Work, Employment and Society* 17 (3): 503–530.

Rosenblat, Alex, and Luke Stark. 2016. "Algorithmic Labor and Information Asymmetries: A Case Study of Uber's Drivers". *International Journal of Communication* 10: 3758–3784.

Rowley, Jason D. 2020. "The Q4/EOY 2019 Global VC Report: A Strong End to a Good, but not Fantastic, Year". *Crunchbase News*, 8 January.

Roy, Shourya, Chithralekha Balamurugan, and Sujit Gujar. 2013. "Sustainable Employment in India by Crowdsourcing Enterprise Tasks". In *ACM DEV '13: Proceedings of the 3rd ACM Symposium on Computing for Development*, 1–2. New York: Association for Computing Machinery (ACM).

Sadowski, Jathan. 2016. "Companies Are Making Money from Our Personal Data – But at What Cost?" *The Guardian*, 31 August.

Sakkal, Paul, and Sumeyya Ilanbey. 2020. "Masks Made Mandatory, Aged Care Visits Limited as 363 Cases Announced". *The Age*, 19 July.

Sanders, Donald E., and Patricia Pattison. 2016. "Worker Characterization in a Gig Economy Viewed through an Uber Centric Lens". *Southern Law Journal* 26 (2): 297–300.

Santos, Alvaro. 2018. "The Lessons of TPP and the Future of Labor Chapters in Trade Agreements", Institute for International Law and Justice (IILJ) Working Paper 2018/3, MegaReg Series.

Santos, Filipe M., and Kathleen M. Eisenhardt. 2005. "Organizational Boundaries and Theories of Organization". *Organization Science* 16 (5): 491–508.

Scheiber, Noam. 2018. "Gig Economy Business Model Dealt a Blow in California Ruling". *The New York Times*, 30 April.

Schiek, Dagmar, and Andrea Gideon. 2018. "Outsmarting the Gig-Economy through Collective Bargaining: EU Competition Law as a Barrier to Smart Cities?". *International Review of Law, Computers & Technology* 32 (2–3): 275–294.

Schleifer, Theodore. 2019. "SoftBank, the Most Powerful – and Controversial – Tech Investor in Silicon Valley, Explained". *Vox*, 10 May.

Schmidt, Florian A. 2017. *Digital Labour Markets in the Platform Economy: Mapping the Political Challenges of Crowd Work and Gig Work*. Bonn: Friedrich-Ebert-Stiftung.

———. 2019. "Crowdsourced Production of AI Training Data: How Human Workers Teach Self-Driving Cars how to See", Hans-Böckler-Stiftung Working Paper No. 155.

Schorpf, Philip, Jorg Flecker, and Annika Schonauer. 2017. "On Call for One's Online Reputation: Control and Time in Creative Crowd Work". In *The New Digital Workplace: How New Technologies Revolutionise Work*, edited by Kendra Briken, Shiona Chillas, Martin Krzywdzinski and Abigail Marks, 89–111. Palgrave MacMillan.

Schwellnus, Cyrille, Assaf Geva, Mathilde Pak, and Rafael Veiel. 2019. "Gig Economy Platforms: Boon or Bane?" OECD Economics Department Working Papers No. 1550.

Scott, Colin. 2001. "Analysing Regulatory Space: Fragmented Resources and Institutional Design". *Public Law* (Summer): 283–305.

Sheriff, Mohamed K. 2018. "Big Data Revolution: Is It a Business Disruption?". In *Emerging Challenges in Business, Optimization, Technology, and Industry*, edited by Lotfi Tadj and Ajay K. Garg, 79–91. Cham, Switzerland: Springer International Publishing.

Shevchuk, Andrey, and Denis Strebkov. 2017. "Entrepreneurial Potential in the Digital Freelance Economy: Evidence from the Russian-Language Internet". In *Entrepreneurship in Transition Economies: Diversity, Trends, and Perspectives*, edited by Arnis Sauka and Alexander Chepurenko, 401–419. Societies and Political Orders in Transition Series. Cham, Switzerland: Springer International Publishing.

———. Forthcoming. "Freelance Platform Work in Russia, 2009–19". Geneva: ILO.

Silberman, M. Six. 2015. "Human-Centered Computing and the Future of Work: Lessons from Mechanical Turk and Turkopticon, 2008–2015". University of California, Irvine.

Silberman, M. Six, and Lilly Irani. 2016. "Operating an Employer Reputation System: Lessons from Turkopticon, 2008–2015". *Comparative Labor Law & Policy Journal* 37 (3): 505–541.

Singh, Manish. 2019. "Indian Tech Startups Raised a Record $14.5B in 2019". *TechCrunch*, 30 December.

Singh, Parminder Jeet. 2020. "Economic Rights in a Data-Based Society". Bonn: Friedrich-Ebert-Stiftung.

Smith, Sanya Reid. 2017. "Some Preliminary Implications of WTO Source Code Proposal", Third World Network Briefings.

Sonnemaker, Tyler. 2020. "Indian Business Owners Are Furious about Amazon's $1 Billion Expansion into Their Country and Are Calling Jeff Bezos an 'Economic Terrorist'". *Business Insider*, 15 January.

Soon, Stella, and Saheli Roy Choudhury. 2019. "Grab CEO Says the Company Can Go Public 'Once We're Profitable'". *CNBC*, 14 November.

S&P Global Market Intelligence. 2019. "Flipkart Is No. 1 in India but Faces Formidable Foe in Amazon, Say Experts", 10 October.

Stanford, Jim. 2017. "The Resurgence of Gig Work: Historical and Theoretical Perspectives". *The Economic and Labour Relations Review* 28 (3): 382–401.

Startup Genome. 2020. "The Global Startup Ecosystem Report 2020".

Statistics Finland (SF). 2017. *Labour force survey: Platform jobs 2017*. Helsinki: Statistics Finland.

Stephany, Fabian, Michael Dunn, Steven Sawyer, and Vili Lehdonvirta. 2020. "Distancing Bonus or Downscaling Loss: The Changing Livelihood of US Online Workers in Times of COVID-19". *Journal of Economic and Social Geography* 111 (3): 561–573.

Stewart, Andrew, and Shae McCrystal. 2019. "Labour Regulation and the Great Divide: Does the Gig Economy Require a New Category of Worker?". *Australian Journal of Labour Law* 32 (1): 4–22.

Stewart, Andrew, and Jim Stanford. 2017. "Regulating Work in the Gig Economy: What Are the Options?". *The Economic and Labour Relations Review* 28 (3): 420–437.

Stone, Katharine. 2004. *From Fidgets to Digits: Employment Regulation for the Changing Workplace*. New York: Cambridge University Press.

Straits Times, The. 2015. "Indonesia's Muslim Women Hail Female-Only Motorbike Taxis", 30 December.

Stucke, Maurice E. 2018. "Should We Be Concerned about Data-Opolies?" *Georgetown Law Technology Review* 2 (2): 275–324.

Sun, Sophie, Julie Yujie Chen, and Uma Rani. Forthcoming. "From Flexible Labor to 'Sticky Labor': A Tracking Survey of Workers in the Food-Delivery Platform Economy of China". Geneva: ILO.

Supiot, Alain. 2001. *Beyond Employment. Changes in Work and the Future of Labour Law in Europe.* Oxford: Oxford University Press.

Surie, Aditi. 2018. "Are Ola and Uber Drivers Entrepreneurs or Exploited workers". *Economic and Political Weekly* 53 (24).

Surie, Aditi, and Jyothi Koduganti. 2016. "The Emerging Nature of Work in Platform Economy Companies in Bengaluru, India: The Case of Uber and Ola Cab Drivers". *E-Journal of International and Comparative Labour Studies* 5 (3).

Surie, Aditi, and Lakshmee V. Sharma. 2019. "Climate Change, Agrarian Distress, and the Role of Digital Labour Markets: Evidence from Bengaluru, Karnataka". *Decision* 46: 127–138.

Sweden, Government Offices (SOU). 2017. *Ett arbeidsliv i förändring – hur påverkas ansvaret för arbetsmiljön.*

SwiggyBytes. 2017. "Swiggy's Response: A Note from the CEO". 31 July.

Switzerland FSO (Federal Statistical Office). 2020. "Internet-mediated Platform Work Is Not Very Common in Switzerland", 19 May.

Tauchert, Christoph, Peter Buxmann and Jannis Lambinus. 2020. "Crowdsourcing Data Science: A Qualitative Analysis of Organizations' Usage of Kaggle Competitions". In *Proceedings of the 53rd Hawaii International Conference on System Sciences.* Manoa: University of Hawaii.

Teare, Gene, and Sophia Kunthara. 2020. "European Venture Report: VC Dollars Rise In 2019". *Crunchbase News*, 14 January.

Teece, David J. 2017. "Dynamic Capabilities and (Digital) Platform Lifecycles". In *Entrepreneurship, Innovation, and Platforms*, edited by Jeffrey L. Furman, Annabelle Gawer, Brian S. Silverman and Scott Stern. 211–225. Advances in Strategic Management Series, Vol. 37. Bingley, UK: Emerald Publishing.

———. 2018a. "Business Models and Dynamic Capabilities". *Long Range Planning* 51 (1): 40–49.

———. 2018b. "Profiting from innovation in the digital economy: Enabling technologies, standards, and licensing models in the wireless world". *Research Policy* 47: 1367–1387.

Terwiesch, Christian, and Yi Xu. 2008. "Innovation Contests, Open Innovation, and Multiagent Problem Solving". *Management Science* 54 (9): 1529–1543.

Teubner, Gunther. 1998. "Legal Irritants: Good Faith in British Law or How Unifying Law Ends up in New Divergences". *The Modern Law Review* 61 (1): 11–32.

Teubner, Timm, Marc T.P. Adam, and Florian Hawlitschek. 2019. "Unlocking Online Reputation". *Business & Information Systems Engineering.*

Thakker, Dharmesh, Max Schireson, and Dan Nguyen-Huu. 2017. "Tracking the Explosive Growth of Open-Source Software". *TechCrunch* (blog), 7 April. https://social.techcrunch.com/2017/04/07/tracking-the-explosive-growth-of-open-source-software/.

Tham, Joo-Cheong, and Keith D. Ewing. 2016. "Labour Clauses in the TPP and TTIP: A Comparison without a Difference Special Issue – The Trans-Pacific Partnership". *Melbourne Journal of International Law* 17 (2): 369–403.

Todolí-Signes, Adrián. 2019. "Algorithms, Artificial Intelligence and Automated Decisions Concerning Workers and the Risks of Discrimination: The Necessary Collective Governance of Data Protection". *Transfer: European Review of Labour and Research* 25 (4): 465–481.

Toews, Rob. 2019. "AI Will Transform the Field of Law". *Forbes*, 19 December.

Tubaro, Paola, and Antonio A. Casilli. 2019. "Micro-Work, Artificial Intelligence and the Automotive Industry". *Journal of Industrial and Business Economics* 46 (3): 333–345.

Tubaro, Paola, Antonio A. Casilli, and Marion Coville. 2020. "The Trainer, the Verifier, the Imitator: Three Ways in which Human Platform Workers Support Artificial Intelligence". *Big Data and Society* 7 (1).

Uber. 2020a. *2019 Annual Report.*

———. 2020b. 2020 Investor presentation, 6 February.

———. 2020c. "What does the background check look for?" https://help.uber.com/driving-and-delivering/article/ what-does-the-background-check-look-for?nodeId=ee210269-89bf-4bd9-87f6-43471300ebf2.

UN (United Nations). 2019. *Report of the UN Secretary-General's High-Level Panel on Digital Cooperation: The Age of Digital Interdependence.*

UNCTAD (United Nations Conference on Trade and Development). 2018. *Trade and Development Report 2018: Power, Platforms and the Free Trade Delusion.*

———. 2019. *Digital Economy Report 2019: Value Creation and Capture – Implications for Developing Countries.*

United Kingdom, Department for Business, Energy and Industrial Strategy. 2018a. "The Experiences of Individuals in the Gig Economy".

———. 2018b. "The Characteristics of Those in the Gig Economy".

United Kingdom, Office for National Statistics. 2021. "Coronavirus (COVID-19) Related Deaths by Occupation, England and Wales: Deaths registered between 9 March and 28 December 2020".

United States, Bureau of Labor Statistics (BLS). 2018. "Electronically Mediated Work: New Questions in the Contingent Worker Supplement". *BLS Monthly Labor Review*, September.

United States, Census Bureau. 2017. *Current Population Survey, 2017.*

Upwork. 2019. *Annual Report 2019.*

———. 2020. "Upwork Investor Relations: Upwork Reports Third Quarter 2020 Financial Results", 4 November.

Urzì Brancati, Maria Cesira, Annarosa Pesole, and Enrique Fernández Macías. 2020. "New Evidence on Platform Workers in Europe", EUR 29958 EEN. Luxembourg: Publications Office of the European Union.

Ustek-Spilda, Funda, Mark Graham, Alessio Bertolini, Srujana Katta, Fabian Ferrari, and Kelle Howson. 2020. "From Social Distancing to Social Solidarity: Gig Economy and the Covid-19". *OECD Development Matters* (blog), 27 March. https:// oecd-development-matters.org/2020/03/27/from-social-distancing-to-social-solidarity-gig-economy-and-the-covid-19/.

Vallas, Steven P. 2018. "Platform Capitalism: What's at Stake for Workers?" *New Labor Forum* 28 (1): 48–59.

van Doorn, N. 2017. "Platform Labor: On the Gendered and Racialized Exploitation of Low-Income Service Work in the 'On-Demand" Economy". *Information, Communication & Society* 20(6): 898–914.

Venturini, Jamila, Luiza Louzada, Marilia Maciel, Nicolo Zingales, Konstantinos Stylianou, and Luca Belli. 2016. *Terms of Service and Human Rights: An Analysis of Online Platform Contracts.* Council of Europe and FGV Direito Rio: Editora Revan.

Waas, Bernd, Wilma B. Liebman, Andrew Lyubarsky, and Katsutoshi Kezuka. 2017. *Crowdwork: A Comparative Law Perspective.* Frankfurt am Main: Bund-Verlag.

Webster, Edward. 2020. "The Uberisation of work: the challenge of regulating platform capitalism. A commentary". *International Review of Applied Economics*, 34 (4): 512–521.

WEC (World Employment Confederation). 2020. "A Decent Level Playing Field for Platform Work: Policy Recommendations for Sustainable Growth of Platform Work and the Provision of Quality Online Talent Platform Services".

WeeTracker. 2020. "African Venture Capital and Tech Startups Funding Report 2019", 4 January.

WEF (World Economic Forum). 2020. *Charter of Principles for Good Platform Work.* Geneva.

Weil, David. 2014. *The Fissured Workplace: Why Work Became So Bad for So Many and What Can Be Done to Improve It.* Cambridge, MA: Harvard University Press.

World Bank, The. 2020. *Beaten and broken? Informality and COVID-19.* Washington, DC: The World Bank.

Wood, Alex J. 2015. "Networks of Injustice and Worker Mobilisation at Walmart". *Industrial Relations Journal* 46 (4): 259–274.

Wood, Alex J., Mark Graham, Vili Lehdonvirta, and Isis Hjorth. 2019a. "Networked but Commodified: The (Dis)Embeddedness of Digital Labour in the Gig Economy". *Sociology* 53 (5): 931–950.

———. 2019b. "Good Gig, Bad Gig: Autonomy and Algorithmic Control in the Global Gig Economy". *Work, Employment and Society* 33 (1): 56–75.

Wood, Alex J., Vili Lehdonvirta, and Mark Graham. 2018. "Workers of the Internet Unite? Online Freelancer Organisation among Remote Gig Economy Workers in Six Asian and African Countries". *New Technology, Work and Employment* 33 (2): 95–112.

Woodcock, Jamie, and Mark Graham. 2020. *The Gig Economy: A Critical Introduction*. New York: Polity Press.

Wu, Qingjun, Hao Zhang, Zhen Li, and Kai Liu. 2019. "Labor Control in the Gig Economy: Evidence from Uber in China". *Journal of Industrial Relations* 61 (4): 574–596.

Xie, Zengyi. 2018. "互联网平台用工劳动关系认定 [Labor Relations and Legal Status of Online Platform Workers]". *Peking University Law Journal* 30 (6): 1546–1569.

Yan, Tian. 2018. "平台经济用工与新业态劳动关系 [Employment under the Platform Economy and New Labor Relations]". *China Law Review* 24 (6): 119–120.

Yuan, Li. 2018. "Customer Died. Will That Be a Wake-up Call for China's Tech Scene?". *The New York Times*, 29 August.

Zhao, Yang, Stephan von Delft, Anna Morgan-Thomas, and Trevor Buck. 2019. "The Evolution of Platform Business Models: Exploring Competitive Battles in the World of Platforms". *Long Range Planning* 53 (4): 101892.

Zou, Mimi. 2017a. "The Regulatory Challenges of Uberization in China: Classifying Ride-Hailing Drivers". *International Journal of Comparative Labour Law and Industrial Relations* 33 (2): 269–294.

———. 2017b. "Regulating the Fissured Workplace: The Notion of the Employer in Chinese Labour Law". *Bulletin of Comparative Labour Relations*, 183–203.

附 录

数字劳动力平台：对工人、投资和收入的估算

表A1.1　国家代码列表

国家	国家代码	国家	国家代码	国家	国家代码
阿尔巴尼亚	ALB	法国	FRA	秘鲁	PER
阿尔及利亚	DZA	格鲁吉亚	GEO	菲律宾	PHL
阿根廷	ARG	德国	DEU	波兰	POL
亚美尼亚	ARM	加纳	GHA	葡萄牙	PRT
澳大利亚	AUS	希腊	GRC	摩尔多瓦	MDA
孟加拉国	BGD	印度	IND	罗马尼亚	ROU
白俄罗斯	BLR	印度尼西亚	IDN	俄罗斯联邦	RUS
贝宁	BEN	爱尔兰	IRL	圣卢西亚	LCA
玻利维亚	BOL	以色列	ISR	塞内加尔	SEN
波黑	BIH	意大利	ITA	叙利亚	SRB
巴西	BRA	牙买加	JAM	新加坡	SGP
保加利亚	BGR	日本	JPN	斯洛伐克	SVK
喀麦隆	CMR	哈萨克斯坦	KAZ	南非	ZAF
加拿大	CAN	肯尼亚	KEN	西班牙	ESP
智利	CHL	马达加斯加	MDG	斯里兰卡	LKA
中国	CHN	马来西亚	MYS	瑞典	SWE
哥伦比亚	COL	毛里求斯	MUS	泰国	THA
哥斯达黎加	CRI	墨西哥	MEX	突尼斯	TUN
克罗地亚	HRV	摩洛哥	MAR	土耳其	TUR
塞浦路斯	CYP	尼泊尔	NPL	乌干达	UGA
丹麦	DNK	荷兰	NLD	乌克兰	UKR
多明尼加共和国	DOM	新西兰	NZL	阿联酋	ARE
厄瓜多尔	ECU	尼加拉瓜	NIC	英国	GBR
埃及	EGY	尼日利亚	NGA	美国	USA
萨尔瓦多	SLV	北马其顿	MKD	乌拉圭	URY
埃塞俄比亚	ETH	挪威	NOR	委内瑞拉	VEN
		巴基斯坦	PAK		
芬兰	FIN			越南	VNM

表A1.2　对在数字平台上工作的工人估算

参考文献	估算	国家和年份	时间段/收入比例	定义
Urzi Brancati, Pesole and Fernández Macías (2020)	成年人口（16~74岁）的9.5%~11%	16个欧盟成员国，[1] 2018年	曾经通过在线平台提供过服务以赚取收入	通过在线网络平台提供劳务服务；通过平台付款，并且在基于在线网络平台或基于指定位置平台完成工作任务
	成年人口的1.9%~2.4%		通过在线平台提供劳务服务，但与上一年相比每月少干一次	
	成年人口的3.1%		至少每月一次，每周少于10小时，通过平台赚取的收入低于其收入的25%	
	成年人口的4.1%		至少每月一次，工作时间为10~19个小时，或通过平台赚取的收入达25%~50%	
	成年人口的1.4%		至少每月一次，且每周至少在平台工作20小时或通过平台赚取的收入达至少50%	
Pesole et al.（2018）	平均9.7%，成年人口的6%~12%	14个欧盟成员国，2017年	在过去任意时间提供过劳务服务	通过在线平台（基于指定位置平台和基于在线网络平台）提供服务
	平均8%，成年人口的4%~10%		至少每月一次定期提供服务	
Alsos et al.（2017）	工作年龄人口的1%	挪威，2016~2017年	在过去一年，通过劳务平台获得过收入	平台工作包括在线完成工作任务，提供运输服务或食品或其他实物货物配送服务
CIPD（2017）	在职成年人（18~70岁）的4%	英国，2016年	在过去一年，至少从事过一次付费平台工作	众包工作是通过在线平台提供有偿工作，如自由职业者平台或基于指定位置平台
Huws et al.（2017）	9%~12%分布在德国、荷兰、瑞典、英国 18%~22%分布在奥地利、瑞士	奥地利、德国、意大利、荷兰、瑞典、瑞士、英国，2016~2017年	在过去任意时间提供过众包服务	
	6%~8%分布在德国、荷兰、瑞典、英国 13%~15%分布在奥地利、瑞士		至少每月提供一次众包服务	
	5%~6%分布在德国、荷兰、瑞典、英国 9%~12%分布在奥地利、瑞士		至少每周提供一次众包服务	
Farrell, Greig and Hamoudi（2018）	1.6%分布在所有平台，1.1%分布在劳动力平台，0.2%分布在资本平台，0.4%分布在销售平台（2 800万个美国银行账户）	美国，2016年	在过去一个月，通过平台获得过收入	在劳动力平台，参与者完成分散的工作任务；在资本平台，参与者出售商品或出租资产[a]
	4.5%分布在所有平台		在过去一年，在所有各种平台获得过收入	

表A1.2（续）

参考文献	估算	国家和年份	时间段/收入比例	定义
Burson-Marsteller, Aspen Institute and Time（2016）	成年人口的42% 成年人口的22% 成年人口7%	美国，2015年	已购买或使用过其中一项服务 过去至少提供过一项服务 通过按需经济，赚取一个典型月份收入的至少40%	按需经济中的服务包括：拼车、住宿共享、任务服务、短期汽车租赁或贷食品或货物配送
Katz and Krueger（2016）	劳动力的0.5%	美国，2015年	参考期限——一个星期	通过在线中介提供服务
国家统计局的调查				
Switzerland, FSO（2020）	人口的0.4% 人口的1.6%	瑞士，2019年	过去12个月	通过互联网中介平台开展工作 提供互联网中介平台服务
United States, BLS（2018）	占总就业的1%	美国，2017年	过去一周	互联网中介工作者，通过网站或移动应用程序完成短期工作或任务；通过这些平台，既可以把他们与客户联系起来，又可以为工作任务安排付款
Ilsøe and Madsen（2017）	工作年龄人口2.4% 工作年龄人口的1% 工作年龄人口1.5%	丹麦，2017年	过去一年 过去一年 过去一年	通过数字平台赚钱，包括劳动力平台和资本平台 通过Upwork、Happy Helper等劳动力平台赚钱 通过爱彼迎、GoMore等资本平台赚钱
Sweden,SOU（2017）	工作年龄人口的4.5% 工作年龄人口的2.5%	瑞典，2016年	过去一年 过去一年	试图通过数字平台获得工作 通过数字平台完成工作任务
Canada, Statcan（2017）	成年人口（≥18岁）的9.5%（7%提供乘车服务；4.2%提供住宿） 成年人口（≥18岁）的0.3% 成年人口（≥18岁）的0.2%	加拿大，2015-2016年	过去12个月 过去12个月 过去12个月	使用点对点乘车服务或私人住宿服务 提供点对点乘车服务 提供私人住宿服务
Statistics Finland（2018）	成年人口的7%	芬兰，2017年	过去12个月	在以下平台工作或赚取收入：爱彼迎、优步、Tori.fi/Huuto.net, Solved等

①16个欧盟成员国分别是捷克、克罗地亚、芬兰、法国、德国、匈牙利、爱尔兰、意大利、立陶宛、荷兰、葡萄牙、罗马尼亚、斯洛伐克、西班牙、瑞典和英国。

资料来源：国际劳工组织汇编。

表A1.3　1999~2020年选定数字劳动力平台获得的来自风险投资和其他投资者的资金总额，按地区和平台类型划分

类别	资金总额（百万美元）	平台数（个）	国家数量（个）
配送平台	37 495	164	47
非洲	13	5	4
阿拉伯国家	48	6	5
中亚和西亚	51	6	4
东亚	8 915	16	3
东欧	110	10	3
拉丁美洲和加勒比地区	3 019	15	9
北美	11 116	44	2
南亚	4 199	21	2
东南亚和太平洋地区	222	8	3
西欧	9 803	33	12
出行平台	62 784	61	30
非洲	45	8	6
阿拉伯国家	772	1	1
中亚和西亚	929	2	2
东亚	21 581	4	2
东欧	1 001	2	2
拉丁美洲和加勒比地区	337	6	3
北美	33 032	19	1
南亚	3 850	5	4
东南亚和太平洋地区	26	4	2
西欧	1 211	10	7
基于在线网络平台	2 690	142	31
阿拉伯国家	0.3	1	1
中亚和西亚	113	4	2
东亚	579	11	3
东欧	12	5	3
拉丁美洲和加勒比地区	2	4	3
北美	1 601	66	2
南亚	7	6	2
东南亚和太平洋地区	77	9	5
西欧	299	36	10
混合平台	16 999	5	4
非洲	908	1	1
东南亚和太平洋地区	15 100	2	2
东亚	991	2	1

注：因四舍五入，数字加总可能与总数不一致。

资料来源：Crunchbase数据库。

表A1.4　2019~2020年数字劳动力平台年收入估计值，按地区和平台类型划分

类别	收入（百万美元）	平台数量（个）	国家数量（个）
配送平台	**25 063**	**191**	**36**
非洲	10	3	4
阿拉伯国家	113	7	3
中亚和西亚	231	1	1
东亚	9 107	101	4
东欧	63	7	5
拉丁美洲和加勒比地区	934	6	4
北美	9 104	34	1
南亚	690	10	1
东南亚和太平洋地区	90	6	5
西欧	4 772	16	8
交通运输平台	**17 343**	**31**	**18**
非洲	7	2	2
阿拉伯国家	119	1	1
中亚和西亚	1 000	1	1
东亚	401	1	1
东欧	501	1	1
拉丁美洲和加勒比地区	17	2	1
北美	14 521	9	1
南亚	460	4	3
东南亚和太平洋地区	17	3	2
西欧	300	7	5
基于在线网络平台	**2 509**	**107**	**22**
非洲	2	1	1
中亚和西亚	107	1	1
东亚	127	6	3
东欧	24	3	2
拉丁美洲和加勒比地区	1	1	1
北美	1 572	61	2
南亚	26	7	1
东南亚和太平洋地区	494	7	4
西欧	155	20	7
混合平台	**6 273**	**5**	**4**
非洲	180	1	1
东南亚和太平洋地区	3 600	2	2
东亚	2 493	2	1

注：因四舍五入，数字加总可能与总数不一致。

资料来源：Owler数据库、企业年报以及平台企业提交给美国证券交易委员会的文件。

表A1.5 配送平台的兼并和收购

平台名称	兼并/收购	平台/企业名称（兼并或被收购）	兼并/收购日期
Appetito24	收购	PedidosYa（被 Delivery Hero 收购）	2017年8月14日
Baedaltong	收购	Delivery Hero	2014年12月9日
BGMENU.com	收购	Takeaway.com（现为 Just Eat Takeaway.com）	2018年2月23日
Canary Flash	收购	Just Eat（现为 Just Eat Takeaway.com）	2019年9月1日
Carriage	收购	Delivery Hero	2017年5月29日
Caviar	收购	DoorDash	2019年8月1日
Chef Shuttle	收购	Bitesquad	2017年6月23日
CitySprint	收购	LDC	2016年2月19日
Dáme Jídlo	收购	Delivery Hero	2015年1月9日
Daojia	收购	Yum! China	2017年5月17日
Delicious Deliveries	收购	Bitesquad	2017年10月10日
Deliveras	收购	Delivery Hero	2018年2月12日
Delivery.com	收购	优步（Uber）	2019年10月11日
Delyver	收购	Big Basket	2015年6月12日
Domicilios.com	收购	iFood	2020年4月8日
Doorstep Delivery	收购	Bitesquad	2017年8月28日
Eat24	收购	Grubhub	2017年8月3日
Eats Media	收购	delivery.com	2009年8月26日
Eda.ua	收购	Menu Group（UK）Limited	2019年8月5日
Favor	收购	HE Butt Grocery	2018年2月15日
Feedr	收购	Compass Group PLC	2020年5月26日
Foodarena.ch	收购	Takeaway.com（现为 Just Eat Takeaway.com）	2018年6月22日
Foodfly	收购	Delivery Hero	2017年9月20日
Foodfox	收购	Yandex	2017年11月28日
Foodie Call	收购	Bitesquad	2017年10月10日
FoodNinjas	收购	Velonto	2020年4月
Foodonclick.com	收购	Delivery Hero	2015年5月
Foodora	收购	Delivery Hero	2015年9月
Foodpanda	收购	Delivery Hero	2016年12月10日
Foodpanda India	收购	Ola	2017年12月19日
FoodTime	收购	Fave	2019年5月24日

表A1.5（续）

平台名称	兼并/收购	平台/企业名称（兼并或被收购）	兼并/收购日期
Freshgora	少数股权投资	Meal Temple Group	2019年
Gainesville2Go	收购	Bitesquad	2017年10月1日
HipMenu	收购	Delivery Hero	2018年8月
Honest Food	收购	Delivery Hero	2019年12月20日
Hungerstation.com	收购	Foodpanda	2016年8月9日
Lieferando	收购	Takeaway.com（现为 Just Eat Takeaway.com）	2014年4月10日
Menulog	收购	Just Eat（现为 Just Eat Takeaway.com）	2015年5月8日
Mjam	收购	Delivery Hero	2012年
MyDelivery	收购	Meal Temple Group	2019年2月26日
NetPincér hu	收购	Foodpanda，后来是 Delivery Hero	分别为2014年12月和2016年12月
PedidosYa	收购	Delivery Hero	2014年6月26日
Pyszne.pl	收购	Lieferando，后来是 Just Eat Takeaway.com	分别为2012年3月23日和2014年4月10日
Rickshaw	收购	DoorDash	2017年9月14日
SberMarket	收购	Sberbank	2020年11月30日
Seamless	收购	Grubhub	2013年5月1日
SkipTheDishes	收购	Just Eat（现为 Just Eat Takeaway.com）	2016年12月15日
Stuart	收购	Geopost	2017年5月7日
Takeaway.com and Just Eat	兼并	Just Eat Takeaway.com	2020年4月23日
Talabat	收购	Internet Rocked，后来是 Delivery Hero	分别为2015年2月和2016年12月
Tapingo	收购	Grubhub	2018年9月25日
Uber Eats（India）	收购	Zomato	2020年1月21日
Waitr	收购	Landcadia Holdings	2018年5月16日
Woowa Bros	收购	Delivery Hero	2020年12月
Yemeksepeti	收购	Delivery Hero	2015年5月5日
YoGiYo	收购	Delivery Hero	2014年
Zakazaka	收购	Mail.Ru Group	2017年5月2日

资料来源：Crunchbase数据库、企业年报和平台网站。

表A1.6　出行平台的兼并和收购

平台名称	兼并/收购	平台/企业名称（兼并或被收购）	兼并/收购日期
99	收购	滴滴	2018年1月3日
Beat	收购	Intelligent Apps	2017年2月16日
Careem	收购	优步（Uber）	2019年3月26日
Citybird	收购	Felix	2018年6月12日
Curb	收购	Verifone	2015年10月13日
Easy Taxi	收购	Cabify	2017年1月1日
Fasten	收购	Vezet Group，后来是MLU BV	分别为2018年3月2日和2019年7月15日
Flinc	收购	Diamler	2017年9月28日
FREE NOW	收购	Intelligent Apps	2016年7月26日
Savaree	收购	Careem，后来是优步（Uber）	分别为2016年3月30日和2019年3月26日
Vezet Group	收购	MLU BV	2019年7月15日
Yandex.Taxi and Uber（Russia，CIS）	兼并	MLU BV	2018年2月

资料来源：Crunchbase数据库、企业年报和平台网站。

表A1.7   基于在线网络平台的兼并和收购

平台名称	兼并/并购	平台/企业名称（兼并或被收购）	兼并/收购日期
99designs	收购	VistaPrint	2020年10月5日
Applause	收购	Vista Equity Partners	2017年8月23日
AudioKite	收购	ReverbNation	2016年11月4日
Brandstack	收购	DesignCrowd	2011年12月20日
ClearVoice	收购	Fiverr	2019年2月13日
Codechef	收购	Unacademy	2020年6月18日
DesignCrowd	兼并收购	DesignBay（从此更名为DesignCrowd）	2009年11月23日
Freelancer Technology	收购	Music Freelancer.net	2019年1月2日
Gengo	收购	Lionbridge	2019年1月16日
Guru	收购	Emoonlighter	2003年7月1日
Indiez	收购	GoScale	2020年2月26日
Iwriter	收购	Templafy	2019年5月7日
Kaggle	收购	Alphabet（包括谷歌）	2017年3月7日
Liveops	收购	Marlin Equity Partners	2015年12月1日
Mila	收购	Swisscom	2013年1月2日
MOFILM	收购	You & Mr Jones	2015年6月11日
Streetbee	收购	BeeMyEye	2019年1月16日
Test IO	收购	EPAN Systems	2019年5月21日
Topcoder	收购	Appirio，后来是Wipro Technologies	分别为2013年9月17日和2016年10月20日
Twago	收购	Randstad	2016年6月14日
VerbalizeIt	收购	Smartling	2016年5月19日
WeGoLook	收购	Crawford & Company	2016年12月6日
Xtra Global	收购	Rozetta Corp	2016年8月9日
Zooppa	收购	TLNT Holdings SA	2019年7月

资料来源：Crunchbase数据库、企业年报和平台网站。

 **附录2**

国际劳工组织对数字平台企业的访谈以及对平台服务协议条款的分析

 2A. 国际劳工组织对数字平台企业的访谈

为了解数字平台企业的运作，我们对基于指定位置平台和基于在线网络平台的企业代表进行了调查和访谈。针对基于指定位置平台，国际劳工组织采用半结构化问卷形式，通过与调查顾问合作，对出行平台和配送平台代表进行了调查访问。这些调查顾问选取当地出行平台和配送平台，请它们参与访谈并填写国际劳工组织设计的问卷。问卷收集了平台业务概况、运营和营销策略、商业模式、招聘实践及未来发展战略等相关信息。然而，只有少数出行平台（智利、加纳、印度和肯尼亚）和1个配送平台（加纳）同意接受访谈，并且是由调查顾问亲自访谈或由国际劳工组织通过视频通话进行访谈。

针对基于在线网络平台，国际劳工组织联系了约30家在国家或地区层面具有重要影响力或运营能力不断增强的平台企业，邀请它们参与研究调查，其中有8家平台企业和1个开源平台（Apache软件基金会）接受了访谈。访谈采用半结构化问卷形式，问卷内容与针对出行平台和配送平台的非常相似，但是是针对各个不同平台的。此外，访谈过程中还搜集了与工作任务、匹配过程、算法管理、工作评估和平台全球化运营等相关信息。所有访谈都是通过视频通话的形式进行的，此外还与其中的一些平台召开了后续会议。

表A2.1列出了接受访谈的平台企业代表。访谈于2019年3月至2020年3月期间进行，每次用时约30分钟至2小时。

▶ 表 A2.1　对数字平台企业的访谈

序号	平台企业	被采访者	覆盖范围
A.	基于在线网络平台		
1.	Clickworker	首席执行官	德国柏林
2.	Upwork	人力资源经理	美国加利福尼亚州圣克拉拉
3.	Hsoub	首席执行官	英国伦敦
4.	Worknasi	首席执行官	坦桑尼亚
5.	Nabeesh	首席执行官	阿联酋
6.	Playment	首席执行官	印度班加罗尔
7.	Crowd Analytix	首席执行官	印度班加罗尔
8.	GoWorkABit	首席执行官（兼共享经济协会会员）	爱沙尼亚
9.	Apache Foundation	董事会成员（兼财务主管）	德国柏林
B.	基于指定位置平台		
	出行平台		
1.	优步	运营部员工	加纳阿克拉
2.	Maramoja	运营部员工	肯尼亚内罗毕
3.	优步	员工，负责东非公共政策	肯尼亚内罗毕
4.	Bolt	员工	肯尼亚内罗毕
5.	Ola	运营部员工	印度新德里
6.	Beat	首席执行官	智利圣地亚哥
7.	滴滴	董事，负责公司事务	智利圣地亚哥
	配送平台		
1.	Okada	运营部员工	加纳阿克拉

2B. 对平台服务协议条款的分析

　　本报告分析了31个平台的服务协议条款及其他相关文件。第2章和第5章基于这一分析来了解平台商业模式的运作。其中，有16个是基于在线网络平台（4个自由职业者平台、3个竞赛类平台、5个竞争性编程平台和4个微任务平台），15个是基于指定位置平台（7个出行平台，8个配送平台，这些平台在多个国家开展业务）。

　　本报告对基于在线网络平台进行了调查访谈，其范围涵盖了全球各大微任务平台、自由职业者平台和竞争性编程平台，另外还对一些业绩突出的平台进行了分析。基于指定位置平台商业模式分析是在非洲（加纳、肯尼亚和摩洛哥）、亚洲（中国、印度和印度尼西亚）、中欧和东欧（乌克兰）、拉丁美洲（阿根廷、智利和墨西哥）以及中东（黎巴嫩）进行的。Deliveroo平台是个例外，由于该平台具有鲜明的特征，因此被用来与其他平台进行比较研究。此外，Grab平台和Gojek平台位于新加坡，调查团队对这两个平台的服务协议条款进行了分析。与其他国家相比，新加坡的平台的服务协议在某些关键条款上有所不同。平台网站还提供了协议和其他相关文件的信息（见表A2.2）。在无法获得所需信息的情况下，为了达到目的，本报告采用针对各国进行调查和访谈信息。[①] 分析主要集中在以下几个方面：

　　▶ **合同关系**：基于在线网络平台和基于指定位置平台的服务协议条款提供了有关合同关系的信息。在这些服务协议条款中，都使用了旨在否认平台和平台用户之间存在雇佣关系的术语（更多信息参见表A2.2和表A2.3）。

　　▶ **服务类型**：基于在线网络平台和基于指定位置平台的网站提供了一些可用的服务类型相关信息。尽管平台服务协议条款也提供了此类信息，但与网站上发布的详细信息相比，这类信息非常简短。特别是对于基于在线网络平台，本报告中的有关信息是通过对平台代表进行访谈而获得的。

　　▶ **收入模式**：基于在线网络平台的网站向不同用户（客户、工人等）提供了收取不同类型费用的信息。这些费用包括入职费、佣金或完成工作任务的服务费、交易费或取款费、维护费和取消费。一些平台还设置了可选费用选项，包括客户将工作任务标记为紧急或突出显示，以便获得更高质量服务，以及工人为获得更多的工作建议和工作机会而需要支付的费用。有些平台还设置了订阅模式，关于订阅费用以及相应的服务和福利可在各自的平台网站上查询。

　　对于基于指定位置平台，运输和快递平台的服务协议条款中列明了有关收费类型的信息，包括佣金、取消费和等待时间的费用，以及其他各种附加费，如机场通行费、清洁费或维护服务费。基于指定位置平台的服务协议条款中还列明了动态定价的信息，并规定服务价格随供求情况而变化。然而，服务协议中并未明确这些费用的准确金额。对于墨西哥Bolt平台和Cornershop平台，以及新加坡的Grab或GrabFood平台和Gojek平台，有关佣金的准确信息可以在其网站上找到（通常在常见问题或帮助页面），但是在没有此类信息的情况下，只能从对各个国家的司机和配送员的调查访谈中收集信息，或从对餐厅和杂货店店主的访谈中获取相关信息。

　　▶ **招聘和匹配**：目前平台入职要求和流程等信息是从多个渠道获取的。在某些情况下，

---

① 文中注明了这种情况。

隐私政策规定用户可以通过第三方访问平台，如社交网络服务；而对于其他平台，需要经过注册后才能收集到这些信息，这也为用户提供了清晰的选择，可以通过第三方平台（如谷歌、脸书或领英）进行注册。

例如，基于在线网络平台和基于指定位置平台的隐私政策提供了创建账户所需文件的信息。对于基于指定位置平台，特别是对于司机或配送员，他们在网站上注册时需要提供个人信息及技能信息（取决于平台是否提供运输或配送服务），才能提交入职申请。此外，基于在线网络平台中常见问题或帮助页面有相关验证和审查程序的信息，其中包括通过拍照验证身份、根据平台设定标准提供注册用户资料等。本报告还从特定国家调查和企业访谈中收集了一些信息。最后，关于工作分配中使用的许多指标信息，是基于对Crunchbase数据库中117个在线劳动力平台的分析。

▶ **工作流程和绩效管理**：基于在线网络平台中包含了与工作流程和绩效管理有关的各个部分，有分析平台的评分系统，也有根据评分将不同级别的工作分配给不同的工人，还有平台提供了旨在促进各方沟通交流、实时追踪工作进展的工具（例如，应用软件内的通信系统、实时聊天功能和远程桌面应用程序）。本报告中有特定章节概述了确定工人能够继续访问和获取工作、访问平台的方法。然而，在基于指定位置平台，我们很难获取有关评分系统的信息。这些平台的服务协议条款中没有提及工作流程和绩效管理等内容，只有少数平台在网站上概述了其评分系统。

关于基于在线网络平台和基于指定位置平台，尽管大部分信息是从其网站上进行收集的，但平台的服务协议条款也非常重要。协议中通常包括禁止活动的条款，如禁止各方之间私下沟通、在平台外进行支付、使用自动化应用（如Appen平台禁止使用谷歌翻译）或分包工作任务。特别是在基于指定位置平台，服务协议条款涵盖了行为准则、客户服务礼仪及取消工作和沟通时间范围等内容。

平台治理规则

▶ **账户访问/停用**：平台的服务协议条款对能够访问平台的人员的条件以及在何种条件下可以访问都进行了详细规定。通常来说，当用户被认为违反了服务协议条款时，基于在线网络平台和基于指定位置平台将会停用该用户的账号。也就是说，平台在停用账户方面有很大的权力。许多协议包含有关于平台拒绝注册和停用账户的酌情权条款，且通常情况下无须提供理由或事先通知。特别是基于在线网络平台，其网站包含有关于停用账号和可能导致停用账号的原因，如评分较低、抄袭或非原创性、违反行为准则（如滥用其他用户账号）、不履行工作任务或已完成的工作质量不符合平台或客户的规范和要求。

▶ **争议解决**：大多数基于在线网络平台和基于指定位置平台的争议解决方式在服务协议条款中已经进行了约定，通常包括完整的争议解决处理方式、适用的法律和司法管辖权。对于基于在线网络平台而言，这部分内容往往更详细，因为争议解决程序一般采用仲裁形式，其处理条件由平台进行详细定义。此外，基于在线网络平台会根据具体问题采取不同的争议解决策略，这些政策信息会同时发布于平台网站上。例如，Upwork平台对计时合同和固定期限合同有不同的争议解决程序。针对知识产权纠纷，基于在线网络平台往往有单独的争议解决程序。对于基于指定位置平台，通常也会适用提供服务所在地的法律和司法管辖权，这导致在某些时候，适用的往往是另一个国家的法律和司法管辖权。例如，优步、Bolt和Glovo的案例便是如此。

▶ **数据收集和使用**：平台收集和处理数据的方式非常简单，其原因是这类信息结构完整，并符合隐私政策的要求。这些政策明确规定了基于在线网络平台和基于指定位置平台收集数据的类型、方式、时间和地点，以及如何使用、何时使用和共享使用数据等问题。数据收集方式可以是直接的（即用户提供），也可以是间接的（即通过cookies等技术手段）。直接从不同平台用户收集数据可以获取用户的联系方式、财务信息、特定身份信息、犯罪记录、车辆登记和保险文件，甚至更为敏感的信息，如种族、宗教和婚姻状况（对于后者，我们仅在Grab平台中发现存在这种情况）。

间接收集的数据也各不相同，包括数据使用（如浏览和搜索历史记录、访问过的平台、持续访问时间和点击次数）和设备信息（如IP地址、设备标识符号和浏览器类型），用户间数据交流以及用户设备中的其他数据（来自地址簿和日历的信息，甚至设备中安装的其他应用程序名称）。这类自动收集的信息还会涉及与工人绩效相关的数据，如工人的评分和参与统计，而基于指定位置平台还有可能收集与驾驶有关的数据，如实时地理位置、加速或制动数据（如优步和Grab平台隐私政策所规定的那样）。

除了数据收集之外，平台隐私政策还规定了这类数据的使用方式。例如，通过处理用户数据，平台可以为用户提供、提升、定制个性化服务，更好地了解用户如何使用平台服务，以及遵守相关法律，从而更好地进行自主决策（例如，优步的隐私政策规定可以使用数据来匹配工人和客户，根据需求确定价格，暂停或停用账户）。尽管平台很可能会详细描述数据收集的类型和处理方式，但它们并没有明确地将数据的收集和处理联系起来。换句话说，关于如何使用特定类型的数据（如位置数据）并不是很清楚。此外，平台还会与其业务合作伙伴、平台其他用户以及第三方服务提供商共享用户数据，这其中包括支付处理商、保险和金融合作伙伴、广告公司、社交网络服务商、云存储提供商、研究和营销服务提供商、执法机构等。隐私政策中提供了有关数据保护的信息，通常平台会声称其遵守某些数据保护法，如欧盟《通用数据保护条例》，或者平台会保证任何有权访问平台数据的一方都会遵守其隐私政策。

▶ **知识产权**：基于在线网络平台和基于指定位置平台的服务协议条款中明确规定，所有知识产权归平台所有。然而，在基于在线网络平台，服务协议条款中并未明确通过平台创意性工作产生的知识产权归哪一方所有。大多数情况下，在客户付款后，工人会将知识产权转让给客户。比如Toptal平台，工人根据合同将工作中产生的知识产权转让给平台，之后平台在客户付款后再将知识产权转让给客户。某些基于在线网络平台还要求用户签署保密协议（如99Designs和Designhill平台上的个人比赛），而其他平台则让客户选择性的签署此类协议，从而换取一定的费用（如Freelancer和PeoplePerHour平台）。虽然在一般情况下无法获得这类信息，但可以尽可能地从平台网站上查找收集信息。

▶ **税收**：所有基于在线网络平台和基于指定位置平台都明确指出，平台上的所有报价均含税，且税款由平台用户（工人和客户）承担。尽管如此，有些平台在其服务协议条款中提到，税款已从工人的收入中扣除。根据1961年《所得税法》，印度Ola平台和Zomato平台从收益中扣除了税款。近期，Freelancer平台更新了其"费用和收费"政策，在税收部分增加了一项内容，规定未来将根据用户的居住地/注册地征收税款。同样，优步在智利也更新了条款，指出将转移和收取适当的税款。

▶ 表A2.2 平台服务协议条款的在线来源

A）基于在线网络平台
自由职业者平台

Freelancer

用户协议：https：//www.freelancer.com/about/terms
有关数据收集和使用，参见隐私政策：https：//www.freelancer.com/about/privacy

收入模式
费用和收费：https：//www.freelancer.com/feesandcharges/
会员：https：//www.freelancer.com/membership/
企业：https：//www.freelancer.com/enterprise
项目管理：https：//www.freelancer.com/project-management/
另见"用户协议"下的链接。

排名/评分
自由职业者平台排名：https：//www.freelancer.com/support/General/freelancer-ratings
自由职业者奖励：https：//www.freelancer.com/faq/topic.php?id=42
首选自由职业者计划：https：//www.freelancer.com/support/freelancer/general/ the-preferred-freelancer-program?keyword=preferred
什么是首选自由职业者计划？ https：//www.freelancer.com/community/articles/what-is-the-preferred-freelancer-program

招聘和匹配
登录：https：//www.freelancer.com/signup
一些国家的限制：https：//www.freelancer.com/support/freelancer/General/restrictions-in-some-countries
了解您的客户和身份验证政策：https：//www.freelancer.com/page.php?p=info%2Fkyc_policy
另见"用户协议"和"收入模式"下的链接。

工作流程和绩效管理
行为准则：https：//www.freelancer.com/info/codeofconduct
在 *Freelancer.com* 之外进行交流或付款：https：//www.freelancer.com/support/freelancer/General/communicating-or-paying-outside-freelancer-com
给我的雇主发消息：https：//www.freelancer.com/support/project/messaging-on-projects
使用桌面应用程序：https：//www.freelancer.com/support/freelancer/project/ using-the-desktop-app?keyword= desktop%20a
另见"用户协议"下的链接。

平台治理规则
导致账户关闭的违规行为：https：//www.freelancer.com/support/freelancer/General/violations-that-lead-to-account-closure
重新打开关闭的账户：https：//www.freelancer.com/support/Profile/can-i-reopen-my-closed-account
里程碑式的争议解决政策：https：//www.freelancer.com/page.php?p=info%2Fdispute_policy
另见"用户协议"和"行为准则"下的链接。

▶ 表A2.2（续）

A）基于在线网络平台（续）
自由职业者平台（续）

PeoplePerHour	条款和条件：https：//www.peopleperhour.com/static/terms 参见隐私和cookies声明：https：//www.peopleperhour.com/static/privacy-policy **收入模式** 优质买家忠诚度计划：https：//www.peopleperhour.com/premium-programme PeoplePerHour和TalentDesk.io有什么区别？ https：//www.peopleperhour.com/blog/ product-platform/difference-between-peopleperhour-and-talentdesk-io/ 另见"条款和条件"下的链接。 **排名/评分** 理解证书（CERT）：https：//support.peopleperhour.com/hc/en-us/articles/205218587-Understanding-CERT **招聘和匹配** 注册：https：//www.peopleperhour.com/site/register 你的自由职业者申请：https：//support.peopleperhour.com/hc/en-us/ articles/205217827-Your-Freelancer-Application 自由职业者申请被拒绝：https：//support.peopleperhour.com/hc/en-us/ articles/360039120094-Freelancer-Application-got-declined?mobile_site=false 验证您的账号：https：//support.peopleperhour.com/hc/en-us/ articles/360001764608-Verify-your-Account?mobile_site=false 个人资料政策：https：//support.peopleperhour.com/hc/en-us/articles/205218177-Profile-policies *PeoplePerHour*学院：https：//www.peopleperhour.com/academy 另见"条款和条件""及收入模式"下的链接。 **工作流程和绩效管理** 工作流程政策：https：//support.peopleperhour.com/hc/en-us/articles/205218197-WorkStream-Policies 见"条款和条件""个人资料政策"下的链接。 **平台治理规则** 另见条款和条件、配置文件策略和工作流程策略下的链接。
Toptal	条款和条件：https：//www.toptal.com/tos 有关数据收集和使用，参见隐私政策：https：//www.toptal.com/privacy **收入模式** 企业：https：//www.toptal.com/enterprise *Toptal*推荐合作伙伴计划：https：//www.toptal.com/referral_partners 常见的问题：https：//www.toptal.com/faq **招聘和匹配** 参见"条款和条件""隐私政策"和"常见问题"下的链接。 **平台治理规则** 参见"条款和条件"和"常见问题"下的链接。

▶ 表A2.2（续）

A）基于在线网络平台（续）

自由职业者平台（续）

Upwork	用户协议：https：//www.upwork.com/legal#useragreement 有关数据收集和使用，参见隐私政策：https：//www.upwork.com/legal#privacy **收入模式** 定价：https：//www.upwork.com/i/pricing/ 自由职业者+：https：//support.upwork.com/hc/en-us/articles/211062888-Freelancer-Plus 企业：https：//www.upwork.com/enterprise/ 特色工作：https：//support.upwork.com/hc/en-us/articles/115010712348-Featured-Jobs 使用链接：https：//support.upwork.com/hc/en-us/articles/211062898-Use-Connect；https：//support.upwork.com/hc/en-us/articles/360057604814-11-24-FREE-Connects-to-Do-More-on-Upwork- 如何将自己的才华在Upwork上展示：https：//support.upwork.com/hc/en-us/articles/360051696934-How-to-Bring-Your-Own-Talent-to-Upwork 费用及ACH授权协议：https：//www.upwork.com/legal#fees 带有托管指令的工时、奖金和费用支付协议：https：//www.upwork.com/legal#escrow-hourly 固定价格托管说明：https：//www.upwork.com/legal#fp 固定价格工作的里程碑：https：//support.upwork.com/hc/en-us/articles/211068218-Milestones-for-Fixed-Price-Jobs PayPal费用和时间安排：https：//support.upwork.com/hc/en-us/articles/211063978-PayPal-Fees-and-Timing Payoneer费用和时间安排：https：//support.upwork.com/hc/en-us/articles/211064008-Payoneer-Fees-and-Timing M-Pesa费用和时间安排：https：//support.upwork.com/hc/en-us/articles/115001615787-M-Pesa-Fees-and-Timing- 电汇费用和时间安排：https：//support.upwork.com/hc/en-us/articles/211063898-Wire-Transfer-Fees-and-Timing 直接到当地银行办理的费用和时间安排：https：//support.upwork.com/hc/en-us/articles/211060578-Direct-to-Local-Bank-Fees-and-Timing- 直接到美国银行（ACH）办理的费用和时间安排：https：//support.upwork.com/hc/en-us/articles/227022468-Direct-to-US-Bank-ACH-Fees-and-Timing 另见"用户协议"下的链接。 **排名/评分** 工作完成得分：https：//support.upwork.com/hc/en-us/articles/211068358-Job-Success-Score Upwork的人才徽章：https：//support.upwork.com/hc/en-us/articles/360049702614 专家评审人才：https：//support.upwork.com/hc/en-us/articles/360049625454-Expert-Vetted-Talent **招聘和匹配：** 登录：https：//www.upwork.com/signup/?dest=home 加入和使用Upwork的资格：https：//support.upwork.com/hc/en-us/articles/211067778-Eligibility-to-Join-Upwork 创建一个100%完整的自由职业者档案：https：//support.upwork.com/hc/en-us/articles/211063188-Create-a-100-Complete-Freelancer-Profile 加入Upwork的申请被拒绝：https：//support.upwork.com/hc/en-us/articles/214180797-Application-to-Join-Upwork-Declined 多个账户类型：https：//support.upwork.com/hc/en-us/articles/360001171768-Multiple-Account-Types 验证身份和徽章：https：//support.upwork.com/hc/en-us/articles/360010609234-ID-Verification-Badge 身份验证类型：https：//support.upwork.com/hc/en-us/articles/360001176427-Types-of-ID-Verification 自拍身份审核流程：https：//support.upwork.com/hc/en-us/articles/360001706047-Selfie-ID-Review-Process 另见"用户协议""隐私政策""定价""自由职业者+""企业""特色工作"和"使用连接"下的链接。 **工作流程和绩效管理** *Upwork*的工作日记：它是什么以及为什么使用它：https：//www.upwork.com/hiring/community/upworks-work-diary/ 关于桌面应用程序：https：//support.upwork.com/hc/en-us/articles/211064038-About-the-Desktop-App *Upwork*客户端应用程序：https：//support.upwork.com/hc/en-us/articles/211064028-Upwork-for-Clients-App *Upwork*自由职业者端应用程序：https：//support.upwork.com/hc/en-us/articles/360015504093-Upwork-for-Freelancers-App 使用消息：https：//support.upwork.com/hc/en-us/articles/211067768-Use-Messages 视频和语音通话：https：//support.upwork.com/hc/en-us/articles/217698348-Video-and-Voice-Messaging 自由职业者教育中心：https：//www.upwork.com/hiring/education/getting-started-for-freelancers/ 准备测试：https：//support.upwork.com/hc/en-us/articles/360047551134-Upwork-Readiness-Test 另见"用户协议"下的链接。 **平台治理规则** 自由职业者违规和账户持有：https：//support.upwork.com/hc/en-us/articles/211067618-Freelancer-Violations-and-Account-Holds 保密协议：https：//support.upwork.com/hc/en-us/articles/211063608-Non-Disclosure-Agreements 另见"用户协议""带有托管指令的工时、奖金和费用支付协议""固定价格托管说明""多种账户类型"下的链接。

▶ 表A2.2（续）

A）基于在线网络平台（续）	
竞赛类平台	

| 99designs | 使用条款：https：//99designs.com/legal/terms-of-use
有关数据收集和使用，参见隐私政策：https：//99designs.com/legal/privacy

收入模式
定价：https：//99designs.com/pricing
什么是平台费？https：//support.99designs.com/hc/en-us/articles/360022206031
什么是客户介绍费？https：//support.99designs.com/hc/en-us/articles/360022018152
我可以选择为比赛付多少钱吗？https：//support.99designs.com/hc/en-us/ articles/204760735-Can-I-choose-how-much-I-pay-for-a-contest-
什么是付款？我如何申请付款？https：//support.99designs.com/hc/en-us/ articles/204108819-What-is-a-payout-and-how-do-I-request-one-
100% 退款保证？是真的吗？！https：//support.99designs.com/hc/en-us/ articles/204108729-100-Money-back-guarantee-For-real-
参见"使用条款"下的链接。

排名/评分
什么是设计师级别？https：//support.99designs.com/hc/en-us/articles/115002951643-What-are-designer-levels-
不同级别的设计师都有什么好处呢？https：//support.99designs.com/hc/en-us/articles/360022097311
什么是顶级状态？https：//support.99designs.com/hc/en-us/articles/360001153443
可用性状态和响应性得分：https：//support.99designs.com/hc/en-us/ articles/360000537386-Availability-Status-and-Responsiveness-Score

招聘与匹配
99designs的申请流程是怎样的？https：//support.99designs.com/hc/en-us/ articles/360036552311-How-does-99designs-application-process-work-
99designs的质量标准是什么？https：//support.99designs.com/hc/en-us/ articles/204862935-What-are-99designs-quality-standards-
什么是身份验证？https：//support.99designs.com/hc/en-us/ articles/205460145-What-is-identity-verification-
我可以拥有多个账户吗？https：//support.99designs.com/hc/en-us/ articles/204761325-Can-I-have-more-than-one-account-?mobile_site=false
最佳设计奖：https：//99designs.com/best-design-awards/
另见"使用条款""隐私政策""定价"和"排名/评分"下的链接。

工作流程和绩效管理
设计师行为准则：https：//support.99designs.com/hc/en-us/articles/204109559-Designer-Code-of-Conduct
设计师资源中心：https：//99designs.com/designer-resource-center
另见"使用条款""定价"以及"99designs的质量标准"下的链接。

平台治理规则
非规避政策：https：//support.99designs.com/hc/en-us/ articles/360022405192-Non-Circumvention-Policy
什么是保密协议（NDA）？https：//support.99designs.com/hc/en-us/ articles/204760785-What-s-a-non-disclosure-agreement-NDA-
谁拥有什么以及何时拥有？https：//support.99designs.com/hc/en-us/articles/204761115-Who-owns-what-and-when-
另见"使用条款""99designs的质量标准""我可以拥有多个账户吗？""设计师行为准则"下的链接。 |

▶ 表A2.2（续）

A）基于在线网络平台（续）

竞赛类平台

Designhill	条款和条件：https：//www.designhill.com/terms-conditions 有关数据收集和使用，参见隐私政策：https：//www.designhill.com/privacy **收入模式** 定价指南：https：//www.designhill.com/pricing/logo-design?services=contest 企业软件包中包括哪些内容？https：//support.designhill.com/hc/en-us/ articles/360013633753-What-is-included-in-the-Enterprise-package- 您订阅升级时获得的内容：https：//www.designhill.com/design-blog/ here-is-what-you-get-when-you-go-for-subscription-upgradation/ 为什么要升级您的设计师会员订阅？https：//www.designhill.com/design-blog/ why-should-you-upgrade-your-designer-membership-subscription/ 什么是付款？我如何申请付款？https：//support.designhill.com/hc/en-us/ articles/115001380229-What-is-a-payout-and-how-do-I-request-one- 我可以选择为比赛付多少钱吗？https：//support.designhill.com/hc/en-us/ articles/115001213765-Can-I-choose-how-much-I-pay-for-a-contest- 对于客户，一对一项目的成本是多少？https：//support.designhill.com/hc/en-us/ articles/115001517009-How-much-do-1-to-1-Projects-cost-to-customers- 另见"条款和条件"下的链接。 **招聘与匹配** 登录：https：//www.designhill.com/signup 如何创建账户？https：//support.designhill.com/hc/en-us/ articles/115001187805-How-can-I-create-an-account- 我可以拥有多个账户吗？https：//support.designhill.com/hc/en-us/ articles/115001186685-Can-I-have-multiple-accounts- 另见"条款和条件""定价指南""企业软件包中包含哪些内容？""您订阅升级时获得的内容""为什么要升级您的设计师会员订阅？"下的链接。 **工作流程和绩效管理** 设计师行为准则：https：//support.designhill.com/hc/en-us/articles/115004513989 免费的在线小型商业工具：https：//www.designhill.com/tools/ 见"定价指南"下的链接。 **平台治理规则** 暂停政策：https：//support.designhill.com/hc/en-us/articles/115004544629-Suspension-Policy 概念原创政策：https：//support.designhill.com/hc/en-us/articles/115004544729- 如果有人违反了我的保密协议怎么办？https：//support.designhill.com/hc/en-us/ articles/360013262574-What-if-someone-breaches-my-NDA- 另见"条款和条件""我可以拥有多个账户吗""设计师行为准则"下的链接。
Hatchwise	条款和条件：https：//www.hatchwise.com/terms-and-conditions 有关数据收集和使用，参见隐私政策：https：//www.hatchwise.com/privacy-policy **收入模式** 竞价：https：//www.hatchwise.com/contest-pricing 我们的退款保证：https：//www.hatchwise.com/guarantee 另见"条款和条件"下的链接。 **招聘与匹配** 参见"竞价"下的链接。 **工作流程和绩效管理** *Hatchwise* 学习中心：https：//www.hatchwise.com/resources 常见问题：https：//www.hatchwise.com/frequently-asked-questions **平台治理规则** 参见"条款和条件"下的链接以及"常见问题"。

▶ 表A2.2（续）

A）基于在线网络平台（续）

竞争性编程平台

CodeChef	服务条款：https：//www.codechef.com/terms 有关数据收集和使用，参见隐私政策：https：//www.codechef.com/privacy-policy **收入模式** 退款政策：https：//www.codechef.com/refund-policy 指导方针：https：//www.codechef.com/problemsetting 设置：https：//www.codechef.com/problemsetting/setting 测试：https：//www.codechef.com/problemsetting/testing CodeChef 业务：https：//business.codechef.com **排名/评分** 评分机制：https：//www.codechef.com/ratings **招聘与匹配** 创建您的 CodeChef 账户：https：//www.codechef.com/signup 行为准则：https：//www.codechef.com/codeofconduct 另见"指南""设置""测试"和"排名/评分"下的链接。 **工作流程和绩效管理** CodeChef 如何测试我的解决方案是否正确？ https：//discuss.codechef.com/t/ how-does-codechef-test-whether-my-solution-is-correct-or-not/332 另见"指南""设置""测试"和"行为准则"下的链接。 **平台治理规则** 参见"服务条款""设置""测试"和"行为准则"下的链接。
HackerEarth	条款服务：https：//www.hackerearth.com/terms-of-service/ 有关数据收集和使用，参见隐私政策：https：//www.hackerearth.com/privacy/ **收入模式** 定价：https：//www.hackerearth.com/recruit/pricing/ **招聘与匹配** 登录：https：//www.hackerearth.com 另见"定价"下的链接。 **平台治理规则** HackerEarth 的抄袭政策是什么？ https：//help.hackerearth.com/hc/en-us/ articles/360002921714-What-is-HackerEarth-s-plagiarism-policy- 另见"服务条款"下的链接。
HackerRank	服务条款：https：//www.hackerrank.com/terms-of-service 有关数据收集和使用，参见隐私政策：https：//www.hackerrank.com/privacy **收入模式** 定价：https：//www.hackerrank.com/products/pricing/?h_r=pricing&h_l=header **排名/评分** 评分文档：https：//www.hackerrank.com/scoring **招聘与匹配** 登录：https：//www.hackerrank.com/auth/signup?h_l=body_middle_left_button&h_r=sign_up 另见"服务条款"和"收入模式"下的链接。

▶ 表A2.2（续）

A）基于在线网络平台（续）	
竞争性编程平台（续）	

Kaggle	使用条款：https：//www.kaggle.com/terms 有关数据收集和使用，参见隐私政策：https：//www.kaggle.com/privacy **收入模式** 认识 Kaggle：https：//www.kaggle.com/static/slides/meetkaggle.pdf?Host_Business 另见"使用条款"下的链接。 **排名/评分** Kaggle发展系统：https：//www.kaggle.com/progression **招聘与匹配** 登录：https：//www.kaggle.com/account/login?phase=startRegisterTab&returnUrl=%2Fterms 另见"使用条款"下的链接。 **工作流程和绩效管理** 社区指南：https：//www.kaggle.com/community-guidelines 课程：https：//www.kaggle.com/learn/overview **平台治理规则** 为什么我的账号被封：https：//www.kaggle.com/contact 另见"使用条款""认识 Kaggle"和"社区指南"下的链接。
Topcoder	条款和条件：https：//www.topcoder.com/community/how-it-works/terms/ 有关数据收集和使用，参见隐私政策：https：//www.topcoder.com/policy/privacy-policy **收入模式** 企业：https：//www.topcoder.com/enterprise-offerings/ 人才即服务：https：//www.topcoder.com/enterprise-offerings/talent-as-a-service/ **排名/评分** 算法竞赛评分系统：https：//www.topcoder.com/community/competitive-programming/ how-to-compete/ratings 开展可靠性评分和奖金：https：//help.topcoder.com/hc/en-us/ articles/219240797-Development-Reliability-Ratings-and-Bonuses **招聘与匹配** 登录 Topcoder：https：//accounts.topcoder.com/member 另见"条款和条件""收入模式""算法竞争评分系统"下的链接。 **工作流程和绩效管理** 社区行为准则：https：//www.topcoder.com/community/topcoder-forums-code-of-conduct/ 账户策略：https：//www.topcoder.com/thrive/articles/Topcoder%20Account%20Policies **平台治理规则** 作弊违规及处理：https：//www.topcoder.com/thrive/articles/Cheating%20Infractions%20&%20Process 保密协议（NDA）：https：//www.topcoder.com/thrive/articles/Non%20Disclosure%20Agreement%20（NDA） 另见"条款和条件""账户政策"和"社区行为准则"下的链接。

▶ 表 A2.2（续）

A）基于在线网络平台（续）

微任务平台	

Amazon Mechanical Turk	参与协议：https://www.mturk.com/participation-agreement 有关数据的收集和使用，参见隐私条款：https://www.amazon.com/gp/help/customer/display.html/ ref=footer_privacy?ie=UTF8&nodeId=468496 **收入模式** 定价：https://www.mturk.com/pricing Amazon Mechanical Turk 定价：https://requester.mturk.com/pricing 亚马逊支付费用：https://pay.amazon.com/help/201212280 常见问题：https://www.mturk.com/worker/help 另见"参与协议"下的链接。 **排名/评分** 资质和工人工作质量：https://blog.mturk.com/ qualifications-and-worker-task-quality-best-practices-886f1f4e03fc MTurk 市场的新功能：https://blog.mturk.com/new-feature-for-the-mturk-marketplace-aaa0bd520e5b 另见"常见问题"下的链接。 **招聘与匹配** 参见"参与协议""隐私声明""收入模式""常见问题""定价""资格和工人工作质量"下的链接。 **工作流程和绩效管理，以及平台治理规则** 参见"参与协议"和"常见问题"下的链接。
Clickworker	有关条款和条件以及隐私政策，参见：https://www.clickworker.com/terms-privacy-policy/ **收入模式** 定价：https://www.clickworker.com/pricing/ Clickworker 常见问题：https://www.clickworker.com/faq/ 客户常见问题：https://www.clickworker.com/customer-faq/ 在线调查的参与者：https:// www.clickworker.com/ survey-participants-for-online-surveys/#fee-recommendations **招聘与匹配** 在 Clickworker 上的资格：https://www.clickworker.com/crowdsourcing-glossary/qualifications-at-clickworker/ 作为一个 Clickworker，能做什么？https://www.clickworker.com/clickworker-job/#distribution Clickworker 启动新的短信账户验证系统：https://www.clickworker.com/2014/05/08/sms_verification/ 另见"条款和条件以及隐私政策""Clickworker 常见问题"和"客户常见问题"下的链接。 **工作流程和绩效管理，以及平台治理规则** 参见"条款和条件和隐私政策"下的链接，"Clickworker常见问题"和"客户常见问题"。
Appen	法律条款：http://f8-federal.com/legal/ **收入模式** 常见问题：https://success.appen.com/hc/en-us/ articles/115000832063-Frequently-Asked-Questions 另见"法律条款"下的链接。 **招聘与匹配** 术语表：https://success.appen.com/hc/en-us/articles/202703305-Getting-Started-Glossary-of-Terms#tainted_judgment 测试问题设置指南（质量控制）：https://success.appen.com/hc/en-us/ articles/202702975-Test-Questions-Settings 另见"常见问题"下的链接。 **工作流程和绩效管理** 质量控制页面指南：https://success.appen.com/hc/en-us/articles/201855709 另见"法律条款"和"招聘与匹配"下的链接。 **平台治理规则** 参见"法律条款""常见问题""术语表"以及"测试问题设置（质量控制）指南""质量控制页面指南"下的链接。

▶ 表A2.2（续）

A）基于在线网络平台（续）	
微任务平台（续）	
Microworkers	使用条款：https：//www.microworkers.com/terms.php 有关数据收集和使用，参见隐私政策：https：//www.microworkers.com/privacy.php **收入模式** 常见问题：https：//www.microworkers.com/faq.php 常见问题指南：https：//www.microworkers.com/faq–guidelines.php 另见"使用条款"下的链接。 **招聘与匹配、工作流程和绩效管理** 参见"常见问题"和"常见问题指南"下的链接。 **平台治理规则** 参见"使用条款""常见问题"和"常见问题指南"下的链接。
B）基于指定位置平台	
出行平台	
Bolt（Taxify）	加纳 肯尼亚	司机通用条款：https：//bolt.eu/en/legal/terms–for–drivers/ 乘客条款和条件：https：//bolt.eu/en/legal/terms–for–riders/ 有关数据收集和使用，参见： 司机隐私政策：https：//bolt.eu/en/legal/privacy–for–drivers/ 乘客隐私政策：https：//bolt.eu/en/legal/privacy–for–riders/ **收入模式** 佣金：https：//support.taxify.eu/hc/en–us/articles/115002946374–Commission–Fee 向司机支付等候时间的费用：https：//support.taxify.eu/hc/en–us/ articles/360009458774–Driver–Paid–Wait–Time–Fees 取消费用问题：https：//support.taxify.eu/hc/en–us/ articles/360009457274?flash_digest=7dcc15def6 8f2cf475d9152c23ca169b44e11f2f 损坏或清洁费：https：//support.taxify.eu/hc/en–us/ articles/360003640779–Damage–or–Cleaning–Fee 另见"司机通用条款"和"乘客条款和条件"下的链接。 加纳：司机支出和佣金：https：//support.taxify.eu/hc/en–us/ articles/360001892993–Driver–Payouts–and–Commission 肯尼亚：司机余额和佣金：https：//support.taxify.eu/hc/en–us/ articles/360010650180–Driver–Balance–and–Commission **排名/评分** 活动分数计算：https：//support.taxify.eu/hc/en–us/ articles/115002946174–Activity–Score–Calculation 接单率计算：https：//support.taxify.eu/hc/en–us/ articles/360007690199–Acceptance–Rate–Calculation 乘客评分：https：//support.taxify.eu/hc/en–us/ articles/115002907553–Rating–a–Passenger 如何评分：https：//support.taxify.eu/hc/en–us/articles/115002918034–Rating–a–Ride 另见"司机通用条款"下的链接。 **招聘与匹配** 成为一名 Bolt 司机：https：//support.taxify.eu/hc/en–us/ articles/115003390894–Becoming–a–Bolt–Driver 另见"司机通用条款"下的链接。 **工作流程和绩效管理、平台治理规则** 参见"司机通用条款""乘客条款和条件""活动分数计算"和"接单率计算"下的链接。

▶ 表A2.2（续）

B）基于指定位置平台（续）		
出行平台（续）		
Careem	摩洛哥	服务条款：https：//www.careem.com/en-ma/terms/ 有关数据收集和使用，参见隐私政策：https：//www.careem.com/en-ma/privacy/ **收入模式** 我如何推荐朋友？https：//help.careem.com/hc/en-us/ articles/360001609527-How-do-I-refer-a-friend- 出发、时间、距离、最低票价和承诺票价是什么意思？https：//help.careem.com/hc/en-us/ articles/360001400007-What-do-Starting-Time-Distance-Minimum-and-Promised-fare-mean- 取消行程：https：//help.careem.com/hc/en-us/articles/360001600367-Cancelling-a-ride 另见"服务条款"下的链接。 **招聘与匹配** 加入 Careem：https：//drive.careem.com 如何创建 Careem 账户？https：//help.careem.com/hc/en-us/ articles/360001609507-How-do-I-create-a-Careem-account- 什么是乘车保险？https：//help.careem.com/hc/en-us/ articles/115010884527-What-is-in-ride-insurance- 另见"服务条款"下的链接。 **工作流程和绩效管理** 乘车标准：https：//help.careem.com/hc/en-us/articles/360001609427-In-ride-Standards 另见"服务条款"下的链接。 **平台治理规则** 账户冻结或暂停：https：//help.careem.com/hc/en-us/ articles/360001609447-How-does-an-account-get-blocked-or-suspended- 另见"服务条款"下的链接。
Gojek	印度尼西亚	使用条款：https：//www.gojek.com/terms-and-condition/ 有关数据收集和使用，参见隐私政策：https：//www.gojek.com/privacy-policies/ **招聘与匹配** 加入我们，成为一名 GoRide 司机：https：//www.gojek.com/help/mitra/ bergabung-menjadi-mitra-go-ride/ 另见"使用条款"和"隐私政策"下的链接。
	新加坡	用户使用条款：https：//www.gojek.com/sg/terms-and-conditions/ 司机服务协议：https：//www.gojek.com/sg/driver/agreement/ 有关数据收集和使用，参见隐私政策：https：//www.gojek.com/sg/privacy-policy/ **收入模式** Gojek 的服务费是多少？https：//www.gojek.com/sg/help/?q=service+fee 另见"用户使用条款"和"司机服务协议"下的链接。 **排名/评分** 评分的标准：https：//www.gojek.com/sg/help/driver/service/#how-do-ratings-work **招聘与匹配** 我需要上传哪些文件？https：//www.gojek.com/sg/help/driver/ account/#what-documents-will-i-need-to-upload 我在 Gojek 能开什么车：https：//www.gojek.com/sg/help/driver/ account/#what-can-i-drive-with-on-gojek *GoFleet*：https：//www.gojek.com/sg/driver/gofleet/ 另见"用户使用条款""司机服务协议"和"隐私政策"下的链接。 **工作流程和绩效管理** 司机行为准则：https：//www.gojek.com/sg/help/driver/driver-code-of-conduct 另见"用户使用条款"和"司机服务协议"下的链接。 **平台治理规则** 我可以和其他人分享我的 Gojek 账户吗？https：//www.gojek.com/sg/help/driver/ account/#can-i-share-my-gojek-account-with-others 我因不活动（inactivity）而被暂停：https：//www.gojek.com/sg/help/driver/ account/#i-was-suspended-due-to-inactivity 另见"用户使用条款"和"司机服务协议"下的链接。

▶ 表A2.2（续）

B）基于指定位置平台（续）		
出行平台（续）		
Grab	印度尼西亚	服务条款：运输、交付和物流：https：//www.grab.com/id/en/terms-policies/ transport-delivery-logistics/ 有关数据收集和使用，参见隐私政策：https：//www.grab.com/id/en/terms-policies/ privacy-policy/ **收入模式** 获取推荐计划的条款和条件：https：//www.grab.com/id/en/pax-refer-friend/ privacy/ GrabFood——与我们合作：https：//www.grab.com/id/en/merchant/food/ 另见"服务条款"下的链接。 **招聘与匹配** 现在注册：https：//www.grab.com/id/en/driver/transport/car/ 另见"服务条款""隐私政策"和"GrabFood 与我们合作"下的链接。
	新加坡	服务条款——运输、交付和物流：https：//www.grab.com/sg/terms-policies/ transport-delivery-logistics/ 有关数据收集和使用，参见隐私政策：https：//www.grab.com/sg/terms-policies/ privacy-policy/ **收入模式** 常见问题：https：//www.grab.com/sg/driver/transport/car/faq/ 2019年3月25日起更新取消政策：https：//help.grab.com/passenger/en- sg/115008318688；https：//www.grab.com/sg/passenger-cancellation-fees/ 我被收了一笔取消费：https：//help.grab.com/passenger/ en-sg/115005276987-I-was-charged-a-cancellation-fee 什么是宽限期和等待费：https：//help.grab.com/passenger/ en-sg/360035841031-What-are-grace-waiting-periods-and-waiting-fees #AskGrab：Merchant佣金去哪儿了？ https：//www.grab.com/sg/blog/ askgrab-where-does-the-merchant-commission-go/ 我如何投折？ https：//www.grab.com/sg/gfm-referral/ 另见"服务条款"下的链接。 **排名/评分** 接受和取消评分：https：//help.grab.com/driver/ en-sg/115013368427-Acceptance-and-Cancellation-rating **招聘与匹配** 驾驶：https：//www.grab.com/sg/driver/drive/ 司机：https：//www.grab.com/sg/driver/deliver/ 私家车加入 Grab 只需 4 步：https：//www.grab.com/sg/ drive-with-grab-using-your-own-car/ 另见"服务条款"和"隐私政策"下的链接。 **工作流程和绩效管理** 如何提高我的星级：https：//help.grab.com/driver/ en-sg/115015441428-Driver-Rating-How-is-this-calculated 另见"服务条款"下的链接。
Little	肯尼亚	条款和条件：https：//www.little.bz/ke/tnc.php

▶ 表A2.2（续）

B）基于指定位置平台（续）		
出行平台（续）		

| Ola | 印度 | 订阅协议：https：//partners.olacabs.com/public/terms_conditions
条款和条件：https：//www.olacabs.com/tnc?doc=india−tnc−website
有关数据收集和使用，参见隐私政策：https：//www.olacabs.com/ tnc?doc=india−privacy−policy

收入模式
为什么要收取取消费用：https：//help.olacabs.com/support/dreport/208298769
另见"订阅协议"以及"条款和条件"下的链接。

排名/评分
我如何评价行程？https：//help.olacabs.com/support/dreport/205098571

招聘与匹配
加入Ola：https：//partners.olacabs.com/drive
租车：https：//partners.olacabs.com/lease
Ola 为与其合作的司机推出"Chalo Befikar"综合保险计划：https：//www.olacabs.com/media/in/press/
ola−rolls−out−chalo−befikar−comprehensive−insurance−program−for−its−driver−partners
Ola为受新冠肺炎疫情影响的驾驶伙伴及其配偶提供高达30 000卢比的保险，此外还为他们的家人提供免费医疗帮助：https：//www.olacabs.com/media/in/press/
ola−offers−coverage−of−up−to−rs−30 000−for−driver−partners−and−their−spouses−affected−by−covid−19−also−brings−free−medical−help−for−their−families
另请见"订阅协议"下的链接。 |
| 优步（Uber） | 阿根廷
智利
加纳
印度
肯尼亚
黎巴嫩
墨西哥
摩洛哥
美国 | 有关一般使用条款、隐私声明和一般社区指南，参见：https：// www.uber.com/legal/en/（"Uber legal"）——在链接中选择相关政策，然后选择相关国家。

收入模式
加纳：追踪你的收入：https：//www.uber.com/gh/en/drive/basics/ tracking−your−earnings/
等待时间的费用：https：//help.uber.com/riders/article/
wait−time−fees?nodeId=5960f72c−802a−4b61−a51c−2c9498c3b041
取消行程需要付费吗？https：//help.uber.com/riders/article/
am−i−charged−for−cancelling−an−uber−ride−?nodeId=5f6415dc−dfdb−4d64−927a−66bb06bc4f82
另见"Uber legal"下的链接。

招聘与匹配
车辆要求：https：//help.uber.com/driving−and−delivering/article/ vehicle−requirements?nodeId=2ddf30ca−64bd−4143−9ef2−e3bc6b929948
背景调查的目的：https：//help.uber.com/driving−and−delivering/article/ what−does−the−background−check−look−for?nodeId=ee210269−89bf−4bd9−87f6−43471300ebf2
为什么要给自己拍照？https：//help.uber.com/driving−and−delivering/ article/why−am−i−being−asked−to−take−a−photo−of−myself−−?nodeId=7fa8a60d−cf6f−49ac−9a50− b4bf6a3978ef
获取行程请求：https：//help.uber.com/driving−and−delivering/article/ getting−a−trip−request?nodeId=e7228ac8−7c7f−4ad6−b120−086d39f2c94c
何时何地的司机最多？https：//help.uber.com/driving−and−delivering/article/ when−and−where−are−the−most−riders?nodeId=456fcc51−39ad−4b7d−999d−6c78c3a388bf
保险：https：//help.uber.com/driving−and−delivering/article/insurance−?nodeId=a4afb2ed−75af−4db6−8fdb−dccecfcc3fd7
另见"Uber legal"下的链接。

工作流程和绩效管理
在线时我可以使用其他应用程序或接听私人电话吗？https：//help.uber.com/driving−and−delivering/article/can−i−use−other−apps−or−receive−personal−calls−while−online−−−?nodeId=a5a7c0c7−da4b−46af−a180−7ad1d2590234
另见"Uber legal"下的链接。 |

▶ 表A2.2（续）

B）基于指定位置平台（续）		
配送平台		
Cornershop	墨西哥	使用条款：https：//cornershopapp.com/en/terms 有关数据收集和使用，参见隐私政策：https：//cornershopapp.com/es-mx/privacy **收入模式** 对于商店：https：//cornershopapp.com/en/stores?adref=customer-landing Cornershop Pop会员享受无限免费送货：https：//blog.cornershop.mx/ cornershop-pop-la-membresia-de-envios-gratis-ilimitados-mx/ 另见"使用条款"下的链接。
Deliveroo	法国	Deliveroo服务的一般条款：https：//deliveroo.fr/en/legal 有关数据收集和使用，参见 Deliveroo France 的隐私政策：https：//deliveroo. fr/en/privacy **收入模式** 我怎么获得报酬？ https：//riders.deliveroo.fr/fr/support/nouveaux-livreurs-partenaires/ vous-etes-payes-pour-chaque-livraison-effectuee.-les 另见"Deliveroo 服务的一般条款"和" Deliveroo France 的隐私政策"下的链接。 **招聘与匹配** 与我们同行：https：//deliveroo.fr/en/apply 成为合作伙伴：https：//riders.deliveroo.fr/fr/support/nouveaux-livreurs-partenaires 经营你的生意：https：//riders.deliveroo.fr/fr/support/gerer-votre-entreprise Deliveroo 提供的保险：https：//riders.deliveroo.fr/fr/support/toutes-vos-assurances-deliveroo 另见"Deliveroo 服务的一般条款"和" Deliveroo France 的隐私政策"下的链接。
	英国	服务条款：https：//deliveroo.co.uk/legal 骑手供应商协议：https：//old.parliament.uk/documents/commons-committees/work- and-pensions/Written_Evidence/Deliveroo-scooter-contract.pdf 有关数据收集和使用，参见： 隐私政策：https：//deliveroo.co.uk/privacy 英国骑手隐私政策：https：//rider.deliveroo.co.uk/rider-privacy#information-collected **收入模式** 介绍朋友：https：//riders.deliveroo.co.uk/en/refer 费用：https：//riders.deliveroo.co.uk/en/support/fees 发票、退款和付款（Deliveroo 餐厅）：https：//help.deliveroo.com/en/ collections/2612291-5-invoices-refunds-and-payments 常见问题：https：//deliveroo.co.uk/faq 另见"服务条款""隐私政策"和"英国骑手隐私政策"下的链接。 **招聘与匹配** 与我们同行：https：//deliveroo.co.uk/ apply?utm-campaign=ridewithus&utm-medium=organic&utm-source=landingpage 新骑手：https：//riders.deliveroo.co.uk/en/support/new-riders 成为Delivero合作伙伴：https：//restaurants.deliveroo.com/en-gb/ 订单：https：//riders.deliveroo.co.uk/en/support/orders 装备：https：//riders.deliveroo.co.uk/en/support/kits 保险：https：//riders.deliveroo.co.uk/en/support/insurance 另见"服务条款""隐私政策"和"英国骑手隐私政策"下的链接。 **工作流程和绩效管理** 其他人可以替代我工作吗？ https：//riders.deliveroo.co.uk/en/support/ account/substitute 另见"服务条款""隐私政策"和"英国骑手隐私政策"下的链接。 **平台治理规则** 我的供应商协议被终止了。我可以质疑Deliveroo的决定吗？ https：//riders.deliveroo. co.uk/en/support/account/request-sa-review 另见"服务条款""隐私政策"和"英国骑手隐私政策"下的链接。

▶ 表A2.2（续）

B）基于指定位置平台（续）		

配送平台（续）

Glovo	阿根廷 智利 肯尼亚	一般使用条款和合同：https：//glovoapp.com/es-ar/legal/terms/ - 在链接中选择相关国家/地区。 有关数据收集和使用的信息，参见隐私和数据保护政策：https：//glovoapp.com/ es-ar/legal/privacy/——在链接中选择相关国家。 **收入模式** Glovo 业务：https：//business.glovoapp.com 帮助和支持：https：//glovoapp.com/en/faq/ 另见"一般使用条款和合同"下的链接。 **排名/评分** 肯尼亚： 高峰时段：https：//glovers.glovoapp.com/ke/tips/peak-slots 卓越的成绩：https：//glovers.glovoapp.com/ke/faq/excellence-score **招聘与匹配** 肯尼亚： 如何预约时段：https：//glovers.glovoapp.com/ke/basics/how-to-book-slots 关于保险：https：//glovers.glovoapp.com/ke/safety/about-insurance
Jumia Food	加纳 肯尼亚 摩洛哥	条款和条件： 加纳：https：//food.jumia.com.gh/contents/terms-and-conditions.htm 肯尼亚：https：//food.jumia.co.ke/contents/terms-and-conditions.htm 摩洛哥：https：//food.jumia.ma/contents/terms-and-conditions.htm 有关数据收集和使用的信息，参见隐私政策： 加纳：https：//food.jumia.com.gh/contents/privacy.htm 肯尼亚：https：//food.jumia.co.ke/contents/privacy.htm 摩洛哥：https：//food.jumia.ma/contents/privacy.htm **收入模式** 主要的收入模式： 肯尼亚：https：//food.jumia.co.ke/prime 摩洛哥：https：//food.jumia.ma/prime 另见"条款和条件"下的链接。
Rappi	阿根廷 智利 墨西哥	有关条款和条件以及隐私政策，参见：https://legal.rappi.com/colombia/ terminos-y-condiciones-de-uso-de-plataforma-rappi-2/——在链接中选择相关国家，然后选择相关政策。 **收入模式** 主要的收入模式： 阿根廷：https：//www.rappi.com.ar/prime 智利：https：//www.rappi.cl/prime 墨西哥：https：//www.rappi.com.mx/prime 另见"条款和条件"下的链接。
Swiggy	印度	条款和条件：https：//www.swiggy.com/terms-and-conditions 有关数据收集和使用的信息，参见隐私政策：https：//www.swiggy.com/privacy-policy **收入模式** 取消和退款政策：https：//www.swiggy.com/refund-policy 另见"条款和条件"下的链接。 **招聘与匹配** 成为 Swiggy 提货和送货合作伙伴的好处：https：//ride.swiggy.com/en/tiny-start-up-to-number-one-swiggys-growth-story-1

▶ 表A2.2（续）

B）基于指定位置平台（续）		
配送平台（续）		
优步外卖（Uber Eats）	阿根廷 智利 墨西哥 肯尼亚	优步外卖社区指南：https：//www.uber.com/legal/en/ ——在链接中选择相关政策，然后选择相关国家。
Zomato	印度	服务条款：https：//www.zomato.com/conditions 配送合作伙伴条款和条件：https：//zomato.runnr.in/delivery-partner-tandc.html 有关数据收集和使用的信息，参见隐私政策：https：//www.zomato.com/privacy **招聘与匹配** Zomato的所有新冠肺炎疫情相关措施概述：https：//www.zomato.com/blog/covid-19-initiatives 另见"配送合作伙伴条款和条件"下的链接。 **工作流程和绩效管理** 方针和政策：https：//www.zomato.com/policies 另见"配送合作伙伴条款和条件下"的链接。 **平台治理规则** 参见"服务条款""配送合作伙伴条款和条件"以及"方针和政策"下的链接。

▶ 表A2.2（续）

▶ 表A2.3　服务协议中用于识别平台用户的术语

平台	注册国家	工人	客户/顾客	一般情况
A）基于在线网络平台				
自由职业者平台				
Freelancer	美国	卖方 进入者	买方	用户
PeoplePerHour	英国	自由职业者	买方	用户
Toptal	美国	自由职业者	–	用户
Upwork	美国	自由职业者	客户	用户
竞赛类平台				
99designs	美国	设计师	顾客	用户群
Designhill	印度	设计师	顾客	用户
Hatchwise	美国	创客 设计师 作者	竞赛负责人 项目负责人 会议负责人 客户	用户
竞争性编程平台				
CodeChef	印度	–	–	用户
HackerEarth	美国	候选人	用户 招聘者	–
HackerRank	美国	黑客	–	–
Kaggle	美国	参与者用户	主机用户	用户
Topcoder	美国	选手	竞赛赞助商	用户
微任务平台				
Amazon Mechanical Turk	美国	工人	需求者	–
Clickworker	德国	clickworker	服务需求者	用户
Appen	澳大利亚	贡献者	任务作者 顾客	用户
Microworkers	美国	工人	雇主	用户

▶ 表 A2.3（续）

平台	调查国家	工人	客户/顾客	在配送平台上列出其产品的企业	一般情况
B）基于指定位置平台					
出行平台					
Bolt（Taxify）	加纳 肯尼亚	司机	乘客	n/a	–
Careem	摩洛哥	队长	用户	n/a	–
Gojek	印度尼西亚	服务供给商	–	n/a	用户
	新加坡	运输供应商	乘客	n/a	用户
Grab	印度尼西亚	第三方提供商 （司机/快递合作方）	乘客	n/a	用户
	新加坡	第三方提供商 （司机/快递合作方）	乘客	n/a	用户
Little	肯尼亚	服务提供商	顾客	n/a	用户
Ola	印度	司机运输服务提供商	顾客	n/a	用户
优步（Uber）	阿根廷	第三方供应商	–	n/a	用户
	智利	第三方供应商	–	n/a	用户
	加纳	第三方提供商	–	n/a	用户
	印度	第三方提供商 司机伙伴	骑手	n/a	用户
	肯尼亚	第三方提供商	–	n/a	用户
	黎巴嫩	第三方提供商	–	n/a	用户
	墨西哥	第三方供应商	–	n/a	用户
	摩洛哥	第三方供应商	–	n/a	用户
	美国	第三方供应商	–	n/a	用户

▶ 表A2.3（续）

平台	调查国家	工人	客户/顾客	在快递平台上列出产品的企业	一般情况
B）基于指定位置平台（续）					
配送平台					
Cornershop	墨西哥	承包商：顾客、配送员	–	零售商	用户
Deliveroo	法国	配送伙伴	客户	合作餐厅	–
	英国	骑手 供应商	顾客	伙伴	–
Glovo	阿根廷	Glovers	顾客	商户	用户
	智利				
	肯尼亚	代理人	用户	商户	用户
Jumia Food	加纳	–	符合条件的用户（对于 Jumia Prime）	合作餐厅	–
	肯尼亚	–	符合条件的用户（对于 Jumia Prime）	合作餐厅	–
	摩洛哥	–	符合条件的用户（对于 Jumia Prime）	合作餐厅	–
Rappi	阿根廷	Rappitenderos	用户	合作企业	–
	智利	RappiRepartidor（es）	消费者	合作企业	用户
	墨西哥	委托人	消费者	–	用户
Swiggy	印度	第三方服务提供商，即取货和送货合作伙伴	买家	商户	用户
优步外卖（Uber Eats）	阿根廷	配送伙伴	用餐者	餐厅合作伙伴	用户
	智利	配送伙伴	用餐者	餐厅合作伙伴	用户
	墨西哥	配送伙伴	用餐者	餐厅合作伙伴	用户
	肯尼亚	配送伙伴	消费者	餐厅合作伙伴	用户
Zomato	印度	配送伙伴	–	餐厅合作伙伴	

n/a = 不适用。

▶ 附录3

国际劳工组织对企业和客户的访谈

为了解劳动世界数字转型带来的机遇和挑战，国际劳工组织对各类企业和客户进行了访谈，其中包括信息技术公司、初创公司、使用配送平台或出行平台的商业客户，以及提供数字服务的业务流程外包（BPO）公司。表A3.1列出了受访公司和个人。下面详细阐述企业访谈的流程。访谈于2019年3月至2020年3月期间进行，每次访谈持续时间为30分钟至2小时。

▶ 3A. 信息技术公司

我们联系了印度的一些信息技术公司进行访谈，以了解它们是否正在使用数字劳动力平台以及采取哪些战略以融入数字经济。尽管付出了巨大的努力，但在国际劳工组织印度国家办事处的支持下，只有两家信息技术公司同意接受访谈。访谈是通过面对面会议和与公司高管进行视频通话的方式进行的。半结构化访谈涵盖了一系列问题，包括数字转型如何影响信息技术行业、公司为适应不断变化的数字技术而采用的战略、它们的运营、招聘战略、绩效管理、生产力和创新，以及数字如何塑造它们的战略思维和未来的商业战略。

▶ 3B. 提供工具和/或补充产品和人工智能服务的初创公司

数字劳动力平台使用各种应用程序、工具和补充产品为企业提供服务并满足它们的需求。通过对报告中所涵盖的数字劳动力平台（如Glovo、PeoplePerHour、Upwork和99designs等数字劳动平台）的分析，并使用网站分析工具（BuiltWith），可以识别各平台使用的不同应用程序、工具和产品。其中许多主要与生产力、沟通和协作（如Slack、Zoom、Skype、Dropbox）、支付（如PayPal、Venmo）、视频和音频（如YouTube）以及翻译（如Google Translate）有关。确定的嵌入式应用程序与数据分析、客户推广（如CrazyEgg、Notice Board）和广告（Twitter analytics和Google analytics）相关。在此基础上，我们联系了大约35家初创企业，其中大部分位于印度和美国，其中12家企业同意接受访谈。

此外，印度信息技术研究所，位于班加罗尔的孵化中心，还帮助确定了为数字劳动力平台或传统公司开发应用程序和工具的数字技术初创企业；通过这一过程，确定了五家初创企业。我们对总共17家初创公司进行了访谈，但其中只有10家被纳入分析，因为其余7家要么没有提供可用于本报告的深入见解，要么不希望它们的公司被用于分析。问卷是半结构化的，包括关于成立公司的动机、公司是如何成长发展的、公司的区域或全球焦点、机遇和挑战，以及未来的增长战略等问题。其中一些访谈是在访问印度期间当面进行的，而其他则是通过Skype或Zoom进行的。

▶ 表A3.1　国际劳工组织针对数字劳动力平台体验进行的访谈

	受访者类别	受访者	地点
A.	**信息技术公司**		
1.	Wipro	−技术创新中心负责人 −公共政策和公司事务负责人	印度班加罗尔
2.	Infosys	公司战略规划高级经理	印度班加罗尔
B.	**提供工具和/或补充产品的初创公司**		
1.	Cloudinary	营销主管	美国旧金山
2.	Crazyegg	公共关系经理	美国旧金山
3.	Rytangle	首席执行官	印度班加罗尔
4.	Krittur Technology	首席执行官	印度班加罗尔
5.	Notice Board	−首席执行官 −首席技术官	印度班加罗尔
6.	Bionic Yantra	首席执行官	印度班加罗尔
7.	Vision Empower	首席执行官	印度班加罗尔
8.	Jordan[①]	首席执行官	美国旧金山
9.	Ever Labs	首席执行官	乌克兰切尔卡瑟
10.	300 Brains	首席技术官	波兰华沙
C.	**使用配送平台的客户或小企业（每个国家进行的访谈数量）**		
1.	餐馆	所有者	加纳（4）；肯尼亚（3）；印度尼西亚（3）；黎巴嫩（6）；摩洛哥（6）；乌克兰（5）
2.	零售业务 （小商店、杂货店）	所有者	加纳（6）；印度尼西亚（9）；肯尼亚（1）
3.	企业公司	所有者	肯尼亚（4）
D.	**业务流程外包（BPO）公司[①]**		
1.	HN，AT，CF，CCI，SS，IN（6）	−首席执行官 −首席技术官 −运营主管 −首席战略官	肯尼亚内罗毕、蒙巴萨、肯尼亚
2.	TR，CO，FS，ASAP，GIIP（5）	−首席执行官 −联合创始人	印度班加罗尔、新德里、印度
E.	**使用出行和配送平台的客户（每个国家进行的访谈数量）**		
1.	使用配送平台的个人客户		智利（4）
2.	使用出行和配送平台的个人客户		加纳（10） 印度（14）
3.	访谈使用出行平台的个人客户		肯尼亚（5）

①表中提到的这些初创公司和业务流程外包公司的名字为化名。

3C. 使用配送平台的客户或小企业

根据国际劳工组织编制的半结构化问卷，与顾问合作，对客户和小企业进行了访谈。根据对每个国家基于应用程序的配送员的调查，确定了使用配送平台开展活动的餐馆或小企业。所有国家的顾问都与潜在受访者进行了接触。然而，只有部分国家（加纳、印度尼西亚、肯尼亚、黎巴嫩、摩洛哥和乌克兰）的客户和小企业愿意接受访谈。在其他国家（阿根廷、智利、中国、印度和墨西哥），与这些企业进行接触联络更加困难，并且无法进行访谈。访谈主要关注受访者使用数字平台开展业务的动机，以及所遇到的机遇和挑战。所有访谈均由各自国家的顾问亲自进行。

3D. 业务流程外包（BPO）公司

印度和肯尼亚的业务流程外包公司采用的方法是不同的。在印度，业务流程外包公司在国际劳工组织印度国家办事处的支持下，通过位于班加罗尔的印度信息技术研究所（本研究的合作伙伴之一）的研究人员提供的联系方式，确定了受访的业务流程外包公司。这些公司要么正在进行业务转型以满足新的数字需求，要么正在成立新的业务流程外包公司来为大型技术公司提供服务。

在肯尼亚，国际劳工组织与一名顾问合作，帮助与选定的业务流程外包公司进行联系。该顾问早些时候曾为牛津互联网研究所的研究人员进行过一项关于业务流程外包公司的研究，因此对这一行业非常熟悉。这对于与这些公司建立联系和进行访谈都是非常重要且有益的。所有访谈均由顾问与国际劳工组织团队合作，亲自进行（在访问期间亲自进行或通过Skype进行）。

两国的半结构化访谈侧重于公司在向提供数字服务转型时的业务战略，所提供服务的性质及其与以前提供的服务之间的差异，转型对公司人力资源和技能组合的影响，公司如何提高生产力，以及公司未来业务发展战略。

3E. 使用出行和配送平台的客户

对使用出行和配送平台的客户的访谈是与各国家的顾问合作进行的，并基于国际劳工组织准备的半结构化问卷。智利、加纳、印度和肯尼亚的顾问确定了愿意分享使用这些平台经验和动机的个人。访谈的重点是使用数字平台的动机及好处。所有访谈均由各国家的顾问亲自进行。

 附录4
国际劳工组织的调查、访谈和统计分析

▶ 4A. 国际劳工组织的调查和访谈

4A.1　在选定国家对出租车和网约车司机和配送员的调查（2019~2020年）

对配送工人的调查在11个国家展开，对出租车和网约车司机的调查在9个国家展开。在一些国家，调查仅限于一个城市，而在其他国家，根据平台公司在城市间的分布以及在多个城市进行调查的可行性，调查对象针对多个城市（见表A4.1）。

对基于应用程序的网约车司机和配送员，以及传统出租车司机和配送员的调查基于国际劳工组织编制的四份问卷（基于应用程序的出行行业、传统出行行业、基于应用程序的配送行业、传统配送行业）。调查问卷的结构相似，但根据行业的不同进行了一些调整。每份问卷都包括有关受访者社会人口背景的问题，工作经历及其所从事的其他工作的信息，以及与他们作为出租车和网约车司机或配送员的工作相关的详细问题，包括工作时间、收入、与工作相关的支出、社会保障、收入保障、自主权和控制权、对工作和工作场所团结性的看法。虽然大多数问题是定量的，但有些问题是定性的，并允许开放式的回答。此外，问卷为补充说明和评论提供了空间，鼓励调查员记录他们认为对分析有价值的任何信息或陈述。

这些调查是与来自各个国家的顾问合作实施的。在阿根廷，调查由国际劳工组织阿根廷国家办事处协调，由位于布宜诺斯艾利斯的FLASCO进行。在其余所有国家，调查是与研究人员或研究机构合作进行的。问卷在与顾问协商后，根据当地情况进行了调整，并在必要时翻译成当地语言。每个国家都对问卷进行了试点测试，以确定潜在问题，并在最终数据收集开始之前，在必要时进一步完善问卷。访谈是使用计算机辅助个人访谈（CAPI）进行的，其中包含使用移动设备（手机、平板电脑）的内置验证规则。[①]

在开始试点测试和实地工作之前，参与本研究的顾问和调查员接受了与项目相关的指导和能够帮助其理解每个问题的培训，学习了使用详细的查询技术捕捉每一个变量，以获得与被访者情况有关的广泛而深入的信息，以及学习在设备上使用调查表。国际劳工组织研究团队在访问肯尼亚期间亲自参与提供培训，在其余所有国家则是通过视频通话展开培训。

---

① 这些调查是通过KoBoToolbox展开的，这是一个提供程序源的调查工具：https：//www.kobotoolbox.org/。

▶ 表A4.1 对司机和配送员进行国家调查的观测数量，按访谈城市划分

国家	出行		配送	
	基于应用程序	传统	基于应用程序	传统
阿根廷	–	–	布宜诺斯艾利斯（300）	–
智利	圣地亚哥（126）	圣地亚哥（147）	圣地亚哥（251）	圣地亚哥（50）
中国	–	–	北京（514）	–
加纳	阿克拉（198）	阿克拉（196）	阿克拉（226）	–
印度	德里（169）	德里（170）	班加罗尔（283）	孟买（55）
	孟买（155）	孟买（158）	德里（269）	
印度尼西亚	雅加达大都会区（344）	雅加达大都会区（148）	雅加达大都会区（112）	–
肯尼亚	基苏木（45）	基苏木（43）	基苏木（17）	基苏木（27）
	蒙巴萨（43）	蒙巴萨（62）	蒙巴萨（24）	蒙巴萨（29）
	内罗毕（151）	内罗毕（185）	内罗毕（130）	内罗毕（94）
黎巴嫩	贝鲁特（130）	贝鲁特（100）	贝鲁特（65）	贝鲁特（47）
	朱尼耶（70）	朱尼耶（40）	朱尼耶（35）	朱尼耶（20）
		的黎波里（60）		的黎波里（25）
墨西哥	墨西哥城（200）	墨西哥城（200）	墨西哥城（249）	–
摩洛哥	拉巴特（192）	卡萨布兰卡（38）	卡萨布兰卡（78）	–
	萨尔（2）	拉巴特（118）	拉巴特（158）	
		萨尔（48）	萨尔（9）	
		斯基拉特-特马拉（1）	斯基拉特-特马拉（1）	
乌克兰	基辅（252）	基辅（150）	基辅（244）	–

资料来源：国际劳工组织对选定国家进行的司机和配送员的调查（2019~2020年）。

　　由于缺乏这些类型平台工人的官方统计数据，包括数量和特征，因此没有可以从中随机抽取样本的抽样基础。在这种情况下，主要目标是获得尽可能代表目标人群的样本。目标人群包括任何年满18岁或以上且在该行业工作至少3个月的工人。采用在该行业工作3个月这一标准可以确保工人提供的信息是有意义的。[①]

　　为确保样本内的异质性，访谈是在城市的不同街区（见图A4.1）、一周中的不同日子（包括周末）和一天中的不同时间进行的。在开始实地工作之前，确定了在每个城市运营的主要平台公司。建议调查员确定在不同平台公司注册的受访者。然而，在黎巴嫩等一些国家，很难找到在不同平台公司注册的工人，因为市场明显由一家平台公司主导（见表A4.2）。

---

① 在阿根廷，样本仅限于16岁或以上的工人，在基于应用程序的配送行业至少有1个月的工作经验。

▶ 图A4.1　不同城市、选定调查和国家的访谈分布

乌克兰（基辅），基于应用程序的网车司机

加纳（阿克拉），传统出租车司机

墨西哥（墨西哥城），基于应用程序的配送员

肯尼亚（内罗毕），传统配送员

资料来源：国际劳工组织对选定国家进行的司机和配送员的调查（2019~2020年）。

▶ 表A4.2　基于应用程序的网约车司机和配送员的国家调查的观测数量，按平台公司划分

国家	出行	配送
阿根廷	–	Glovo（109），Rappi（105），PedidosYa（86）
智利	优步（89），Beat（21），Cabify（12），其他（4）	Rappi（76），Cornershop（60），PedidosYa（59），优步外卖（56）
中国	–	美团（259），饿了么（140），闪送（67），顺丰（25），其他（23）
加纳	优步（124），Bolt（61），Yango（13）	Jumia（85），Papa's Pizza（22），其他（119）
印度	优步（195），Ola（129）	Zomato（141），Swiggy（133），优步外卖（115），Dunzo（46），亚马逊（33），Big Basket（30），Flipkart（30），Grofers（14），其他（10）
印度尼西亚	Grab（197），Gojek（146），Lainnya（1）	Gojek（68），Grab（44）
肯尼亚	优步（98），Bolt（88），Safe Boda（23），Little（22），其他（8）	Jumia Foods（54），Glovo（33），优步外卖（23），Sendy（18），Bolt（9），其他（34）
黎巴嫩	优步（167），Careem（33）	Toters（96），Fastpax（4）
墨西哥	优步（91），滴滴（84），其他（25）	Rappi（132），优步外卖（95），SinDelantal（10），其他（12）
摩洛哥	Careem（188），Blinc（5），VTCG0（1）	Glovo（172），Jumia（74）
乌克兰	优步（124），Uklon（69），Bolt（48），其他（11）	Glovo（189），优步外卖（22），Nova Poshta（22），其他（11）

资料来源：国际劳工组织对选定国家进行的网约车司机和配送员的调查（2019~2020年）。

　　识别工人的主要方法是上街去寻找。为了找到出租车司机，调查员会把目标放在加油站、办公楼群、购物中心、机场、火车站、平台公司办公室和出租车站等地方。虽然可以通过车辆的外观轻松识别传统出租车，但在某些国家或地区，识别基于应用程序的司机非常困难。例如，在智利，基于应用程序的工人处于一个合法的灰色地带；他们试图让自己不要太过明显。在一些国家，许多受访者，尤其是那些通过平台工作的受访者，担心调查是由平台公司进行的。这种情况下，通常会向这些受访者出示一封正式信函，确认这项研究是代表国际劳工组织进行的，以减轻他们的担忧。

　　配送员主要在餐馆、购物中心或等候点附近聚集。通常可以通过带有公司品牌的车辆、运输箱或制服（夹克、头盔）来识别他们。此外，在难以达到目标样本量的国家，还使用了滚雪球抽样方法进行数据采集。[①]

　　如果工人愿意回应调查，但在第一次接触时无法回答（例如，他们刚刚收到订单，或者是不能或不想退出他们的应用程序），调查员将安排在受访者方便的时间和地点进行会面。同样，如果访谈被打断，调查员则会安排稍后的会面来完成访谈。在完成访谈后，受访者将根据他们在访谈中花费的时间，获得固定的、符合国家标准的报酬作为补偿。[②]平均而言，工人完成调查需要大约40分钟。

　　目标样本规模为200~250名基于应用程序的网约车司机、200名传统出租车司机、200~250名基于应用程序的配送员和50~150名传统配送员。对传统配送员的调查只在那些背景研究表明配送工作在平台公司进入市场之前就已经很普遍的城市进行。由于在某些情况下很难达到每个类别的目标样本量，因此在进行调查时，某些国家必须修改样本量或分布。表A4.2中显示的最终样本量反映了这些困难，并且从数据集中删除了一些观察结果，因为它们在年龄或经验方面不符合选择标准，或者是出于对质量问题的考虑。

　　对工人的第一次调查于2019年4月进行，最后一次于2020年2月进行。每个国家和调查的实施时间可参见表A4.3。由于不可能同时协调所有国家的调查，因此调查开始和结束的日期各不相同。此外，调查的持续时间在很大程度上取决于每个国家和/或城市的调查员的数量以及找到每个类别工人的难易程度。

---

① 在阿根廷，抽样设计包括第一阶段，包含通过社交网络工作组（脸书、WhatsApp等）识别潜在的受访者。从第一个样本中，工人被要求选定可能有兴趣参与研究的其他同伴，限定每个参与者可以提供的新参与者数量。

② 这些金额是根据该国的最低工资以及出租车司机或配送员的最高收入而确定的。

▶ 表A4.3　司机和配送员国家调查的数据收集期

国家	出行		配送	
	基于应用程序	传统	基于应用程序	传统
阿根廷	–	–	2019年7月1日~31日	–
智利	2019年8月11日~ 9月8日	2019年7月5日~ 8月16日	2019年6月10日~ 8月8日	2019年8月18日~ 10月1日
中国	–	–	2019年7月6日~24日	
加纳	2019年10月6日~ 12月12日	2019年10月19日~ 12月12日	2019年10月4日~ 12月12日	–
印度	2019年5月22日~ 8月6日	2019年6月21日~ 7月22日	2019年8月9日~ 12月3日 2020年1月28日~ 2月8日	2019年8月9日~30日
印度尼西亚	2019年8月9日~30日	2019年8月10日~31日	2019年8月9日~ 9月4日	–
肯尼亚	2019年10月30日~ 12月5日	2019年10月31日~ 12月5日	2019年10月31日~ 12月4日	
黎巴嫩	2019年9月19日~ 10月12日	2019年9月18日~ 10月7日	2019年9月20日~ 11月11日	2019年9月26日~ 10月10日
墨西哥	2019年8月28日~ 11月21日	2019年8月26日~ 11月2日	2019年4月12日~ 8月12日	–
摩洛哥	2019年12月14日~ 2020年1月9日	2019年12月13日~ 2020年1月5日	2019年12月14日~ 2020年1月15日	–
乌克兰	2019年10月23日~ 12月3日	2019年10月25日~ 12月15日	2019年10月23日~ 12月1日	

资料来源：国际劳工组织对选定国家进行的司机和配送员的调查（2019~2020年）。

4A.2　关于新冠肺炎疫情对出行行业和配送行业工人影响的快速评估调查（2020年）

为了评估新冠肺炎疫情对出行行业和配送行业工人的影响，在智利、印度、肯尼亚和墨西哥四个国家进行了快速评估调查。选择这些国家是为了了解疫情对不同地区工人的影响。调查问卷由国际劳工组织制定，并在负责各自国家2019年调查的顾问的帮助下实施。在实施最终调查之前，进行了试点测试以完善问卷，并对调查员进行培训以了解每个问题的内容和相关性。访谈是在2020年8月使用计算机辅助电话访谈（CATI）进行的。

　　目标样本包括曾参与2019年调查的配送员和司机，他们或仍在各自的行业工作，或目前没有工作，但计划在其所在城市的情况好转后重返该行业。样本量为2019年每个类别（基于应用程序的出行行业、传统出行行业、基于应用程序的配送行业、传统配送行业）样本的10%，并在性别、平台或公司以及移民身份（智利）方面力求实现类似的分布。在肯尼亚，由于基苏木地区受到疫情限制的不利影响较小，因此决定将样本从基苏木重新分配到内罗毕和蒙巴萨。最终的样本分布如表A4.4所示。

▶ 表A4.4　关于新冠肺炎疫情对司机和配送员影响的快速评估调查的观测数量，按访谈城市划分

国家	出行		配送	
	基于应用程序	传统	基于应用程序	传统
智利	圣地亚哥（16）	圣地亚哥（16）	圣地亚哥（26）	圣地亚哥（5）
印度	德里（19）	德里（18）	班加罗尔（27）	孟买（6）
	孟买（16）	孟买（16）	德里（29）	－
肯尼亚	蒙巴萨（8）	蒙巴萨（9）	蒙巴萨（2）	蒙巴萨（6）
	内罗毕（19）	内罗毕（20）	内罗毕（16）	内罗毕（9）
墨西哥	墨西哥城（20）	墨西哥城（20）	墨西哥城（25）	－

资料来源：国际劳工组织对司机和配送员的快速评估调查（2020年）。

　　调查问卷包括与工作安排、家庭构成、社会保障、工作与收入保障、职业安全与健康、集体行动以及污名化和歧视有关的定性和定量问题。平均而言，工人完成调查需要大约30~40分钟。

　　在调查问卷开始时就表示他们已经永久停止从事司机或配送员工作的工人被问及有关他们离开这些行业的原因、离职时间以及他们目前的就业状况的问题。对于这些工人而言，完成调查大约需要10~15分钟。所有完成调查的工人都得到了他们花在访谈时间上的经济补偿。①

　　为了达到目标样本量，总共有996名受访者是通过使用他们在2019年调查中提供的电话号码联系到的。许多电话打不通是因为这个电话号码不再使用或更换了机主，或者由于电话关机或未接听到而无法联系到个人。最后，尽管与受访者取得了联系，一些人也表示他们太忙或拒绝参与调查（见表A4.5）。

---

① 支付给在出行或配送行业继续工作或计划返回工作的每个工人的经济补偿是2019~2020年原始调查金额的两倍。支付给停止在出行或配送行业继续工作的人的经济补偿与2019~2020年的调查金额相同。

▶ 表A4.5　新冠肺炎疫情对司机和配送员影响的快速评估调查联系到的参与者人数，按国家划分

类别	出行		配送		全部（人）
	基于应用程序（人）	传统（人）	基于应用程序（人）	传统（人）	
智利					
参与调查					
目前正在工作	9	11	25	4	49
目前未工作，但计划返回岗位	7	5	1	1	14
永久离开	4	0	11	1	16
小计	20	16	37	6	79
不参与调查					
电话号码为空号或更换机主	6	0	25	1	32
未接电话或关机	1	4	8	0	13
不愿意参与	3	8	3	0	14
小计	10	12	36	1	59
试图取得联系的总数	30	28	73	7	138
印度					
参与调查					
目前正在工作	21	18	46	0	85
目前未工作，但计划返回岗位	14	16	10	6	46
永久离开	2	1	10	0	13
小计	37	35	66	6	144
不参与调查					
电话号码为空号或更换机主	5	2	9	3	19
未接电话或关机	6	3	18	2	29
不愿意参与	2	0	3	0	5
小计	13	5	30	5	53
试图取得联系的总数	50	40	96	11	197
肯尼亚					
参与调查					
目前正在工作	23	16	13	13	65
目前未工作，但计划返回岗位	4	13	5	2	24
永久离开	8	10	8	1	27
小计	35	39	26	16	116
不参与调查					
电话号码为空号或更换机主	18	8	10	1	37
未接电话或关机	57	79	38	20	194
不愿意参与	8	13	5	3	29
小计	83	100	53	24	260
试图取得联系的总数	118	139	79	40	376
墨西哥					
参与调查					
目前正在工作	19	17	24	–	61
目前未工作，但计划返回岗位	1	3	1	–	5
永久离开	0	0	0	–	0
小计	20	20	25	–	65
不参与调查					
电话号码为空号或更换机主	56	39	33	–	128
未接电话或关机	9	27	19	–	55
不愿意参与	1	4	2	–	7
小计	66	70	54	–	190
试图取得联系的总数	86	90	80	–	255

注：因四舍五入，数字加总可能与总数不一致。

资料来源：国际劳工组织对司机和配送员的快速评估调查（2020年）。

背景信息。①在新冠肺炎疫情期间，影响配送和出行行业工人的限制和经济形势因国家、城市和时间段而异。下面简要提及截至调查之时（2020年8月）影响这两个行业的事件和措施。

在智利圣地亚哥，从3月22日开始实行宵禁（晚上10点到凌晨5点），从3月25日开始实行动态封锁（即仅在该市的某些地区），而在5月15日，智利圣地亚哥大都市区的所有城市都实行了全面封锁。从8月15日起，圣地亚哥大都会区不同城市的全面封锁逐步放宽，宵禁时间于8月21日起缩短（晚11点至凌晨5点）。虽然（基于应用程序的和传统的）配送员和传统的出租车司机被归类为基本工人，并被授予在工作时在锁定区域内移动的许可证，但基于应用程序的网约车司机未被归类为基本工人，因此没有资格获得这种许可证。只有同时提供配送服务或同时有传统出租车需求的平台才被允许运营。

除了疫情之外，圣地亚哥的经济还受到2019年10月18日开始的大规模民间抗议的影响。调查还试图捕捉抗议对受访者工作和收入保障的影响。

在印度，3月24日至5月3日期间实行全国封锁。在班加罗尔，5月4日开始部分开放，而在德里和孟买，5月18日起开始重新运营。基于应用程序的食品配送服务在整个封锁期间依然正常运营，快递配送则于5月18日重启。在封锁期间，出行平台被关闭。在孟买，6月2日起允许传统出租车行业重新运营，6月5日允许基于应用程序的出行平台重新运营。在班加罗尔和德里，出行服务（传统的和基于应用程序的）于5月18日开始重新运营，但对载客数量有限制（机动三轮车限载1人，出租车限载2人）。然而在班加罗尔病例激增后，7月14日至7月22日再次实施封锁，出行服务仅在紧急情况下或前往机场或火车站时才被允许。

此外，随着2019年12月上旬《公民法案》的通过，2019年12月至2020年3月，包括新德里、孟买和班加罗尔在内的印度多个城市发生了多次抗议活动。这对司机和配送员的工作和收入造成影响，调查也试图捕捉这些影响。

在肯尼亚，自3月23日起，所有酒店和餐馆都关闭停业，只有外卖商店仍可以营业至下午4点。从3月27日起，全国实行宵禁（从晚上7点至凌晨5点）。从4月6日起，进出内罗毕和蒙巴萨等城市受到限制。自4月27日起，餐馆被允许营业（从早上5点到下午4点）。自6月6日起，宵禁时间放宽（从晚上9点至凌晨4点），但进出内罗毕和蒙巴萨仍然受限。在遵守宵禁规定的情况下，出行行业和配送行业（基于应用程序的和传统的）在整个期间都被允许运营。

在墨西哥城，对经济活动的限制从3月26日开始。4月21日，该国宣布情况已达到大流行状态。从6月1日开始，引入了用信号灯颜色来表示每个州的疫情情况，并每周进行更新。墨西哥城在6月、7月和8月被列为"红色"，这意味着只有必要的活动才能开展。尽管如此，在这几个月里，人们的生活依旧慢慢开始恢复。出行行业和配送行业（基于应用程序的和传统的）在整个期间都被认为是必不可少的，因此被允许运营。

4A.3 对基于在线网络平台工人的调查

为了更好地了解基于在线网络平台的工作条件，国际劳工组织开展了多项调查：众包工人全球调查（2017年）、对自由职业者平台和竞争性编程平台工人的全球调查（2019~2020年），以及对中国和乌克兰平台工人的国家调查（2019年）。所有这些调查都包含关于工人人口统计、工作经验和工作经历的内容，以及关于完成的工作类型和工作条件的详细信息，如

---

① 基于各国顾问提供的信息。

工作时间、收入、获得的福利、财政和社会保障。问卷既包括定量问题，也包括一些需要用文字回答的开放式问题，这提供了更具定性性质的调查结果。全球调查的调查语言为英语，对中国和乌克兰平台工人的调查所用语言分别为中文和乌克兰语。

由于没有基于在线网络平台工人的数据库，因此无法抽取随机样本。根据目标群体，选择了不同的抽样方法。独立于抽样方法，工人自行选择参与调查。以下详细描述了不同的调查和所使用的抽样方法。

4A.3.1　众包工人全球调查（2017年）

该调查于2017年2月至5月在全球运营的五个主要微任务平台上进行：AMT、CrowdFlower（现为Appen）、Clickworker、Microworkers和Prolific（前身为Prolific Academic）。这是2015年对AMT和CrowdFlower进行调查的后续和扩展（见Berg，2016）。国际劳工组织在专门从事社会科学调查研究的SoundRocket公司的协助下修改了2015年的问卷。该调查在五个平台上被列为付费任务。任何人都可以参与调查，除了主要面向来自印度和美国的工人的AMT。调查在一天中的不同时间分批发布，工人自行选择参与调查。这是众包实证研究中的常见做法，被认为是接触平台上众多工人的最佳方式。平均而言，受访者需要大约30分钟完成调查。在参与调查的总共3345名受访者中，近30%的受访者不得不被排除在分析之外，因为他们只是部分完成了调查，或者没有对调查给予足够的重视，或者使用算法来完成调查，或者使用了多个账户或平台来完成调查（见Berg et al.，2018）。最终产生了来自75个国家的2350名工人的最终样本（见表A4.6和表A4.7）。

除调查外，2017年8月在Skype上对21名工人进行了半结构化访谈，以更好地了解他们的动机、完成的工作、对微任务工作的（不满）以及这种不满如何影响他们的个人和职业生涯。

4A.3.2　2019~2020年对基于自由职业者平台、竞赛类平台以及竞争性编程平台工人的全球调查

基于自由职业者平台、竞赛类平台以及竞争性编程平台工人的全球调查问卷是由国际劳工组织在SoundRocket公司的协助下制定的，该调查研究公司协助国际劳工组织在2017年进行了众包工人全球调查。目标人群包括基于自由职业者平台、竞赛类平台和竞争性编程平台工人在12个预定数字平台（99designs、CodeChef、Codeforces、Designhill、Freelancer、HackerEarth、HackerRank、Hatchwise、Iceberg、PeoplePerHour、Topcoder、Upwork）中的任何一个平台上从事工作或培训活动的工人。之所以选择这些平台是因为它们是各自领域的主要平台，并且似乎可以验证工人是否在这些平台上面完成工作任务。

对招募调查参与者的不同模式的可行性进行评估后，最终确定的策略包括：

▶ 直接在平台上招募：这种方法包括将调查列为平台上的付费任务。样本中大约90%的自由职业者平台工人和8%的竞争性编程平台工人是通过这种方式招聘的。各种工作类别和任务类型的招聘信息被发布在Upwork、Freelancer和PeoplePerHour平台上，以期招募各种调查参与者。这种方法在Upwork上效果很好，而在Freelancer上，竞标质量非常低，许多工人提交了的投标与任务无关，而在PeoplePerHour上，职位发布很快就被版主标记并删除了。在Upwork上的招聘过程中，确保了任务、地理位置和工人经验的多样性。虽然通过Upwork招募的一些受访者在该平台上的收入低于100美元（4%），但大多数受访者的收入超过1000

美元（78%），有些超过10000美元（35%），甚至100000美元（2%）。

▶ 通过其他数字平台（AMT）识别工人：AMT平台被用于招募参加过2017年众包工人调查的参与者，这些参与者被识别为可能符合本次调查的条件，并且可能有意愿参加未来的调查。调查被设置为两个问题。第一个问题询问了基本的人口统计问题，并确定这些工人是否参与了自由职业者平台、竞赛类平台或竞争性编程平台工作。第二个问题是提供给那些被认为符合条件的人，包括分别针对自由职业者平台或竞争性编程平台工人的详细调查问卷。AMT上约有60名和29名受访者分别成功完成了自由职业者平台或竞争性编程平台的问卷调查。然而，对受访者提供的答案（包括开放式问题）的详细分析表明，其中有相当数量的回答的质量很低。一些受访者可能并没有在自由职业者平台或竞争性编程平台上工作的经验，可以明显地看出他们这样做的目的只是为了能够完成调查并获得经济奖励——很多回答惊人地相似，可见他们使用了不同的账户多次进行参与调查。在排除这些低质量的观察结果后，最终样本中大约有8%的自由职业者平台工人（36名受访者）和3%的竞争程编程平台工人（2名受访者）是通过AMT招募的。

▶ 通过在线广告寻找目标工人：针对三个工人群体设计了广告并发布在脸书上。这些方法在试点研究中是相对成功的。然而，脸书广告政策的变化导致微定位选项的数量急剧减少，这在最终研究期间显著降低了招募参与者的有效性。在点击这些广告的50000多人中，只有大约250人参与了调查。虽然只有14名受访者成功完成了调查，但其中8份调查的质量欠佳，只有6人（占自由职业者的1%）被纳入最终样本。

▶ 与在线内容创建者协调，以与其订阅者分享调查：我们制作了两个视频，其中一个是宣传该研究的短片，这些视频被发布到与该研究合作的YouTube博主的频道上。这个博主专注于竞争性编程，拥有超过240000名订阅者。此外，他还在一个脸书的帖子和两个推特的帖子中分享了有关这项研究的信息。大约74%的竞争性编程平台工人是通过这种方法招募的。

▶ 网上论坛招募：少数竞争性编程平台工人是从CodeChef社区论坛招募的。此外，还通过其他在线论坛或社交媒体平台（如Quora、Meetup、领英）联系潜在的受访者，但都没有成功。在有竞争力的程序员中，约15%是通过在线论坛招聘的。

我们所评估的另一种招募方法是滚雪球抽样。这种方法在试点研究期间并不成功，因为最初的志愿者都没有跟其他人分享调查结果，因此被认为是不可行的。

问卷收集时间为2019年8月下旬至2020年1月下旬。所有成功完成问卷的参与者都获得了报酬，以感谢他们的参与。自由职业者平台工人完成调查的平均时间约为60分钟，竞争性编程平台工人完成调查的平均时间约为25分钟。

总共有609名受访者完成了对自由职业者平台和竞赛类平台工人的调查；190名受访者完成了对竞争性编程平台工人的调查。在数据清理和剔除低质量或重复条目的记录后，对自由职业者平台和竞赛类平台工人调查的最终样本包括来自80个不同国家和三个不同平台的449名受访者；对竞争性编程平台工人调查的最终样本包括来自七个不同国家和五个不同平台的62名受访者（见表A4.6和表A4.7）。由于上述在各种平台上招募自由职业者存在的困难，93%的受访者是在Upwork上完成调查的。

▶ 表A4.6　基于在线网络平台全球调查的观测数量，按收入组别和国家/地区划分

类别	自由职业者平台	竞争性编程平台	微任务平台
高收入	奥地利（2） 比利时（1） 加拿大（8） 克罗地亚（3） 捷克（3） 丹麦（1） 爱沙尼亚（1） 芬兰（1） 法国（8） 德国（5） 希腊（7） 匈牙利（2） 爱尔兰（1） 以色列（2） 意大利（7） 荷兰（3） 新西兰（1） 阿曼（1） 波兰（4） 葡萄牙（4） 韩国（1） 罗马尼亚（5） 斯洛文尼亚（1） 西班牙（4） 圣基茨和尼维斯（1） 瑞典（1） 瑞士（1） 中国（1）[1] 阿联酋（1） 英国（4） 美国（63）	比利时（1） 挪威（1） 美国（3）	澳大利亚（4） 奥地利（9） 比利时（4） 文莱（1） 加拿大（41） 智利（3） 克罗地亚（11） 捷克（2） 爱沙尼亚（1） 芬兰（2） 法国（23） 德国（188） 希腊（6） 匈牙利（6） 爱尔兰（4） 以色列（1） 意大利（67） 日本（1） 拉脱维亚（1） 立陶宛（2） 荷兰（10） 新西兰（3） 波兰（13） 葡萄牙（30） 罗马尼亚（18） 沙特阿拉伯（2） 新加坡（3） 斯洛伐克（2） 斯洛文尼亚（1） 西班牙（43） 瑞典（1） 瑞士（4） 英国（294） 美国（697） 乌拉圭（1）
上中等收入	阿尔巴尼亚（2） 阿根廷（3） 亚美尼亚（2） 白俄罗斯（2） 波黑（3） 巴西（11） 保加利亚（3） 中国（5） 哥伦比亚（5） 多米尼加共和国（2） 格鲁吉亚（1） 印度尼西亚（3） 牙买加（1） 约旦（1） 黎巴嫩（1） 马来西亚（4） 墨西哥（5） 北马其顿（4） 秘鲁（1） 俄罗斯联邦（3） 塞尔维亚（10） 南非（5） 泰国（2） 土耳其（3） 委内瑞拉（10）	秘鲁（1）	阿尔巴尼亚（1） 阿根廷（4） 亚美尼亚（1） 波黑（39） 巴西（45） 保加利亚（10） 中国（1） 哥伦比亚（3） 厄瓜多尔（2） 格鲁吉亚（1） 印度尼西亚（28） 牙买加（3） 马来西亚（8） 墨西哥（9） 北马其顿（10） 秘鲁（5） 俄罗斯联邦（28） 塞尔维亚（75） 南非（7） 土耳其（11） 委内瑞拉（71）

▶ 表A4.6（续）

类别	自由职业者平台	竞争性编程平台	微任务平台
下中等收入	阿尔及利亚（2） 孟加拉国（16） 柬埔寨（1） 埃及（8） 萨尔瓦多（2） 印度（41） 肯尼亚（20） 缅甸（1） 尼泊尔（1） 尼加拉瓜（3） 尼日利亚（8） 巴勒斯坦被占领土（9） 巴基斯坦（34） 菲律宾（43） 突尼斯（1） 乌克兰（9） 乌兹别克斯坦（1） 越南（2）	孟加拉国（2） 印度（53） 突尼斯（1）	阿尔及利亚（6） 孟加拉国（10） 玻利维亚（1） 埃及（4） 加纳（1） 印度（343） 肯尼亚（7） 吉尔吉斯斯坦（1） 摩洛哥（7） 尼泊尔（32） 尼日利亚（22） 巴基斯坦（11） 菲律宾（10） 摩尔多瓦（3） 斯里兰卡（10） 突尼斯（4） 乌克兰（14） 越南（2）
低收入	贝宁（1） 布基纳法索（1） 埃塞俄比亚（1） 马拉维（1） 卢旺达（1）		

注：①位于中国台湾地区。

资料来源：国际劳工组织对众包工人的全球调查（2017年）以及对自由职业者平台和竞争性编程平台工人的全球调查（2019~2020年）。

▶ 表A4.7　基于在线网络调查的每个平台的观测数量

自由职业者平台和竞赛类平台（449）	竞争性编程平台（62）	微任务平台（2350）	乌克兰（761）	中国（1107）
99designs（4）	CodeChef（13）	Amazon Mechanical Turk（489）	Advego.ru（32）	时间财富网（293）
Freelancer（27）	Codeforces（14）	Clickworker（455）	Amazon Mechanical Turk（5）	一品威客网（232）
	HackerRank（33）	CrowdFlower（now Appen；355）	fl.ru（13）	k68威客网（48）
	Iceberg（1）	Microworkers（556）	Free-lance.ua（7）	
			Freelance.ru（6）	
			Freelance.ua（46）	
			Freelancehunt.com（40）	
Upwork（418）			Freelancer.com（27）	猪八戒网（534）
	Topcoder（1）	Prolific（495）	Kabanchik.ua（471）	
			Upwork.com（41）	
			Weblancer.net（7）	
			其他（66）	

资料来源：国际劳工组织对众包工人的全球调查（2017年）以及对自由职业者平台和竞争性编程平台工人的全球调查（2019~2020年）。国际劳工组织对中国（2019年）和乌克兰（2019年）平台工人的调查。

4A.3.3　对乌克兰平台工人的调查（2019年）

这项对乌克兰平台工人的调查是由基辅国际社会学研究所（KIIS）代表国际劳工组织进行的。该调查于2019年11月展开，是2017年11月和12月进行的一项调查的后续调查（见Aleksynska，Bastrakova and Kharchenko，2018）。这次调查对2017年的调查问卷进行了修改并增加了一些问题。

该调查针对的是18岁及以上的受访者，受访者需连续居住在乌克兰，并且在调查前的12个月内至少通过一个数字平台从事工作并获得报酬。使用的招募参与者的方法包括：

▶ 在乌克兰最主要的工作招聘在线平台Kabanchik.ua上发布有关调查信息（占受访者的74%）；

▶ 从InPoll中选择参与者，InPoll是一个在线小组，为活跃的乌克兰互联网用户提供访问渠道（占受访者的20%）；

▶ 向2017年乌克兰在线平台工人调查的参与者发出邀请，这些参与者提供了联系方式（占受访者的4%）；

▶ 在脸书专题群组中发布有关调查的信息（占受访者的1%）；

▶ 滚雪球抽样，以招募其他难以接触或参与的个人（占受访者的1%）。

平均而言，完成调查需要大约30~40分钟，参与者在完成调查后会获得少量报酬。总共有1112名受访者完成了调查，其中54人因回答的质量问题而被排除在外，这涉及1058份调查。

调查包括主要通过在线平台来寻找和完成在线任务的工人，以及使用平台来寻找和完成线下工作的工人，如维修、清洁和配送服务等。本报告将主要完成线下工作的工人排除在分析之外，以便更好地进行不同调查（自由职业者平台和竞争性编程平台工人全球调查，以及对中国平台工人的调查）之间的可比性。本报告中用于分析的最终样本由761名受访者组成，其中62%的受访者将Kabanchick.ua列为他们工作的主要平台，而其余的受访者主要在其他基于乌克兰的（10%）、基于俄罗斯的（10%）或英语语言平台（18%）工作（见表A4.7）。

4A.3.4   2019年对中国平台工人的调查

哈尔滨工业大学的王瑞鑫教授代表国际劳工组织对中国的平台工人进行了调查。所使用的调查问卷是基于先前针对乌克兰众包工人和平台工人的调查问卷（Berg，2016；Berg et al.，2018；Aleksynska，Bastrakova and Kharchenko，2018）。这份问卷也适合中国的情况，包括大约85个问题（不含后续问题），完成问卷大约需要30分钟。

这项调查是在中国排名前四的网络平台上进行的，这是由其网站世界排名（Alexa ranking）和百度权重决定的，这四家网络平台是猪八戒网（ZBJ）、一品威客网（EPWK）、时间财富网（680）和K68威客网。这些平台提供了广泛的工作，吸引了不同背景的工人（Chen，即将出版）。这项调查被列为一项有报酬的任务，工人将在完成这项任务后获得报酬。任何年龄在18岁或以上、从事在线工作至少3个月的工人都有资格参加调查。在收集回复并清理数据之后，共收到来自1107名受访者的数据（见专栏A4.7）。

4A.3.5   第4章中使用的区域分组

如第4章所述，为了分析的目的，将国家分为"发达国家"和"发展中国家"。这一分组是基于世界银行2020~2021年按收入水平划分的国家分类，该分类以该国2019年的人均国民总收入（以现值美元计）为基础。被归类为高收入的国家被视为"发达国家"，而所有其他国家（包括上中等、下中等和低收入国家）被视为"发展中国家"。每组的观测数量见表A4.8。

由于样本体量的巨大差异，在分别介绍发达国家和发展中国家的结果时，中国和乌克兰平台工人的国别调查被排除在外，否则发展中国家的成果将主要受中国和乌克兰的影响，而无法反映其整体情况。

▶ 表A4.8   基于在线网络调查的每个平台的观测数量

类别	自由职业者平台	竞争性编程平台	微任务平台	总和
发达国家	148	5	1 499	1 652
发展中国家	301	57	850	1 208

资料来源：国际劳工组织众包工人全球调查（2017年），以及对自由职业者和竞争性编程平台工人的调查（2019~2020年）。

4A.4　对自由职业者的访谈

2019年4月至9月，有23名来自非洲、亚洲、阿拉伯国家、拉丁美洲和加勒比地区的自由职业者接受了访谈。我们通过领英和其他社交媒体平台确定受访者。平台根据个人资料对受访者过往的工作经历进行审查，然后我们通过Skype对所选中的使用在线平台工作的部分工人进行访谈。在一些国家，当一个自由职业者被确定后，我们采用滚雪球抽样的方法来联系其他工人。所有联系到的自由职业者都对参与这个研究项目表现出兴趣。采访时间大约为45~90分钟，受访者能够获得一定的酬劳。

4B. 统计分析

4B.1　出行和配送工人的收入

4B.1.1　基于应用程序的和传统的出行及配送行业工人的时薪比较

为了比较出行和配送行业基于应用程序的工人和传统工人的时薪，采用了普通最小二乘法（OLS）回归方法。因变量是以美元表示的工人的小时收入的对数，回归系数是一个二元变量，基于应用程序的工人的值为1，传统工人的值为0。回归中引入了几个协变量，包括年龄、性别、教育程度、婚姻状况、家庭规模、移民状况、经验、民族和访谈的城市（如适用），以及有另一份工作和租车等虚拟变量（见表A4.9和表A4.10）。

回归结果表明，基于应用程序的网约车司机的平均时薪高于具有类似特征的传统出租车司机。这一差异很大，从22%（乌克兰）到86%（加纳）不等，摩洛哥为95%，其他所分析的国家为99%，在配送行业，在肯尼亚（39%）和黎巴嫩（25%），基于应用程序的工人的收入较高，但在智利（24%）其收入低于传统配送工人，这三个国家的收入差异都非常显著。印度被排除在对配送工人的回归分析之外，因为对传统配送工人的调查是只针对孟买的dabbawalas（传统饭盒配送），而对基于应用程序的工人的调查只在班加罗尔和德里进行，这限制了收入数据的可比性。

▶ 表A4.9　回归结果：基于应用程序的网约车司机与传统出租车司机

（百分比变化；因变量：以美元计的小时收入的对数）

类别	智利	加纳	印度	印度尼西亚	肯尼亚	黎巴嫩	墨西哥	摩洛哥	乌克兰
基于应用程序（传统）	72.6***	86.1***	78.5***	48.1***	34.2***	78.1***	72.1***	25.8**	22.2***
年龄	1.2	0.9	0.1	1.9	2.0	–0.3	0.5	1.6	2.1
年龄平方	–0.0	–0.0	–0.0	–0.0	–0.0	–0.0	–0.0	–0.0	–0.0*
教育程序[①]									
高中	–1.1	3.4	6.3	23.3***	32.0***	2.3	6.1	1.0	
大学本科	2.8	5.6	26.8***	58.4***	40.0***	–6.9	7.3	0.0	5.3
已婚（未婚）	10.2	4.3	11.4*	1.2	–7.3	0.9	5.8	–3.4	12.1*
家庭规模	–3.6*	–1.3	0.6	–3.7**	1.6	–0.9	–1.4	–3.2*	–3.3
工作经历	0.3	–1.0*	0.5*	–2.1***	–0.1	–0.0	–0.3	–0.2	0.7
有另一份工作	10.3	16.8**	27.3**	–18.2**	18.4*	–5.5	3.7	–1.2	3.0
租用车辆（自有车辆）	–15.8**	7.5	–13.2***	31.5***	–4.1	–4.4	–4.2	–29.7***	–31.9***
民族/种族[②]									
埃维人		–3.7							
阿丹格贝族		–9.6							
其他		–5.0		–8.5					
表列部落			32.6***						
表列种姓			–4.0						
其他落后的种姓			–7.2**						
巴达维亚人				12.0					
巽他人				6.6					
叙利亚人						2.6			
巴基斯坦人						44.3***			
城市[③]									
孟买			37.1***						
基苏木					1.6				
蒙巴萨					20.7***				
朱尼耶						–0.5			
的黎波里						–69.9***			
观测值	232	373	495	437	505	371	378	359	361
R²	0.369	0.450	0.513	0.161	0.164	0.743	0.316	0.183	0.122

注：括号中为参考类别。***表示p<0.01，**表示p<0.05，*表示p<0.1。为了更容易解释结果，表中显示的是百分比变化而不是回归系数。为了避免近似误差，使用公式100×［exp（系数）–1］计算百分比变化。回归结果可根据要求从作者处获得。

①参考类别：乌克兰：高中或以下；所有其他国家：中学或以下。

②参考类别：加纳：阿坎人；印度：先进种姓；印度尼西亚：爪哇人；黎巴嫩：黎巴嫩人。

③参考类别：印度：德里；肯尼亚：内罗毕；黎巴嫩：贝鲁特。

资料来源：国际劳工组织基于选定的出租车司机的国家调查（2019~2020年）的计算。

▶ 表 A4.10　回归结果：基于应用程序的和传统的配送员

（百分比变化；因变量：以美元计的小时收入的对数）

类别	智利	肯尼亚	黎巴嫩
基于应用程序（传统）	−23.9***	39.0***	25.0***
年龄	−0.9	4.6	1.6
年龄平方	0.0	−0.1	−0.0
女性（男性）	−0.9		
教育程度（中学以下）			
高中	13.3	10.0	7.6
大学本科	15.7	4.0	13.2
已婚（未婚）	0.1	0.6	3.2
家庭规模	0.9	2.3	0.4
工作经验	3.8***	2.1*	1.4**
有另一份工作	3.9	−6.1	−2.3
国籍（黎巴嫩）			
叙利亚			−19.5***
巴勒斯坦			−21.5***
城市①			
基苏木		−14.3*	
蒙巴萨		5.6	
朱尼耶			−2.2
的黎波里			−40.1***
观测值	287	307	181
R²	0.191	0.185	0.543

　　注：括号内为参考类别。*** 表示 $p<0.01$，** 表示 $p<0.05$，*p 表示 <0.1。为便于解释结果，该表显示的是百分比变化，而不是回归系数。为了避免近似误差，使用公式 $1000×[exp（系数）−1]$ 计算百分比变化。回归结果可根据要求从作者处获得。

　　①参考类别：肯尼亚：内罗毕；黎巴嫩：贝鲁特。

　　资料来源：国际劳工组织基于选定的配送工人的国家调查（2019~2020年）的计算。

4B.1.2　基于应用程序的配送行业中不同因素与时薪之间的关系

　　为了进一步研究不同因素与基于应用程序的配送员的时薪之间的关系，我们采用了OLS回归方法。因变量是工人的小时收入（以美元计）的对数。引入了各种协变量，以确定同时影响工人时薪的因素，包括人口和工作相关变量（见表A4.11和表A4.12）。对于在样本中至少包括10%的女性或移民工人的国家，增加了女性和非法移民这些虚拟变量，并在至少90%的参与者提及的情况下增加了应用程序工人的评分。

　　结果表明，与收入显著相关的因素因国家而异。

　　阿根廷和智利的性别薪酬差距很大，女性的收入预计比男性低14%左右。在乌克兰，这一性别差距并不明显，而其余国家因缺乏足够的数据而未能评估是否存在性别工资差距。

在大多数国家，时薪与教育水平无关。然而，在印度和肯尼亚，受过高中教育的工人的收入更高，而在智利和黎巴嫩，拥有大学学位的工人的平均收入高于教育水平较低的同行（中等教育或以下）的收入。

在阿根廷、智利和黎巴嫩，有相当大比例的受访者是移民。在智利和黎巴嫩，使用应用程序的移民配送员的收入往往低于非移民配送员（分别为15%和13%），而阿根廷的这一比例没有显著差异。

在一些国家，在不同平台公司的收入存在显著差异。在阿根廷，Glovo和PedidosYa的工人的收入比主要在Rappi工作的工人高出约25%。同样，在智利，PedidosYa（42%）或优步外卖（18%）的工人的收入高于Rappi的工人。在加纳，Jumia（48%）或其他平台（35%）的工人挣得比Papa's Pizza平台上具有相似特征的工人少。在印度，Dunzo平台的工人的收入更高（11%），而Flipkart平台的工人的收入低于优步外卖（12%）的工人。在印度尼西亚和肯尼亚，不同平台工人的收入没有显著差异。在墨西哥，优步外卖的工人的收入比Rappi平台的工人收入低15%左右。在摩洛哥，在Jumia平台工作的人比在Glovo平台工作的人的收入低16%。在乌克兰，优步外卖和Glovo平台配送员的时薪没有显著差异，而在其他平台上工作的配送员往往比优步外卖的配送员少赚26%。

收入也与评分有关。虽然在许多国家，只有一些受访者能够提供关于他们的评分的信息，但在印度尼西亚、肯尼亚、黎巴嫩和墨西哥，几乎所有受访者都可以提供有关评分的信息。在黎巴嫩和墨西哥，评分较高与较高的时薪无关。然而，在印度尼西亚和肯尼亚，评分高1%的工人预计将比其同行多挣约1%，这意味着五星级工人的时薪与一星级工人的时薪之间有20%的差距。

交通方式对收入也有影响。在印度尼西亚和黎巴嫩，所有基于应用程序的配送行业受访者都使用摩托车。在其他国家，交通方式比较多样化，往往也与时薪有关。在阿根廷、智利、墨西哥和乌克兰，使用自行车的配送员的收入预计要比使用摩托车的配送员低20%~25%。同样，在墨西哥和乌克兰，那些主要靠步行送货的人，预计其收入（分别为36%和15%）要低于骑摩托车送货的人。

▶ 表A4.11　回归结果：基于应用程序的配送员

（百分比变化；因变量：以美元计的小时收入的对数）

类别	阿根廷	智利	加纳	印度	印度尼西亚	肯尼亚	黎巴嫩	墨西哥	摩洛哥	乌克兰
年龄	−0.1	−1.7	8.1	1.3	0.1	3.0	−2.2	0.8	5.8	−1.9
年龄平方	0.0	0.0	−0.1	−0.0	0.0	−0.1	0.0	−0.0	−0.1	0.0
女性	−14.9***	−13.4**								−8.8
教育①										
高中	−9.6	19.5	−20.8*	6.1**	6.0	28.1**	6.0	2.9	−2.3	
大学本科	−8.2	27.0**	12.8	6.3	23.9	21.3	25.8**	11.1	0.2	3.6
已婚（未婚）	4.7	−5.9	20.8	−3.3	−2.7	−1.0	0.6	−5.5	9.5	−3.1
家庭规模	−0.8	1.5	−4.0*	1.5*	−0.8	1.7	0.1	−1.2	3.4**	−1.5
移民	−5.9	−15.2***					−13.1**			
以月计的工作经历	0.3	3.8***	6.8**	1.3	1.1	5.1**	−0.4	0.3	1.4	0.5
有另一份工作	−9.6*	−4.1	23.0*	1.0	−10.9	−28.7***	2.6	3.7	−2.3	13.1*
评分					1.2**	0.6**	−0.1	0.3		
交通方式（摩托车）										
自行车	−24.3***	−24.6***	−16.5	13.0*				−19.8***	−7.6	−20.1***
汽车		26.9***	7.0			23.9*				0.7
步行								−36.4***	19.2	−15.2**
民族②										
埃维人			10.4							
阿丹格贝族			3.4							
其他			−3.0		−16.1					
表列种姓				1.0						
表列部落				3.2						
其他落后的种姓				0.1						
巴达维亚人					−27.9**					
巽他人					−18.3					
城市③										
班加罗尔				8.9***						
蒙巴萨						3.2				
基苏木						−8.1				
朱尼耶							−13.1**			
卡萨布兰卡/其他									2.9	
主要平台④										
Grab					8.7					
Sendy						−1.3				
PedidosYa	23.5***	41.5***								
Glovo	26.1***					−0.1				0.7
Jumia			−48.1***			−10.0			−15.5***	
优步外卖			18.0***					−15.3***		
其他			−34.8***			−17.2		−10.8		−26.1***
Zomato				−2.7						
Swiggy				−4.2						
亚马逊				3.7						
Dunzo				11.1**						
Flipkart				−11.5*						
观测值	283	241	179	511	96	166	93	234	202	223
R²	0.258	0.418	0.220	0.065	0.129	0.183	0.265	0.233	0.104	0.145

注：括号内为参考类别。***表示$p<0.01$，**表示$p<0.05$，*表示$p<0.1$。为便于解释结果，该表显示的是百分比变化，而不是回归系数。为了避免近似误差，使用公式$100 \times [\exp（系数）-1]$计算百分比变化。回归结果可根据要求从作者处获得。

①参考类别：乌克兰：高中或以下；所有其他国家：中学或以下。

②参考类别：加纳：阿坎人；印度：先进姓；印度尼西亚：爪哇人。

③参考类别：印度：德里；肯尼亚：内罗毕；黎巴嫩：贝鲁特；摩洛哥：拉巴特。

④参考类别：阿根廷、智利和墨西哥：Rappi；加纳：Papa's Pizza；；印度、肯尼亚和乌克兰：优步外卖；印度尼西亚：Gojek；摩洛哥：Glovo。

资料来源：国际劳工组织基于选定的配送工人的国家调查（2019~2020年）的计算。

4B.2　工人在基于在线网络平台上的收入

4B.2.1　印度和美国在微任务平台上工作的工人和传统工人的时薪比较

本分析的目的是比较在印度和美国微任务平台工人与从事类似活动的、具有类似特征的传统工人的时薪。为此，分析采用了国际劳工组织众包工人全球调查（2017年）、印度国家抽样调查办公室（NSSO）的定期劳动力调查（PLFS）（2017~2018年）以及美国劳工统计局和人口普查局的当前人口调查（CPS）（2017年）。

为了确定那些最相似的行业，将微任务与传统劳动力市场的活动进行匹配。匹配过程基于微任务描述和印度的国家行业分类（NIC）以及美国的北美行业分类系统（NAICS）（见表A4.12）。在选定国家，由于工作任务性质及其可能需要的技能的相似性，最具相似性的活动是信息服务活动［国际标准工业分类（ISIC）63］和办公室管理、办公支持和其他业务支持活动（ISIC 82）。微任务平台上的一些任务（如内容审查和转录）与这两个活动相匹配，而其他任务（如分类或数据收集）仅与一个活动相匹配。最后，内容访问、调查和实验与任何行业代码都不匹配，那些只从事内容访问、调查和实验的微任务工人被排除在本分析之外。

为了研究传统劳动力市场中的工人的时薪与微任务平台工人的时薪之间的关系，采用OLS回归进行分析，协变量包括年龄、性别、教育程度、婚姻状况、家庭规模、居住面积，以及有另一份工作等。因变量是个人的总小时收入（对于微任务平台工人，包含有薪和无薪工作的收入）的对数。回归变量是微任务二进制变量，如果个人在微任务平台上工作，则为1，否则为0。为每个国家规定了三种模型：（1）所有工人；（2）男性工人；（3）女性工人。

普通最小二乘法（OLS）回归结果表明，在控制了基本特征后，微任务平台工人比传统劳动力市场上的工人的时薪要低得多。这一结果适用于美国和印度这两个国家的所有三种模型，在每个模式中都有99%的显著性。当所有观测结果都包含在样本中时，在印度和美国，微任务平台工人比在传统劳动力市场上从事类似活动的同行要少赚64%和81%（见表A4.13和表A4.14的第1列）。当样本中只包括男性工人时，在印度和美国，从事微任务工作的工人的收入预计会分别少63%和80%（见表A4.13和表A4.14的第2列）。对于女性工人，与传统劳动力市场的同行相比，在印度，微任务平台工人的收入预计要少69%，在美国要少83%（见表A4.13和表A4.14的第3列）。

▶ 表A4.12　微任务类型及类似活动的NIC和NAICS代码

微任务	描述	NIC（印度）	NAICS（美国）
人工智能和机器学习	▶ 收集数据和其他信息来训练机器学习算法 ▶ 与编程、编码或解决数学或逻辑问题有关的任务	▶ 63114 提供数据输入服务 ▶ 63111 数据处理活动，包括撰写报告 ▶ 62011 编写、修改、测试计算机程序以满足客户的需要	▶ 518210 数据处理、托管及相关服务 ▶ 541511 自定义计算机编程服务
分类	▶ 将实体分组（书签、标记、分类、固定）	▶ 63114 提供数据输入服务	▶ 518210 数据处理、托管及相关服务
内容访问	▶ 推广特定产品，应用测试 ▶ 基于虚假流量生成的搜索引擎优化	–	–
内容创建和编辑	▶ 创建新内容 ▶ 校对、编辑或翻译现有材料（主要是文本） ▶ 可能很费时	▶ 63111 数据处理活动，包括撰写报告	▶ 518210 数据处理、托管及相关服务
内容审查	▶ 审查内容，包括文本、图像和视频 ▶ 检测网站上发布的任何信息材料是否可能违反当地法律、社会规范或平台指南	▶ 63111 数据处理活动，包括撰写报告 ▶ 63999 其他信息服务活动 ▶ 82192 文件准备、打字、文字处理和桌面出版	▶ 518210 数据处理、托管及相关服务 ▶ 519190 所有其他信息服务 ▶ 561410 文件准备服务
数据收集	▶ 元数据集合 ▶ 查找、复制和粘贴信息 ▶ 从特定的地理位置收集信息	▶ 63114 提供数据输入服务	▶ 518210 数据处理、托管及相关服务
市场调查和评估	▶ 对产品、服务或地点的评价或评分（假想的）	▶ 63114 提供数据输入服务	▶ 518210 数据处理、托管及相关服务
调查和实验	▶ 完成学术研究人员的调查 ▶ 可能与市场研究有重叠	–	–
转录	▶ 从不同类型媒体（如音频、文本、照片或视频）转录成书面形式	▶ 82192 文件准备、打字、文字处理和桌面出版 ▶ 63114 提供数据输入服务	▶ 561410 文件准备服务
验证和确认	▶ 验证和"清理"现有数据或分类，或确认某些内容的有效性	▶ 63111 数据处理活动，包括撰写报告	▶ 518210 数据处理、托管及相关服务

资料来源：基于国际劳工组织众包工人全球调查（2017年）的分类；美国人口普查局，当前人口调查（2017年）；NSSO，定期劳动力调查（2017~2018年）

▶ **表A4.13 回归结果：印度的微任务平台工人和传统工人**
（因变量：以美元计的小时收入的对数）

类别	（1）印度，总计		（2）印度，男性		（3）印度，女性	
	系数	百分比变化	系数	百分比变化	系数	百分比变化
微任务（传统工作）	−1.03***	−64.1***	−0.98***	−62.5***	−1.16***	−68.8***
	(0.106)		(0.118)		(0.246)	
女性（男性）	−0.11***	−10.3***				
	(0.042)					
年龄	0.05***	5.1***	0.06***	6.2***	0.04	4.0
	(0.010)		(0.011)		(0.024)	
年龄平方	−0.00***	−0.0***	−0.00***	−0.1***	−0.00	−0.0
	(0.000)		(0.000)		(0.000)	
教育程度（无高中）						
高中文凭	0.22**	25.2**	0.15*	15.6*	0.36	43.9
	(0.091)		(0.078)		(0.242)	
技术学位	0.06	6.3	0.01	0.8	0.11	11.4
	(0.130)		(0.133)		(0.294)	
学士学位	0.70***	101.3***	0.54***	71.3***	1.13***	209.9***
	(0.141)		(0.136)		(0.389)	
硕士学位	0.55***	73.0***	0.46***	58.6***	0.69***	99.5***
	(0.093)		(0.079)		(0.256)	
硕士以上学位	0.64***	89.5***	0.50***	65.1***	0.88***	140.3***
	(0.103)		(0.095)		(0.271)	
已婚	0.09**	9.6**	0.02	2.5	0.21**	23.2**
	(0.042)		(0.049)		(0.088)	
家庭规模	−0.01	−1.4	−0.02*	−2.0*	0.00	0.2
	(0.009)		(0.010)		(0.022)	
城市（农村）	0.13***	14.4***	0.13***	13.9***	0.17	18.5
	(0.037)		(0.040)		(0.103)	
有另一份工作	0.03	2.6	−0.02	−2.1	0.17	18.8
	(0.114)		(0.125)		(0.276)	
常数项	−0.46**		−0.49*		−0.71	
	(0.232)		(0.257)		(0.511)	
观测值	1 822	1 822	1 445	1 445	377	377
R^2	0.323	0.323	0.342	0.342	0.277	0.277

注：括号中为参考类别和稳健标准误差。***表示$p<0.01$，**表示$p<0.05$，*表示$p<0.1$。百分比变化使用公式$100 \times [\exp(系数)-1]$计算。

资料来源：基于国际劳工组织众包工人全球调查（2017年）的计算；NSSO，定期劳动力调查（2017~2018年）。

▶ 表A4.14　回归结果：美国的微任务工人和传统工人
（因变量：以美元计的小时收入的对数）

类别	（1）美国，总量		（2）美国，男性		（3）美国，女性	
	系数	百分比变化	系数	百分比变化	系数	百分比变化
微任务（传统工作）	−1.67***	−81.2***	−1.56***	−79.1***	−1.78***	−83.2***
	（0.063）		（0.088）		（0.094）	
女性（男性）	−0.31***	−26.7***				
	（0.050）					
年龄	0.03***	3.4***	0.01	0.5	0.06***	5.7***
	（0.012）		（0.017）		（0.016）	
年龄平方	−0.00***	−0.0***	−0.00	−0.00	−0.00***	−0.1***
	（0.000）		（0.000）		（0.000）	
教育程度（无高中）						
高中文凭	0.33	38.8	0.50	64.3	0.08	8.5
	（0.204）		（0.322）		（0.207）	
技术学位	0.58***	78.9***	0.68**	97.6**	0.38*	45.8*
	（0.215）		（0.336）		（0.222）	
学士学位	0.68***	96.7***	0.82**	127.4**	0.46**	57.9**
	（0.208）		（0.327）		（0.213）	
硕士学位	0.41*	51.4*	0.62*	86.4*	0.15	16.4
	（0.228）		（0.342）		（0.276）	
硕士以上学位	0.67*	95.7*	0.80	122.8	0.58	78.8
	（0.358）		（0.492）		（0.426）	
已婚	0.10*	10.6*	0.08	8.3	0.15**	16.2**
	（0.052）		（0.080）		（0.071）	
家庭规模	−0.04**	−3.5**	−0.05*	−4.8*	−0.03	−2.8
	（0.017）		（0.026）		（0.023）	
城市（农村）	−0.05	−4.4	0.02	2.3	−0.10	−9.4
	（0.062）		（0.081）		（0.097）	
有另一份工作	0.17**	18.5**	0.19*	20.6*	0.15	16.5
	（0.074）		（0.095）		（0.116）	
常数项	1.88***		2.21***		1.42***	
	（0.305）		（0.487）		（0.363）	
观测值	973	973	457	457	516	516
R^2	0.575	0.575	0.572	0.572	0.587	0.587

注：括号中为参考类别和稳健标准误差。***表示p<0.01，**表示p<0.05，*表示p<0.1。百分比变化使用公式100×［exp（系数）−1］计算。

资料来源：基于国际劳工组织众包工人全球调查（2017年）的计算；美国人口普查局，当前人口调查（2017年）。

作为稳健性检查，为每个国家指定了两个额外的模型，分别分析两种活动：一个用于比较信息服务活动（ISIC 63）工人和从事类似工作的微任务平台工人；一个用于比较办公室行政管理、办公支持和其他业务支持活动（ISIC 82）工人和在微任务平台上从事类似工作的工人（这里没有给出相应的列表）。

当独立观察特定活动时，微任务平台工人和传统市场上的工人的时薪也存在显著差异。当只有那些在线平台工人参与内容转录和内容审查以及办公室行政管理、办公支持和其他业务支持活动（ISIC 82）都包含在样本中时，在印度，微任务平台工人的收入比传统市场上的同行少65%，在美国则少76%。当着眼于信息服务活动部门（ISIC 63）的传统工人和相应的微任务平台工人时，在印度微任务平台工人的收入预计要少62%，在美国要少87%。

4B.2.2　自由职业平台工人

采用OLS回归方法估计了不同性别、教育程度、工作经历和居住国发展状况的自由职业平台工人的时薪差异。因变量是工人在一个典型的星期的总小时收入（含有薪和无薪工作）的对数。为了确定同时影响时薪的其他因素，引入了各种协变量，包括人口特征和几个在线工作变量。

在第一个模型中，所有自由职业者都被考虑在内。在其他情况［模型（2）和模型（3）］中，受访者按本国的发展状况进行了划分（见表A4.15）。

在这三个模型中，时薪与协变量之间关系的方向基本上是恒定的，尽管显著性水平可能因模型设定而异。根据模型（1）的回归结果，与时薪有显著关系的因素包括年龄、硕士学位、有另一份带薪工作、有固定客户、使用的平台数量、每周有4~5个客户以及发展状况（见表A4.15第1列）。发展中国家工人的收入往往比具有类似特征的发达国家工人低60%，这在99%的水平上是很显著的。

在发达国家，一些协变量与时薪显著相关［模型（2）］，但在发展中国家却无关［模型（3）］。在发达国家，与没有大学学位的人相比，拥有硕士学位的人往往赚得更多，而拥有学士学位的人则没有这种差异。此外，拥有固定客户与更高的收入有关，而承担与销售和营销有关的工作以及专业服务通常与较低的收入有关。

在发展中国家，年龄、健康状况和有另一份带薪工作与时薪相关，但在发达国家情况并非如此。与发达国家不同，在发展中国家，教育程度和时薪之间没有显著的关系。

此外，在任何一个模型中，一些变量与时薪的任何显著差异都不相关，其中包括性别、婚姻状况、家庭规模、是否有6岁以下子女、工作经历、城市位置、本科学历、移民身份和主要平台，以及承担一定任务等。无论所在国的发展状况如何，具有相似特征的男女劳动者的时薪没有显著差异。相反，在传统工作中，经验水平越高，收入越高；在任何回归模型中，自由职业者平台上的经验和时薪之间也没有显著关系。

▶ 表A4.15　回归结果：自由职业者平台工人，全球调查，按国家发展状况分类
（因变量：以美元计的小时收入的对数）

类别	（1）总计		（2）发达国家		（3）发展中国家	
	系数	百分比变化	系数	百分比变化	系数	百分比变化
女性（男性）	0.03	3.4	−0.11	−10.8	0.05	5.6
	（0.126）		（0.245）		（0.155）	
年龄	0.14***	14.8***	0.11	11.2	0.20***	22.6***
	（0.050）		（0.156）		（0.061）	
年龄平方	−0.00**	−0.1**	−0.00	−0.1	−0.00***	−0.2***
	（0.001）		（0.002）		（0.001）	
教育程度（中学或以下）						
学士学位	0.30	34.5	0.46	58.5	0.24	27.4
	（0.182）		（0.332）		（0.250）	
硕士学位及以上	0.37*	44.3*	0.53*	69.8*	0.31	35.9
	（0.191）		（0.286）		（0.274）	
经验（6个月以下）						
6个月以上，不满1年	0.12	13.2	0.56	74.2	−0.07	−6.7
	（0.204）		（0.357）		（0.243）	
1年以上，不满3年	−0.02	−1.8	0.03	2.6	−0.04	−4.3
	（0.192）		（0.410）		（0.220）	
3年以上，不满5年	0.14	14.5	0.31	36.4	0.01	1.1
	（0.216）		（0.376）		（0.262）	
5年及以上	0.07	6.9	0.62	86.6	−0.22	−20.1
	（0.244）		（0.435）		（0.293）	
已婚（未婚）	0.14	14.5	0.31	36.4	0.04	3.6
	（0.135）		（0.246）		（0.164）	
家庭规模	−0.04	−4.1	−0.13	−12.1	0.01	1.1
	（0.048）		（0.100）		（0.055）	
是否有6岁以下子女	0.16	17.6	0.28	31.8	0.06	5.8
	（0.155）		（0.293）		（0.184）	
城市（农村）	0.00	0.4	0.03	3.1	−0.01	−1.1
	（0.149）		（0.261）		（0.201）	
移民	−0.12	−11.7	−0.25	−22.4	−0.01	−0.9
	（0.192）		（0.259）		（0.299）	
有另一份工作	−0.35***	−29.3***	−0.06	−5.9	−0.48***	−37.9***
	（0.127）		（0.262）		（0.164）	
健康状况差或非常差（健康状况良好或非常好）	−0.47	−37.2	0.77	116.8	−0.82*	−56.2*
	（0.424）		（0.572）		（0.443）	

▶ 表A4.15（续）

类别	（1）总计		（2）发达国家		（3）发展中国家	
	系数	百分比变化	系数	百分比变化	系数	百分比变化
Upwork（Freelance）	−0.44	−35.4	−0.35	−29.5	−0.50	−39.6
	(0.295)		(0.424)		(0.372)	
常客	0.33*	39.3*	0.66**	94.1**	0.25	29
	(0.176)		(0.324)		(0.194)	
使用的平台数量	0.11	11.5	0.20	22.1	0.06	5.7
	(0.075)		(0.126)		(0.095)	
客户数量/周（1）						
每周2~3个客户	−0.11	−10.4	−0.12	−11.5	−0.07	−6.9
	(0.141)		(0.231)		(0.181)	
每周4~5个客户	0.62***	86.8***	0.61*	83.5*	0.68***	97.6***
	(0.183)		(0.362)		(0.256)	
商业服务任务	0.09	9.5	0.21	23.9	0.04	3.8
	(0.130)		(0.223)		(0.183)	
技术相关任务	0.13	13.6	0.11	11.5	0.13	13.8
	(0.162)		(0.346)		(0.201)	
数据分析任务	0.05	5.3	0.17	18.7	0.04	4.1
	(0.143)		(0.314)		(0.162)	
创意任务	0.04	3.9	0.22	24.9	−0.11	−10.5
	(0.130)		(0.253)		(0.166)	
销售和营销任务	−0.09	−8.4	−0.53*	−40.9*	0.04	4.1
	(0.152)		(0.268)		(0.194)	
专业服务任务	−0.10	−9.7	−0.47*	−37.8*	0.03	3.5
	(0.123)		(0.239)		(0.159)	
发展中国家（发达国家）	−0.91***	−59.6***				
	(0.141)					
常数项	−0.94		−0.64		−2.98***	
	(0.974)		(3.066)		(1.143)	
观测值	294	294	91	91	203	203
R^2	0.313	0.313	0.358	0.358	0.234	0.234

注：括号内为稳健标准误差。***表示$p<0.01$，**表示$p<0.05$，*表示$p<0.1$。百分比变化使用公式$100 \times [\exp(系数)-1]$计算。

资料来源：国际劳工组织基于对自由职业者平台工人的全球调查（2019~2020年）的计算。

4B.2.3 中国基于在线网络平台工人（一品威客网和时间财富网）

为了获取中国从事基于在线网络工作工人的小时收入差异，我们使用了OLS回归方法。分别对在一品威客网、时间财富网和猪八戒网平台上从事在线工作的受访者进行分析。由于样本量太小，没有对K68威客网平台进行分析。猪八戒网的结果没有在此展示，因为模型的R^2值很低。因变量是工人在一个典型的星期的总小时收入（含有薪和无薪工作）的对数。我们在分析时引入了各种协变量，包括人口统计相关变量和一些在线工作变量。

　　回归结果显示，在至少一个模型中，一些变量与时薪显著相关（见表A4.16）。在时间财富网平台上，工人的薪酬存在性别差异，女性的薪酬往往比男性低32%，而在一品威客网上没有如此显著的差异。此外，在时间财富网和一品威客网这两个平台上，拥有硕士学位的网络工人往往比没有大学学历的挣得更多，而拥有学士学位的工人与没有大学学历的工人之间没有这种显著差异。此外，在一品威客网上，更多的在线工作经验与较高收入相关，而在时间财富网上则不是这样。在大多数类型的任务中，承担特定的任务与时薪的任何显著差异都没有关系。例外情况包括与技术相关的任务（与一品威客网上较高收入有关）和微任务（与时间财富网上较低收入有关）。

▶ 表A4.16　回归结果：中国基于在线网络平台工人
（因变量：以美元计的小时收入的对数）

类别	一品威客网		时间财富网	
	系数	百分比变化	系数	百分比变化
女性 （男性）	−0.16	−14.7	−0.38*	−31.5*
	(0.233)		(0.200)	
年龄	−0.10	−9.3	0.01	1.0
	(0.124)		(0.099)	
年龄平方	0.00	0.2	−0.00	−0.0
	(0.002)		(0.002)	
教育程度（本科以下）				
学士学位	−0.50**	−39.2**	0.15	16.5
	(0.226)		(0.207)	
硕士学位及以上	0.86*	135.5*	0.75**	111.7**
	(0.484)		(0.368)	
已婚 （未婚）	0.10	10.3	0.10	10.1
	(0.297)		(0.277)	
家庭规模	−0.05	−4.9	−0.02	−1.8
	(0.104)		(0.078)	
家庭有六岁以下子女	−0.12	−10.9	0.26	30.0
	(0.297)		(0.268)	
社区类型（农村/远郊）				
国家 城市	0.34	41.1	−0.49	−39.0
	(0.510)		(0.346)	
中小城市	0.22	24.9	0.06	5.9
	(0.478)		(0.283)	
大城市 （非省级城市）	0.46	58.3	−0.14	−13.0
	(0.477)		(0.331)	
省会城市	0.67	94.7	−0.24	−21.6
	(0.460)		(0.278)	
迁移到当前社区	−0.35	−29.6	0.38*	46.8*
	(0.294)		(0.209)	
户口（本地农村）				
非本地农村	−0.57*	−43.4*	0.30	35.2
	(0.318)		(0.252)	
本地城市	0.50	64.9	0.01	1.3
	(0.311)		(0.242)	
非本地城市	0.52*	68.1*	0.28	32.4
	(0.301)		(0.406)	

▶ 表A4.16（续）

类别	一品威客网		时间财富网	
	系数	百分比变化	系数	百分比变化
经验（不足6个月）				
6个月以上，不到1年	0.82**	127.6**	0.36	42.9
	(0.346)		(0.256)	
1年以上，不到3年	0.95***	159.0***	0.22	24.6
	(0.308)		(0.251)	
3年以上，不到5年	1.24***	245.5***	0.14	14.8
	(0.383)		(0.328)	
5年及以上	1.30***	266.8***	−0.12	−11.1
	(0.424)		(0.415)	
有另一份工作	0.34	41.2	−0.00	−0.2
	(0.217)		(0.191)	
有身体或心理健康问题	−0.37*	−30.9*	−0.04	−3.8
	(0.221)		(0.190)	
使用的平台数量	0.10	10.7	−0.01	−0.9
	(0.110)		(0.083)	
技术相关任务	0.79*	120.8*	−0.47	−37.5
	(0.466)		(0.373)	
创意任务	0.35	41.5	−0.22	−20.1
	(0.460)		(0.281)	
销售和营销任务	0.52	69.0	0.32	37.3
	(0.602)		(0.378)	
专业服务任务	0.37	45.3	0.06	5.7
	(0.489)		(0.286)	
微任务	0.18	19.5	−0.57**	−43.4**
	(0.435)		(0.256)	
其他任务	0.26	30.0	−0.44	−35.5
	(0.748)		(0.652)	
省级地区生产总值（最低的省份GDP）				
较低的省级GDP	−0.40	−32.7	0.25	28.5
	(0.303)		(0.273)	
较高的省级GDP	−0.22	−19.8	0.17	18.6
	(0.280)		(0.292)	
最高的省级GDP	0.08	8.6	0.53**	69.2**
	(0.287)		(0.257)	
常数项	−0.03		−0.01	
	(1.856)		(1.502)	
观测值	210	210	260	260
R^2	0.277	0.277	0.158	0.158

注：括号中为稳健标准误差。*** 表示 $p<0.01$，** 表示 $p<0.05$，* 表示 $p<0.1$。百分比变化使用公式 $100 \times [\exp(系数)-1]$ 计算。

资料来源：国际劳工组织基于对中国平台工人的调查（2019年）的计算。

4B.2.4　乌克兰基于在线网络平台工人

为了获取乌克兰从事在线网络工作工人的时薪差异，我们使用了OLS回归方法。因变量是工人在一个典型的星期的总小时收入（含有薪和无薪工作）的对数。引入了各种协变量，包括人口统计相关变量和一些在线工作变量。

结果显示，部分协变量与时薪显著相关（见表A4.17）。性别薪酬差距是存在的，女性的薪酬预计比男性低26%。此外，与中学及以下学历的人相比，拥有硕士学位的人的收入要高出36%，而拥有学士学位的人的收入却没有这种差异。其他一些因素，包括更大的家庭规模、有另一份带薪工作、上传工作档案、要求过去的客户完成反馈或评级，显示出与时薪显著的正相关。其他变量，如有18岁以下子女，从事微任务，有身体或心理健康问题，都与较低的时薪有关。此外，年龄、婚姻状况、城市位置、移民情况、经历、平台、使用的平台数量、大多数任务类型和大多数策略与乌克兰在线工人的时薪差异都没有任何显著关系。

▶ A4.17　回归结果：乌克兰基于在线网络平台工人
（因变量：以美元计的小时收入的对数）

类别	系数	百分比变化
女性（男性）	−0.31**	−26.3**
	(0.126)	
年龄	−0.01	−1.5
	(0.038)	
年龄平方	0.00	0.0
	(0.001)	
教育程度（中学或以下）		
学士学位	0.25	28.3
	(0.160)	
硕士学位及以上	0.31**	35.7**
	(0.136)	
已婚（未婚）	−0.12	−11.0
	(0.113)	
家庭规模	0.15***	16.2***
	(0.050)	
有18岁以下子女	−0.24*	−21.5*
	(0.146)	
城市（农村）	0.12	12.3
	(0.186)	
移民	0.06	6.1
	(0.256)	
平台工作经验年限	0.01	1.2
	(0.018)	
有另一份工作	0.20*	22.1*
	(0.111)	

▶ 表4.17（续）

类别	系数	百分比变化
平台（自由职业者）		
Kabanchik.ua	0.01	1.3
	（0.325）	
Upwork	−0.02	−2.1
	（0.345）	
其他俄罗斯/乌克兰平台	−0.17	−15.5
	（0.351）	
其他	0.41	50.8
	（0.403）	
使用的平台数量	−0.06	−5.9
	（0.060）	
任务类型（业务服务）		
技术相关	0.40	49.9
	（0.261）	
数据分析	−0.67	−48.7
	（0.572）	
创意	0.09	9.0
	（0.262）	
销售和营销	0.08	8.1
	（0.295）	
专业服务	0.05	5.2
	（0.222）	
微任务	−0.65***	−47.9***
	（0.240）	
体力劳动	0.83**	129.2**
	（0.367）	
我上传了我的部分作品	0.36***	43.9***
	（0.115）	
我采取出价低于项目的方法，以便在平台上获得经验	0.12	12.4
	（0.137）	
我以给客户好评为条件，要求客户给我好评	0.13	13.8
	（0.141）	
我以较低的报酬为条件，要求客户给我好评	0.32	37.5
	（0.278）	
我完成了课程或培训，以获得平台的认证	−0.37	−31.1
	（0.262）	
我积极主动地要求过去的客户完成反馈/评分	0.22**	24.9**
	（0.111）	
我只为我现实生活中存在的客户工作	0.32	37.7
	（0.214）	
有身体或心理健康问题	−0.50**	−39.6**
	（0.246）	
常数项	−0.19	
	（0.776）	
观测值	647	647
R²	0.180	0.180

注：括号内为稳健标准误差。***表示p<0.01，**表示p<0.05，*表示p<0.1。百分比变化使用公式100×［exp（系数）−1］计算。

资料来源：国际劳工组织基于对乌克兰平台工人的调查（2019年）的计算。

国际劳工组织对工会和协会的访谈

表A5.1　与工会和协会的访谈名录

序号	协会/工会名称	受访者	国家（城市）	受访日期
1.	制造业发展协会（Sociedad de Fomento Fabril）	公共政策负责人	智利	2020年2月6日
2.	费城豪华轿车协会和费城司机工会（Philadelphia Limousine Association & Philadelphia Drivers Union）	工会主席	美国（费城）	2020年4月2日
3.	私人雇佣司机联合会（United Private Hire Drivers，UPHD）	联合创始人	英国	2020年4月7日
4.	个人应用程序（APP Personal）	律师	阿根廷	2020年4月10日
5.	零工工人事务组织（Gig Workers Matter）	主席	美国（芝加哥）	2020年4月14日
6.	Unionen	专门研究数字劳动力市场的政策分析师	瑞典	2020年4月15日
7.	全国专业电子叫车司机合作伙伴工会（National Union of Professional e-hailing Driver Partners，NUPEDP）	代表	尼日利亚	2020年4月15日
8.	乌拉圭应用程序司机协会（Asociación de Conductores Uruguayos de Aplicaciones ACUA）	代表	乌拉圭	2020年4月15日
9.	应用程序独立分销商工会（Sindicato Independiente Repartidores por Aplicaciones，SIRA）	主席	墨西哥	2020年4月22日
10.	APOPLATEC	代表	哥斯达黎加	2020年4月24日
11.	"运动"组织（The Movement）	代表	南非	2020年4月28日
12.	共享乘车SACCO有限公司和数字出租车论坛（Ride-Share SACCO Limited and the Digital Taxi Forum）	代表	肯尼亚	2020年4月28日
13.	"一个快递员不能少"组织（NiUnRepartidorMenos）	代表（多名）	墨西哥	2020年4月30日
14.	车手工会（Riders' Union）	代表	韩国	2020年5月18日

译后记

　　这份2021年国际劳工组织旗舰报告探讨了当代平台经济如何改变工作的组织方式，并分析了数字劳动力平台对企业、工人和整个社会的影响，预见了工作的未来发展前景。

　　该报告通过对全球多个行业的85家企业、约1.2万名员工和代表的调查和采访，全面介绍了员工和企业在基于在线网络和基于指定位置平台上的工作经历。它还提供了对数字劳动力平台商业模式的见解，考察了全球各国如何制定法律规则和其他形式的监管回应，并提出了一整套政策建议方案，以确保所有平台工作都是体面工作。

　　当前，我国已进入高质量发展阶段，但发展不平衡不充分问题仍然突出，劳动力市场灵活化与数字经济用工大行其道。面临新发展阶段构建和谐劳动关系和"产业工人队伍改革和建设"的新形势，如何规范新就业形态成为大势所趋。为促进中外新业态用工的研究、交流、比较、互鉴，我们组织翻译了这份报告。

　　该报告翻译工作的分工如下：

　　前言、致谢、执行摘要（孙丹）

　　第1章 产业数字化转型与工作世界（孙丹）

　　第2章 数字劳动力平台的商业模式和战略（韩真）

　　第3章 数字劳动力平台在经济中的扩散：企业如何以及为什么使用这类平台？（韩真）

　　第4章 数字劳动力平台与工作的重新定义：工人的机遇与挑战（张依、韩真）

　　第5章 确保数字劳动力平台的体面工作（常爽、张依）

　　第6章 抓住机遇：前行之路（常爽）

　　附录（孙丹、韩真、张依、常爽）

　　全书由乔健审校。

　　本书中文版并非由国际劳工局翻译，不应被视为国际劳工局的官方翻译，国际劳工局不对译文的内容及准确性负责。在翻译过程中，本书第一作者Uma Rani女士提供了最新书稿，学校领导、同事和经济科学出版社的编辑也给予了我们很大的支持和帮助，在此一并表示感谢。由于我们才疏学浅，翻译之中难免存在错漏之处，恳请读者批评指正。

译者
于中国劳动关系学院国际交流合作处
2021年7月23日